Coleção
FILOSOFIA ATUAL

Copyright © 2011 by The Curators of the University of Missouri. University of Missouri Press, Columbia, MO 65201
Copyright da edição brasileira © 2014 É Realizações
Título original: *The Collected Works of Eric Voegelin, Volume 22, History of Political Ideas, Volume IV, Renaissance and Reformation*

Editor
Edson Manoel de Oliveira Filho

Produção editorial, capa e projeto gráfico
É Realizações Editora

Preparação de texto
Lucas Cartaxo

Revisão de texto
Célia Maria Cassis

CIP-BRASIL. CATALOGAÇÃO NA PUBLICAÇÃO
SINDICATO NACIONAL DOS EDITORES DE LIVROS, RJ

V862h v.4

Voegelin, Eric, 1901-1985
História das ideias políticas: volume IV: Renascença e Reforma / Eric Voegelin; tradução Elpídio Mário Dantas Fonseca. - 1. ed. - São Paulo : É Realizações Ed., 2014.
368 p. ; 23,3 cm. (Filosofia atual)

Tradução de: The Collected Works of Eric Voegelin, Volume 22, History of Political Ideas, Volume IV, Renaissance and Reformation
Inclui índice
ISBN 978-85-8033-169-1

1. Protestantismo - História. 2. Reforma protestante. 3. Ciência renascentista. 4. Humanismo. I. Título. II. Série.

14-14194

CDD: 270.6
CDU: P274

Reservados todos os direitos desta obra. Proibida toda e qualquer reprodução desta edição por qualquer meio ou forma, seja ela eletrônica ou mecânica, fotocópia, gravação ou qualquer outro meio de reprodução, sem permissão expressa do editor.

É Realizações Editora, Livraria e Distribuidora Ltda.
Rua França Pinto, 498 · São Paulo SP · 04016-002
Telefone: (5511) 5572 5363
atendimento@erealizacoes.com.br · www.erealizacoes.com.br

Este livro foi impresso pela Pancrom Indústria Gráfica em maio de 2021.
Os tipos são da família Minion Condensed e Adobe Garamond Regular. O papel do miolo é o Pólen Soft 80 g, e o da capa Cartão Supremo 300g.

Coleção
FILOSOFIA ATUAL

HISTÓRIA DAS IDEIAS POLÍTICAS
VOLUME IV

RENASCENÇA E REFORMA

ERIC VOEGELIN

INTRODUÇÃO À EDIÇÃO AMERICANA
DAVID L. MORSE E WILLIAM M. THOMPSON

TRADUÇÃO
ELPÍDIO MÁRIO DANTAS FONSECA

REVISÃO TÉCNICA
MENDO CASTRO HENRIQUES

2ª impressão

Sumário

RENASCENÇA E REFORMA

Introdução dos editores 9
   I. O lugar deste texto na obra de Voegelin........................... 9
   II. A caracterização que Voegelin deu a esse período 12
   III. Esboço do conteúdo 14
   IV. Uma nota sobre a leitura voegeliniana de
      Lutero e Calvino 26
Nota dos editores... 33

QUARTA PARTE - O MUNDO MODERNO

1. A ordem do poder: Maquiavel......................... 37
   § 1. Circunstâncias biográficas – Maquiavel e Guicciardini 38
   § 2. Os problemas da época – O trauma de 1494 41
   § 3. A tradição italiana 46
   § 4. O cenário asiático.. 51
   § 5. A Vita di Castruccio Castracani 66
   § 6. Os Discorsi 70
   § 7. O Príncipe.. 85
   § 8. Conclusão 98

2. A ordem da razão: Erasmo e More 105
   § 1. O ano de 1516.. 107
   § 2. A Cristandade de Erasmo...................................... 109
   § 3. O príncipe asceta e o vulgus.................................. 116
   § 4. O alcance do ascetismo principesco............................ 121
   § 5. Erasmo sobre a guerra 125
   § 6. O problema do poder.. 126
   § 7. Utopia e América... 130
   § 8. Algures e nenhures... 135
   § 9. Orgulho e propriedade 142
   § 10. Guerra utópica.. 149

3. O povo de Deus 155
  § 1. Instituição e movimento 156
  § 2. Periodização do movimento 161
  § 3. O alcance do movimento 163
  § 4. Igreja e seita 165
  § 5. Reforma e efeitos anticivilizacionais 169
  § 6. Um Vislumbre da Glória de Sião 171
  § 7. A estrutura social do movimento 175
  § 8. Influências do Leste nos movimentos ocidentais –
    Dionísio Areopagita 179
  § 9. As ideias dos movimentos 186
  § 10. O espírito livre 209
  § 11. Imperium apolíneo 238

QUINTA PARTE - A GRANDE CONFUSÃO

1. A grande confusão I: Lutero e Calvino 255
  § 1. Imprensa e público 257
  § 2. O Cisma – A disputa de Leipzig 259
  § 3. A historicidade dos símbolos – Igreja e transubstanciação 262
  § 4. As Noventa e Cinco Teses 268
  § 5. O Apelo à Nobreza Cristã da Nação Alemã 272
  § 6. Justificação pela fé 292
  § 7. Reflexões posteriores 306
  § 8. Calvino e a predestinação 316

Índice remissivo 345

RENASCENÇA E REFORMA

Introdução dos editores

Os leitores que estejam particularmente interessados na crítica de Voegelin às ideologias políticas modernas irão considerar este volume, pertencente a seus primeiros escritos, especialmente relevante. Aqui Voegelin analisa o colapso da unidade da Cristandade imperial que levou à ascensão da razão autônoma e das revoltas sectárias, tendências que chegaram ao desenvolvimento completo nos séculos XIX e XX. Daí a análise encontrada neste texto ser diretamente relevante para a compreensão de aspectos das ideologias políticas modernas. Os leitores perceberão que ele contém não apenas a análise inicial de Voegelin acerca da modernidade, mas também descrições e análise das raízes próximas de muitos dos movimentos modernos que aborda em obras posteriores.

I. O lugar deste texto na obra de Voegelin

Embora não seja a sua primeira publicação, *História das Ideias Políticas* foi iniciada cedo na carreira de Voegelin como professor.[1] De acordo com suas próprias reflexões, começou

---

[1] Esses textos foram escritos nos anos de 1940, e publicaram-se muitas obras desde então. A literatura sobre a Renascença e a Reforma é tão vasta que qualquer coisa como uma atualização completa estaria para além do escopo desta

como um livro escolar que deveria ter cerca de duzentas a duzentas e cinquenta páginas.[2] Quando Voegelin começou o estudo para o livro escolar, aconteceram três coisas que o levaram a fazer uma nova avaliação de sua obra. Primeiro, descobriu que era inadequado o tratamento que até então se tinha dado ao material. Para desenvolver seu próprio conhecimento do material, Voegelin trabalhou sem parar a literatura desde a filosofia grega até o presente. Nesse ponto, o material começou a expandir-se muito além do pequeno texto escolar que ele planejara escrever.

Em segundo lugar, como Voegelin estudou esse material, ficou convencido de que também era inadequado o esquema tradicional de começar com a filosofia grega e mover-se até o período presente. Cada período que Voegelin estudava obrigava-o a uma consideração de suas fontes. A Idade Média empurrou-o para as origens cristãs. Seu estudo das origens cristãs empurrou-o para uma consideração das fontes judaicas e hebraicas. Voegelin dedicou-se ao estudo do hebraico

---

nota ou do propósito desta obra. O leitor que esteja interessado no pano de fundo histórico geral desta época pode consultar George R. Potter (ed.), *The New Cambridge Modern History*, vols. 1 e 2, *The Renaissance, 1493-1520*. Cambridge, Cambridge University Press, 1957, e Geoffrey R. Elton (ed.), *The Reformation*. Cambridge, Cambridge University Press, 1958. Um volume único recente cobrindo esse período é o de Bard Thompson, *Humanists and Reformers: A History of the Renaisssance and Reformation*. Grand Rapids, Eerdmans, 1996. Para uma consideração específica da filosofia política dessa era como enraizada em seu contexto histórico, ver Quentin Skinner, *The Foundations of Modern Political Thought*, vols. 1 e 2, *The Renaissance*. Cambridge, Cambridge University Press, 1978, e Quentin Skinner, *The Age of Reformation*. Cambridge, Cambridge University Press, 1978. Além dessas obras, a mais recente, Quentin Skinner; Eckhard Kessler (eds.), *Cambridge History of Renaissance Philosophy*. Cambridge, Cambridge University Press, 1988, contém não apenas uma série de artigos sobre o período, mas também uma ampla coleção de fontes adicionais, incluindo uma biografia das figuras principais da época, assim como uma bibliografia primária e secundária. Ver também J. H. Burns; Mark Goldie (eds.), *The Cambridge History of Political Thought, 1450-1700*. Cambridge, Cambridge University Press, 1991, e Carter Lindberg, *The European Reformation*. Nova York, Oxford University Press, 1996.

[2] As reflexões de Voegelin sobre este projeto podem ser encontradas no Capítulo 17 de *Autobiographical Reflections*. Ed. Ellis Sandoz. Baton Rouge, Louisiana State University Press, 1989. [Em português: Eric Voegelin, *Reflexões Autobiográficas*. Trad. Maria Inês de Carvalho e notas de Martim Vasques da Cunha. São Paulo, É Realizações, 2008.]

com um rabino local, a fim de poder consultar os textos em sua língua original. Esses estudos obrigaram-no a uma consideração posterior acerca das civilizações antigas do Oriente Próximo como a matriz da qual emergiu Israel. Isso levou à conclusão, mais bem expressa nas próprias palavras de Voegelin, de que "O modelo de um desenvolvimento linear das ideias políticas, de um suposto constitucionalismo de Platão e Aristóteles, passando por um duvidoso constitucionalismo medieval e culminando no esplêndido constitucionalismo da era moderna, sucumbiu".[3]

A terceira matéria que atingiu o estudo tornou-se clara quando Voegelin estava escrevendo acerca do século XIX. À medida que trabalhava nesse período, chegou à conclusão de que "a concepção de uma história das ideias era uma deformação ideológica da realidade. Não haveria ideias se antes não houvesse símbolos de *experiências* imediatas".[4] Isso levou Voegelin a voltar-se do estudo de ideias para um exame das experiências que as engendraram. Essas três questões levaram na direção para além do escopo de uma história de ideias.

Desse período em seu desenvolvimento intelectual, escreveu Voegelin: "Os cinco anos, entre 1945 e 1950, eu os caracterizaria como um período de indefinição, senão mesmo de paralisação, no tratamento de problemas que, embora percebesse, não conseguia aprofundar intelectualmente de maneira satisfatória".[5] Como sabe todo estudante do pensamento de Voegelin, sua revelação encontrou expressão no desenvolvimento das Walgreen Lectures apresentadas em Chicago em 1951.[6]

Os textos neste volume foram escritos nesse período inicial, quando Voegelin estava lutando para esclarecer tanto o

---

[3] Ibidem, p. 63. [Ibidem, p. 102.]
[4] Ibidem.
[5] Ibidem, p. 64. [Ibidem, p. 103.]
[6] Foram publicadas como Eric Voegelin, *The New Science of Politics: An Introduction*. Chicago, University of Chicago Press, 1952. [Em português: *A Nova Ciência da Política*. Trad. José Viegas Filho, com apresentação do Professor José Pedro Galvão de Sousa. Brasília, UnB, 1979 (2. ed. 1982).]

significado da experiência política quanto as implicações da mudança emergente de um estudo de ideias para um estudo da experiência. No entanto, é fácil perder-se na mudança de Voegelin, imaginando que foi um rompimento radical com os materiais contidos nestes estudos. Não foi esse o caso, como a "Introdução Geral à Série" se esforçou para ilustrar e explanar.[7] A mudança foi uma penetração mais profunda em figuras e movimentos dessas épocas e uma interpretação mais sugestiva do significado deles. O material nesta coleção continua a ter valor não apenas para uma compreensão do desenvolvimento intelectual de Voegelin, mas também um estudo das fontes, movimentos e pessoas que articularam uma filosofia de ordem na história, por mais formada ou deformada que tenha sido tal articulação. Foi mediante o estudo específico da história que Voegelin chegou às conclusões significativas que mais tarde tirou da existência humana na história e sua busca de ordem. Pode-se dizer que esses estudos levaram ao fundamento de um dos princípios básicos de Voegelin: "A ordem da história surge da história da ordem".[8]

II. A caracterização que Voegelin deu a esse período

Este volume na *História das Ideias Políticas* cobre o período moderno como representado pela Renascença e Reforma. As dimensões filosóficas da modernidade foram um dos temas centrais da obra de Voegelin como cientista político, sendo, pois, estes estudos das origens da modernidade de interesse

---

[7] Thomas A. Hollweck e Ellis Sandoz, "General Introduction to the Series", em *The Collected Works of Eric Voegelin*, vol. 19, *History of Political Ideas*, vol. 1, *Hellenisme, Rome, and Early Christianity*. Ed. Athanasios Moulakis. Columbia, University of Missouri Press, 1997, p. 1-47. [Em português: Eric Voegelin, *História das Ideias Políticas*, vol. I, *Helenismo, Roma e Cristianismo Primitivo*. Trad. Mendo Castro Henriques. São Paulo, É Realizações, 2012.]

[8] Eric Voegelin, *Order and History*, vol. 1, *Israel and Revelation*. Baton Rouge, Louisiana State University Press, 1956, ix. [Em português: Eric Voegelin, *Ordem e História*, vol. 1, *Israel e a Revelação*. Trad. Cecília Camargo Bartolotti. São Paulo, Loyola, 2009, Prefácio, p. 27.]

especial para pessoas que estão procurando entender a análise de Voegelin das raízes de nossas ideologias políticas de hoje. As raízes que fizeram florescer as várias deformações modernas de consciência são estudadas nas pessoas e nos movimentos analisados nestes capítulos. Neles, Voegelin caracteriza o período moderno sob a ótica da destruição da unidade temporal e espiritual da sociedade ocidental como representada pela Cristandade imperial. Essa destruição de uma autoridade espiritual e temporal unificada levou aos reinos relativamente autônomos da Igreja e do Estado.

Voegelin defende a existência de dois começos do período moderno. O primeiro é representado pela obra de Maquiavel e, até certo ponto, pela de Erasmo e More. O segundo é representado pela Reforma. No curso da história, os efeitos poderosos do segundo começo obscureceram o primeiro. O poder da Reforma, como iniciado principalmente pela personalidade de Lutero, e continuada pela de Calvino, atraiu a atenção de historiadores e obscureceu os desenvolvimentos representados por Maquiavel, Erasmo e More. A Reforma liberou as forças reprimidas da religião popular representada pelos vários movimentos sectários que nos períodos anteriores tinham podido absorver-se numa comunidade maior. À medida que a absorção anterior se deteriorou, essas forças entraram em erupção, cristalizando-se ao redor de questões levantadas por Lutero. Em muitas instâncias, as forças liberadas foram além do que Lutero imaginara; no entanto, Voegelin considera que, para suas conclusões, elas seguiram as iluminações políticas de Lutero. Essas forças populares eram mais "medievais" do que modernas. Nisso, Voegelin se junta aos historiadores contemporâneos que enfatizam a continuidade entre o período medieval e a Reforma. Mas o que era novo nessas forças no período da Reforma era que estavam crescendo de tal forma que não podiam ser contidas dentro da Igreja e acabaram explodindo num cisma. Foi somente no século XVIII, com a ascensão do assim chamado Iluminismo, quando as forças do protestantismo parecem ter sido gastas, que se notaram as conexões entre esse período de modernidade e o mundo de

Maquiavel, Erasmo e More. Voltaire, por exemplo, pode ser conectado a Erasmo; ou Alexander Hamilton, a Maquiavel.

Os quatro capítulos deste volume são dedicados à explicação desses dois começos e seus representantes. Os Capítulos 1 e 2 da Parte 4 mapeiam o curso do primeiro começo, a Renascença, como representada por Nicolau Maquiavel (1469-1527), Erasmo de Roterdã (1466/69-1536) e Thomas More (1478-1535). O Capítulo 3 examina os movimentos sectários antes, durante e depois da Reforma e forma um tipo de transição. O Capítulo 1 da Parte 5 mapeia o curso do segundo começo, a Reforma, pelo estudo de duas figuras de liderança ligadas ao protestantismo: Martinho Lutero (1483-1546) e João Calvino (1509-1564). Juntos, esses quatro capítulos constituem um estudo das fontes principais do período moderno e servem como a base para a compreensão dos vários traços de modernidade que se desenvolveram bem nos séculos XIX e XX.

III. Esboço do conteúdo

O primeiro capítulo é um cuidadoso esboço de estudo sobre Maquiavel, uma das figuras mais intrigantes e controversas na história intelectual ocidental. O capítulo desenrola-se em quatro partes amplas. A primeira é uma introdução, alertando o leitor que Voegelin se empenhará em mover-se para além da condenação moralista que frequentemente está ligada a Maquiavel e que não serve a nenhum propósito quando se trata de uma análise teórica de seu pensamento político. Embora as caricaturas não nos digam nada sobre o conteúdo do pensamento de Maquiavel, alertam, no entanto, o historiador para o fato de que aconteceu algo extraordinário. Para Voegelin, o significado de Maquiavel deve ser visto numa combinação única de gênio e circunstâncias.

A segunda parte do capítulo é um esforço de examinar as circunstâncias na vida de Maquiavel que incitaram sua reflexão e as fontes que lhe moldaram o pensamento. Voegelin emprega essas fontes, incluindo a tradição italiana da arte de governo e especialmente a obra de historiadores humanistas, para conduzir uma análise das circunstâncias de Maquiavel. Ao usar as fontes antigas, especialmente Lívio, como seu modelo, esses historiadores romperam com a tradição cristã de historiografia e secularizaram o entendimento do processo histórico. O foco foi em indivíduos particulares e sua ação no mundo. O estadista e o líder militar se tornaram as figuras-chave, e a arena de ação era o estado secular. O critério de ação se tornou a vantagem do país, refletindo a desintegração do império e de sua unidade temporal e espiritual. Uma preocupação adicional dos historiadores foi com as influências e mitos asiáticos que remontavam à luta nos tempos clássicos entre Europa e Ásia. Uma dessas influências importantes em Maquiavel, argumenta Voegelin, foi a imagem de Timur (Tamerlão) desenvolvida numa série de apresentações mitológicas de sua "vida". Juntamente com os acontecimentos reais na Ásia, essa imagem influenciou a tradição italiana e sua compreensão do poder e da história. Através dessa influência veio à luz a obra de Maquiavel. Central a essa mitologia é o herói que age na história e que, em seu agir com virtude diante da fortuna, se torna uma fonte de ordem no Estado.

A terceira parte do capítulo examina três das obras de Maquiavel: A *Vida de Castruccio Castracani*, os *Discursos* e *O Príncipe*. Em sua análise, Voegelin mostra como Maquiavel estava reagindo à experiência da manifestação de poder que é tida como para além das categorias do bem e do mal. Em sua resposta, Maquiavel não sucumbe ao niilismo. Ao contrário, propõe o líder forte, o príncipe, que com sua virtude diante da fortuna será a fonte de ordem. O mito do herói ou príncipe é estabelecido integralmente na *Vida de Castruccio Castracani*, mas está também presente em outras obras.

A quarta parte desse capítulo estabelece a conclusão de Voegelin e a avaliação de Maquiavel. A avaliação é positiva, pois o estudo histórico mostrou por que o estereótipo típico de Maquiavel está incorreto. Maquiavel não é nem amoral nem antimoral; ele tem um conjunto de princípios espirituais que está promovendo. A perspectiva negativa de Voegelin em relação a Maquiavel vem em sua avaliação da espiritualidade de Maquiavel, que Voegelin diz estar enraizada no mito pagão da natureza. Aqui, de novo, o problema não é que isso esteja errado *per se*. Ao contrário, está errado historicamente. Uma diferenciação histórica de verdade ocorreu com o advento da Cristandade. Não se pode fazer voltar o relógio para um tempo pagão. Tentar fazê-lo, agora que a verdade foi diferenciada numa realidade transcendente, é um fechamento da alma àquela realidade e, como tal, uma reversão ao tribalismo. Embora a análise de Voegelin seja justa ao exibir as fontes e intento de Maquiavel, é também crítica ao expor o fechamento dela à transcendência que é umas das principais características da modernidade como a experienciou Voegelin.

O segundo capítulo trata de Erasmo e More, escritores que partilham com Maquiavel uma participação no primeiro começo da modernidade. Voegelin está preocupado principalmente com a *Institutio Principis Christiani* e a *Utopia*, de More, ambos escritos em 1516, um ano crucial na análise de Voegelin.

A *Educação de um Príncipe Cristão* é o equivalente do *Príncipe*, de Maquiavel. Como tal, pertence a um gênero comum de literatura. Erasmo queria uma reforma. Já que era cético das massas, cuidou do príncipe para providenciar tal reforma de vida. A esse respeito, partilha com Maquiavel da esperança de que será o príncipe o portador da ordem. No caso de Erasmo, entretanto, não será através de seu poder bruto, mas através de sua virtude cristã. Erasmo cuidou do príncipe cristão para que este fosse um agente de ordem mediante sua fidelidade aos princípios cristãos. Contudo, a Cristandade de Erasmo difere da compreensão tradicional de Cristandade incorporada na Igreja e nos sacramentos. Para Erasmo, Cristandade, como estabelecido no Novo Testamento, é realmente a "filosofia de Cristo". O cristão segue os ensinamentos de Cristo muito como qualquer discípulo seguiria o ensinamento de qualquer outro grande filósofo e mestre.

Para Voegelin, essa versão simplista de Cristandade parece ser cândida. Como pôde Erasmo, um homem supostamente educado, cair nessa situação? Pode-se entendê-la quando a vemos como a reação de Erasmo a sua experiência da Cristandade de seu tempo. A Cristandade a que Erasmo estava exposto era um tipo de escolástica epigônica. Isso justifica a oposição intensa de Erasmo à escolástica e a muito da teologia que ele encontrou em seus dias. Procurou reformar a Cristandade, desenvolvendo uma filosofia de conduta baseada em ensinamentos do "grande filósofo" Jesus Cristo e incorporados na vida do príncipe.

Embora o desejo de reforma seja admirável, a atitude negativa para com a escolástica e suas contribuições à civilização cristã é um problema na obra de Erasmo. Leva a uma arrogância intelectual que Voegelin caracteriza pelo fato de Erasmo estar certo em sua revolta emocional, mas errado em sua reação intelectual. Sua atitude representa uma rejeição da orientação para o divino, em favor de uma orientação para a razão intramundana que leva à húbris intelectual que mais tarde se tornaria tão prevalecente na cultura ocidental. Erasmo termina com uma razão que se torna um orgulho espiritual em que um "líder" diz conhecer e, portanto, estar justificado a fazer o que quer que lhe pareça pessoalmente correto. Esta é a *libido dominandi*, a paixão do poder.

Adicionalmente, um estreitamento de perspectiva acompanha essa secularização da razão em Erasmo. Erasmo vê a chave da reforma na pessoa do príncipe cujas ações deram forma à vida do povo. O povo desempenha uma parte pequena, se é que desempenha alguma, na compreensão de Erasmo da política. O príncipe ocupa o palco central. O príncipe move-se num vácuo social, levando Voegelin a concluir que "há uma cegueira histórica peculiar em Erasmo". Para Voegelin, Erasmo, no fato de ter-se fechado em seu próprio mundo, carrega as marcas de alguns intelectuais contemporâneos. No final, o que encontramos em Erasmo é a *pleonexia* do intelectual, apanhado em si mesmo e divorciado da realidade da existência histórica.

A *Utopia* de More ocupa o restante do segundo capítulo. Como sabem todos os que estudaram este livro, e como avalia claramente Voegelin, seu tamanho pequeno está em proporção inversa com a densidade de seu pensamento. Nota Voegelin, suspeita-se que ironicamente, que More é um santo assim na Igreja como no movimento comunista. Isso aponta para sua complexidade. Parte da complexidade envolve a própria obra, e parte envolve a medida da considerável opulência de significados que a palavra *utopia* adquiriu para além do texto de More. Voegelin explora as implicações disso, por ler More a fim de estabelecer algum sentido histórico do que More pretendia em sua obra.

Reflexões sobre a literatura utópica em relação a More são seguidas de uma análise do texto. Em parte, o texto representa a própria luta de More. Deve ele procurar servir ao rei em seu país ou retirar-se da política? Já a luta está secularizada porque a harmonia com um poder espiritual transcendente declinou para More. Seus problemas, e as questões que coloca, são os de um intelectual secularizado. Rafael, o narrador de *Utopia*, representa uma resposta possível. Ele viaja pelo mundo como um "homem sem país". Rejeita dar conselho filosófico, pois não será ouvido.

Essa resposta à pergunta da participação na vida da república é um desafio a More. Para responder ao desafio, ele faz a mesma distinção que Erasmo faz entre dois tipos de filosofia: filosofia de escola e filosofia civil. A filosofia civil esforça-se por fazer parte do sistema, fazendo o melhor que pode sob as circunstâncias em que se encontra. Essa pode ser a própria resposta de More, mas Voegelin não se impressiona com ela, rotulando-a de argumento do colaborador. O reino do espírito é negado, e a comunidade tende a adquirir uma autoridade última que é apropriadamente reservada ao espírito. Estamos a caminho de uma modernidade que terminará negando completamente o espírito.

Este estudo identifica a direção a que a filosofia desse "primeiro começo" levaria. Embora Erasmo e More coloquem restrições nessa direção, pensadores posteriores não estavam tão inclinados a isso. Vemos então, assim em Erasmo como em More, o movimento da *ratio humana* distante de orientar a natureza humana pela participação na *ratio divina* para confiar num conjunto de regras que guiam a vida intramundana.

More reconhece o mal dessa sociedade, o mal da *pleonexia* do povo, expressa, dentre outras maneiras, como a paixão pelo engrandecimento. Nesse sentido ele se move para além de Erasmo, que parece desprezar o povo e concentrar-se na *pleonexia* do príncipe. Para More, o símbolo desse mal na sociedade é a propriedade privada. No entanto, Voegelin critica os que querem fazer de More um comunista precoce. A propriedade em si não é o problema. Ela é apenas o símbolo do problema mais profundo do poder. A imagem da comunidade que More desenvolveu na *Utopia* é uma crítica de sua sociedade. Ao contrário de pensadores posteriores, havia suficiente substância cristã deixada em More para ele saber que essa sociedade ideal era realmente "nenhures", que a comunidade que ele descreve é um "ideal". Essa é a diferença entre More e os modernos. More sabe que sua utopia é apenas um ideal que serve como uma crítica social e não pode ser realizada. Que a verdade serve como um conceito limitante para ele. More não tenta criar esse Estado nenhures na terra. Aquelas restrições se perderam em outras, dos radicais sectários do período da Reforma para os positivistas, socialistas e comunistas do período moderno.

A despeito dessas restrições, Voegelin encontra a presença de *superbia* nos voos de fantasia e interpretações imaginativas de More. O ideal intelectual de More traz a si um absoluto que pertence apenas ao espírito. Isso leva à mesma *pleonexia* que já se encontrou em Erasmo. É também o mesmo demonismo de poder exibido por Maquiavel, exceto que está disfarçado como um ideal. Voegelin acredita que na *Utopia* pode-se ver a formação de conceitos que teriam um efeito profundo na história do Ocidente. A curva que começa na "atrocidade jocosa do intelectual humanista" termina com colonialismo, imperialismo, nacional-socialismo e comunismo.

O Capítulo 3 é um estudo magistral dos movimentos sectários na Cristandade, apresentado com o título de "O Povo de Deus".[9]

Começando já no século XI, exibem-se as trajetórias de movimentos representativos sectários. Voegelin sugere que cada sociedade move-se em dois planos, o plano institucional e o dos movimentos que resistem às instituições. Há um elemento permanente de resistência às instituições em cada sociedade que dá forma a essa mesma sociedade. No caso da sociedade cristã, em que o espírito é representado pela instituição da Igreja, essa resistência pode tomar a forma de uma reforma, já que o que a instituição da Igreja presume é incorporar o espírito, mas sente-se que o faz por meio de maneiras cada vez mais problemáticas. O problema é que a igreja na sociedade cristã incorpora o espírito na civilização por meio de um compromisso com o mundo. A igreja é uma força civilizacional à medida que pode efetuar um compromisso com o mundo e trazer a mensagem do espírito para a vida social do povo. Especificamente, a maneira em que isso é feito finalmente na igreja é pelo sacerdócio e pelo sistema sacramental. É esse sistema contra o qual se dirige a revolta dos grupos sectários.

Uma das questões de que trata Voegelin é o grau a que a instituição social dominante, neste caso, a igreja, foi capaz de absorver essas forças revolucionárias. "Absorvência" torna-se o tema-chave da análise política ao longo deste capítulo, e Voegelin igualmente o tinha em mente quando o caracterizou, em uma carta de 1941, como "em minha opinião, uma síntese importantíssima da dinâmica das ideias ocidentais, que nunca foi apresentada desse modo".[10] O capítulo identifica quatro períodos de "absorção", variando de um alto grau até um completo colapso.

---

[9] Ver o tratamento anterior que Voegelin deu a esse tema no Sermão da Montanha, e sua referência ao presente capítulo, em vol. I, *Hellenism, Rome, and Early Christianity*, op. cit., p. 160-62.

[10] Voegelin a Fritz Morstein Marx, 6 de maio de 1941, série de livros escolares da McGraw-Hill, como citado em ibidem, p. 4.

Quando ocorre o colapso na absorção entre forças institucionais e contrainstitucionais, estas últimas se tornam mais anticivilizacionais e revolucionárias. A conexão entre reforma espiritual e revolução social é analisada por um estudo denso de um dos panfletos puritanos, *Um Vislumbre da Glória de Sião*. Este texto e as reflexões de Voegelin sobre ele oferecem um estudo das tendências sociais desses movimentos em relação a uma sociedade mais ampla. Voegelin também identifica certas influências orientais nos movimentos, chamando a atenção do leitor para a obra de Dionísio Areopagita e João Escoto Erígena.

O que torna esse capítulo especialmente significativo é que ele oferece a rica base histórica em que se desenvolveram muitas das conclusões de Voegelin acerca do gnosticismo e seu impacto no mundo moderno.[11] As tendências gnósticas, que estão presentes na variedade de movimentos que Voegelin estuda, floresceram plenamente, de acordo com ele, na especulação secularista do iluminismo e do positivismo.

O leitor ficará especialmente interessado pela conexão que Voegelin estabelece entre os movimentos sectários cristãos e os esforços ideológicos modernos de transformar o mundo numa comunidade de perfeitos. A conexão é feita pela obra de certos escritores italianos cujas especulações sobre o Terceiro Reino oferecem esse elo. Voegelin vê o processo completado na evocação de Dante de um *imperium* apolíneo. É mediante essa imagem que as especulações místicas sobre um reino perfeito são traduzidas num reino do intelecto mundano. Essa é a conexão com os *perfecti* intelectuais do Iluminismo e outros movimentos que procuram divinizar a humanidade e estabelecer no mundo um reino de espírito perfeito. A nota de encerramento de Voegelin é que esse processo chega à realização final no super-homem dionisíaco de Nietzsche. Nesse sentido, o que começou na Renascença terminou com Nietzsche.

---

[11] O leitor pode consultar outros estudos de Voegelin do gnosticismo moderno nos Capítulos 4 e 5 de *New Science of Politics*, op. cit., e *Science, Politics and Gnosticism: Two Essays*. Trad. William J. Fitzpatrick, introdução Ellis Sandoz. (1968) Washington, D.C., Regnery, 1997.

Com o primeiro capítulo da Parte 5, o leitor chega à Reforma propriamente dita. A atenção agora se foca em Martinho Lutero e João Calvino. Voegelin intitula esse capítulo "A Grande Confusão I", indicando sua visão global do pensamento político da Reforma, assim como a iluminação de que o movimento continuou numa segunda fase (que será tratada no volume que se segue). Voegelin não faz nem um pouco de fé na Reforma sob a ótica de sua filosofia política. Afirma ele: "Se algo é característico da Reforma, é o fato de que não podemos ligar a ela o nome de nenhum grande pensador político".

A grande força da Reforma é a personalidade de Martinho Lutero. A transmissão das ideias de Lutero se tornou possível, em parte, por causa da imprensa e do desenvolvimento de um público leitor pelas universidades. O embate começou primeiro em torno da questão das indulgências e logo se espalhou para outras questões que não tinham sido apropriadamente digeridas na vida social da igreja. Voegelin vê o problema nesse estágio sob a ótica da discussão platônica de um mito que se tornou historicamente falso pela passagem do tempo. Oferece como exemplo um exame das discussões da transubstanciação.

Enquanto a questão de indulgências se tornou algo como uma espécie de "deflagrador", pondo em movimento outras questões, as personalidades de Lutero e outros contribuíram para o que Voegelin chama "discussões mal-humoradas, sentimentos feridos e afirmações sentimentais com implicações inesperadas". Poderia ter sido possível chegar a algum compromisso razoável em todas essas questões se mentes maiores e personalidades mais calmas estivessem envolvidas. No entanto, não seria esse o caso com a Reforma. Em consequência, o que começou como uma discussão bem abstrata de uma matéria teológica técnica entrou em erupção, transformando-se numa revolta desabrochada na igreja ocidental.

Voegelin prossegue com uma consideração de várias obras de Lutero, no período crucial de cinco anos, entre 1520 e 1525: *O Apelo à Nobreza Cristã da Nação Alemã* (1520), *Da Liberdade de um Cristão* (1520), e *Da Autoridade Temporal, até onde o Homem Deve Obediência* (1523). Em todos esses escritos, o foco está nas implicações políticas do que Lutero está advogando. Ensinamentos concernentes ao sacerdócio de todos os cristãos, justificação pela fé e oposição à escolástica são todos analisados sob a ótica de seu significado para a teoria política. Muitas coisas são notáveis. Primeiro, destaca-se a força pura da personalidade de Lutero como um condutor significativo dessa mensagem revolucionária. Em segundo lugar, Voegelin aponta o aparente equívoco de Lutero sobre as implicações daquilo que ele dizia como pensador. Voegelin identifica Lutero como o primeiro de muitos pensadores a ficar aterrado com o que pôs em movimento e tentar, então, algumas vezes sem sucesso, interromper essas tendências. Um exemplo disso é Lutero estabelecer o princípio de que cada pessoa pode interpretar as Escrituras por si mesma. Lutero empregou esse princípio como um ataque à escolástica. Nesse ponto, de acordo com Voegelin, ele partilhava com Erasmo e More uma atitude de antifilosofismo. Quando outros levaram isso ao extremo, como no caso de alguns sectários que fizeram sua própria consciência de Deus o princípio de ação, Lutero ficou aterrado. No entanto, Voegelin sugere que era de se esperar precisamente esse resultado de um ataque às forças civilizacionais da Cristandade.

Os cinco anos entre 1520 e 1525 são anos cruciais para a revolução política que Lutero pôs em movimento. Embora ele vivesse por mais vinte anos, a revolta que ele iniciara tomou seu curso destrutivo. O sucesso da reforma protestante cega as pessoas para os efeitos negativos de Lutero. Voegelin resume sua análise de Lutero notando quatro ideias que tiveram significância para a história ocidental. Primeiro, Lutero atacou e destruiu o núcleo da cultura espiritual cristã com sua doutrina de justificação pela fé, que era um ataque à doutrina da *fides caritate formata*, a realização civilizacional significativa da Cristandade medieval. A fé tornou-se, para Lutero, um ato externo de confiança numa revelação externalizada, codificada nas Escrituras. Perdeu-se a intimidade pessoal de uma vida formada pela graça. A justificação se torna um ato externo que não atinge a vida empírica de uma pessoa. Corpo e alma, espírito e mundo estão separados. Em segundo lugar, e relacionado ao primeiro, Lutero tem uma pesada responsabilidade por destruir a cultura intelectual ocidental, com seu ataque à escolástica aristotélica e ao aprendizado em geral. Como a de Erasmo, sua posição antifilosófica criou um padrão que se pode ver nos filósofos iluministas e na ignorância de "intelectuais" liberais, fascistas e marxistas contemporâneos. Em terceiro lugar, por sua doutrina da *sola fides*, Lutero destruiu o equilíbrio da existência humana. Ao rejeitar a vida contemplativa e focalizar a atenção no trabalho neste mundo, já que as questões com Deus estavam postas, ele preparou o caminho para o pragmatismo utilitário na sociedade, que é incapaz de responder aos movimentos de massa revolucionários modernos. Finalmente, a própria personalidade de Lutero, tão significativa para sua revolução, é o protótipo da pessoa voluntariosa, que se revolta contra a ordem tradicional e impõe sua vontade àqueles em torno dela. Podem-se ver muitas vezes exemplos desse tipo de personalidade na história do pensamento ocidental, desde a época de Lutero.

A porção final desse último capítulo é uma análise da obra de Calvino e, em particular, das *Instituições*. Para Voegelin, Calvino estava esforçando-se para resolver o problema que Lutero deixara com sua revolução – ou seja, um eleito jogado no deserto do réprobo. O que deveriam fazer? Estavam indefesos? Permaneceriam indivíduos isolados? Deveriam tentar organizar-se em pequenos grupos? Deveriam retirar-se do corpo principal da Cristandade? Nenhuma dessas soluções interessava a Calvino. Segundo Voegelin, Calvino aceitou as ideias de Lutero quanto aos remanescentes, mas queria, então, transformar esses remanescentes numa igreja universal que suplantaria a Igreja Católica. É disso que tratam as *Instituições*, uma obra de política pragmática para estabelecer e justificar uma igreja universal, dando sua própria identidade, sacramentos, liderança e assim por diante. Embora o tamanho, a matéria (ou seja, a teologia aparente) obscureçam esse propósito, a obra é um *livre de circonstance* para a nova ordem de Calvino. Escrituras, doutrina e tudo o mais está submetido à vontade de Calvino. Por trás do texto está a pessoa de Calvino, que procura impor sua vontade ao povo de Genebra.[12]

Calvino executa seu manifesto por uma nova igreja universal de duas maneiras. Primeiro, emprega a doutrina da predestinação para colocar juntos nessa igreja assim os eleitos como os não eleitos. Isso funciona apenas em parte, mas se ninguém falar muito disso, as coisas se manterão unidas. Segundo, ele ataca a velha igreja por corrupta: não é de maneira alguma uma igreja, e não é, portanto, competição para a nova igreja universal de Calvino.

Voegelin critica o emprego que Calvino faz da doutrina da predestinação com base na incapacidade de Calvino entender a teoria dos símbolos tomista e platônico. A doutrina da predestinação, até esse ponto na linha principal de teologia, fora entendida como uma analogia. No sistema de Calvino, ela tornou-se uma proposição empírica imanente do mundo. Voegelin especula que tal pode ter sido engendrado pela intensidade da experiência religiosa de Calvino, mas é, no entanto, defeso interpretar dessa forma a doutrina. Como Lutero e também Erasmo, Calvino poderia bem estar representando o colapso das instituições acadêmicas de seu tempo. Inquirições acadêmicas, especialmente na área de teologia, tinham-se simplesmente transformado em assunto de segunda classe e foram incapazes de lidar com as questões que a experiência de fé estava levantando. A revolta de Lutero, Calvino e mesmo de Erasmo são um reflexo desse estado de coisas acadêmico. E é um estado de coisas que Voegelin via também presente na vida acadêmica de seu tempo, como ilustram seus apartes aqui e ali.

De igual interesse para a teoria política é que Calvino não apenas queria estabelecer uma igreja universal; queria

---

[12] Ver a adição da nota dos editores à nota 29, p. 326, sugerindo que materiais históricos adicionais podem ser relevantes para rever a avaliação que Voegelin fez de Calvino.

também ser uma força ativa na história, uma força que promovesse o progresso do reino de Deus. As várias ordens políticas e ações que Calvino imagina – profetas armados, órgãos representativos de governos nos Estados e as alianças entre príncipes – representam o arsenal ideológico para as grandes guerras religiosas que se seguiram na esteira da revolução protestante. Dada a desintegração da sociedade e o papel de organizações mais vitais, o programa político de Calvino para os eleitos parece a Voegelin o que hoje chamaríamos uma teoria de uma nova elite. Calvino sabia empregar símbolos bíblicos para apoiar este programa porque tempos de crise dão mais visibilidade à igreja invisível.

Como as de Lutero, as ideias de Calvino deixaram seu impacto na história ocidental. Na época de Calvino, a elite eram os protestantes eleitos. Quando se gastou o protestantismo, surgiram novas elites para agir e procurar impor sua vontade transformada à história. Estão representadas, por exemplo, na obra de Comte – que, de acordo com Voegelin, tem muito em comum com Calvino – e nos movimentos totalitários de nosso tempo.

IV. Uma nota sobre a leitura voegeliniana de Lutero e Calvino

Em geral tentamos evitar interpretações nesta introdução, mas pode ser necessária uma nota especial a respeito do capítulo sobre Lutero e Calvino. Leitores que cheguem a essa parte do texto podem ficar surpresos com a crítica muito dura, às vezes hostil de Voegelin. Teólogos que seguem a obra de Voegelin e que leram Lutero e Calvino podem também ficar desapontados nessas seções. Além disso, ao contrário das outras figuras dessa seção, Lutero e Calvino são ainda considerados os antepassados espirituais de vastas comunidades que podem chocar-se com o que está escrito aqui. Portanto, são úteis algumas observações interpretativas adicionais.

Em primeiro lugar, não obstante o fato de haver milhões de pessoas no mundo que são herdeiras espirituais de Lutero e Calvino e que os têm em alta estima histórica, história não é hagiografia. Voegelin não está escrevendo um tributo a Lutero e Calvino, mas procurando executar uma análise teorética cuidadosa do pensamento político refletido nas obras deles e as implicações desse pensamento para a história política ocidental. Na verdade, é opinião de Voegelin que os efeitos da Reforma na história tendem a obscurecer uma análise e crítica mais cuidadosamente esboçadas de Lutero e Calvino. Ademais, sua obra é um reconhecimento do papel significativo que ambos tiveram no desenvolvimento das ideias políticas, ainda que a direção dessas ideias não tenha sido, para Voegelin, sempre positiva.

Em segundo lugar, é importante notar que Voegelin não coloca toda a culpa – nem mesmo a culpa maior – pela ruptura desse período em Lutero e Calvino. De um lado, a igreja já estava dividida. Isso se tornou uma questão na Disputa de Leipzig. O papel do cisma entre a Igreja Grega e a Igreja Latina foi revelado incompletamente pelos historiadores, de acordo com Voegelin. Numa longa nota, ele parece ser simpático ao ponto de vista de que a ruptura da Reforma é a consequência provável do cisma anterior entre o Oriente e o Ocidente. Ademais, as forças que foram liberadas, especialmente pela personalidade de Lutero, não eram forças feitas apenas por Lutero. Ao contrário, essas forças já estavam presentes na situação. Portanto, a igreja tem de suportar sua cota de responsabilidade. Como aponta Voegelin: "O aparecimento do 'grande indivíduo' não causa a revolução, é em si o sintoma de um colapso que pode precisar apenas de uma ocasião conveniente para manifestar-se na revolução. Dessa regra geral não podemos fazer exceção para o caso da igreja". Algures neste texto, Voegelin sugere que o fardo principal para a revolta recai na igreja romana quando nota que: "a culpa está primordialmente nas classes dominantes das instituições estabelecidas, não nos revolucionários que são o produto de uma situação que foi mal dirigida pelas autoridades responsáveis".[13]

Essas referências sugerem que embora seja negativa a avaliação que Voegelin faz de Lutero e Calvino, ele reconhece que ambos são um produto de um conjunto de circunstâncias sociais que lhes moldaram as reações a suas épocas. Dado o colapso na ordem, conjugado com as personalidades envolvidas, a Reforma parece ter sido inevitável. É útil relembrar, a esse respeito, a arqueologia de Voegelin sobre o declínio, por exemplo, já no começo da Idade Média. Francisco de Assis, escreveu Voegelin, "alargou nosso mundo, mas a ênfase de seus sentimentos [...] trouxe uma nova irrupção de forças intramundanas; não trouxe uma nova síntese". Como resultado, "negligenciaram-se outros problemas". Francisco era uma das grandes figuras e, no entanto, mesmo aqui Voegelin encontra a irrupção que ele pensa explodir realmente durante o período da Reforma. A irrupção intramundana foi não apenas aguda, como na Reforma, mas também crônica. Elementos dela permeiam o período inicial medieval. Mesmo Aquino, que segundo Voegelin obtém um equilíbrio e harmonia entre os muitos elementos de experiência humana e cristã, é descrito por Voegelin como "beirando o revolucionário" em alguns de seus pensamentos (sua ênfase na liberdade e participação no governo, e o papel do intelectual independente, por exemplo). Voegelin refere-se ainda ao "espiritualismo quase protestante de Santo Tomás".[14]

Uma terceira observação: tem de ser lembrado que a análise que Voegelin está fazendo nesta obra não é uma análise

---

[13] Ver a seguir, p. 330, n. 34; p. 291 e 337.
[14] *The Collected Works of Eric Voegelin*, vol. 20, *History of Political Ideas*, vol. II, *The Middle Ages to Aquinas*. Ed. Peter von Sivers. Columbia, University of Missouri Press, 1997, p. 142, 230-31. [Em português: Eric Voegelin, *História das Ideias Políticas*, vol. II, *Idade Média até Tomás de Aquino*. Trad. Mendo Castro Henriques. São Paulo, É Realizações, 2012.] Notar que Voegelin não está falando contra forças intramundanas; está falando a favor de um equilíbrio entre essas e as outras dimensões de existência transcendentais e cristãs.

teológica. Pode-se reclamar da impossibilidade de separação nítida entre teologia e filosofia política, particularmente nos escritos de um pensador como Voegelin. Ainda assim, Voegelin é muito claro no texto ao dizer que está analisando os escritos de Lutero e Calvino não com a preocupação a respeito de seu conteúdo doutrinal, mas, ao contrário, com um olho nas implicações políticas da obra desses autores. Em várias ocasiões, no entanto, ele se aventura em alguma crítica teológica. Por exemplo, sugere que Calvino pode não ter tido uma teoria de simbolismo satisfatória. Essa avaliação acerca de Calvino precisa ser colocada no contexto da época. O problema não começou com Calvino, como o próprio Voegelin indica claramente. A este respeito, é imprescindível que o leitor deste volume da *História das Ideias Políticas* lembre que ela é parte de uma série maior. O que Voegelin chama "a má compreensão iluminada dos símbolos" e "a inclinação gnóstica a estender a operação do intelecto até o reino da fé e do mito" é um processo que já tinha começado no século XII. Nesse contexto, ele chega a colocar Santo Tomás "entre os pecadores".

Ainda um exemplo de interpretação teológica seria a visão de Voegelin do ensinamento de Lutero sobre a justificação. Esta, naturalmente, é a questão central – para Lutero, a questão central da Reforma –, e Voegelin parece insinuar isso mesmo pela análise a que procede. É uma análise sutil, e muito pertinente para a história posterior dos efeitos da Reforma. A justificação é apresentada como uma imputação meramente forense, sem nenhuns efeitos transformadores na experiência humana. Isso efetivamente remove Deus do plano da história e alimenta uma visão radicalmente desdivinizada e autônoma do comportamento humano. De novo, assim como a visão de Calvino quanto ao simbolismo, as raízes históricas desse pensamento no nominalismo tardio e no fideísmo precisam ser levadas em conta.

Ainda assim, as observações "teológicas" são litigiosas, obviamente, pois pode-se argumentar que em alguns lugares elas não são suficientemente diferenciadas, especialmente em vista do estado corrente da "ciência" (segundo a definição de Voegelin). Por exemplo, para retornar à questão do simbolismo em Calvino, pode-se argumentar que o que estava em jogo nas complexas disputas eucarísticas entre os reformadores, e mesmo depois, entre os Católicos Tridentinos, foi precisamente a tentativa de mover-se para além de uma visão cruamente fisicalista de experiência e desenvolver uma que reconheça as dimensões transcendentais da experiência que pode ser apontada apenas em símbolos.[15] Entretanto, Calvino pode não ter investigado as implicações disso devido a seu pensamento sobre a predestinação, e nesse sentido vale a crítica de Voegelin. Igualmente, a interpretação que Voegelin dá ao ensinamento de Lutero sobre a justificação poderia ser tida como uma apresentação de uma "tendência" em alguns dos escritos de Lutero, que, afinal, se tornara uma influência tortuosa na história posterior do protestantismo. Mas era uma tendência equilibrada por corretivos. É Lutero inconsistente sobre o papel das boas obras no seu *Da Liberdade do Cristão*, como argumenta Voegelin, já que este acredita que Lutero separou fé e obras? Ou será que Lutero não separou, mas distinguiu, fé e obras, de uma maneira análoga à distinção, mas não a separação entre as naturezas divina e humana de Jesus? Isso lhe permitiria garantir uma supremacia à graça e à fé como a fonte de boas obras.[16]

Finalmente, nessa interpretação da Reforma, pode-se ver a preocupação de Voegelin com a ordem e com as consequências na história dessas duas pessoas, movimentos e articulações que rompem a ordem. Em particular, está preocupado com o equilíbrio metáxico na consciência humana e

---

[15] Ver, por exemplo, Roland M. Frye, "Calvin's Theological Use of Figuratice Language". In: Thimothy George (ed.), *John Calvin and the Church: A Prism of Reform*. Louisville, Westminster/John Knox, 1990, p. 172-94, para uma apresentação bem requintada da teoria simbólica de Calvino.

[16] Ver William M. Thompson, "The Saints, Justification and Sanctification: An Ecumenical Thought Experiment", *Pro Ecclesia* 4 (1995), p. 16-36; e "Viewing Justification through Calvin's Eyes: An Ecumenical Experiment", *Theological Studies* 57 (1996), p. 447-66.

na história social. Lutero e Calvino representam figuras que viveram e escreveram em tempos de ruptura e, de acordo com Voegelin, contribuíram para essa ruptura. No antifilosofismo deles, Lutero e Calvino estavam-se movendo contra as forças civilizacionais de ordem que se tinham desenvolvido na história até aquele tempo. Uma leitura atenta do texto sugere que a própria situação existencial de Voegelin à época em que escrevia pode ter sido um fator que tenha contribuído para sua análise desse período. Ele sugere que o ponto espiritual alto da civilização ocidental pode ser encontrado na grande doutrina da *fides caritate formata*, a *amicitia* entre Deus e a humanidade. Isso se destruiu, e as consequências, experienciadas todas muito claramente por Voegelin em seus próprios dias, levaram-no a concluir que no momento presente "nada é visível, senão a frialdade do aprisionamento na natureza humana sem a graça". Esse é o mundo como Voegelin o viu durante a época que estava escrevendo seu estudo. Este mundo é o resultado da grande ruptura que explodiu durante a Reforma. Não é de admirar então que Voegelin seja tão crítico da filosofia política daquela era. Voegelin está avaliando não apenas o que pensa tenha sido o papel de Lutero e Calvino na Reforma, mas também as implicações que floresceram da obra deles. Para um erudito, fazer qualquer outra coisa seria desonestidade. Para nós, esperar algo mais seria injusto para com Voegelin. Se há interpretações alternativas do significado político dessas figuras, que sejam colocadas à frente e transformadas em parte da conversação pública. De qualquer modo, demos a Voegelin a palavra como intérprete de pensamento político nesse ponto em seu desenvolvimento.

Voegelin sempre deixou claro que a análise deveria ser baseada no estado contemporâneo da ciência (segundo sua definição do termo). Igualmente, ele seria o primeiro a reconhecer a necessidade de atualizar a obra aqui posta. Onde foi apropriado, indicamos, em acréscimos dos editores às notas, estudos que poderiam levar o leitor a maiores refinamentos de algumas das posições tomadas. Terminemos com um exemplo de como o próprio Voegelin repensou suas posições. A interpretação do protestantismo aqui apresentada, como expressa em Lutero e Calvino, levaria alguém a argumentar que Hegel representa o "eu protestante", como que no sentido autêntico. Claramente o Lutero de Voegelin é muito semelhante a Hegel, e Voegelin defende "uma linha inteligível de significado" de Lutero a Hegel, e mesmo a Marx, embora seja uma linha que não corra com nenhuma "necessidade íntima".[17] Não obstante, num estudo posterior, escrito em 1975, Voegelin pôde afirmar, indicando certamente algo de certa nuance:

> Em nosso tempo, esta destruição bárbara das estruturas espirituais e intelectuais está em processo de reparação. Menciono apenas o bom estudo sobre *Fides Quaerens Intellectum* (1931) de Karl Barth, que preparou o autor para a revisão de seu *Dogmatik*. Esta atenção renovada atribuída por um importante teólogo protestante ao equilíbrio de Anselmo entre o mistério e a razão poderia também provocar alguns segundos pensamentos sobre se o princípio hegeliano é tão "protestante" quanto ele pensava ser.[18]

Estava Voegelin pensando melhor? Isso apenas testemunharia a fecundidade dos estudos estabelecidos nesta obra importante.

---

[17] Eric Voegelin, *From Enlightenment to Revolution*. Ed. John H. Hallowel. Durham, Duke University Press, 1975, p. 283.

[18] Eric Voegelin, "Response to Professor Altizer's 'A New History and a New but Ancient God?". In: *The Collected Works of Eric Voegelin*, vol. 12, *Published Essays, 1966-1985*. Ed. Ellis Sandoz. Baton Rouge, Louisiana State University Press, 1990, p. 301. O princípio protestante de Hegel é a apropriação da autonomia humana, no que para Voegelin é uma autonomia absoluta fingida. Ver Georg Wilhelm Friedrich Hegel, *The Philosophy of History*. Trad. J. Sibree. Nova York, Dover, 1956, pt. 4, sec. 3. A interpretação de Voegelin de Lutero e Calvino forma um todo com a interpretação que estava desenvolvendo acerca da "modernidade". Como esta última passa por uma diferenciação crescente em seu pensamento e escritos, isso também se passa, por dedução, com sua visão daquela. Estudiosos de Voegelin considerarão estas duas obras especialmente sugestivas para chegarem a seu próprio julgamento inspirado em Voegelin: Bernhard Lohse, *Martin Luther; An Introduction to His Life and Work*. Trad. Robert C. Schultz. Filadélfia, Fortress, 1986; e William J. Bouwsma, *John Calvin: A Sixteenth Century Portrait*. Nova York, Oxford University Press, 1988.

Nota dos editores

Tal como outros editores da série, fomos deliberadamente conservadores ao fazer mudanças no texto de Voegelin, seguindo as recomendações editoriais da University of Missouri Press. Em geral, onde necessário, modernizamos ortografia, pontuação e o emprego de letras maiúsculas. Ocasionalmente dividimos parágrafos longuíssimos em parágrafos menores. Alteramos alguns fraseados idiossincráticos envolvendo o emprego de uma preposição – por exemplo, quando Voegelin escreveu "blinded for", mas certamente pretendia escrever "blinded to".[19] Embora fosse soberbo o domínio de Voegelin do inglês, mesmo quando estava escrevendo *History of Political Ideas*, convém lembrar que às vezes a sua língua alemã nativa se manifestava no inglês. Por exemplo, neste volume frequentemente ocorrem verbos na "segunda posição" alemã: "No curso de tal pacificação foi promulgada a nova..." "Não muito depois começou a..." são exemplos típicos desta tendência.[20] Esta "gramática alemã" é o estilo único de Voegelin, e não o abafamos. Nosso tratamento ao fazer acréscimos às notas de rodapé também foi conservador. Atualizamos referências quando adequado e acrescentamos informação de publicação mais completa. Quando a pesquisa atual parecia exigir a apresentação de uma perspectiva alternativa à dada por Voegelin, fizemos isso em comentários entre colchetes, nas notas de rodapé. Também traduzimos citações em línguas estrangeiras.

David L. Morse é Pastor Presidente da Monroeville United Methodist Church, na Pensilvânia. É também Professor Adjunto no Departamento de Teologia da Duquesne University de Pittsburgh. Escreveu sua dissertação de doutorado sobre Eric Voegelin.

William M. Thompson é Professor de Teologia Sistemática na Duquesne University. É autor ou editor de numerosos livros, incluindo Voegelin and the Theologian: Ten Essays in Interpretation.

---

[19] Em português, algo equivalente à diferença entre "cego por" e "cego a". (N. T.)

[20] O caso não se aplica ao português, que, assim como o alemão, pode colocar o verbo em segundo lugar, quando quer dar ênfase a ele, e não ao sujeito. No inglês moderno, é sempre necessário seguir esta ordem: sujeito, verbo, complemento. (N. T.)

QUARTA PARTE

O MUNDO MODERNO

1. A ORDEM DO PODER: MAQUIAVEL

Para um público mais amplo, o nome de Nicolau Maquiavel (1469-1527) ainda jaz à sombra de uma condenação moralista.[1] A propaganda antimaquiavélica da Contrarreforma concentrou-se nos princípios de habilidade política, desenvolvidos n'*O Príncipe*, como alvo; e, fora de um círculo mais estreito de historiadores, Maquiavel desde então permaneceu o autor dessa obra famosa, publicada depois de sua morte com o título que lhe deu o editor, embora a moralidade do conselho a governantes permanecesse a grande questão por avaliar. Quase não é necessário dizer que tais preocupações de propaganda moralista não podem formar a base para uma análise crítica das ideias de Maquiavel. Tudo o que podemos reter da caricatura é a consciência de que ocorrera algo de extraordinário, um rompimento implacável com as tradições no tratamento de questões políticas – e que com o autor de *O Príncipe* passamos o limiar de uma era nova, "moderna". Entretanto, mesmo esse elemento da caricatura merece emenda. A concentração furiosa nesse livro mau criou a ilusão de que seu autor foi uma figura solitária, algo como um anormal moral, quiçá criado com o propósito sinistro de fazer miserável a vida para os historiadores do século XVI que podiam iniciar sua história tão

---

[1] [As primeiras cinco seções deste capítulo foram publicadas como "Machiavelli's Prince: Background and Formation", em *Review of Politics* 13 (1951), p. 142-68.]

maravilhosamente com a Reforma, se a "figura enigmática" não estivesse no caminho.² É claro que não é assim. Não há nada de solitário ou enigmático em Maquiavel. Suas ideias, como as de todo o mundo, têm uma pré-história sólida que se estende por gerações, e foram compartilhadas em seu tempo por outros pensadores. O que é historicamente único é o gênio de Maquiavel, assim como a constelação peculiar de circunstâncias que lhe inclinaram o gênio para a cristalização das ideias da época no símbolo do príncipe que, mediante a *fortuna* e a *virtù*, será o salvador e o restaurador da Itália.

§ 1. Circunstâncias biográficas – Maquiavel e Guicciardini

Foi única a convergência do gênio e da circunstância. Reflitamos por um instante nesse acidente. No que diz respeito à história das ideias políticas, o ano de 1494 seria talvez a melhor escolha para ter a honra de ser o ano de abertura do período moderno. Foi o ano em que Carlos VIII da França seguiu o apelo de Ludovico Sforza e começou a invasão da Itália. Nos finais do ano, Piero de Medici foi expulso de Florença e a cidade entrou no interlúdio republicano. Sob o regime republicano, Maquiavel foi secretário do senhorio, desde 1498 até à restauração dos Medici em 1512; e, sob Piero Soderini, que foi eleito *gonfaloniere* vitalício em 1502, teve ocasião de realizar os seus planos para uma milícia popular. O republicanismo desses anos foi uma questão precária. A monarquia, de fato, representada pelos Medici tinha surgido no começo das lutas internas de Florença como a forma politicamente estável de

---

² Ver a organização de materiais em J. W. Allen, *A History of Political Thought in the Sixteenth Century*. Londres, Methuen, 1928; reimpressão Nova York, Barnes and Noble, 1960. A história começa com Lutero e Calvino. Maquiavel e Guicciardini, cuja formação precede a Reforma, aparecem no final do capítulo sobre a Itália. A *Utopia* pré-Reforma de Thomas More é tratada num apêndice a Crowley e Starkey; e Erasmo, que parece ser um incômodo particular, foi cautelosamente omitido.

governo; o retorno ao republicanismo reabriu a luta das facções, agravada pelo fato de que sessenta anos de regência dos Medici tinham quebrado a continuidade de tradições institucionais. A nova era se tornou um período de experimentação constitucional, consideravelmente aquecida pela atividade de Savonarola. As instituições de Florença, que tinham crescido na luta de forças políticas contendoras, repentinamente se tornaram um tópico para o debate constitucional doutrinário, ao passo que as próprias lutas até então tinham fornecido o tópico para a narração histórica. O acidente histórico do interlúdio republicano criou o interesse numa ocupação sistemática e teorética com a política que distingue Maquiavel de seus predecessores na historiografia florentina.

A segunda circunstância que tem de ser levada em consideração é a idade de Maquiavel. Nasceu em 1469; quando se tornou secretário, tinha 30; quando chegou ao fim a sua carreira política sob a república, tinha 43. Um período muito importante de sua vida fora dedicado à experiência republicana. Durante o ócio obrigatório em que começou a escrever *O Príncipe* em 1513, esse período não voltou ao nível do episódio que de fato estava no desenvolvimento de Florença em direção à monarquia hereditária dos Medici; permaneceu a motivação de suas reflexões políticas, dessa busca pelo típico na política de tal maneira que o domínio de regras de ação se poderia tornar a base para o sucesso na direção desejada. Nesse ponto, entretanto, as características de gênio e de circunstância biográfica não podem ser claramente separadas.

Seria irresponsável dizer que a obra política de Maquiavel não teria tomado a direção que tomou a não ser que a sua saída forçada da ação política tivesse elevado a experiência de seus anos maduros a um nível dúbio de absoluto e generalidade. Mas sabemos que no caso de seu contemporâneo mais jovem Guicciardini (nascido em 1483) o mesmo republicanismo básico, o mesmo pessimismo insolente quanto à natureza do homem e considerações ainda mais nitidamente desiludidas sobre as motivações da ação política conduziram-no não a uma tentativa de teorização da política, mas, ao contrário, a uma aceitação do fluxo da história como um presente móvel de ação tão intimamente diferenciada pelas circunstâncias que não se deixou lugar para o típico como a base de planejamento. Para Guicciardini, assim, a política é reduzida à luta quotidiana pelo poder, na ação diplomática e militar, entre as unidades de poder existentes, sem nenhum espaço de respiração para sonhos de Maquiavel, tais como a unificação da Itália. Como consequência, o diplomata mais jovem e historiador é frequentemente acusado de um "cinismo" mais grave do que o de seu amigo mais velho – especialmente desde que se envolveu ativamente no jogo político, ao serviço da Cúria, e de um homem a quem ele desprezava tanto como papa quanto como Medici.

Tais lugares-comuns moralistas, como indicamos, não são muito úteis na análise teorética. Estamos, ao contrário, inclinados a explicar a diferença de comportamento entre os dois homens pelo fato de Guicciardini ser muito jovem para envolver-se profundamente no período republicano de Florença; ser um aristocrata e, por conexões de família, ter a garantia de uma carreira esplêndida seja no cardinalato seja na política. Teve, na verdade, uma grande carreira como diplomata e administrador, e antes de ter atingido a idade de trinta anos tomara o passo psicológico na aceitação da nova situação italiana,[3] e que, como consequência, estava livre dos estorvos

---

[3] Basearia esse julgamento na *Storia Fiorentina*, que Guicciardini escreveu em 1509 para seu próprio esclarecimento (a existência da obra tornou-se conhecida apenas depois do meado do século XIX). Nessa época, seu planejamento político ainda ia em direção a uma república aristocrática. Seu republicanismo, entretanto, não era doutrinário. Escreveu como membro de um partido que detestava tanto os Medici quanto os Popolani. Seus interesses ainda eram estritamente florentinos; não havia nenhum toque ainda de uma compreensão do problema italiano maior, que ele desvendou com mestria em sua última *Istoria d'Italia*. Pode-se dizer que ainda mais do que para Maquiavel o republicanismo que seguiu a invasão francesa foi sua escola de pensamento. Mas seu comportamento já é o de analista de ação; e a teoria da natureza humana que ele emprega ao ponderar a sabedoria de ações já é radicalmente "realista", muito mais do que para Maquiavel, não fazendo nenhuma concessão a motivações de uma natureza tradicionalista, moral ou espiritual, que perturbaria a racionalidade estrita da política de poder.

doutrinários de Maquiavel. Na apreciação de Guicciardini, como revelada em suas observações nos *Discorsi*, Maquiavel aparecia como um entusiasta algo irrealista e otimista na política. Esse julgamento de um grande contemporâneo que, em contraste com os denunciadores de Maquiavel no tempo da Contrarreforma, estava completamente a par de suas ideias e sabia do que ele falava deveria pesar mais numa interpretação crítica do autor de *O Príncipe* do que quase tudo o que foi dito pelos detratores moralistas posteriores.

§ 2. Os problemas da época – O trauma de 1494

Conquanto o gênio e a circunstância biográfica conspiraram em tornar única a resposta de Maquiavel aos acontecimentos de seu tempo, e sendo ele o único pensador da época que elevou o novo problema da política do poder ao nível da especulação generalizante, os problemas em si não foram uma invenção sua. Encontramo-los da mesma maneira, e tratados talvez ainda mais realisticamente, nas obras do Guicciardini mais jovem, ou nas *Mémoires* do mais velho Philippe de Commynes (ca. 1447- ca. 1511). Voltemo-nos agora para os problemas da época.

A *Christianitas* medieval estava desmoronando-se na igreja e nos Estados nacionais. Essa caracterização geral parece ser mais adequada do que falar do fim da era feudal, ou da ascensão da monarquia absoluta, porque essas últimas caracterizações já restringem o problema aos desenvolvimentos específicos e colocam ênfase na política do século XV, que se origina da historiografia secularista dos períodos posteriores. A desintegração da *Christianitas* atingiu a ordem espiritual e a ordem temporal à medida que, em ambas as esferas, se dissolvia o espírito comum que induz à cooperação eficaz entre pessoas a despeito da divergência de interesses, assim como o senso de obrigação de compromisso no espírito do todo. O "desmoronamento" significa, literalmente, a quebra em jurisdições específicas de um todo espiritualmente animado; significa a insistência inflexível nos direitos e a busca de interesses pessoais e institucionais sem se importar com a destruição da ordem total. No que diz respeito à Igreja, já tratamos dessa questão na seção sobre o movimento conciliar.[4] Abortou a tentativa de reformar a Igreja mediante concílios e abortou a tentativa posterior de lhe conferir uma constituição representativa permanente, porque os interesses pessoais e nacionais já não podiam ser eficazmente subordinados a interesses gerais. Se a Igreja universal não quisesse cair em paralisia parlamentar, nem dissolver-se em igrejas nacionais, a representação eficaz tinha de ser assumida pela cabeça monárquica. Da falência dos concílios como condutores do espírito emerge o papa monárquico como o representante da instituição. No reino das ideias, poderíamos observar a transição de homens como Giuliano Cesarini, Enea Silvio Piccolomini e Nicolau de Cusa do conciliarismo inicial para uma posição que Dempf caracterizou como a de monarquioptantes – ou seja, homens que prefeririam uma constituição representativa mas que se inclinaram ao inevitável histórico e se tornaram monarquistas.

No domínio temporal, podemos observar uma consolidação similar de instituições, assim como uma concentração de função representativa numa cabeça monárquica. A Guerra dos Cem Anos entre Inglaterra e França foi o grande processo em que o terreno pessoal e as associações feudais da Europa Ocidental foram desenredadas e as velhas unidades políticas se consolidaram nos reinos nacionais territoriais da Inglaterra e da França. Ao desenredamento seguiu-se uma consolidação interna. As Guerras das Rosas foram a última luta feudal para disputar a chefia da nação e terminaram em 1485 com o estabelecimento da monarquia Tudor. Ao mesmo tempo,

---

[4] Ver *The Collected Works of Eric Voegelin*, vol. 21, *History of Political Ideas*, vol. III, *The Later Middle Ages*. Ed. David Walsh. Columbia, University of Missouri Press, 1998, cap. 22. [Em português: Eric Voegelin, *História das Ideias Políticas*, vol. III, *Idade Média Tardia*. Trad. Mendo Castro Henriques. São Paulo, É Realizações, 2013.]

Luís XI consolidou a monarquia absoluta francesa mediante o governo por decretos desde 1469; e, em 1480, o poder régio foi consideravelmente reforçado quando, pela extinção da Casa de Anjou, as suas propriedades passaram para a coroa. Ao mesmo tempo, o casamento de Fernando de Aragão com Isabel de Castela trouxe a unificação política da Espanha, ao passo que a vitória sobre o reino de Granada em 1492 assegurou esse território à nova monarquia.

A consolidação das três monarquias ocidentais foi concluída com sucesso quando caiu a tempestade sobre a Itália em 1494. À época, o equilíbrio de poder entre as cinco maiores unidades políticas na península – Milão, Veneza, Florença, Estados Pontifícios e Nápoles – era o sistema político da Itália, descrito admiravelmente por Guicciardini na *Storia Fiorentina*. No cerne desse sistema estava a aliança próxima entre Nápoles, Florença e Milão que, por volta do meado do século XV, Cosimo de' Medici tinha planejado com o propósito de equilibrar o poder do papado e Veneza. Era precário o equilíbrio, e depois de 1474 encontramos um realinhamento de Milão, Florença e Veneza contra o papado e Nápoles. As perturbações sangrentas resultantes terminaram em 1480 com os esforços diplomáticos de Lourenço, o Magnífico; o velho sistema, com a tripla aliança de Cosimo no seu cerne, foi restaurado e durou até a morte de Lourenço em 1492. A aliança secreta subsequente entre Nápoles e Florença, para a espoliação de Milão, levou Ludovico Sforza a apelar à ajuda da França e à invasão. O equilíbrio de poder tinha sido, de fato, a organização política nacional da Itália. A despeito de perturbações menores frequentes e perturbações maiores ocasionais, poderia ter durado e se transformado no fundamento para um desenvolvimento interno em direção a uma organização nacional mais estável. Deve-se considerar esse ponto na ponderação dos efeitos revolucionários do choque nos reinos das ideias.

O sucesso dos invasores franceses, espanhóis e alemães e a redução dos estados italianos à impotência política foi o acontecimento cujo sentido ultrapassa a esfera do poder puro. A Itália dessa época era um país próspero e rico e também a região de mais alta civilização da Europa. A tempestade não fazia sentido à luz da subjugação de uma região pobre e atrasada por países em progresso econômico; nem fazia sentido à luz de uma revolução social – talvez a ascensão de um terceiro estado, ou uma insurreição populista –; nem estavam em causa questões de princípios morais ou políticos, como posteriormente nas guerras da Reforma. Em suma: a economia, a moral, os princípios de justiça social, ideias concernentes à organização política, movimentos espirituais ou facções religiosas nada tinham que ver com o acontecimento; era um caso claro de um poder mais forte e de uma organização militar superior a atingir uma vitória implacável sobre um poder mais fraco e militarmente menos equipado.

Temos de perceber, e talvez o possamos fazer melhor do que há vinte anos, que a geração que testemunha tais acontecimentos sofre um trauma. Os membros mais inteligentes e sensíveis de tal geração observaram a realidade do poder no momento de seu fortalecimento existencial, quando ele destrói uma ordem. Quando a destruição é um fato bruto sem sentido, sem razão e sem ideias, é difícil contar tais histórias sobre moralidade e política a essas pessoas. Com os olhos experientes, diagnosticarão o moralista na política como o beneficiário do *status quo*, como o hipócrita que pretende que todos sejam honestos e amantes da paz, depois de sua própria sede de poder o ter alcandorado à posição que quer manter. Esse diagnóstico psicológico está fundamentalmente correto e aplica--se frequentemente. Sob esse aspecto, um homem como Maquiavel, que teoriza com base em sua forte experiência de poder, é uma figura saudável e honesta, certamente preferível, como homem, aos contratualistas que tentam encobrir a realidade do poder por baixo de uma ordem estabelecida pela vigarice moral do consentimento – ou, poderíamos dizer antes, imoral.

No entanto, a experiência é traumática, pois é capaz de cegar um homem para o fato de que o mistério do poder não é o todo da política – pela razão pertinente de que a paixão de poder não é tudo o que há na natureza humana. Embora Maquiavel não estivesse cego para outros fatores na política, o seu quadro da realidade política certamente está desfocado, e é essa distorção de visão que temos de entender historicamente como causada pela violenta distorção da realidade pelos acontecimentos da época. Desse trauma (colocando de lado outras causas que debateremos em breve) surge a sua concentração, primeiro, na racionalidade da ação política sem atentar a princípios, à moral ou a qualquer outro dado, e, segundo, na importância de uma organização militar eficaz. A Itália fora esmagada pelo poder das monarquias nacionais consolidadas. A resposta a esse problema seria a construção, igualmente brutal, de um poder nacional italiano, consolidado, que expulsaria o invasor e protegeria o país contra qualquer repetição do desastre. Os instrumentos técnicos da conquista francesa tinham sido a artilharia que deitou abaixo fortalezas e a infantaria suíça que venceu os contingentes de cavalaria dos *condottieri*. A resposta a esse segundo problema teria de ser uma reforma militar, em particular a criação de uma milícia nacional – que dificilmente poderia ser criada com um instrumento eficaz sem um patriotismo republicano de massas. Nesse ponto, as ideias de Maquiavel concernentes à reforma militar fundem-se com a sua visão da república unida.[5]

---

[5] Sobre *A Arte da Guerra* (1520) de Maquiavel, ver Felix Gilbert, "Machiavelli: The Renaissance of the Art of War". In: E. M. Earle (ed.), *Makers of Moderns Strategy*. Princeton, Princeton University Press, 1943. Maquiavel não ficou muito impressionado pelo problema meramente tecnológico da artilharia e fez da milícia nacional o centro de sua reforma militar. A ideia de uma milícia nacional, entretanto, estava fora de época. Nos séculos até a Revolução Francesa, a arte da guerra desenvolveu o instrumento do exército profissional. O exército profissional tornou-se o instrumento eficaz de guerra, na verdade, apenas com o desenvolvimento da *virtù* (no sentido de Montesquieu) republicana nas massas em geral. Ao passo que a ideia estava historicamente fora do lugar, é, no entanto, importante para nós como o sintoma convincente do nacionalismo e republicanismo básicos de Maquiavel. Tradução inglesa: *"The Art of War" of Niccolò Machiavelli*. Trad. Ellis Farneworth. Introdução Neal Wood. Nova York, Da Capo Press, 1990.

§ 3. A tradição italiana

A superioridade do poder pós-medieval, institucionalizado e racionalizado, estava do lado das novas monarquias nacionais, e a Itália tornou-se a primeira vítima do surto da *pleonexia* [o desejo insaciável, a ambição] moderna. O processo de institucionalização e racionalização em si, entretanto, começara na Itália mais de um século antes. Enquanto Maquiavel queria aprender de Luís XI, o próprio rei francês tinha aprendido de seu amigo Francesco Sforza. A invasão, com suas consequências, foi o acontecimento revolucionário que ofereceu os tópicos mais imediatos para a especulação de Maquiavel; mas ele acabou por situá-la numa tradição peculiarmente italiana de arte de governo secular. Consideremos os fatores mais importantes envolvidos na construção dessa tradição.

a. Cardeal Albornoz

Em 1354, depois do fim do [tribunato de] Cola di Rienzo, os senhores dos estados papais retomaram o controle político; e, já que o próprio papa estava em Avignon, os domínios se transformaram em algo anárquico, independente do reino feudal. Já em 1353, entretanto, surgiu o Cardeal Albornoz, legado papal, a quem foi confiada a tarefa de pacificação que acabaria por possibilitar o retorno do papa a Roma. No decurso dessa pacificação foram promulgadas, em 1357, no Parlamento de Fano, as *Constitutiones Egidianae*, a nova constituição para o estado-igreja que duraria vários séculos e que só foi abolida formalmente em 1816.

As *Constitutiones* organizaram o estado-igreja como um domínio temporal da Santa Sé; as suas disposições foram um modelo para a transformação de um campo pluralístico de poderes feudais numa instituição racional, controlada centralmente. Estabeleceram radicalmente que nenhum imperador, rei, príncipe, marquês, duque, conde ou barão e nenhum parente próximo de alguma dessas pessoas, e nem outros nobres, poderiam ser escolhidos como reitor, *podestà*, capitão, protetor, guardião ou magistrado em qualquer parte do estado-igreja. Essa provisão quebraria o poder dos senhores. Os estados, assim, foram divididos em províncias com reitores no seu topo. A fim de evitar que essas divisões provinciais se desenvolvessem em unidades de poder independentes sob os administradores com a ajuda de conexões familiares, as *Constitutiones* estabeleceram que ninguém poderia ter cargo na cidade de seu nascimento ou residência. Os cargos mais arriscados de reitor e *podestà* eram limitados a seis meses; o titular poderia exercer o mesmo cargo novamente depois de dois anos, embora pudesse exercer algures o cargo do mesmo nível nesse meio tempo. Além disso, foi proibido criar ligas e confederações entre as subunidades do estado-igreja.

Aqui vemos Albornoz, com suas *Constitutiones* e hábeis atividades diplomáticas (que, na verdade, possibilitaram o retorno temporário de Urbano V a Roma em 1362), no papel de um príncipe maquiavélico, o pacificador e unificador de um território italiano desordenado – embora com o resultado não maquiavélico de uma monarquia como a constituição terapêutica.[6]

b. Coluccio Salutati

Não muito depois começou a teorização do grande problema – ou seja, o problema de estabelecer a ordem através de um líder monárquico numa época em que as velhas forças representativas se revelaram incapazes de autogoverno. A ocasião surgiu com os distúrbios em Florença no tempo da revolta dos *ciompi*. O pensador que tratou a fundo desse problema foi Coluccio Salutati, o chanceler de Florença desde 1375. O seu tratado *De Tyranno* (escrito em 1400) é o exemplo mais antigo da posição optante pela monarquia, o que só apareceu

---

[6] Para Albornoz e as *Constitutiones Egidianae*, ver Ephraim Emerton, *Humanism and Tyranny: Studies in the Italian Trecento*. Cambridge, Harvard University Press, 1925.

no cenário europeu mais amplo após o Concílio de Basileia. A desordem florentina mostrara a profundeza do conflito entre a oligarquia reinante e o povo, assim como o perigo de que demagogos pudessem empregar o desassossego do povo para seus próprios fins. A situação já tendia para a solução monárquica encontrada pelos Medici em 1434. O grande problema teórico foi o estigma de tirania que se juntou a uma regra secular absoluta. Para o tratamento desse problema, o humanista Salutati desenvolveu a nova análise "realista" da política. Removeu a *Christianistas*, que até então tinha sido o ambiente de legitimação da política; o papa e o imperador desaparecem da discussão. Uma esfera de política secular é isolada num contexto mais amplo; todas as reflexões teológicas são abandonadas, e o teórico trata o Estado como um fenômeno histórico autônomo, absoluto, sem relação com um ambiente de legitimação de significado.

O problema da própria tirania é discutido no caso concreto da ascensão de César ao poder. A pergunta é se César foi um tirano – como ainda era para João de Salisbúria e como seria, de novo, para Maquiavel. A resposta de Salutati é negativa. César não era tirano porque a situação política tornou o principado historicamente inevitável. A luta da guerra civil não dizia respeito à alternativa entre república e ditadura; a questão era qual dos contendores deveria ser o governante absoluto (*uter regeret et rerum summam et moderamen assumeret*). Quem mais poderia ter salvo a situação? Nem o senado, nem os tribunos, nem a plebe o poderiam ter feito, pois estavam dilacerados por facções e eram incapazes de ação concertada. O único resultado a esperar eram a clemência e a justiça do vitorioso, e nessa esperança os observadores impotentes não foram desiludidos, pois César, com sua espantosa magnanimidade, reparou os horrores da guerra civil. O que sucedeu após a morte de César mostrou o carácter criminoso do assassinato e a justiça histórica da monarquia.

Nessa análise do problema da tirania, devemos notar especialmente o realismo histórico e intransigente de Salutati;

tal como em Guicciardini, seu julgamento nunca é ferido por suas preferências políticas pessoais. Comparado com o realismo de Salutati, Maquiavel tem de aparecer como a "mente a-histórica", como o caracterizou Alfred von Martin. Apenas quando vemos Maquiavel no contexto da tradição italiana é que nos damos conta de quão forte é o toque de dogmatismo e entusiasmo na sua obra.[7]

c. Historiografia humanista

Com Salutati, o novo aprendizado humanista entrou na chancelaria de Florença. O estilo humanista começou a determinar a forma das relações diplomáticas, e o desenvolvimento de uma historiografia humanista oficial tornou-se parte das atividades do que hoje chamaríamos de serviço de relações exteriores. Seu propósito era a apresentação da história da república de maneira a impressionar os governos no exterior e aumentar o prestígio do estado. Na esteira de Salutati, encontramos as séries de chanceleres florentinos que eram ao mesmo tempo historiadores relativamente eminentes, homens como Leonardo Bruni, Poggio Bracciolini, Benedetto de' Accolti e Bartolomeo della Scala. O valor de propaganda de uma obra como a *Historiae Florentinae* de Bruni (publicada de 1416 a 1449) não escapou a outros estados italianos. Os governos da península de Nápoles a Milão começaram a empregar historiógrafos oficiais a fim de equipararem a fama de suas histórias à glória de Florença. O movimento começou em meados do século XV e continuou intensamente pelo século XVI adentro. Mencionemos deste grupo apenas um dos últimos historiadores, Donato Gianotti (1492-1573), porque seu trabalho, e em particular sua *Repubblica de' Viniziani*, exerceu uma influência considerável nas ideias do livro *Oceana*, de James Harrington.

---

[7] Alfred von Martin, *Coluccio Salutati's Traktat "Vom Tyrannen"*. Berlim e Leipzig, W. Rothschild, 1913; ver também do mesmo autor *Coluccio Salutati und das humanistische Lebensideal*. Leipzig, B.G. Teubner, 1916; também Emerton, *Humanism and Tyranny*, op. cit.

O novo estilo de historiografia foi estabelecido pela *Historiae Florentinae* de Bruni, e certas características do modelo ainda determinaram o tratamento da história política na *Istorie Fiorentine* de Maquiavel, assim como a delimitação da matéria política, de maneira geral. Enumeremos brevemente essas características. Os humanistas empregaram Lívio como modelo. Essa escolha teve consequências à medida que o tratamento da história teve de ser concentrado em acontecimentos emocionantes como guerras e revoluções, com a exclusão dos fatores permanentes e os desenvolvimentos de longo alcance que determinam a textura da história. Além disso, no interesse da efetividade retórica e dramática, o indivíduo tinha de tornar-se o centro da ação a tal ponto que voltaram a obscurecer-se as determinantes permanentes que efetivamente não deixam muito espaço para a liberdade heroica. O modelo romano tinha, além disso, o efeito de uma secularização radical do tratamento dos problemas políticos. A concentração humanista na história da república à maneira romana acarretou o rompimento com a visão cristã da história. A corrente rigidamente fechada da história do estado secular não admitia uma Providência divina governando uma história universal. Problemas como a *translatio imperii* e a especulação sobre as quatro monarquias mundiais saíram de cena, sem uma palavra. No século XVIII, quando Voltaire começou a secularização da história, a polêmica contra a posição cristã de Bossuet era de interesse absorvente. Os humanistas do século XV desprezaram o problema cristão como se não existisse. O papa, uma figura incontornável da história medieval, é considerado um príncipe territorial como os outros. Em que medida esse comportamento é reforçado pelo modelo clássico, e em que medida reflete uma política antieclesiástica dos escritores, nem sempre é facilmente discernível. Certamente, o estadista e o líder militar são os dois tipos clássicos que determinam o curso da ação; o eclesiástico, como um terceiro tipo, não tem nenhuma função nesse quadro. O imperador sofre o mesmo fado que o papa; simplesmente, desaparece. A história é escrita do ponto de vista do estado territorial; o critério para julgar a ação política é a vantagem do país; o que está implícito nessa restrição é, de fato, uma teoria da soberania nacional independente do império.

Essas são as características que prosseguem na obra de Maquiavel e Guicciardini. A sua existência e o seu culto centenário têm de ser levados em consideração numa interpretação crítica de Maquiavel; de outro modo, corremos o risco de retratá-lo como o criador de um novo realismo secular "antirreligioso" em política, movimento que, na verdade, não nasceu com ele, mas pertencia à longa tradição em que se formou.[8]

§ 4. O cenário asiático

A historiografia das ideias políticas do Ocidente está cercada de muitas curiosidades. Uma delas é a complacência amena com a qual os historiadores desprezam o fato de que a civilização ocidental não se desenvolveu num vácuo, mas teve uma existência perigosa à sombra da Ásia. No curso de nosso estudo, tivemos ocasião frequente de tocar o problema asiático. Examinemos os momentos de contato e os traços que deixaram, pois um desses contatos influenciou fortemente a ideia do príncipe tal como formada no século XV.

a. A sombra da Ásia

A própria fundação da civilização ocidental na base étnica das tribos germânicas da Grande Migração está intimamente ligada a acontecimentos asiáticos. A grande ofensiva que levou os vândalos à África e os visigodos ao saque de Roma em 410 é o efeito mais ocidental de uma cadeia de acontecimentos que começaram com a unificação da China por Ch'in Shi Huang Ti em 221 a.C. A formação do império chinês foi

---

[8] Estou sumariando essas características do relato feito pela historiografia humanista em Eduard Fueter, *Geschichte der neueren Historiographie*. 3. ed. Munique e Berlim, R. Oldenbourg, 1936, p. 9-55.

seguida da contra-formação de um império Hiung-nu a norte da Grande Muralha. A guerra intermitente entre os dois impérios terminou por volta do final do primeiro século de nossa era com a destruição da organização Hiung-nu; esse foi o começo de um movimento lento para o ocidente, do norte de Hiung-nu, levando as tribos germânicas adiante, e terminando somente com a derrota de Átila na Batalha de Chalons em 451. O grande resultado literário no Ocidente foi a *Civitas Dei* [*Cidade de Deus*]. Santo Agostinho começou a escrevê-la como uma intervenção no debate político que surgira com a queda de Roma em 410, e morreu em Hipona, em 431, enquanto a cidade era sitiada pelos vândalos.

Depois do final do império romano, a pressão asiática sobre os reinos germânicos recém-estabelecidos continuou intermitentemente até o século X; a última dessas vagas formidáveis, a magiar, foi finalmente quebrada na batalha de Lechfeld em 955. A ordália de migração, em que desapareceram povos inteiros, como os ostrogodos, sem deixar nenhum rastro, cristalizou-se na épica traumática dos povos germanos, a *Canção dos Nibelungos*; a primeira versão das partes mais antigas desse poema deve situar-se provavelmente por volta do fim do século X, pouco depois da derrota dos magiares.

O movimento asiático seguinte, ameaçando a existência da civilização ocidental, veio com a expansão do império mongol no século XIII. Por volta de 1241, os mongóis tinham avançado em três colunas até à Silésia, Hungria ocidental e o Adriático. Na batalha de Liegnitz os últimos exércitos organizados ocidentais tinham sido derrotados quando as notícias da morte de Ogodai Khan chegaram aos mongóis vitoriosos e os seus líderes regressaram a casa para participar da eleição do sucessor. O choque fora terrível, e nos anos seguintes, os poderes ocidentais, que não podiam saber se a expansão seria retomada ou não, mandaram embaixadores a Karakorum a fim de negociar uma paz. No que diz respeito à história das ideias, essas embaixadas deram origem a alguns relatos de viagem e à transmissão de documentos diplomáticos mongóis que dão uma boa visão das instituições mongóis e das ideias políticas.⁹ A essa classe de literatura pertence o *Itinerarium* de Guilherme de Rubruck, a *Historia Mongolorum* de João de Plano Carpini, o relato de Simon de Saint-Quentin sobre a missão de Ascelino, assim como as seções sobre a invasão mongol e as negociações subsequentes no *Speculum Historiale* de Vincent de Beauvais, a *Chronica* de Mateus de Paris, e a *Chronica Parmensia* de Frei Salimbene. Os documentos diplomáticos relatados pelos embaixadores e historiadores deram ao Ocidente o conhecimento da Ordem de Deus em que se baseava a expansão imperial mongol, ou seja, o princípio: "No céu, há Deus, o eterno, o altíssimo; na Terra, Gêngis Khan é o senhor único e supremo". Tendo em vista a intensidade desse ambiente literário na segunda metade do século XIII, temos de considerar a possibilidade de que as ideias mongóis sobre a posição imperial foram uma das influências na concepção correspondente da *Monarquia* de Dante.

Por volta do fim do século XIII começou a ascensão dos turcos otomanos. Em 1354, estabeleceram-se pela primeira vez na Europa; a conquista de Constantinopla, em 1453, liquidou o último remanescente do império bizantino; em 1529, a expansão turca alcançou Viena. Esse avanço inflexível foi interrompido apenas por um breve período pela ascensão de Tamerlão (1369-1405). No apogeu da sua ofensiva, derrotou Bayezid I na Batalha de Ancara em 1402, e o império otomano esteve a ponto de desintegrar-se. A vitória, contudo, não levou ao estabelecimento de um governo mongol permanente na Anatólia; Tamerlão retirou-se, e depois de sua morte o seu império ficou restrito à Pérsia oriental. Sob Maomé I (1413-1421), o império otomano foi reorganizado, e o seu sucessor levou a expansão para a Europa central.

A queda de Bizâncio e a ascensão do império otomano, acompanhadas da ameaça ao Ocidente, foram suficientes

---

⁹ Para uma edição crítica dos documentos diplomáticos mongóis, ver Eric Voegelin, "The Mongol Orders of Submission to European Powers, 1245-1255", *Byzantion* 15 (1940-1941), p. 378-413.

para capturar a imaginação dos contemporâneos. Essas mudanças na cena política foram em tal escala que, em comparação, reduziram as lutas entre os príncipes ocidentais a questões domésticas relativamente menores; aqui estava um poder sem tradição, com uma escala de organização racional e eficácia capaz de construir um império, fora do alcance de qualquer unidade de poder ocidental. Por trás desse pano de fundo de ameaça sombria apareceu a figura meteórica de Tamerlão – no que diz respeito aos ocidentais, outro poder vindo de nenhures – interrompendo abruptamente o avanço turco vitorioso, que, ao mesmo tempo, tinha penetrado profundamente na Bulgária e na Macedônia; suspendendo o perigo para Bizâncio e para o Ocidente; mas depois retrocedendo tão inexplicavelmente como tinha surgido. Tal explosão de poder cru, com seus altos e baixos de ameaça e salvação, seria tão fascinante quanto perturbadora. Os historiadores italianos do século XV, que estavam mais próximos dos acontecimentos e sentiam as repercussões de primeira mão através da emigração grega, estavam, na verdade, intensamente ocupados com o novo fenômeno de poder à escala mundial, e em particular a intervenção dramática de Tamerlão, o quase salvador, deu ocasião para evocar a imagem do homem de destino, o príncipe conquistador fatídico. Enquanto o próprio Maquiavel não refletiu sobre os acontecimentos asiáticos, a imagem de Tamerlão que tinha sido formada pelas gerações precedentes é muito notável como uma influência na criação de sua própria imagem do Príncipe. Daí, consideraremos agora com mais pormenor a formação da imagem de Tamerlão na literatura humanista.[10]

---

[10] A sombra da Ásia continuou a cair sobre o Ocidente. A eliminação do perigo turco no século XVIII foi imediatamente seguida pela ascensão da Rússia, que se transformou na mais formidável ameaça à existência do Ocidente. Para a consciência crescente do problema russo no reino das ideias o leitor deve consultar *The Collected Works of Eric Voegelin*, vol. 25, *History of Political Ideas*, vol. VII, *The New Order and Last Orientation*, eds. Jürgen Gebhardt e Thomas A. Hollweck, Columbia, University of Missouri Press, a seção sobre Nietzsche, e *The Collected Works of Eric Voegelin*, vol. 26, *History of Political Ideas*, vol. VIII, *Crisis and the Apocalypse of Man*, ed. David Walsh, Columbia, University of Missouri Press, as seções sobre Napoleão, Comte, Bakunin, Bauer e Marx. Para

b. *Poggio Bracciolini*

Os primeiros traços de uma preocupação com Tamerlão encontram-se nas cartas e obras de Poggio Bracciolini (1380-1459), que nos últimos anos de vida, em 1453, foi chanceler e historiógrafo de Florença. Sua vida corre paralela com a ascensão do poder turco. Quando os cruzados foram derrotados em Nicópolis em 1396, tinha dezesseis anos de idade; quando Bayezid, por seu turno, foi derrotado por Tamerlão em 1402, tinha 22 anos. O que nos seus últimos anos tinha para dizer sobre o conquistador mongol, confessava ter aprendido com os soldados do exército de Tamerlão.

Essa atitude curiosamente experimental de um humanista diante do problema do poder em seu tempo é revelada numa carta de Poggio provavelmente escrita antes de 1450. A carta reflete sobre o valor relativo da ação militar e o cultivo das letras para a aquisição de uma posteridade duradoura. Poggio não quer decidir qual das duas é intrinsecamente a mais valiosa; simplesmente descobre que a fama sólida já não pode ser adquirida por uma vida militar porque os feitos mais grandiosos de governantes são esquecidos numa geração, pela falta de historiadores que os anotem e elogiem convenientemente. Como prova, cita as façanhas de Tamerlão, que tinham sido praticamente esquecidas, embora as vitórias tivessem ocorrido há menos de cinquenta anos. As suas conquistas militares ultrapassaram tudo o que fora alcançado na Antiguidade; no entanto, a memória delas desaparecera. Daí a atividade mais louvável será a que não dependa da ajuda de outros para ser preservada para a posteridade; e sua reflexão conclui com uma exortação ao cultivo das letras.[11]

---

uma transformação tardia da imagem de Tamerlão, e sua transferência para Napoleão na Rússia, ver, de Goethe, *Der Winter und Timur* em *West- stlicher Divan*. Edição inglesa: *West-eastern Divan*. Trad. J. Whaley com texto alemão. Londres, Wolff, 1974.

[11] Poggio Bracciolini, *Poggi Florentini Oratoris et Philosophi Opera*. Basileia, 1538, p. 344 ss.

Uma reflexão desse tipo é, em parte, propaganda. Encontramo-lo da mesma maneira nas inúmeras propostas desse tempo, quando os humanistas tentaram persuadir (e persuadiram com êxito) príncipes e estadistas de que todas as ações gloriosas não valiam a pena se não fossem incorporadas na memória da humanidade por historiógrafos bem pagos. Daí a observação acerca de uma amnésia geral em relação a Tamerlão não deva ser tomada muito literalmente. O próprio Poggio evidentemente se lembrou muito bem dele; e não foi o único. Duvidou-se de que tenha obtido seu conhecimento através dos soldados do exército de Tamerlão;[12] mais provavelmente ele o poderia colher numa tradição de conhecimento. Que tal tradição existia prova-se pelo retrato posterior de Tamerlão feito por Enea Silvio Piccolomini, que incorpora eventos que não se encontram em Poggio. O que permanece, todavia, é o apelo à fama que deve ter tocado um acorde ressonante. Ao tempo de Poggio, já existia um longo caminho em direção à dissolução da preocupação cristã sobre o destino da alma na beatitude eterna e à sua substituição pela preocupação com o sentido da vida intramundana. Desde o século XIII crescera o desejo de desenvolver esse sentido intramundano; e agora, em meados do século XV, a fama tinha-se tornado o primeiro símbolo geralmente aceito para a expressão desse sentimento.[13] A vida intramundana da fama,

---

[12] A dúvida surgiu na edição de Joannes Oliva de Poggio, o *Poggii Bracciolini Florentini Historiae de varietate fortunae Libri quatuor* (Livro IV da história da variedade da fortuna, de Poggio Bracciolini Florentino). Paris, 1713. Poggio chama Timur [Tamerlão] constantemente de *Tambellanus*. Se tivesse recebido sua informação dos soldados *qui fuerunt in ejus castris* (que estavam em seu acampamento), esses soldados provavelmente teriam ao menos sabido o nome de seu capitão. Para Oliva parece inteiramente inacreditável que um humanista não tivesse mostrado seu conhecimento do nome correto se o tivesse. Prefácio a *De varietate fortunae*, xvi.

[13] Sobre o problema da fama, ver Jakob Burckhardt, *Die Kultur der Renaissance in Italien*. Ed. Horst Günther. Frankfurt, Deutscher Klassiker Verlag, 1989, parte II, cap. 6: Der moderne Ruhm". Tradução inglesa: *The Civilization of the Renaissence in Italy*. Trad. S. G. C. Middlemore. Londres e Nova York, Penguin, 1990. Uma das primeiras sugestões do problema da fama intramundana podem ser encontradas em Dante, *De Monarchia*, I.i: "*Omnium hominum in quos amorem veritatis natura superior impressit, hoc maxime interesse videtur, ut quemadmodum de labore antiquorum ditati sunt, ita et ipsi posteris prolaborent, quatenus ab eis posteritas habeat quo ditetur*" [No caso de todos os homens cuja natureza superior imprime o amor da verdade, parece de grande interesse que à medida

após a morte, substituía a vida do além. A salvação pela fama, entretanto, é tão precária quanto a salvação pela graça: muitos são os chamados, mas poucos os escolhidos. O próprio mundo revela agora uma estratificação numa região instável, a de obtenção da salvação. Na região superior de salvação garantida pela fama, encontramos o humanista com a façanha literária eternamente relembrada; pode conceder a graça da fama a si mesmo. Na região inferior da ação governamental e militar, a fama também pode ser adquirida, mas apenas através da comemoração de grandes façanhas pelo historiador. Contudo, além das desvantagens da graça através da meditação historiográfica, esse reino inferior é governado por uma ordem que o faz intrinsecamente um reino de miséria. Pois nesse reino o homem que é bem-sucedido obtém a glória a expensas do oponente que desce, derrotado, e o fado dos vencidos pode ser, no futuro, o fado do vencedor do momento. Esse reino de ação é governado pela *fortuna*, a deusa imprevisível que pode favorecer um homem como *secunda* e despedaçar outro homem como *adversa*; e não há nenhuma harmonia pré-estabelecida entre a boa e a má fortuna e os méritos de um homem e seus objetivos.[14]

---

que são enriquecidos pelo trabalho dos antigos, assim eles próprios trabalharam em nome da posteridade, de tal modo que a posteridade possa ser enriquecida por eles (trad. dos editores)]. O passo é de interesse não apenas porque mostra a preocupação de Dante de enriquecer a posteridade, para "contribuir" com algo para a corrente de significado intramundano, mas também por causa da rivalidade pronunciada nesse esforço com os antigos. O parágrafo continua e pergunta: que sentido poderia haver em demonstrar novamente o que os antigos já demonstraram? Temos de fazer algo novo. E o novo nesse caso era a exploração da ideia da monarquia universal, temporal. Nesses começos vemos a relação íntima entre a ideia de uma corrente intramundana de significado, a noção de uma memória da humanidade na história, a interpretação da façanha civilizacional como uma "contribuição", a rivalidade entre os antigos e os modernos, o sentimento de uma obrigação de adicionar a própria "contribuição" para a corrente e a ideia da cumulação progressiva de significado. Com Poggio, a fama já tem a função da *immortalitas*, que, no século XIX, foi dogmatizada por Comte na imortalidade através da vida na memória do *Grand-Être*.

[14] Poggio Bracciolini, *De Varietate Fortunae*, p. 25 ss. Ver sobre essa questão Ernst Walser, *Poggius Florentinus, Leben und Werke*. Leipzig, B. G. Teubner, 1914, p. 237 ss; e Werner Kaegi em sua introdução a Ernst Walser, *Gesammelte Studien zur Geistesgeschichte der Renaissance*, Basileia, Benno Schwabe Co, 1932, p. xxxvi. Para as interconexões da *fortuna secunda* do vencedor com a *fortuna adversa* do vencido, ver, de Poggio, *De Humanae Conditionis Miseria*. In: *Opera*, Estrasburgo, 1513, fol. 45r.

Há uma certa nobreza pagã nessa concepção inicial da fama e *fortuna*. Sob o impacto da Reforma e da sociedade urbana, competitiva, ela desaparece na especulação posterior sobre a estrutura do significado intramundano. Por volta do século XIX, a fórmula biológica da sobrevivência do mais apto substituiu a especulação renascentista sobre a *fortuna secunda et adversa*, e a sobrevivência do mais apto implica a suposição plebeia de que o sobrevivente é o melhor. Poggio está ainda a par da tensão entre fado e valor. É sensível à tragédia num choque entre dois poderes como os de Tamerlão e Bayezid; e há algo vivo nele do temor polibiano diante da vitória. Esse sentido de tragédia está ainda presente na tensão de Maquiavel entre *virtù* e *fortuna*: mas já foi eliminado em Thomas More através da perversão da cristandade em idealismo. Na adoração posterior do sucesso, as duas dimensões de ação – ou seja, a vitória e o valor – são forçadas a coincidir, e a corrente de ação se torna progressiva de maneira não trágica. Pois o vencedor plebeu não gosta de ver a sombra da *fortuna*; ele quer ser o vencedor por seu próprio mérito. O pessimismo de Poggio quanto à miséria da condição humana dá lugar, primeiro, ao otimismo hipócrita da sociedade competitiva, que despreza as vítimas do progresso, e, mais tarde, à brutalidade desabrida da era coletivista, que, com um encolher de ombros, reconhece que voarão lascas quando o plano se realizar.

A despeito de suas manias humanistas e de sua autossalvação através do cultivo das letras, Poggio, não é, pois, um intelectual megalomaníaco. É um diplomata e administrador; sabe apenas que mesmo o historiador não pode obter a imortalidade da fama, a não ser que o homem de ação providencie a história, mas está também fascinado pela fatalidade do poder em sua época. Como consequência, encontramos um pendor em sua obra que não esperaríamos num homem que em sua caça fanática de tesouros da Antiguidade vai ao extremo de subornar bibliotecários e praticamente furtar manuscritos. Se podemos expressar-lhe sucintamente o estado de sentimentos: Poggio está farto de Antiguidade e dos clássicos. O humanista não pode obter fama a retocar a glória que foi Grécia e

Roma; tem de obtê-la pelo louvor da grandeza de sua própria época. E anuncia belicamente: "Não sou daqueles cuja lembrança do passado os fez esquecer o presente; não estou tão absorto pela Antiguidade que dependa dela totalmente e despreze os homens de nossa época, que acredite que não haja façanhas em nosso tempo comparáveis às dos antigos".[15] E onde encontra ele essa grandeza de nossa época? Não nas desordens da Europa; não na paralisia dos concílios; não na desintegração da *Christianitas* – mas na ascensão de Tamerlão. Na opinião de Poggio, as vitórias de Tamerlão ultrapassam, por sua magnitude assim como por seu comando, as mais famosas batalhas da Antiguidade. Todavia, o mundo está repleto da fama de Maratona e de Alexandre, ao passo que Tamerlão é uma figura quase esquecida. Esse estado de coisas reabre a questão da fama. Por que deveria a fama da Antiguidade, conferida pelos antigos historiadores, ser definitiva? Se ações tão maiores estão à mão, por que deveríamos admirar os feitos menores dos antigos? E por que devemos confiar tanto nos autores antigos, se tudo o que temos de fazer para igualá-los em grandeza é contar a história do nosso tempo? O orgulho da época irrompe e revolta-se contra a opressão exercida pelo antigo modelo. É um orgulho desesperado que o tempo atual possa ser desprezível, mas ao menos a grandeza de sua miséria é superior à Antiguidade.[16]

---

[15] Poggio Bracciolini, *De Varietate Fortunae*, op. cit., p. 36.

[16] Para a crítica às proezas da Antiguidade e aos historiadores antigos, ver ibidem, p. 77, 37 ss. Para o tom da crítica, a passagem na p. 38 é característica, em que Poggio fala muito rapidamente dos lugares-comuns das narrativas da guerra romana, a fim de louvar Tamerlão: "*Nunquam, cum toties acie pugnasset, non victoriam reportavit: castris semper tutissimum elegit locum: acie instructa omnibus copiis saepe conflixit: plures hostium exercitus ad internecionem fudit ac delevit: Scythas, Persas, Medos, Armenios, Arabas, Assyriam Asiamque subjecit: Reges multos proelio fusos fugatosque prostravit, delevit, cepit: urbes multas praesidiis et natura locis munitas, vi militum expugnavit, nihilque ei defuit quod in summo imperatore requiratur*" [Nunca, sempre que travava uma batalha campal, deixou de vencer: sempre escolhia o local mais seguro para os acampamentos: com uma hoste treinada frequentemente ele arremetia com todas as tropas. Levou ao extermínio numerosas armadas inimigas, destruindo-as: subjugou os citas, os persas, os medos, os armênios, os árabes, os assírios, assim como a Assíria e a Ásia: muitos reis, debandados em batalha e postos a correr, ele venceu, destruiu e capturou: conquistou com armas muitas cidades, protegidas por defesas e sua

O toque irônico na caracterização por Poggio das proezas militares helênica e romana, assim como o louvor de Tamerlão, não é sintoma de subvalorização da importância do poder bruto. A ironia em tais matérias evita que a alma atribua ao poder uma dignidade de significado que o poder não tem, mas não abole a eficácia do poder em esmagar domínios com significado civilizacional, ao destruir os homens e os materiais que os suportam. A ironia de Poggio é o sintoma de uma compreensão pessimista do fato de que o esplendor civilizacional, grego ou ocidental, pode ser aniquilado pelo poder. Precisamente porque Poggio era um humanista e conhecia os clássicos, acreditava que a peste cairia sobre as proezas literárias da Antiguidade quando a produção dos autores antigos deixasse de ser encarada esteticamente como uma herança civilizacional de valor exemplar, e quando, em vez disso, o olhar penetrasse as realidades relatadas nas obras dos historiadores. Então o velho conflito euro-asiático viria à tona, tal como relatado desde Heródoto, e a realidade do presente seria experimentada como uma continuação da realidade greco-romana numa escala mais ampla. Tamerlão move-se na posição de Xerxes – só que a Europa não tem nenhuma Atenas, nem Esparta, nem Macedônia.[17] O Ocidente emerge da clausura da finalidade imperial para a abertura de um cenário mundial em que imperadores mais poderosos ameaçam a existência da civilização europeia; a Ásia se torna de novo um fato determinante no significado da história e da política.[18] Reativam-se

---

localização natural, e não lhe faltava nada que é exigido de um comandante (tradução de Voegelin aqui: "nele não faltava nada que faz parte da formação de um guerreiro supremo"); trad. dos editores].

[17] Ver a carta de Poggio Bracciolini, in: *Opera*. Basileia, 1538, p. 344 ss.

[18] Exatamente a mesma situação volta a ocorrer no século XVIII sob a influência da ascensão da Rússia. Para a influência da Rússia na concepção de Voltaire da "história universal" em oposição à historiografia cristã de Bossuet, ver *The Collected Works of Eric Veogelin*, vol. 24, *History of Political Ideas*, vol. VI, *Revolution and the New Science*. Ed. Barry Cooper. Columbia, University of Missouri Press, cap. 1. O paralelo entre Poggio e Voltaire poderia ser levado adiante, à medida que ambos estavam intensamente a par da existência da China e deixaram suas reflexões sobre o império chinês influenciar-lhes o sentido de proporção quanto à importância do Ocidente no cenário mundial. Como livro IV de sua *De varietate fortunae*, Poggio publicou o relato de Nicolò de'

relações euro-asiáticas que tinham ficado adormecidas no tempo helenístico-romano e, de novo, nos séculos da cristandade imperial que se seguem ao período de migração. O universalismo romano cristão e a sua interpretação linear da história é agora seriamente perturbado pela emergência de poderes asiáticos e de uma história asiática "paralela".

O retrato do próprio Tamerlão por Poggio não tem grande importância no que diz respeito aos pormenores; cedo foi ultrapassado por um padrão de interpretação mais elaborado. Mas tem interesse para os princípios dessa construção, assim como para o fato de que foi o primeiro do seu gênero. A seleção de fatos e sua organização num quadro foi determinada pela revolta de Poggio contra a Antiguidade. Tamerlão tinha de provar que o presente era ao menos tão grandioso quanto a Antiguidade, na qualidade de seus heróis; daí a seleção de materiais ser determinada pelas categorias clássicas, apenas elevando o número quantitativamente. O resultado é um herói conquistador que ganha primeiro ascendência em casa, depois conquista os povos vizinhos, e que avança com um exército enorme em direção à Anatólia, derrota Bayezid (equipado com um exército gigante), e se distingue por sua arte de construir acampamentos, a disciplina de seus soldados e a eficiência em manter a corrente de materiais e mantimentos; o relato continua com uma enumeração das batalhas vitoriosas e cidades conquistadas, reflexões sobre a arte do cerco, uma comparação com Aníbal; e chega ao final feliz com o retorno do vencedor a Samarcanda, ricamente carregado de pilhagens, permitindo um esplêndido alargamento da cidade com novas construções. Essa é a imagem do novo herói – do conquistador e destruidor, o saqueador e o construtor culto de uma cidade que será o monumento da

---

Conti de suas viagens asiáticas em 1414-1439, que contém informação (de outras fontes) acerca da China. Ver sobre essa questão Waldemar Sensburg, *Poggio Bracciolini und Nicolò de' Conti in ihrer Bedeutung für die Geographie des Renaissancezeitalters*, Mitteilungen der k.k. Geographischen Gesellschaft in Wien, vol. 49 (1906), e Mario Longhena, *I manoscritti del IV libro Del "De varietate Fortunae" di Poggio Bracciolini*, Bollettino della Societá Geografica Italiana, set. VI, vol. 2 (1925).

sua própria glória. Desapareceu o significado da história no sentido cristão, e mesmo o *pathos* da existência nacional. Cidades, povos e a humanidade em geral são a matéria-prima que ganha sentido quando encrustada na carreira do príncipe heroico e na sua sede de poder. Esse é o primeiro *Espelho do Príncipe* de uma era em que o significado do poder e da política é demoniacamente estreitado até [coincidir com] a autoexpressão do indivíduo. O toque dessa imagem também surge certamente na imagem do príncipe em Maquiavel; mas, de novo, temos de notar que em Maquiavel não encontramos a crueldade de poder que caracteriza a época no que há de pior; na sua concepção do príncipe, o conquistador e a sua *virtù* já estão suavizados pela limitação da carreira principesca para a salvação da nação.[19]

c. A Vita Tamerlani

Depois de Poggio, intensificou-se a preocupação com a vida de Tamerlão. O retrato foi enriquecido por mais pormenores, e fixou-se um padrão para a organização dos materiais. O princípio de interpretação, contudo, permaneceu essencialmente o mesmo de Poggio. A reescrita desse retrato, em numerosas variantes, levou à criação de um gênero literário, a *Vita Tamerlani*. O originador da *Vita* padrão é Enea Silvio Piccolomini (1405-1464, Pio II depois de 1458).

Desde Enea Silvio, a *Vita Tamerlani* tem as seguintes partes principais: (1) insistência na origem humilde de Tamerlão; (2) descrições de sua habilidade em ganhar os primeiros seguidores em casa; (3) um relato da expansão inicial desde a Transoxiana à Anatólia; (4) a história da vitória de Ancara e o destino de Bayezid; (5) informação concernente à disciplina militar do seu exército e às técnicas de cerco; (6) um relato da segunda expansão para a Síria e o Egito; (7) uma série de anedotas que

---

[19] O retrato de Tamerlão pode encontrar-se na *De Varietate Fortunae*, 36 ss, de Poggio. Esta última apresentação de Tamerlão em *De Humanae Conditionis Miseria*, in: *Opera*, Estrasburgo, 1513, fol. 44v-45r, é mais sucinta.

mostram a crueldade na conquista, seus truques inescrupulosos em obter vantagens e o uso sistemático do terror para enfraquecer a resistência do inimigo; (8) uma anedota em que Tamerlão se designa como uma força sobre-humana, como a *ira Dei* [ira de Deus] e o *ultor peccatorum* [vingador dos pecados]; (9) uma comparação com Aníbal; (10) a história do enriquecimento de Samarcanda.[20]

A elaboração mais ampla serve ao propósito de esmiuçar as questões que já encontramos em Poggio. Os materiais são históricos, mas são empregados para a criação de uma imagem mítica. Em particular, a *Vita* não tem qualquer pano de fundo histórico. Se contivesse um relato pormenorizado de batalhas, reflexões sobre estratégia ou informação sobre a história e organização política mongóis, danificar-se-ia o efeito da imagem mítica. Tamerlão é um aparecimento puro, vindo do nada, um *terror gentium* [terror das gentes] e uma *ira Dei*, simbolizando o fanatismo puro do poder em expansão, a luxúria e o horror de destruição, a cegueira de um destino que esmaga uma existência na sua marcha e, por isso, salva talvez uma outra. Selecionam-se ou omitem-se anedotas e materiais, de acordo com a função de aumentar o efeito. Daí, a *Vita* contém sempre uma marca que podemos chamar um "passar em revista os nomes" – ou seja, um catálogo amplo de povos conquistados e cidades reduzidas e destruídas. Se os fatos não servem bem ao propósito, são distorcidos de algum modo. À campanha estrategicamente necessária contra a Síria e o Egito, por exemplo, retira-se a razão, e aparece como a expressão de uma sede inexaurível e expansiva. A retirada da Arábia, forçada pelas dificuldades da guerra no deserto e por doenças,

---

[20] Enea Silvio testou duas vezes a mão em uma *Vita Tamerlani*. Uma pode ser encontrada em sua *Historia rerum ubique gestarum quam alii Cosmosgraphiam et mundi universi historiam appellant, Opera omnia* [História das proezas pelo mundo, também chamada Cosmografia e a história universal do mundo, obras completas], p. 313. Uma segunda *Vita* está contida na seção sobre a Europa, *Opera Omnia*, 395. Uma referência mais breve a Tamerlão está em seu *De ritu, situ, moribus et conditione Germaniae, descriptio, Opera omnia* [Descrição de costumes religiosos, localização, hábitos e circunstâncias da Germânia, obras completas], p. 1.060.

é interpretada como uma hesitação em penetrar o sítio sagrado do Islã. À ascensão nada miraculosa de Tamerlão retira-se o seu contexto social e transforma-se numa ascensão mítica desde a insignificância social até ao poder mundial. Ao longo da *Vita*, Tamerlão é um homem sem outro propósito além da conquista. Suas ações são orientadas com racionalidade estrita em direção ao objetivo da expansão sem consideração para o custo em destruição, criminalidade e miséria humana. O resultado desses princípios de apresentação é um símbolo brilhante da grandiosidade niilista do poder sem significado.[21]

Muitas vezes referimo-nos à padronização de uma imagem, à deliberada seleção e distorção de materiais e a criação consciente de um mito; além disso, cortamos em pedaços a *Vita* e os numeramos como se a imagem fosse intencionalmente construída a partir desses elementos. Queremos agora assegurar ao leitor que não nos permitimos fazer uma interpretação arbitrária, mas que a interpretação da imagem, na verdade, procedeu dessa maneira. Os humanistas do século XV eram artistas muito conscientes e sabiam, como mestres de seu ofício, que elementos típicos empregar a fim de criar o efeito desejado. A obra mais esclarecedora quanto a esse aspecto do problema é a de Battista Fregoso (1453-1504), o duque de Gênova. Depois de perder o ducado em 1483, escreveu os *Memorabilia* à imitação de Valerius Maximus, uma coleção de incidentes memoráveis das vidas de homens famosos.[22] O material anedótico é organizado em 89

---

[21] Depois de Enea Silvio, as mais importantes *Vitae Tamerlani* são a de Andrea Cambini em seu *Comentario della origine de Turchi, et imperio della Casa Ottomana*, sem editor, 1538, fol. 4 r-7; a de Paolo Giovio em seu *Elogia virorum bellica virtute illustrium*, Basileia, 1561, p. 165-73; e de Pero Mexia em seu *Silva de varia* lecion. Veneza, 1553, fol. 187v-192v. O título da *Vita* de Mexia é de interesse porque enfatiza os pontos que parecem relevantes a seus contemporâneos: *Del excellentissimo Capitan y muy poderoso rey el gran Tamorlan, de los reynos y provincias que conquistò, y de su disciplina e arte militar*. Muito elaborada, finalmente, é de Pietro Perondino a *Magni Tamerlanis Scytharum Imperatoris Vita* impressa com a *Opera* de Laonicus Chalcocondyles (1556), p. 235-48. A *Vita* de Perondino é a base para a de Louis LeRoys; para esta última, ver *The Collected Works of Eric Voegelin*, vol. 23, *History of Political Ideas*, vol. V, *Religion and the Rise of Modernity*. Ed. James L. Wiser. Columbia, University of Missouri Press, cap. 5.

[22] *Bap. Fulgosii Factorum dictorumque memorabilium Libri IX*, Paris, 1578.

capítulos, tais como: Da majestade, Da fortaleza, Da pobreza, Da piedade perante os pais, Dos estratagemas militares, Das formas pouco usuais de morte, etc. A obra é uma enciclopédia imponente de materiais elementares históricos do tipo que encontramos na *Vita Tamerlani* de Enea Silvio e seus sucessores. Na verdade, encontramos esses mesmos elementos, e alguns mais que não estão contidos na *Vita*, em capítulos como: Da disciplina militar, Da abstinência e continência e Do orgulho; e encontramos um trabalho extenso, que trata da ascensão de Tamerlão, com o título "De homens de fortuna humilde que ascenderam até ganhar um nome famoso". É uma coleção de um *moraliste* para *moralistes*, e Tiraboschi caracterizou-a corretamente como uma *storia delle virtù e de vizio*.[23] A partir desses elementos classificados em tipos, foi construída a imagem padrão do conquistador. A compreensão dessa gênese é necessária para entender o tratamento de materiais históricos que, visto por nós, pode aparecer como um mau uso, ou uma distorção, ou falsificação da história. A intenção da *Vita* não foi a de escrever uma história crítica, mas precisamente a de formatar materiais históricos numa imagem correspondente a um tipo.

d. Conclusão

De nosso estudo da influência asiática na formação da nova concepção da política, chegamos aos seguintes resultados. A ascensão do poder otomano e o episódio de Tamerlão tiveram consequências traumáticas para a ideia ocidental de política. Mesmo antes do choque de 1494, os italianos tinham formado a ideia de poder niilista e racional como uma força absoluta que ceifa cegamente uma existência cheia de sentido. Além disso, através dos acontecimentos do Oriente Próximo, a história asiática tinha-se tornado um fato que já não podia ser desprezado; a finalidade imperial do Ocidente perdeu sua lógica de absoluto quando os turcos chegaram *ante portas* [às portas].[24]

---

[23] Girolamo Tiraboschi, *Storia della letteratura italiana*, 9 vols. Florença, 1805-1813, vol. Vi/2, p. 105.

[24] Ver as comparações significativas entre Tamerlão e Aníbal.

O secularismo humanista na política, então, foi reforçado pelos acontecimentos que relativizaram o significado cristão da história ocidental. A estrutura dessa nova situação histórica foi moldada em imagens clássicas, e notamos a reativação do conflito homérico e herodotoniano da Europa contra a Ásia, assim como o emprego de fórmulas clássicas ao descrever o novo Xerxes. A busca pelo típico, além disso, determinou a distorção e seleção de materiais históricos de tal maneira que se enquadrariam no sistema estabelecidos de classificação. E por trás do emprego da história para a compreensão do típico nos acontecimentos, poderíamos finalmente discernir a tentativa de penetrar o mistério do poder e destruição, mediante a criação da imagem mítica do *terror gentium* para além do bem e do mal.

Todos esses elementos estavam presentes na tradição italiana antes de Maquiavel. Boa parte do que convencionalmente é considerado enigmático, ou pouco usual, ou idiossincrático, ou imoral em suas obras perde tal caráter ao não sermos obrigados a atribuir ao próprio Maquiavel esses elementos, antes compreendendo-os como parte do clima intelectual em que suas ideias foram formadas.

§ 5. A Vita di Castruccio Castracani

A experiência do poder esmagador aguçou a consciência do fato de que a ordem de um governo afinal de contas é a manifestação de uma força existencial para além do bem e do mal. A força mais potente quebrará a existência mais fraca, por maior que seja seu nível no reino dos valores civilizacionais. A resposta a essa experiência, contudo, não é um niilismo naturalista que negaria o significado do poder e da ordem. A ordem mais fraca, enquanto fisicamente esmagada, ainda é uma ordem humana com muito significado e não um fenômeno natural; e a ordem mais forte, enquanto fisicamente esmagadora, não é uma catástrofe natural, mas a força da existência humana organizada. A existência mais forte, enquanto esmaga a ordem mais fraca, estabelece a si mesma como o poder que mantém uma nova ordem humana. Daí a resposta à experiência é uma elevação da existência humana que destrói e cria a ordem numa imagem mítica, como vimos no desenvolvimento da *Vita Tamerlani*. A *virtù* do príncipe conquistador torna-se a fonte de ordem; e já que a ordem cristã, transcendental de existência se tinha tornado letra morta para os pensadores italianos do século XV, a *virtù ordinata* do príncipe, como o princípio da única ordem que é experienciada como real, adquire proporções humano-divinas, heroicas.

Essa é a situação de Maquiavel. A miséria da Itália não é um fado que se deva aceitar; ao contrário, a profundidade da humilhação política é um convite para um homem de qualidades semidivinas, heroicas, para expulsar os bárbaros e restaurar uma ordem italiana através de sua *virtù*, que ultrapassará a *fortuna* adversa, tão logo um herói tenha ascendido da insignificância privada para tornar-se o fundador de um povo e de sua ordem. A evocação do herói mítico é o centro da obra de Maquiavel no mesmo sentido em que a evocação do rei-filósofo é o centro da obra de Platão. Maquiavel criou o mito; esse fato tem de ser a base de interpretação se quisermos evitar uma má compreensão de sua teoria política como a iluminação de que meios abomináveis são frequentemente mais úteis em adquirir poder político do que os mais justos. A elaboração da teoria dos *Discorsi* e o *Príncipe* pressupõe o mito do herói. Esboços de uma vida heroica são até embutidos no *Príncipe*, tais como a vida de Cesare Bórgia (Capítulo VII) e Agátocles (Capítulo VIII). Esses esboços, entretanto, são qualificados, como veremos, como tipos imperfeitos.[25] O próprio

---

[25] A busca romântica de um modelo empírico para o *Príncipe* (seja Cesare Bórgia ou outro alguém) é fútil, em nossa opinião. Empiricamente, Maquiavel receberia bem quem quer que fosse como salvador da Itália. Uma busca desse tipo desconsidera a origem da imagem na imaginação mítica; além disso, desconsidera a distinção sistemática de vários tipos de *virtù* que são ilustrados pelos casos empíricos do *Príncipe*, nos Capítulos VI-VIII.

mito é desenrolado inteira e consciosamente apenas em a *Vita di Castruccio Castracani* (1520).[26]

A *Vita* é ostensivamente uma biografia de Castruccio Castracani (1281-1328), sucessivamente senhor, vigário imperial e duque de Lucca. Em verdade, no entanto, Maquiavel empregou os fatos bem conhecidos da vida de Castruccio muito cavalheirescamente – selecionando alguns, omitindo outros e inventando muito – para criar a imagem de um herói italiano que por sua *virtù* se torna o fundador de um estado (*stato*), frustrado em sua grande empresa apenas pela *fortuna*, que lhe corta a vida no meio de seu curso e põe fim, então, à ascensão em direção às glórias que tantos sucessos felizes pareciam prometer.[27] É consciente a criação. A dedicatória a seus amigos abre-se com a reflexão de que, maravilhosamente, os que fizeram grandes obras neste mundo são frequentemente de origem obscura. A fortuna parece persegui-los de toda maneira. Em seu nascimento são entregues a bestas selvagens; ou têm pais tão humildes que têm de apresentar-se como filhos de Zeus ou de algum outro deus. Os exemplos desse tipo são bem conhecidos de todos. Essa curiosidade parece dever-se ao fato de que a Fortuna quer mostrar ao mundo que ela, e não a *prudenza*, torna grandes os homens; e, portanto, começa a modelar a vida de um homem numa época em que não pode haver dúvida de que a prudência não tem parte nisso. A vida de Castruccio é deste tipo, e deve-se trazer à memória dos homens porque é a mais instrutiva (*grandissimo esemplo*) para a atuação da *virtù* e da *fortuna*.[28] A ironia da reflexão introduz a *Vita* como uma peça de consciência, com o propósito sério de criar um *grandissimo esemplo* das forças que moldam a vida do herói.

---

[26] Machiavelli, *Tutte le Opere Storiche e Letterarie*. Eds. Guido Mazzoni e Mario Casella Florença, G. Barèra, 1929, p. 747 ss. Todas as referências às obras de Maquiavel são desta edição. Edições mais recentes em italiano: Machiavelli, *Opere*. Eds. Sergio Bertelli e Franco Gaeta, 8 vols. Milão, Feltrinelli, 1960-1965, e *Tutte le opere*. Ed. Mario Martelli. Florença, Sansonim, 1971. A edição inglesa mais completa é *The Chief Works and Others*, 3 vols. Trad. e ed. Allan Gilbert. Durham, Duke University Press, 1965.

[27] Machiavelli, *Vita*. In: *Opere*, op. cit., p. 759.

[28] Ibidem, p. 747 ss.

A própria *Vita* segue o padrão clássico do mito do herói que vimos empregado na *Vita Tamerlani*.[29] A consciência da interpretação aparecerá mais claramente quando caracterizarmos a sequência de cenas da mesma maneira que fizemos para a imagem de Tamerlão. As principais fases da *Vita* são as seguintes: (1) um infante de nascimento desconhecido é encontrado no jardim pela irmã de Antonio Castracani, um sacerdote; (2) Castracani adota o garoto e tenta levá-lo aos ideais de seu estado e educá-lo como um futuro padre; (3) aos catorze anos, o garoto faz valer seus direitos, abandona os livros teológicos e volta-se para a arte das armas; (4) ultrapassa todos os seus camaradas nesses exercícios; (5) adquire um tipo de liderança real sobre os outros garotos e comanda a confiança e lealdade; (6) então vem o descobrimento; o garoto é observado em seus jogos com seus amigos por Francesco Guinigi, um nobre; (7) Guinigi persuade o sacerdote a confiar-lhe o futuro do garoto; (8) aos dezoito anos, Castruccio embarca em sua carreira como líder militar e político, com sucesso momentoso na expansão do domínio de Lucca; (9) no meio dessas empresas mais promissoras, a *fortuna* despedaça-lhe a vida; Castruccio morre de uma febre contraída mediante um vento noturno miasmático, logo após uma batalha vitoriosa.

A história combina o mito do tipo de Moisés e Ciro com as circunstâncias que Maquiavel queria ver em seu herói nacional italiano. Os desvios da história que ele se permitiu são muito reveladores. O Castruccio histórico não era de maneira nenhuma um *esposito*, mas pertencia a uma das famílias gibelinas de Lucca. Além disso, foi casado e deixou filhos – ponto que Maquiavel omitiu; pois queria um herói que faria seu trabalho de salvação política e, então, convenientemente sem ligações familiares,

---

[29] Essa análise está estritamente no nível da autointerpretação de Maquiavel. Para os problemas maiores envolvidos na criação imaginativa do Mito do Herói, ver Otto Rank, *Das Mythus von der Geburt des Helden*. 2. ed. Leipzig e Viena, Deuticke, 1922. Para a variante especial desse mito no caso da biografia de artistas, ver Otto Kurz e Ernst Kris, *Die Legende vom Künstler* (1934), reimpressão Frankfurt, Suhrkamp, 1980, e Ernst Kris, "Zur Psychologie älterer Biographik", *Imago: Zeitschrift für Anwendung der Psychoanalyse auf die Geisteswissenschaften* XXI, 1935.

deixaria o estado para o povo. O fato de o Castruccio histórico ter sido um vigário imperial e duque, de novo é judiciosamente suprimido, pois essas honras não pareceriam tão boas no salvador que liberta a Itália dos bárbaros, incluindo o imperador. Na descrição da carreira política e militar, por outro lado, encontramos informação variada sobre a organização de Castruccio da infantaria e da cavalaria, assim como de sua tática de batalha, que por acaso coincide com as próprias ideias de Maquiavel para a reforma militar. E coloca-se ênfase considerável na circunspeção com que Castruccio se envolve em traições e destruição completa de seus inimigos – mais precisamente segundo o modelo da época de Cesare Bórgia de Sinigaglia.

A história da vida de Castruccio encerra-se com um quadro sumariante de seu caráter: "Ele era caro a seus amigos e terrível com seus inimigos; justo com seus súditos e infiel para com os estrangeiros; não tentou nunca dizer que, pela vitória, e não pelo método da vitória, adquires fama. Ninguém jamais foi mais audaz em enfrentar perigos, e ninguém mais habilidoso em poupar-se deles. Costumava dizer que o homem deve tentar tudo e não recuar; e que Deus ama homens fortes, pois, como se vê, sempre castiga os impotentes com os poderosos".[30] A observação final é de muito interesse porque apresenta o elemento da *ira Dei* que conhecemos da *Vita Tamerlani*; o príncipe vitorioso se torna o *ultor peccatorum*. Nem no *Príncipe* nem nos *Discorsi* Maquiavel se tornou tão explícito em dar ao poder e à *virtù* o significado de uma ordem providencial de poder.

§ 6. *Os Discorsi*

O mito da ordem mediante o poder intramundano tem de ser pressuposto na leitura sistemática da obra principal de Maquiavel – se o termo *sistemático* pode ser aplicado a uma

---

[30] Machiavelli, *Vita di Castruccio Castracani*. In: *Opere*, op. cit., p. 761.

obra que por seu próprio título indica sua discursividade. Os *Discorsi sopra La prima deca de Tito Livio* (escrito de 1513 a 1522) é a reunião completa de suas reflexões sobre a fundação, organização, expansão e restauração da república. A sistematização dos materiais e problemas deixam muito que desejar; a sequência de tópicos é frequentemente associativa; ocasionalmente um capítulo parece ter seu lugar particular por nenhuma outra razão senão que estaria igualmente mal colocado alhures; algumas vezes, os tópicos são estendidos além das proporções e assumem o caráter de uma digressão, como o longo Capítulo III.6 sobre conspirações. Todavia, há uma ordem governando os *Discorsi*. O Livro I lida com a fundação e organização interna da república; o Livro II, com os meios militares e políticos para engrandecimento e expansão; e o Livro III, com o problema absorvente da restauração de uma *città corrotta* a sua ordem prístina.

Os problemas são tratados na forma de uma discussão de exemplos históricos; deixando de lado os exemplos italianos, são tirados principalmente dos *Anais* de Lívio. O *Ab urbe condita* tinha servido como o modelo de historiografia analista e humanista, desde Bruni; mas apenas fora o modelo, embora a matéria tratada pelos historiadores florentinos fosse a história italiana medieval. Agora, a própria história romana se torna tópica como o grande instrumento de instrução em matéria política. Não é um instrumento arbitrário que pudesse ser substituído por outros; pois a ascensão e queda da Roma republicana tinha uma autoridade especial como o modelo da história nacional da fundação monárquica ao final tirânico. O republicanismo nacional de Maquiavel é alimentado pelo *pathos* de Roma como o primeiro *corso* (no sentido de Vico) da história italiana, e o exemplo de Roma agora deve servir de lição para a regeneração da Itália. É por isso que César se move de novo para o papel do tirano e Bruto para o do herói republicano, invertendo, assim, a categorização histórica mais realista de Salutati. A ideia do príncipe salvador não pode ser entendida a não ser que distingamos claramente entre o herói, que, pela *virtù*, restaura a ordem da república, e o usurpador, que se curva ao povo sob o jugo de sua monarquia. Maquiavel não quer uma Roma imperial; o seu sonho é o príncipe que restaurará uma ordem italiana em rivalidade com a Roma republicana.

Os *Discorsi* foram escritos para uma geração mais jovem. Os jovens, *giovani*, deveriam ser capazes de comparar o passado e o presente; e "quando lerem meus escritos" fugirão do presente e imitarão Roma "sempre que *fortuna* ofereça uma oportunidade", "Pois é dever de um homem virtuoso [*uomo buono*] ensinar aos outros o bem que ele mesmo não poderia fazer porque a época e a fortuna não eram favoráveis, a fim de que dos muitos homens capazes aquele que é mais amado pelo Céu seja capaz de desenvolvê-lo afinal".[31] Esses *giovani* a quem os *Discorsi* são destinados não eram uma audiência meramente imaginária. Pois havia, na verdade, em Florença um grupo de jovens fortemente interessados em política. Buondelmonti, os Alamannis, Filippo dei Nerli e Jacopo Nardi pertenciam a este grupo, que se encontrava no Orti Oricellarii, os Jardins de Cosimo Recellai. Em 1518, Maquiavel leu para esses jovens amigos seus *Discorsi* e em seguida a sua *Arte da Guerra*. Em 1522, vários deles se envolveram numa conspiração contra os Médici. Luigi di Tommaso Alamanni foi executado, ao passo que os outros conseguiram fugir. O próprio Maquiavel não estava envolvido, mas os *Discorsi* tinham formado as ideias dos conspiradores. Dedicou a obra a Buondelmonti (que conseguira escapar para a França) e a seu anfitrião comum, Rucellai, que morrera jovem, em 1520.

Num estudo geral temos de restringir a nossa análise dos *Discorsi* às declarações de princípios de Maquiavel para o estudo da política. O primeiro desses princípios está ligado à legitimidade de refletir sobre o presente à luz do passado. Essa formulação da intenção de Maquiavel parece mais cautelosa do que a asserção irrestrita de que estava em busca de regras gerais para o comportamento político exitoso. Na ausência

---

[31] Machiavelli, *Discorsi*, introdução ao livro II.

de um desenvolvimento sistemático e teorético, não podemos dizer com certeza qual era realmente sua intenção, e não podemos nem mesmo dizer com certeza que ele não era um pensador científico, movido pela ambição de encontrar leis de política em emulação com as leis da natureza. Supunha regularidades e recorrências na história baseado, na verdade, na constância da natureza humana. "Já que os homens têm e tiveram sempre as mesmas paixões, necessariamente produzirão o mesmo efeito". Este princípio, entretanto, não se torna a base para a psicologização da política; a história não se espatifa no curso psicologicamente determinado de ação individual; não estamos à beira de uma psicologia de prazer e dor, ou uma psicologia de autointeresse, ou um materialismo de paixões. A natureza do homem é para Maquiavel parte da natureza da sociedade política na história. Daí a constância de paixões determinar recorrências na forma da história. Constelações de circunstâncias numa sociedade, formas de governo e sequências de acontecimentos são as unidades que recorrem. Sob esse aspecto, a história da Antiguidade, e em particular da Antiguidade romana adquire uma importância específica para o estudo da política porque oferece o espetáculo de uma sequência completa de acontecimentos políticos desde a fundação até a queda de uma república. Maquiavel não generaliza de uma coleção indiscriminada de casos, pois todos os casos recaem nas grandes classes de acontecimentos antigos e pós-antigos. Contra um pano de fundo do curso antigo, todos os acontecimentos posteriores adquirem a natureza de um *déjà vu*, ao passo que o modelo antigo se torna um paradigma mítico do qual acontecimentos mais recentes são a "repetição". "Quem quiser ver o que vai ser, tem de considerar o que foi; pois todas as coisas no mundo, em todos os tempos, harmonizam-se com seu equivalente na Antiguidade."[32]

---

[32] Machiavelli, *Discorsi* III.43. In: *Opere*, p. 257: "*perchè tutte le cose del mondo, in ogni tempo, hanno il proprio riscontro con gli antichi tempi*". Não queremos levar muito adiante esse passo – mas, literalmente, Maquiavel identifica "mundo" e "tempo" com a história medieval e contemporânea, ao passo que "tempi antichi" se torna um eão paradigmático e mítico. Enfatizamos a ausência de desenvolvimento sistemático em Maquiavel, e parece um tanto arriscado

As unidades da história, então, são o problema que Maquiavel se põe a investigar, e as unidades da história antiga têm a função de paradigmas que devem ser imitados pelos modernos. Em outros campos – na arte, legislação e medicina –, a façanha paradigmática dos antigos é recebida com alegria; quando se trata de imitação relativa à ordenação, manutenção e restauração de uma república, tal imitação é considerada difícil, se não impossível, pelos seus contemporâneos. A causa de tal hesitação não deve ser buscada na decadência geral do mundo através da Cristandade, ou na letargia ambiciosa de que muitas políticas ocidentais são presas, mas na falta de uma verdadeira compreensão da história, no hábito de ler a história como uma série de acontecimentos de entretenimento sem deles extrair o significado que têm para nós todos assim como o sabor da história, porque não estão a par de que "o céu, o sol, os elementos, e os homens" não variam em "seu movimento, ordem, e forças". A história da república é parte da ordem cósmica; se quisermos saber como orientar-nos numa época desnorteante, teremos de tentar uma compreensão da ordem cósmica de política. Maquiavel quer comparar o *antique e moderne cose* com o duplo propósito de estabelecer os valores paradigmáticos do curso da república romana e de mostrar as possibilidades de comportamento político imitativo que curará os males do tempo.[33]

Na verdade, a ordem é cósmica. Maquiavel não apenas retorna à história romana como objeto paradigmático; também retorna à interpretação de Políbio de seu curso como um ciclo cósmico. A unidade política abrangente é o *politeion anakyklosis*, a revolução cíclica de formas políticas, como determinadas pela *physeos oikonomia*, a ordem da natureza.[34] E a Natureza de Políbio é o fundamento do mundo estoico que

---

fazer uma interpretação fundada em passagens pequenas e concentradas, como essa. Entretanto, suspeito que uma compreensão melhor dos problemas maquiavélicos será por fim obtida, levando-se a sério suas formulações, em vez de editá-las de acordo com noções preconcebidas.

[33] Machiavelli, *Discorsi*, introdução ao livro I.
[34] Políbio, *As Histórias*, VI.9, p. 10.

sinonimicamente pode também ser designado como *tyche*, *nomos* e *logos*. Temos as seis formas de governo, as três boas e as três ruins. Nenhuma delas é desejável: as ruins porque são ruins em si mesmas; as boas porque são de curta duração e logo restabelecidas como uma monarquia – passarão pelas formas de tirania, aristocracia, oligarquia, democracia e sua degeneração licenciosa, e então uma monarquia será restabelecida a fim de refrear a licenciosidade do povo. Este é o círculo (*cerchio*) em que a república se move, mas raramente elas retornam a suas formas originais, pois dificilmente uma república tem tal vitalidade (*può essere di tanta vita*) que possa passar muitas vezes pela provação. Normalmente, quando a degeneração avançou, a república se tornará uma presa de vizinhos mais poderosos e perderá sua existência histórica independente. Um legislador sábio, ao ordenar uma república, evitará, portanto, quaisquer dessas formas; tentará criar uma ordem que integre todas as três forças políticas e, então, produzirá um equilíbrio mais estável. O começo de tal ciclo está no reino do acidente histórico. Ainda seguindo Políbio, Maquiavel reconta-lhe a narrativa da origem do governo. No começo do mundo, os homens eram poucos e viviam isolados como animais. Com o crescimento da população eles se associaram e, para uma melhor defesa, escolheram os mais fortes como seus chefes. Tal associação foi a origem da noção de nobre e bom em oposição ao pernicioso e mau. Pois aquele que injuriou o benfeitor comum fez nascer ódio e simpatia; os integrados foram reprovados, os gratos, louvados, estando todos a par de que as mesmas injúrias poderiam acontecer com eles. A fim de evitar tais males, foram feitas leis que infligiam punição aos violadores, e então se originou a compreensão da justiça. Sob tais condições de ordem legal, o mais forte já não seria escolhido como príncipe, mas o mais prudente e justo. Quando essa monarquia eletiva primitiva se tornou hereditária, emergiram os males que deram origem ao ciclo das formas políticas.[35]

---

[35] Machiavelli, *Discorsi*, I.2.

Não há nada original nessa parte das ideias de Maquiavel; são substancialmente uma condensação das respectivas passagens nas *Histórias* de Políbio, Livro II. Contudo, precisamente por causa dessa confiança em Políbio é que essas páginas são da maior importância, porque excluem de uma vez por todas certos equívocos modernos dos quais Maquiavel é uma vítima favorita. A sociedade organizada é concebida como um crescimento "natural" dentro do cosmos, participando de sua ordem; é aceita como um todo, completo com sua ordem política, religiosa e civilizacional. A "natureza" desse crescimento é a natureza estoica que abrange a vida do espírito e do intelecto. Donde o naturalismo de Maquiavel ser uma tentativa de reviver o Mito antigo da natureza; não tem nada que ver com um determinismo de natureza que excluiria a liberdade de ação. O declínio de uma república é inevitável, pois nada que nasce pode viver para sempre; a força vital que a trouxe à luz se exaurirá mais cedo ou mais tarde, mas a lei da *anakyklosis* deixa amplo espaço para uma fundação prudente assim como para uma preservação e restauração enérgicas. Temos, além disso, de estar atentos para não confundir essa liberdade de ação com uma liberdade de planejamento racional; a ética política de Maquiavel não é utilitária. As atividades fundadoras e restauradoras são uma manifestação daquela parte da força cósmica que vive nos indivíduos humanos; esta força em si é a substância da ordem, e enquanto no curso da ação política os meios têm de ser racionalmente relacionados com os fins, esses mesmos fins são de interesse apenas à medida que são manifestações da *virtù* ordenante. Sem relação com o mito do herói e sua *virtù*, a ética de Maquiavel não faz sentido. Daí tenhamos, finalmente, de ser cuidadosos em não confundi-lo com o propagador de uma ética de autointeresse, ou um "especialista" que dá conselhos para obter o poder, a despeito de sua substância. Desapareceu a grande experiência cristã orientadora da moralidade, o *amor Dei;* mas isso não significa que agora o *amor sui* se tenha tornado o determinante da ação. A *virtù* do herói é a força substantiva que se dirige à expressão na ordem da república; não é uma paixão de poder autocentrada. O mito do Príncipe não pode nunca ser entendido a não ser que o vejamos à luz desse pano de fundo esteado no tratamento amoroso e extenso que Maquiavel deu às conspirações, ou seja, um grande remédio contra a força acósmica e criminosa de um indivíduo forte que confunde sua ambição com a *virtù* principesca.[36]

A república é um crescimento natural no sentido de uma manifestação articulada de ordem cósmica. Que exista esse tipo particular de articulação é um fato que deve ser aceito, não explicado. Repúblicas são uma articulação cósmica da mesma maneira que plantas, ou animais, ou homens, ou corpos celestiais. Que repúblicas sejam um crescimento natural com uma força vital exaurível não significa, no entanto, que sejam um crescimento orgânico. Repúblicas, bem como comunidades religiosas, não são organismos; são *corpi misti*, isto é, corpos compósitos.[37] Seus elementos compósitos são homens; e homens não são autômatos coletivistas, mas existem na tensão entre sua vontade própria e a vontade da ordem pública. Essa tensão é inelutável; e é causa do declínio até das repúblicas mais bem ordenadas. "Os desejos humanos são insaciáveis; pois da natureza eles têm o poder e a vontade de apanhar tudo, ao passo que da fortuna têm o poder de alcançar apenas umas poucas coisas. Como consequência, as mentes dos homens estão permanentemente cheias de descontentamento e de uma fadiga das coisas que possuem. Portanto, sem nossa boa razão, eles criticam o presente, louvam o passado e desejam o futuro."[38] Tal é o material não promissor fora do qual a ordem da república tem de crescer. A ordem do crescimento e queda, portanto, não é mais do que uma moldura que permitirá uma infinidade de variações históricas. Não há nenhuma garantia de que qualquer reunião particular de homens desenvolverá uma ordem política; quando existe uma vitalidade por um começo, a tentativa pode abortar e dar

---

[36] Sobre conspirações ver Machiavelli, *Discorsi*, III.6, e *Istorie Fiorentine*, VIII.
[37] Machiavelli, *Discorsi*, III, in: *Opere*, p. 193.
[38] Idem, *Discorsi*, introdução ao livro II, op. cit., p. 136.

ensejo a uma ordem instável; e quando o começo foi bom, o curso pode ainda ser cortado quando num momento de crise não aparecem os poderes renovadores. Sorte tem a república que em sua fundação, ou logo após, produziu um sábio que lhe deu leis pelas quais pode viver por séculos – como Esparta viveu pelas leis de Licurgo.[39] Na maioria dos casos, entretanto, os começos serão menos auspiciosos – como no caso de Roma. Daí a história da república romana ser merecedora de nossa atenção especial; pois nesse caso podemos estudar as condições sob as quais uma república é exitosa sem tais golpes de sorte inimitáveis, como um sábio fundador.

Em relação ao segredo do sucesso romano, Maquiavel de novo segue Políbio e sua concepção do governo trino. Roma começou da maneira comum com reis que degeneraram em tiranos. A expulsão dos tiranos, entretanto, não foi seguida pelo ciclo normal e fatal porque os rebeldes recolocaram-nos com uma mistura de elementos monárquicos e aristocráticos no consulado e no senado. Esse padrão de construção foi seguido quando a próxima vaga de revolta ocorreu – ou seja, a revolta do povo contra os aristocratas. Os tribunos do povo recebiam sua parte no governo, sem destruir a autoridade dos cônsules e do senado. A sucessão fatal de formas, então, foi transformada numa simultaneidade equilibrada. Certamente houve uma quantidade considerável de luta interna entre patrícios e plebeus que, para o observador superficial, pode não parecer recomendar Roma como modelo. Tais perturbações civis, entretanto, podem ser consideradas o preço que tinha de ser pago para a existência continuada e a expansão conquistadora da república. Em particular, este último ponto é de importância. Podem-se evitar levantes internos do povo contra a aristocracia e as concessões constitucionais subsequentes, se se mantiver pequena a república e não se empregar o povo no serviço militar. Se os romanos tivessem fechado sua república a estrangeiros como os venezianos, a história interna teria sido menos tumultuada. Por outro lado, Roma teria

---

[39] Idem, *Discorsi*, I.2, op. cit., p. 59.

permanecido um pequeno Estado insignificante e talvez tivesse caído diante de vizinhos mais poderosos. A desvantagem da intranquilidade interna teve de ser aceita como a condição de força e grandeza.[40] O sucesso de Roma deveu-se ao amor ou liberdade que inspirou o todo e várias pessoas. "A razão é fácil de ver; pois não é o bem do indivíduo, mas o bem comum que torna grande o governo. E sem dúvida o bem comum é cuidado apenas em repúblicas, pois tudo é feito para servir-lhes o propósito se for em detrimento deste ou daquele homem individual. Há tantos que ganham com ele que podem persegui-lo contra a vontade dos poucos que sofrem com ele. O contrário acontece sob um príncipe; pois frequentemente o que é útil para ele será prejudicial ao governo, e o que é bom para o governo será prejudicial para ele."[41]

No entanto, Roma foi fundada por reis. E quando seus sucessores tiranos foram expulsos, o povo pôde continuar a construir as fundações. É instrutiva a obra fundadora. Muitos podem excepcionar a figura de Rômulo, que, a fim de fundar uma comunidade vivente (*un vivere civile*), primeiro matou o próprio irmão e então consentiu na morte de seu corregente. Parece ser um mau exemplo. Temos, contudo, de considerar-lhe os motivos. É uma regra geral (*regola generale*) que uma república ou reino dificilmente possa ser bem ordenado desde o começo a não ser que a ordem surja do plano e da mente de um único indivíduo. Um legislador sábio que não pensa em si mesmo, mas no bem comum, não em seus herdeiros, mas na pátria comum, esforçar-se-á, em consequência, para ser a única autoridade. "Nenhuma pessoa inteligente criticará uma ação extraordinária" quando é necessária para uma fundação política. "O ato acusa, o sucesso escusa." E quando o efeito é tão bom como o de Rômulo, o feito será desculpado. "Pois a violência é repreensível apenas quando empregada para destruição, não quando empregada para construção." Contudo, isso é válido apenas se o fundador for suficientemente sábio

---

[40] Idem, *Discorsi*, I.2-6.
[41] Idem, *Discorsi*, II.2, op. cit., p. 139 ss.

e virtuoso para não deixar seu poder como uma herança para um sucessor. O poder, uma vez estabelecido por um indivíduo notável, tem de reverter para o povo. "Pois muitos não são talhados para organizar uma boa coisa porque a diversidade de opinião deles evita que se reconheça o bem dessa opinião; mas uma vez que a reconheceram, porque a têm, não conspirarão para submeter-se a ela."[42]

As reflexões sobre a "necessidade de ficar só quando se funda uma nova república" são seguidas de uma declaração que pode ser considerada a peça central da ética de Maquiavel. Não é nada menos do que uma tábua formal de valores. "De todos os homens, os mais famosos são aqueles que foram cabeças e fundadores de religiões. Depois deles, vêm os que foram fundadores de repúblicas e reinos. Depois, são celebrados os que, na cabeça de exércitos, engrandeceram seu exército ou pátria. Então se seguem os homens de letras que são celebrados de acordo com o tipo e o nível de sua façanha. Do número infinito de outros, cada um recebe sua parte de louvor de acordo com sua arte ou ocupação." Infames e detestáveis, por outro lado, devem ser considerados os destruidores de religião, os corruptores de reinos e repúblicas, os inimigos da virtude, das letras e de toda arte que é útil e honrosa para a humanidade – ou seja, "o ímpio, o violento, o ignorante, o incapaz, os vadios e os vilões".[43]

Os mais altos na classificação são os fundadores de religiões. A força de Roma foi sua religiosidade. Neste ponto, Maquiavel de novo concorda com Políbio.[44] Os romanos tinham mais medo de quebrar um voto do que de violar a lei. E o estudante da história romana descobrirá quanto a religião serviu às causas da obediência no exército, unanimidade no povo, apoio de bons homens e frustração dos maus. Por sorte Rômulo foi sucedido por Numa, que reconheceu a religião

---

[42] Idem, *Discorsi,* I.9, op. cit., p. 72 ss.

[43] Idem, *Discorsi,* I.10, op. cit., p. 74.

[44] Ver em particular Políbio, *Histórias,* VI.56, sobre a importância da *deisidaimonia* romana.

como a fundação mais necessária de um governo e criou as instituições apropriadas. Roma é mais devedora a Numa do que a Rômulo, pois onde há religião pode-se facilmente estabelecer o poder militar e manter a república. Mas onde não há o temor de Deus, o reino cairá em ruínas a não ser que o temor do príncipe substitua a religião. Já que os príncipes, no entanto, não têm mais do que uma vida, o reino falhará quando a *virtù* de um único homem desaparecer com sua vida. "E, como a observação do culto de Deus é a causa da grandeza de uma república, assim a negligência é a causa de sua ruína."[45]

Nesse ponto as reflexões de Maquiavel se voltam para o transe contemporâneo. A miséria da Itália é causada pela decadência da Cristandade; isso, a seu turno, é causado pelo papado degenerado. As atitudes dos papas são duplamente responsáveis pelo transe italiano. Em primeiro lugar, o papado mostrou-se sempre forte o bastante para evitar a ascensão da supremacia de um dos poderes italianos, evitando assim a unificação da Itália, e chegou até a chamar os bárbaros em socorro contra os italianos. Que o país se tenha tornado uma presa para os invasores "nós, italianos, devemos à igreja e a ninguém mais". O luxo e a corrupção da corte papal, em segundo lugar, é a causa da corrupção moral e da irreligiosidade do povo italiano; a igreja, então, destruiu a fundação indispensável de uma república nacional saudável.[46] Embora o primeiro desses males pudesse ser remediado pela destruição do papado como um poder secular, a corrupção moral e a irreligiosidade do povo são matéria de preocupação infinita. Não apenas é a corrupção da religião pelo papado um problema, mas o valor da Cristandade em si está em xeque.

Maquiavel indaga por que os antigos tinham um amor mais forte pela liberdade do que os modernos. A razão parece ser a mesma que em geral deixa os homens de nosso tempo parecer menos fortes do que os da Antiguidade, ou seja, a diferença

---

[45] Machiavelli, *Discorsi*, I.11.
[46] Idem, *Discorsi*, I.12.

de educação que provém da diferença de religião. A Cristandade mostra-nos a verdade e o verdadeiro caminho, e como consequência diminui a estima pela honra do mundo (*l'onore del mondo*). Para os pagãos essa honra era o mais alto deus, e é por isso que eram mais ferozes. "Além disso, a religião antiga beatificava apenas homens de grande glória temporal, como capitães de exércitos e príncipes de repúblicas, ao passo que nossa religião glorifica os homens humildes e contemplativos, em vez dos ativos." A Cristandade dá valor à humildade, à renúncia e ao desprezo das coisas humanas; os antigos davam valor à grandeza da alma, à força do corpo e a tudo o mais que faz o homem forte. A Cristandade quer um homem para mostrar sua força no sofrimento em vez de na realização de feitos fortes. Este modo de vida tornou o mundo fraco, uma presa de patifes. Mas então, de novo, deve-se considerar que talvez esses efeitos sejam culpa não da Cristandade, mas de uma interpretação torpe que a fez subserviente ao ócio (*ozio*) em vez da *virtù*. Pois, afinal de contas, a Cristandade permite a exaltação e a defesa do país e quer que o amemos e honremos e lutemos por ele. Daí a falsa interpretação, e não a Cristandade em si seja a causa de uma diminuição do amor à liberdade. E não devemos desconsiderar que o império romano esmagou a liberdade das repúblicas conquistadas; muito possivelmente isso foi um golpe do qual nunca poderiam recuperar-se, mesmo depois da dissolução do império.[47] Esse estado de coisas não pode ser reparado facilmente; não há nenhuma religião alternativa à mão; pode-se esperar apenas por uma reforma (*rinnovazione*) mediante o retorno à Cristandade mais saudável dos começos. Tais renovações tinham acontecido antes. Sem a obra restauradora de São Francisco e de São Domingos, a Cristandade há muito tempo se teria extinguido. A imitação da vida de Cristo pelas ordens mendicantes deu um novo prazo de vida para uma igreja que se teria arruinado pelo comportamento desonroso de seus prelados e chefes.[48]

---

[47] Idem, *Discorsi*, II.2, op. cit., p. 141 ss.
[48] Idem, *Discorsi*, III.1, op. cit., p. 195.

E tais renovações são ainda possíveis, embora as populações da cidade sejam menos receptivas ao renascimento do que as pessoas mais simples. O povo de Florença, por exemplo, não era nem ignorante nem cru, e ainda assim se deixou persuadir pelo que Savonarola conversava com Deus: "Não quero julgar se isso era ou não verdadeiro; pois de tal homem deve-se falar com reverência". Contudo, se era possível que ninguém desesperasse que mesmo hoje ele pudesse fazer o que os outros fizeram antes dele – "pois como foi dito no prefácio, os homens nascem e vivem para sempre sob a mesma ordem".[49]

Começam a ficar claros os esboços do sistema de Maquiavel. No centro está uma metafísica de força cósmica que se manifesta na produção de várias formas de ser, entre elas as repúblicas. No caso das repúblicas, as entidades são compósitas; a forma política vem à luz pela operação de força cósmica em raros indivíduos – ou seja, através da *virtù* de fundadores e restauradores. A própria eficácia dessa força fundante determina a ascensão e queda cíclicas das repúblicas: "*Virtù* engendra tranquilidade; tranquilidade, descanso; descanso, desordem; desordem, ruína; e, similarmente, de ruína surge ordem, de ordem, *virtù*; e esta última engendra fama e boa fortuna".[50] A estabilidade da ordem, entretanto, não pode estar apenas na *virtù* dos fundadores e príncipes; pois um estabelecimento não duraria muito mais do que a vida do criador. A comunidade precisa de uma ligação sacramental. Daí, na tábua de valores, os fundadores de religião estarem em primeiro lugar, antes dos fundadores políticos. A metafísica da força cósmica não é um naturalismo de variedade científica ou orgânica; a "natureza" é entendida no sentido estoico como abrangendo a ordem total da existência humana em uma comunidade religiosa assim como em civilizações históricas. Daí a metafísica de Maquiavel não degenera numa filosofia de "política de poder". Toda a tábua de valores – religiosos, morais, civilizacionais, ocupacionais, etc. – é aceita como matéria de tradição;

---

[49] Idem, *Discorsi*, I.11, op. cit., p. 77 ss.
[50] Idem, *Istorie Fiorentine*, V.1, op. cit., p. 498.

em consequência, ele pode distinguir entre a *virtù* que tende para o estabelecimento de uma ordem objetivamente boa e a força vital individual que não estabelece senão o domínio pessoal. A única falha nesse sistema – da qual o próprio Maquiavel estava muito a par – é o fato de que não vivemos na antiguidade helênico-romana, mas numa civilização cristã ocidental. A metafísica da força cósmica e o mito da *virtù* só fazem sentido sob a condição de que o *onore del mondo* seja aceito religiosamente como *summum bonum*. Quando o *summum bonum* é colocado na visão beatífica de Deus, então a honra do mundo afunda para um segundo lugar na hierarquia de valores, e não a manifestação ordenadora heroica da força cósmica mas o *amor Dei* se tornará o princípio orientador de conduta. Nesse ponto Maquiavel está inseguro. Reconhece o fato da Cristandade; mas sua própria alma está fechada contra ela; na verdade está morta. Daí ele hesita entre uma invectiva nietzschiana contra a Cristandade como a causa da miséria contemporânea e um respeito, igualmente nietzschiano, por suas qualidades originais. O mito pagão obviamente já não está vivo; o próprio Maquiavel não é um cristão nem o fundador de uma nova religião; ele espera uma reforma – que na verdade começou no ano seguinte à dedicatória do seu *Príncipe*.

Conquanto haja inseguranças e hesitações na posição de Maquiavel, conquanto ele não seja um cristão cujo sentido último da vida não depende das vicissitudes da história, e conquanto ele participe apaixonadamente na *onore del mondo* (embora apenas em quarto grau, como homem de letras), não devemos imaginá-lo como tolhido nos sentimentos por um pessimismo de declínio. Houve um toque genuíno da *vita contemplativa* em Maquiavel. A república existia sob a lei de *anakyklosis*, e a situação italiana não era agradável, mas ele manteve aberto o horizonte histórico. Uma república pode exaurir-se, mas isso não é o fim do mundo. A *virtù* se move para outros povos: "Quando considero como vão as coisas, vejo que o mundo no todo sempre foi o mesmo; houve sempre tanto bem quanto mal; mas o bem e o mal variaram de país a país. Os antigos impérios mudaram de um a outro com a mudança de seus costumes, mas o mundo permaneceu o mesmo. Apenas com a diferença de que a *virtù* primeiro se localizou na Assíria, então passou para a Média e Pérsia, e finalmente veio para a Itália e Roma. E quando o império romano não foi sucedido por um império de duração similar em que o mundo concentrasse sua *virtù*, vimos ainda assim a *virtù* dispersa nas muitas nações onde a vida era virtuosa. Tais eram os reinos dos francos, os turcos e os mamelucos, e hoje os povos da Germânia; e antes foi o Islã que fez tão grandes coisas, conquistou tantos países e destruiu o império romano oriental". Os que vivem em tais reinos e religiões conquistadoras não reclamarão do declínio da *virtù*: o mundo e a história não chegaram ao fim porque os italianos tiveram motivo para lamentar sua época.[51] E tal lamento é fútil. Convém a nós explorar as condições de ascensão e queda na história, e em particular explorar as possibilidades de regeneração através do retorno às grandes origens.[52] Um desastre externo pode ser apenas o estímulo necessário para reunir as forças de uma nação e fazer um recomeço. Da história sabemos quão necessário foi para Roma ser conquistada pelos gauleses, chocar-se com a vontade de renascimento, a fim de recobrar uma nova vida e uma nova *virtù*.[53] Essa é a tarefa do presente. E o homem de letras, que nem pela *virtù* nem pela *fortuna* pode ser ele mesmo o herói salvador, devotar-se-á à evocação do Príncipe libertador.

§ 7. O Príncipe

O livro que ia tornar-se famoso como *O Príncipe* não recebeu esse título do autor. Sabemos da gênese da obra por

---

[51] Idem, *Discorsi*, introdução ao livro II, op. cit., p. 135 ss.

[52] Idem, *Discorsi*, III.1.

[53] Idem, *Discorsi*, III.1, op. cit., p. 194. A alusão ao presente predicamento da invasão da Itália pela França é difícil de apresentar em inglês; o texto italiano é o seguinte: "*Si vede come egli era necessario che Roma fussi presa dai Franciosi, a volere che la rinascesse e renascendo ripigliasse nuova vita e nuova virtù*".

uma carta de Maquiavel a seu amigo Francesco Vettori, de 10 de dezembro de 1513. Nessa carta, Maquiavel descreve a vida como que desperdiçada em sua pequena propriedade rural em San Casciano, próximo de Florença. Mas quando um dia onírico e sórdido termina e chega a noite, ele volta para casa e entra em seu escritório: "Passada a porta, retiro minhas roupas comuns, muito sujas, e coloco trajes reais e cortesãos. Assim vestido apropriadamente entro na companhia dos antigos, e ali, recebido por eles, com amabilidade, participo do alimento que é verdadeiramente meu, e para o qual nasci. Não tenho medo de falar com eles, e de pedir-lhes razões para suas ações; e eles, por sua humanidade, responder-me-ão. Nas quatro horas seguintes, não sinto nenhum enfado, esqueço todas as tristezas, e não tenho medo da pobreza nem da morte. Transfiro-me inteiramente para eles. E já que Dante diz que compreender sem reter não é conhecimento, anotei que proveito tive da conversa com eles, e compus uma pequena obra, *De principatibus*. Aí entro o mais profundamente que posso nos pensamentos desse sujeito; discuto a natureza dos senhorios, de que variedades são, como podem ser adquiridos, como mantidos, e por que são perdidos. Se algum de meus caprichos alguma vez já te agradou, este não deve desagradar-te. Deve ser bem-vindo como um príncipe, e especialmente como um novo; daí, devo dedicá-lo a Sua Alteza Giuliano".[54]

Embora Maquiavel chamasse seu livro *De principatibus*, ou seja, *Dos senhorios*, o título do editor, *Il Principe*, não era menos justificado. Além disso, podemos pensar em vários outros títulos que se enquadrariam muito bem, tais como *Del Principe Nuovo*, ou *Nuova Scienza del Principe*, ou *Al Redentore d'Itália*. Temos de estar atentos a esse leque de possibilidades a fim de não nos envolvermos em debates acerca de um sentido único e verdadeiro do *Príncipe*.

---

[54] Ibidem, p. 885. O *Príncipe* parece ter sido quase todo realizado no final de 1513. No entanto, foi dedicado apenas em 1516 – porém não a Giuliano, que morrera nesse ano, mas a Lorenzo de' Medici.

Pois o livro não é um tratado sistemático sobre política; é essencialmente um *livre de circonstance*, e Maquiavel forçou mais de uma questão teórica a serviço de seu propósito político. Contudo, o livro tem uma ordem própria, e não há nenhuma dificuldade em descobrir-lhe a divisão em três partes principais: (1) O título *De principatibus* abrange a intenção sistemática dos Capítulos I até XI. Essa primeira parte do *Príncipe* é um tratado sobre senhorios, suplementando o tratamento das repúblicas nos *Discorsi*.[55] Todos os estados (*stati*) são divididos em repúblicas e senhorios (*principati*). Estes são divididos em hereditários e adquiridos há pouco; e acrescenta-se uma classe especial de senhorios eclesiásticos. Senhorios hereditários e eclesiásticos são tratados brevemente nos Capítulos II e XI; embora o corpo principal dessa parte, ou seja, os Capítulos II até o X, lide com os senhorios de pouco adquiridos. (2) A segunda parte compreende os Capítulos XII até XIV. Lida com problemas de organização militar. A função sistemática verdadeira dessa parte não é, porém, tratada, mencionando-se apenas seu objeto. Maquiavel pretendia que suas variedades de senhorios fossem seguidas por uma seção sobre as "fundações" em que todos devem assentar; e esses *fondamenti* são "boas leis e boas armas". "Já que, no entanto, não pode haver boas leis onde não há boas armas, e já que onde há boas armas as leis têm de ser também boas, deixo de lado a discussão das leis e devo falar apenas das armas".[56] (3) A seção sobre os *fondamenti*, finalmente, é seguida pela parte sobre o príncipe, no sentido mais estrito, começando com o Capítulo XV. É um estudo dos princípios de conduta que um príncipe terá de adotar se quiser tornar-se o renovador da Itália. Essa parte está de novo relacionada aos *Discorsi* à medida que o problema do Livro III, a renovação da república, é agora aguçado até a análise do redentor sob condições italianas concretas.

---

[55] Ver Machiavelli, *Príncipe*, I e a sentença de abertura de II.
[56] Machiavelli, *Príncipe*, XII, in: *Opere*, op. cit., p. 24.

Essas são as três partes quanto ao objeto. A estrutura interna do *Príncipe*, todavia, não se fará inteligível se nos restringirmos a esse relato simples. Ao contrário, se fixarmos nossa atenção nos três tópicos, o *Príncipe* deve aparecer como um livro mal organizado, resumindo problemas nas segunda e terceira partes que deveriam ter sido exauridos por ocasião de sua aparição na primeira parte. Com base nesse relato, descarrila-se, como aconteceu, em especulações sobre se Maquiavel não tinha originalmente planejado a primeira parte sobre as variedades de senhorios e então adicionado o resto como uma reflexão posterior numa época posterior; ou se ele tinha escrito o total das três partes uma vez, por mais mal organizadas que sejam, porque era atrapalhado; ou se ele tinha atirado o último capítulo, "idealístico", depois de ter finalizado o quadro "realístico" do príncipe; e se ele o fizera porque era um hipócrita ou, talvez, a fim de agradar os Médici e deles obter algum emprego ou estipêndio, etc. Para todas essas especulações, insistamos, não há nenhuma prova exterior. Daí devamos supor que Maquiavel sabia o que estava fazendo e que o *Príncipe*, por sua intenção, tem a estrutura que emerge de uma análise do texto tal qual é preservado. E tal estrutura inteligível a obra, na verdade, a tem.

No que diz respeito ao objeto, devemos falar da estrutura interna como de um adelgaçamento e concretização do tópico. O livro começa, no Capítulo I, com uma divisão ampla e sistemática de todos os *stati*, incluindo repúblicas e senhorios. Com o Capítulo II, desaparecem as repúblicas. No todo da primeira parte, além disso, os senhorios hereditários e eclesiásticos são tratados apenas brevemente, ao passo que o corpo principal é estreitado até o "Novo senhorio". A segunda parte elimina da consideração as leis (com o argumento especioso previamente citado, que também poderia ser invertido) e concentra-se na organização militar porque um exército novo e eficaz é o instrumento indispensável para o homem que se incumbirá da libertação da Itália. O tópico está-se estreitando em direção ao problema concreto de uma guerra italiana de libertação. A terceira parte é francamente um corpo de receitas realistas para o príncipe que unificará a Itália e expulsará os invasores. E o Capítulo XXVI, o último do livro, é o apelo concreto ao Médici para se tornar o redentor nacional, pois "esta dominação bárbara a todos nos cheira mal".

O adelgaçamento e a concretização do tópico mantêm juntas as três partes e tornam-lhes irreversível logicamente a sequência. Todavia, a força emocional do livro, o fascínio que exerce no leitor, provém da habilidade quase inacreditável de Maquiavel em aumentar a tensão, partindo da esfera existencialmente periférica da classificação lógica até o centro da fé apocalíptica. Sigamos os passos dessa intensificação, pois a sequência clara deles revela o grau a que Maquiavel tinha esclarecido sua filosofia de existência, sem elaborá-la num sistema formal:

(1) O livro abre (I) com uma divisão lógica de tipos de Estados. É livre de emoção política, mas não sem tensão, pois, por sua compactação, precisão e economia de linguagem, é uma pequena gema da arte da classificação. A inexorabilidade dessas sentenças lúcidas não apenas fixa o tópico do *principato nuovo*, como dá o tom do progresso incessante que culminará no final apocalíptico.[57]

(2) A descrição dos próprios senhorios (II-XI) tem uma organização interna, à medida que os problemas emocionalmente menos pesados são colocados no começo e no fim, ao passo que o centro (VI-IX) é mantido pelos tipos que permitem uma diferenciação das variantes da *virtù*. Esses capítulos centrais preparam e preludiam o tema principal; especialmente o Capítulo VI delineia como um tipo geral a situação que se torna concreta no fechamento do Capítulo XXVI.

---

[57] Sobre as qualidades deste Capítulo I, ver as belas observações de Giuseppe Lisio em sua edição de *Il Principe*. (1899) Florença, G.C. Sansoni, 1933, II.

(3) A parte seguinte (XII-XIV) muda a cena de uma descrição geral para a ferocidade de uma guerra iminente. A discussão técnica dos méritos relativos do mercenarismo, tropas auxiliares e nacionais é escrita contra o pano de fundo da invasão francesa e da experiência com a infantaria espanhola e suíça; serve para forjar o instrumento militar que será empregado na guerra de libertação. Terminou a época dos simulacros de guerras domésticas italianas; o salvador da Itália enfrentará a "guerra real" em que "os homens são massacrados, as cidades, sitiadas, e os senhorios, destruídos".[58]

(4) Com a página de abertura da terceira parte (XV), Maquiavel limpa o convés; toda tolice moralista acerca da política tem agora de ser lançada ao mar. Na luta existencial pela sobrevivência política, o homem é metade besta; sendo iguais outras coisas, a racionalidade estrita da bestialidade decidirá entre a vitória e a derrota. Estes são os capítulos sombrios sobre a conduta principesca (XV-XXIV) que alimentaram a noção da imoralidade de Maquiavel.

(5) Mas o homem é apenas metade besta; na mera animalidade pode submeter-se ao fado da derrota e fazer um acordo com o vencedor. Esta é a animalidade não heroica da aceitação que Maquiavel vê a seu redor. A vontade de resistir e de criar uma nova ordem vem de uma fonte diferente. Daí a seção sobre a arte de governar ser seguida do apelo à *ordinata virtù* que resistirá à *fortuna* mesmo quando ela parecer desesperadamente adversa (XXV).

(6) E o livro se fecha com a convicção de que a humilhação e a miséria da Itália alcançou uma profundidade que repete a profundidade paradigmática da qual, por todas as regras do mito, o salvador tem de ascender. Os Medici, a quem o apelo é dirigido, estão numa situação apocalíptica. Todos os meios são justificados quando o fim é o estabelecimento da ordem providencial. "Pois a guerra é apenas para quem ela é uma necessidade; e as armas são sagradas para quem elas são a última esperança" (XXVI).

---

[58] Machiavelli, *Istorie Fiorentine*, V.1, in: *Opere*, op. cit., p. 499.

O *Príncipe*, então, começa com uma classificação sistemática e esclarecimento de conceitos; quando se estabelece o cenário, desce passo a passo ao fundo da força que cria ordem na história. O primeiro passo nessa descida é marcado pela manifestação externa e corporal dessa força no assassínio físico do inimigo. Com o segundo passo, descemos à racionalidade da arte de governar – ou seja, à esfera da bestialidade no homem. Com o terceiro passo, alcançamos a ordem construtiva que desafia a *fortuna*. E, finalmente, descemos à profundidade misteriosa da salvação *de profundis* e à visão apocalíptica de *omnia* [todas as coisas] pressagiando a hora do redentor. À vista dessa construção dramática, podemos dizer que o *Príncipe*, do primeiro ao último capítulo, é a criação magistral e apaixonada de um grande artista, filósofo e patriota.

Em nossa análise do *Príncipe* devemos concentrar-nos na linha principal de problemas que leva à visão apocalíptica concludente. Essa linha principal começa no Capítulo VI, "Dos novos senhorios que são adquiridos através das próprias armas e *virtù*". A *virtù* principesca se manifesta mais brilhantemente no caso de um homem de baixa origem que ascende ao governo, por sua própria habilidade, sem os favores da circunstância. Tais homens são os *grandissimi esempli* que devem ser imitados por outros; mesmo se não pode alcançar o modelo, o homem prudente ainda assim seguirá o caminho do grande, de tal maneira que sua *virtù* ao menos participará de seu sabor. Tais grandes modelos são Moisés, Ciro, Rômulo e Teseu. Todos eles devem sua ascensão à sua *virtù dello animo* em vez de à *fortuna*. A circunstância, de fato, ofereceu-lhes pouco mais do que uma oportunidade para mostrar sua grandeza. Moisés tinha de encontrar Israel no Egito a fim de liberá-lo e levá-lo para a terra prometida; e Teseu não podia ter demonstrado sua *virtù* a não ser que tivesse encontrado dispersos os atenienses. O irremediável aparente da situação é o convite para o grande líder mostrar sua qualidade de criador de uma nova ordem. Não é fácil a ascensão do herói porque ele tem de vencer a resistência dos interesses adquiridos que têm, a seu lado, a tradição e a lei, assim como a suspeição do descrente que não acredita na "verdade das novas coisas" antes de elas serem estabelecidas. Tem-se de vencer o medo e falta de imaginação, e para esse propósito é ineficaz a persuasão a não ser que seja apoiada pela força. "Como consequência, os profetas armados têm sido sempre vitoriosos, ao passo que os sem armas pereceram." *Virtù dello animo* e um exército fazem o príncipe vitorioso; os profetas em armas (*profeti armati*) dão o modelo para o salvador da Itália.

O profeta em armas é o primeiro de uma série de tipos. O segundo tipo é o príncipe que adquire seu senhorio "através de exércitos estrangeiros e da fortuna". Enquanto o primeiro tipo tem grandes dificuldades em seu caminho em direção ao poder, o segundo tipo encontra suas dificuldades na consolidação de uma posição a que as circunstâncias o elevaram, como Cesare Bórgia, que pôde começar com Romagna, mas então teve de empregar sua *virtù* considerável para assegurar e expandir seu governo contra numerosos competidores. Enquanto o primeiro tipo tem de mostrar uma *virtù* ao criar do nada uma ordem, o segundo tipo tem de mostrá-la ao transformar um acidente de poder em uma realidade estável. O terceiro tipo é o homem "que alcança seu senhorio através do crime". O exemplo deste caso é o siciliano Agátocles, que teve uma carreira brilhante, mas de outra maneira, normal em direção à alta magistratura de Siracusa, e então resolveu transformar seu cargo constitucional num senhorio autocrático. Numa ocasião oportuna, fez seus soldados matarem os cidadãos liderantes, e daí por diante pôde manter incontestada sua posição principesca. Agátocles deveu pouco, se algo, à *fortuna*; mas tampouco deveu algo à *virtù*. "Pois, massacrar os cidadãos de um camarada, trair os amigos, e não ter fé, piedade, nem religião não pode ser chamado *virtù*; por esses meios pode-se adquirir o poder, mas não a fama." Se se considera a coragem de Agátocles em enfrentar o perigo, e sua grandeza de alma em suportar e vencer a má fortuna, ele se iguala aos mais excelentes capitães. Mas sua crueldade feroz e inumanidade, e suas infâmias infinitas excluem-no do grau da verdadeira excelência. O quarto e último tipo é o senhor civil, o homem que ascende à posição principesca dentro da ordem política de sua comunidade mediante o consentimento de seus companheiros. Com este tipo estamos para além da *virtù*. Pois, a fim de obter esse tipo de posição, um homem não precisa de tanta *virtù* e *fortuna*, mas, ao invés, *uma astuzia fortunata*, uma astúcia assistida por boa sorte.

Retomamos a linha principal da caracterização do príncipe com o Capítulo XV. A fim de criar e manter uma ordem política estável, o príncipe deve observar certas regras de conduta. A discussão desse problema é governada pela tese de que a observação de princípios morais de conduta na política levarão mais frequentemente ao desbaratamento do que ao sucesso. Ao elaborar sua tese em detalhe concreto, Maquiavel tinha o sentimento de fazer algo pouco usual; geralmente, acha ele, os autores raramente descrevem a realidade da política, mas envolvem-se em distorções fantasiosas da verdade. Ele insiste em descrever a verdade. "Porque a vida, como é, está tão distante da vida como deveria ser que um homem que desiste do que é feito pelo que deveria ser feito construirá assim sua ruína em vez de sua preservação."[59] Um homem que se esforça para ser bom tem de perecer entre os muitos que não são bons. Daí um príncipe deva ser bom ou abandonar isso, de acordo com o ditado da necessidade (*necessità*). Todo o mundo, é claro, sabe que é louvável para um príncipe manter a fé e levar uma vida de integridade; a experiência, contudo, mostra em nossa época que esses que não são muito cuidadosos com sua integridade ganham ascendência sobre os que se mantêm dentro do direito. O segredo do dilema tem de ser procurado no fato de que há duas maneiras de lutar: com as leis ou com a força. A primeira é própria dos homens, a segunda, das bestas; e já que a primeira frequentemente não traz sucesso deve--se recorrer à segunda. "Daí dever um príncipe saber usar a besta assim como o homem que há nele." Os antigos sugeriam tal verdade quando apresentaram Quíron como tutor de Aquiles. E já que é inevitável o emprego da besta para um príncipe

---

[59] Machiavelli, *Príncipe*, XV, op. cit., p. 30.

que quer ter sucesso, ele deve escolher as naturezas da raposa e do leão, "porque o leão é impotente contra as armadilhas, e a raposa, contra os lobos". Um príncipe, portanto, não deve, sob nenhumas circunstâncias, manter sua palavra quando se prejudicaria assim, ou quando desapareceram as razões para mantê-la. Ao passo, então, que ele frequentemente tem de violar todas as regras de fé, caridade, humanidade e religião, deve ser cuidadoso para apoiar essas virtudes no discurso, pois os homens querem a fachada de virtude num príncipe e de boa vontade se deixam enganar por declarações. Admiram o sucesso e quando é boa a aparência, não procuram muito vorazmente a realidade por trás dela. O príncipe não tem de temer os poucos que veem através da fraude, porque não ousam falar; e se eles fossem insensatos o bastante para levantar uma voz crítica, não teriam nenhum sucesso com o povo. "Porque a ralé é levada pela aparência e pelo sucesso; e há apenas ralé no mundo; e os poucos não podem ir a parte alguma, a não ser que tenham uma massa para apoiá-los."[60]

Tal conselho é baseado em certas presunções concernentes à natureza do homem. O próprio príncipe não é excetuado da regra geral de imperfeição humana. Mesmo que tente mostrar todas as virtudes louváveis, não terá sucesso. Pois a *conditio humana* não permite que um homem tenha todas as virtudes. Daí deva um príncipe ser prudente o bastante para evitar mesmo a má reputação dos vícios que poderia fazê-lo perder o governo, e evitar os menos danosos tanto quanto possível.[61] Mesmo um modelo de virtude, no entanto, não pode envolver-se no luxo da moralidade pela razão antes mencionada de que os homens na massa são ralé. Pode-se dizer deles em geral que são ingratos, volúveis, enganadores, fogem do perigo e são ávidos de ganho. Contanto que obtenham um lucro de ti, são todos teus; oferecem-te o sangue, as propriedades, a vida e os filhos deles, contanto que não precises deles; mas quando surge a necessidade, eles se revoltarão. O liame de amor e

---

[60] Idem, *Príncipe*, XVIII.
[61] Idem, *Príncipe*, XV.

gratidão sempre será rasgado por um lucro. Daí tenha o príncipe de confiar no liame do medo. Mas enquanto ele tem de provocar medo, tem de evitar ser odiado. Isso ele pode conseguir facilmente quando, numa emergência, mata as pessoas; deve evitar, contudo, tomar-lhes as propriedades. "Porque os homens esquecem mais facilmente a morte de um pai do que a perda de seu patrimônio." A ordem doméstica será muito estável quando o príncipe deixar em paz a propriedade e as mulheres de seus súditos.[62] Tal segurança satisfará ao maior número. Porque o assim chamado amor à liberdade que os homens têm é algo questionável. "Apenas uma pequena parte deseja ser livre a fim de comandar; todos os outros, cujo número é infinito, desejam a liberdade a fim de viver seguramente." Numa república, não mais do que 45 cidadãos podem ascender e ascenderão a posições de liderança. Esse pequeno número pode ser morto ou promovido para cargos honrosos; o resto se contentará quando o príncipe criar as ordens e leis que garantam a todos a segurança – como na França.[63]

Podem ser vãs as melhores intenções de jogar com a metade bestial do homem na política se parecerem muito desfavoráveis as circunstâncias. Muitos são de opinião de que os negócios do mundo são governados pela *fortuna* e por Deus, e que os homens com sua prudência não podem desviar-se do curso determinado. Maquiavel reconhece que ele próprio algumas vezes se inclinou a essa opinião, à vista dos acontecimentos da época. No entanto, "a fim de não extinguir nosso livre-arbítrio", ele preferirá afirmar que a *fortuna* rege apenas metade de nossas ações, ao passo que ela nos deixa o controle sobre a outra metade. A formulação e motivação de Maquiavel merecem a mais cuidadosa atenção. Estamos agora deixando a esfera da observação realista e entrando no domínio da fé. Parece sem esperança a época, mas Maquiavel *não quer* desistir da esperança. Sua esperança é a substância de sua fé numa estrutura do campo de ação em que a *ordinata virtù* tem

---

[62] Idem, *Príncipe*, XVII.
[63] Idem, *Discorsi*, I.16, in: *Opere*, op. cit., p. 84 ss.

metade da chance, "ou quase metade", para prevalecer contra a pressão das circunstâncias. Em sua exploração desse campo de ação, não permanece constante o significado da *fortuna*. Num primeiro significado, *fortuna* determina a estrutura de uma situação: uma metade é a necessidade inflexível, a outra metade é flexível ao ataque da *virtù*. O homem pode fazer a *fortuna* obedecer à sua vontade. E é melhor agir impetuosamente do que cautelosamente; "pois a *fortuna* é uma mulher, e, se queres submetê-la, tens de bater nela e empurrá-la. E a experiência mostra que ela prefere deixar-se conquistar pelos veementes do que pelos que agem friamente". A *fortuna*, então, assume o significado de uma relação entre a circunstância e a *virtù* de um homem. O caráter de um homem é, no todo, uma constante; não muda com a situação. Quando tem boa fortuna, as circunstâncias corresponderão à sua habilidade natural e manterão a estrutura geral delas; quando ele tem má fortuna, elas não lhe oferecerão uma chance ou, enquanto favoráveis no começo, mudarão mais tarde de uma maneira que não dure seu sucesso.[64] E, finalmente, a *fortuna* se torna na ocasião quase indistinguível da própria *virtù*, quando Maquiavel fala de *fortuna* como a seleção de um homem de tal *virtù* que ele pode reconhecer sua oportunidade, se isso se harmonizar com a intenção dela, ou de apresentar outra que acelerará a destruição, se esse for o plano dela. Sob esse aspecto, "os homens podem agir somente em conformidade com a *fortuna*, mas não opor-se a ela". Essa formulação evidentemente determinista, contudo, de novo é desviada pela exigência de esperança: os homens não devem nunca abandonar-se à fortuna, pois não lhe conhecem os planos. "E já que os caminhos dela são desviados e desconhecidos, tens de sempre ter esperança, e a esperança não te abandona, em qualquer situação e sofrimento em que estejas."[65]

Esta esperança inspira e permeia o final: "Exortação a tomar a Itália e liberá-la dos bárbaros". É desesperadora a

---

[64] Idem, *Principe*, XXV.
[65] Idem, *Discorsi*, II.29, op. cit., p. 187.

situação; a profundeza da miséria é mítica, como a profundeza da qual Moisés, Ciro e Teseu tiveram de ascender. Daí nenhum tempo parecer ser mais propício para a ascensão de um novo príncipe; o país tinha afundado tão profundamente a fim de conhecer inteiramente *"La virtù d'uno spirito italiano"*. A Itália clama a Deus por um redentor; e não há nenhuma esperança maior do que a casa de Medici, distinguida visivelmente por Deus através do papado. A constelação é a mais favorável, e todas as dificuldades podem ser superadas se o príncipe seguir o exemplo e se mantiver firme nele. Então eleva-se o tom de Maquiavel até a invocação dos portentos apocalípticos enviados por Deus: "Então o mar se abriu; uma nuvem mostrou o caminho; a rocha jorrou água, e o maná choveu do céu". Deus não fará tudo; o resto é deixado ao livre-arbítrio e à nossa glória. Esta reflexão leva de volta a uma curta recapitulação da reforma militar necessária. E a exortação se fecha com o apelo aos Medici a deixar ser verdadeira a profecia de Petrarca: "*Virtù* pega em armas contra o ódio bárbaro; a luta é curta: pois nos corações italianos o valor dos antigos ainda não morreu".[66]

---

[66] O Professor Friedrich von Engel-Janosi, que teve a delicadeza de ler e criticar este capítulo, acha que o leitor pode ser deixado com a impressão errônea de que, na última análise, a evocação de Maquiavel volta até o tipo criado pela *Vita Tamerlani*. Sugere que o apocalipse de Maquiavel, assim como sua substância, pertence, ao contrário, à "série do Dux e Babylone, Veltro, etc." Tenho de confessar que não tinha pensado em levar adiante o problema seja do apocalipse de Maquiavel, seja o da *Vita Tamerlani* nessa direção. A sugestão é valiosíssima. Uma vez feita, a estrutura das evocações políticas apocalípticas italianas ganha consideravelmente em clareza. Devo dizer que o pano de fundo de Dante, do franciscanismo joaquita e de Rienzo têm de ser levados em consideração como determinantes importantes na formação das imagens do grande príncipe. Se adotarmos essa visão então, tornar-se-á possível distinguir mais claramente entre o elemento apocalíptico propriamente (que é cristão, não antigo) e a categorização que provém de fontes antigas. Assim tanto a *Vita Tamerlani* quanto a *Vita di Castruccio Castracani* absorveram (além dos elementos da narrativa bíblica de Moisés) a narrativa da juventude de Ciro, como contada por Heródoto em sua *História* I.108 e seguintes. Essa parte da imagem mítica não contém os elementos apocalípticos, seja na *Vita Tamerlani* ou nas evocações de Maquiavel. A imagem do herói conquistador que, por sua *virtù*, cria uma nova ordem remonta, ao contrário, à *Ciropédia*, II.1.4-5, de Xenofonte. Aqui encontramos a imagem do príncipe que, de começos humildes, ascende ao governo de um império; aqui também encontramos tais elementos como a "Lista de nomes" que caracteriza a *Vita Tamerlani*; e aqui, acima de tudo, encontramos, à letra,

§ 8. Conclusão

Nossa análise do *Príncipe* evitou qualquer interpretação crítica. Adotamos esse procedimento porque somos da opinião de que a maior parte das questões mais debatidas ao avaliar-se a obra de Maquiavel desaparecem tão logo a própria obra seja conhecida. Isso é verdade em particular para o famoso problema da ética de Maquiavel. Começaremos a nossa interpretação sintética com algumas poucas observações sobre essa questão.

Filosoficamente, o problema da ética de Maquiavel consiste apenas no reconhecimento do fato elementar de que a existência do homem é carregada de conflitos de valores. Uma moral espiritual chegará à compreensão platônica de que praticar o mal é pior do que sofrê-lo. Na prática, essa compreensão só pode ser transformada em regra sobre a conduta com o preço de pôr em risco, ou tornar impossível, a realização de outros valores que também são dados na existência humana, tais como a própria existência de alguém, a existência da comunidade e os valores civilizacionais realizados na comunidade. Já que a existência humana é social, suas ações são oneradas com a responsabilidade pelos efeitos nas vidas de outros seres humanos. Um estadista que não responde a um ataque contra seu país com uma ordem de retaliação não será louvado pelo refinamento espiritual de sua moralidade em oferecer a outra face, mas será

---

os sentimentos de medo e terror que Ciro e mais tarde Tamerlão inspiraram (*phobos, kataplexis*). Nesse ponto, porém, encerra-se o paralelo. O terror inspirado por Ciro é claramente psicológico. Não há nada nele da punição providencial como é implicada no *terror gentium* e no *ultor peccatorum* das imagens de Tamerlão de Castruccio. O elemento apocalíptico nessas imagens, mais até do que no *Príncipe*, não pode ser encontrado nas fontes antigas, mas, ao contrário, tem de ser buscado nas regiões indicadas pelo Professor von Engel-Janosi. [Para uma leitura contemporânea de Maquiavel por um erudito de Voegelin, ver Dante Germino, *Modern Western Political Thought: Machiavelli to Marx*. Chicago, Rand McNally, 1972, cap. 2; e Dante Germino, "Second Thoughts on Leo Strauss's Machiavelli", *Journal of Politics* 28 (1966), p. 794-817. Ver Leo Strauss, *Thoughts on Machiavelli*. Glencoe, I11., Free Press, 1958.]

amaldiçoado, com justiça, por sua irresponsabilidade criminal. A moralidade espiritual é um problema na existência humana, precisamente porque há muito mais de existência humana do que de espírito. Todos os ataques a Maquiavel como o inventor ou o advogado de uma "moralidade dupla" para a conduta privada e a pública, etc. podem ser descartados como manifestações de ignorância filosófica.

No que diz respeito ao próprio Maquiavel, sua atitude em relação aos problemas de moralidade é clara para além de qualquer dúvida. Vimos sua tábua de valores; e vimos que ele não tenta nunca basear a moralidade nas necessidades e experiências da existência. Nunca, por um momento, ele finge que é moral seu conselho imoral ao príncipe. Seria um equívoco grosseiro classificar-lhe a ética com as "inversões" sofísticas dos problemas de existência que são característicos do iluminismo grego do século V a.C. e do iluminismo ocidental do século XVIII. A ética de Cálicles, por exemplo, que Platão discute no *Górgias*, tenta, na verdade, basear a ideia de justiça no direito do mais forte; aqui encontramos a atitude de "o poderoso faz a lei". Maquiavel, por outro lado, diria que o poderoso investe contra o estabelecimento da ordem para a libertação da Itália, e geralmente contra a *onore del mondo*, mas ele não diria nunca que esses valores incluem a justiça e a moralidade. Ao contrário, está agudamente a par de que neles há o desonroso e o imoral, e, portanto, precisam de justificação pelos valores que se prestam a realizar. Se estão acostumados com a realização do poder sem valor, então nada é deixado, senão sua imoralidade. Em particular, como mostra o caso de Agátocles, a conversão de uma ordem existente num senhorio autocrático, por nenhum outro propósito senão a satisfação da paixão pessoal de poder, tem de ser considerada mera criminalidade. Essa parte da doutrina de Maquiavel, como indicamos previamente, é provavelmente a causa psicológica de excitação dos críticos. Cada ordem política é, em alguma parte, um acidente da existência. O mistério da crueldade existencial e da culpa está no fundo da melhor ordem; ao passo que o *dictum* de que "o poder é ruim" não pode ser mantido sem restrições, é verdadeiro se for restrito como caracterizando o componente do acidente existencial na ordem. Por convenção social, esse mistério de culpa não é admitido à consciência pública. Um pensador político que, mediante sua obra, estimula uma consciência desconfortável desse mistério se tornará impopular para os que retêm ainda uma ordem estabelecida.

Todas essas reflexões, contudo, tocam apenas a superfície do problema. Há razões mais profundas para o mal-estar que a obra de Maquiavel sempre causou. Sintomaticamente essas razões se revelam no sangue frio de seu conselho; o leitor ficará talvez perplexo – e, se assim inclinado, ficará chocado – pela aparente desconsideração acerca das implicações espirituais de sua filosofia de conduta. Falamos avisadamente de uma "aparente desconsideração" porque, de fato, Maquiavel estava muito preocupado com as implicações espirituais. Contudo, a sua atitude parece estranha. A perplexidade desse estranhamento encontra uma solução quando lembramos que Maquiavel não é um cristão, mas que sua fé é um reviver do Mito da Natureza, na variante especial do estoicismo polibiano. Não está faltando a espiritualidade, mas não é diferenciada em sua realização transcendental; permanece intramundana e encontra sua realização no florescimento da *virtù* na ordem da comunidade. O *spirito italiano* deve manifestar-se na ordem da república nacional; deve encontrar sua beatitude na *onore del mondo* e receber a graça através da fama. Não é a justificação dos meios pelo fim que causa tal mal-estar – esse problema não pode ser nunca eliminado da política – é o paganismo do fim, ou seja, a encarnação temporal do espírito. Para Maquiavel, o expediente e a imoralidade da ação não atingem o destino da alma; a sua é santa, e encontrou seu destino, quando manifesta sua *virtù* no mundo.

A reversão a um mito pagão da natureza, em nossa opinião, é a fonte última de estranhamento que Maquiavel suscita no leitor moderno. Esse sentimento de estranhamento, entretanto, não deve evitar que reconheçamos a façanha teórica, realmente notável, dentro do horizonte do mito pagão. Citamos na íntegra a tábua de valores, a fim de mostrar que Maquiavel tinha elaborado um sistema de existência humana na sociedade de acordo com o liame sacramental até as funções ocupacionais mais baixas. Citamos, além disso, as passagens que mostram uma compreensão dialética dos problemas da ação e do livre-arbítrio, no nível teórico dos melhores escolásticos. *Fortuna*, na formulação dos *Discorsi*, governa o curso da história ao fazer um homem de *virtù* ver sua oportunidade quando esse é o plano dela, ou ao cegá-lo quando ela está inclinada à destruição. *Fortuna* nesse sentido é o símbolo pagão para a Providência. E Maquiavel tem suficiente habilidade filosófica para compreender que o determinismo da *Fortuna*, ou Providência, assim como a predestinação para a salvação ou a danação, é determinismo *sub specie Dei*, e que são inescrutáveis os planos de Deus para com o homem. Ele não descarrila no gnosticismo do intelectual político que tudo sabe do curso da história; no plano de sua existência finita, a história ainda será moldada pela *virtù* que tem fé em sua própria substância. E, finalmente, Maquiavel é claro quanto à substância de sua fé e força. Em formulações que nos lembram as Epístolas aos Hebreus, ele insiste na esperança como substância da fé na salvação política, mesmo na racionalidade da situação mais desesperadora. A visão apocalíptica no final de o *Príncipe*, portanto, não é de maneira nenhuma de estilo com a atitude que ele mostra em outras partes do livro. Ao contrário, pela *logique du coeur* o apocalipse do redentor é o clima mais inevitável da fé na *virtù*. É quase desnecessário dizer que um homem que tinha essas iluminações sutis sobre a vida do espírito não era um homem irreligioso – embora muito certamente Maquiavel não fosse um espiritualista cristão.[67]

Isso nos deixa com o problema do próprio paganismo de Maquiavel. Consideremos primeiro o aspecto positivo. Nas seções anteriores deste capítulo, esboçamos o pano de fundo contra o qual as ideias de Maquiavel devem ser entendidas,

---

[67] Gostaria de chamar a atenção para a íntima relação entre as simbolizações pagãs de Maquiavel da dialética da Providência e o *Orphische Urworte* [A palavra original órfica] de Goethe.

ou seja, a desintegração da cristandade imperial, a historiografia humanista, os acontecimentos asiáticos e o trauma de 1494. Abrira-se um cenário mundial da política, com uma estrutura própria, e a ideia do *imperium* cristão se tornara irrelevante. Quando desaparece o significado da história no sentido da *Civitas Dei* de Santo Agostinho, a estrutura "natural" da história, no sentido antigo, se torna visível de novo. O Mito da Natureza, de fato, não é uma tolice obsoleta; só é falho à medida que os problemas do espírito não são suficientemente diferenciados. O leitor se lembrará da luta de Platão com esse problema. A religiosidade cristã do espírito, por outro lado, enquanto certamente um avanço na diferenciação da vida espiritual, produziu uma interpretação da história (através de Santo Agostinho e Orósio) que é muito falha por causa da estreiteza de seu horizonte, assim como porque negligencia o problema do curso natural de uma civilização política que já tinha sido desenvolvido mais promissoramente por Platão. Daí o recomeço de Maquiavel do ciclo natural de política em sua forma polibiana seja uma façanha notável de instinto teorético, por mais imperfeito que seja na execução. Temos de ver essa façanha diante da alternativa que também estava aberta a Maquiavel, ou seja, a alternativa do desenvolvimento de uma teoria da política, materialista e niilista – a alternativa do desenvolvimento do "maquiavelismo" que os críticos lhe atribuem. A reintrodução do problema do ciclo marca o começo de uma interpretação moderna da história e da política que leva, através de Vico, ao desenvolvimento mais recente do problema por Eduard Meyer, Spengler e Toynbee.

Consideremos agora o aspecto negativo do novo paganismo. Esse negativismo pode ser mais bem ilustrado pela referência ao fato de que no ano após a dedicatória do *Príncipe*, começou a Reforma. A Cristandade não estava tão morta quanto supusera Maquiavel. Contudo, não se pode falar sem restrições de um erro de julgamento. Precisamente quando Maquiavel julgava, estava muito a par das possibilidades da Cristandade. Entendia claramente que a Cristandade vive pela reforma; e sabia, a esse respeito, da função histórica de São Francisco e de São Domingos. Também tinha visto Savonarola; e à medida que julgava, sabia que outro Savonarola, e mais eficaz, poderia aparecer a qualquer momento. Como fonte psicológica de seu erro, indicamos o trauma de 1494 e a experiência da *città corrotta* que o cercava. Mas, muito obviamente, o erro no julgamento teve sua fonte última na vida espiritual de Maquiavel. Seu mito da natureza e sua fé na *virtù* e na *onore del mondo* não eram simplesmente uma "teoria", eram a expressão de sua religiosidade genuinamente pagã. Mas as variedades de religiosidade, enquanto fundamentalmente possíveis em todos os tempos, têm também seu tempo histórico; discutimos esse problema pormenorizadamente por ocasião da luta de Platão com a verdade histórica do mito.[68] Uma vez que a Cristandade está no mundo e formou uma civilização, a pessoa não pode simplesmente voltar a ser um pagão – e ainda para mais um pagão pré-platônico. O apelo foi para todos, e Maquiavel não pode ser excetuado. Em seu lugar histórico, o paganismo de Maquiavel não é o "mito do povo" que Platão se esforçou em superar; é uma falta de fé no sentido cristão, um fechamento demoníaco da alma contra a realidade transcendental. Esse fechamento tem também de guiar nosso julgamento com relação à sua política. O credo do *spirito italiano* e na *onore del mondo* não é um credo helênico da pólis; é uma rejeição do significado da história e uma reversão ao tribalismo da comunidade particular.

O ardor do apocalipse que queima no *Príncipe* diminui na obra posterior de Maquiavel. A grande evocação do herói na *Vita* termina num tom de melancolia e resignação nas palavras do Castruccio moribundo ao jovem Guinigi:

> Se tivesse sabido, meu filho, que a *fortuna* no meio do curso me cortaria o caminho em direção àquela glória que ela me havia prometido com tantos sucessos esplêndidos, ter-me-ia esforçado menos; e então teria deixado para ti um patrimônio

---

[68] [Ver Eric Voegelin, *Order and History*, vol. III, *Plato and Aristotle*. Baton Rouge, Louisiana State University Press, 1957, p. 183-204, para esse material.]

menor, mas também menos inimizade e inveja [...] Teria vivido uma vida talvez não mais longa, mas certamente mais tranquila. E o patrimônio menor que teria deixado para ti certamente seria mais segura e firmemente estabelecido.

A veemência da fé apaixonada no futuro está recuando; os olhos se voltam para o passado e para os limites do possível. E a vida de Maquiavel termina no fluxo da *Istorie Fiorentine*.

2. A ORDEM DA RAZÃO: ERASMO E MORE

É ainda obscura em muitos aspectos a estrutura das ideias políticas no começo do século XVI. Se caracterizarmos o período "moderno" da política como a época em que as instituições da Cristandade imperial experimentaram seu colapso definitivo e os Estados nacionais se tornaram os centros da ordem política ocidental, poderemos dizer que essa época começou duas vezes. Seu primeiro começo é caracterizado pela pessoa e obra de Maquiavel. Da desintegração das instituições medievais emerge o naturalismo demoníaco de poder como um princípio formal da ordem política, restrito à sua substância, como vimos no caso de Maquiavel, pela ideia de que a ordem do poder deve ser a ordem de uma nação. O segundo começo vem com a Reforma. As forças subterrâneas do sectarismo medieval irromperam na superfície institucional; e uma Cristandade intensamente renovada, nas formas da Reforma Protestante e Contrarreforma Católica, tornou-se componente decisivo da ordem pública ocidental, assim nacional como internacionalmente.

As obscuridades de que estamos falando são a consequência da relação entre os dois começos. Em primeiro lugar, os dois começos seguiram-se um ao outro tão de perto no tempo que a existência de um primeiro começo dificilmente penetrou na consciência pública. Somente muito recentemente é que os historiadores se deram conta de que a "modernidade" da Reforma foi precedida de uma "modernidade" intelectual de um tipo inteiramente diferente, que a civilização ocidental poderia ter tido um período "moderno" de uma estrutura inteiramente diferente, numa continuidade mais íntima com a Idade Média, sem a sublevação da Reforma. Os sintomas dessa possibilidade, entretanto, chegaram a certa frequência apenas em 1516; e esse é o ano que precede o fatídico 1517. O segundo começo, além disso, introduziu um novo elemento de religiosidade popular na cena pública cuja natureza e força até agora não foram supostos. A introdução desse novo elemento é o obstáculo mais sério para uma compreensão adequada do início do século XVI, à medida que insistamos em empregar termos como *medieval* e *moderno* como se designassem períodos bem definidos, seguindo-se um ao outro numa simples sucessão cronológica. Este novo elemento de religiosidade popular (que vamos discutir em pormenor no capítulo seguinte, "O Povo de Deus") não é "moderno"; é "medieval", mas é "novo" no sentido de que durante a Idade Média fora suprimido e nunca determinou as instituições públicas numa escala maior, embora exercesse pressão sobre elas. Daí, o "segundo começo" traz à baila uma nova onda de forças medievais que, por gerações, substitui os começos muito mais "modernos" do "primeiro começo". Apenas no século XVIII, no período do Iluminismo, quando o ímpeto dos séculos protestantes tinha sido despendido, é que encontramos de novo um racionalismo "moderno" comparável ao das primeiras décadas do século XVI. Durante esse longo intervalo podemos reconhecer afinidades entre Voltaire e Erasmo, ou entre Alexander Hamilton e Maquiavel. Embora a Reforma, então, inverta o "modernismo" do primeiro começo e lhe atrase por um tempo considerável o reviver, imprimiu sua assinatura tão completamente na história dos séculos XVI e XVII que seu sectarismo essencialmente medieval adquiriu a conotação de "Modernidade" *kat' exochen*. Em retrospectiva de nosso tempo, os pensadores e ideias de antes de 1517 parecem estranhamente fora de moda a despeito de seu caráter revolucionário, porque não foram tocados pela Reforma.

Em 1516, na verdade, ninguém poderia antever no ano seguinte que a promulgação comparativamente inócua de teses por um monge industriosíssimo, mas não tão importante, liberaria uma avalanche de forças contidas. Foi radical a mudança da cena intelectual; e podemos dizer que nenhuma das grandes obras que estavam sendo escritas ou publicadas em 1516 teria sido escrita ou publicada por seus autores em 1526 – incluindo o *Príncipe* de Maquiavel.

§ 1. O ano de 1516

Uma vez que nossos olhos foram aguçados para uma fase da política "moderna" antes da Reforma, Maquiavel e seu *Príncipe* perdem imediatamente a sua grandeza de solidão como o ato de abertura do período moderno. Os problemas que agitaram Maquiavel – a desintegração das instituições medievais, a decadência da Cristandade como força ordenadora, a emergência do Estado nacional e a crueza da política do poder – eram também os problemas de seus contemporâneos. É considerável o leque de pensadores assim como de respostas; Maquiavel e seu *Príncipe* não são mais do que um de um grupo.

Demoremo-nos por um instante no ano crítico de 1516. Este é o ano em que muito provavelmente Maquiavel finalizou seu *Príncipe*. É também o ano em que Claude de Seyssel, afastado após a morte de Luís XII, estava trabalhando em sua *Grande Monarchie de France* que seria dedicada em 1518 a Francisco I. A *Grande Monarchie* desenvolve a ideia de uma monarquia limitada para a França, estabilizada pelas provisões da *Lex Salica*. É a ideia da monarquia nacional francesa que, por volta do fim das guerras civis, foi retomada por Bodin em sua *Republique*. Enquanto sob condições italianas Maquiavel, então, considerava a possibilidade de criar ordem política para a nação através da crueza do poder, Seyssel desenvolveu a ideia de uma ordem política estável sob condições de uma monarquia nacional estabelecida.

No mesmo ano, 1516, Erasmo publicou seu Novo Testamento em grego e latim, assim como sua edição das obras de São Jerônimo. O motivo para essas publicações foi a tentativa de regenerar a Cristandade através do recurso às fontes (*a ritornar al principio*). O conhecimento praticamente perdido do conteúdo do Novo Testamento deveria ser restaurado; das formulações escolásticas da doutrina cristã o apelo deveria apoiar-se nos escritos originais confiáveis filologicamente. Essa tentativa algo perigosa de atacar a autoridade da Vulgata foi encoberta pela publicação simultânea das obras de São Jerônimo, que tinha baseado sua interpretação da doutrina cristã em textos da pré-Vulgata do Novo Testamento. Antes de Lutero, então, encontramos a tentativa de uma reforma da Cristandade pelo retorno às fontes evangélicas. Foi um retorno aos clérigos e intelectuais que podiam ler o Novo Testamento em latim e estavam interessados em comparar a tradução de Erasmo com o original grego. Não foi um retorno ao povo – pois o povo, como veremos, Erasmo tinha em tão baixa conta quanto já o tivera Maquiavel.

A reforma humanista erasmiana da Cristandade tinha uma dupla frente. Mais imediatamente era dirigida contra a sufocação da Cristandade pela escolástica decadente do tempo.

Em segundo lugar, era dirigida contra a consequência dessa sufocação, ou seja, o crescimento da descrença, não apenas nos círculos de filósofos aristotelizantes e averroístas, mas também na massa maior do povo. O problema tinha-se tornado tão sério que em 1513, por ocasião do Concílio Laterano, Leão X sentiu a necessidade de expedir uma constituição em defesa da imortalidade e da existência individual da alma contra a doutrina averroísta de sua dissolução, na morte, em alma do mundo. Quanto a essa desintegração especulativa da doutrina cristã, de novo o ano de 1516 é crítico, pois nesse ano foi publicado, de Pietro Pomponazzi, *De immortalitate animae*. Pomponazzi foi além dos averroístas contemporâneos, tais como Alessandro Achillini, seu colega em Pádua. Afirmava que a alma intelectual (no sentido aristotélico) morria com o corpo e que, em consequência, a alma não tinha nenhum destino para além da vida terrena. Já que a alma não pode ser orientada na vida em direção à beatitude eterna, desaparecem as sanções sobrenaturais de conduta. A moralidade da conduta tem de ser assegurada apenas pelo amor à virtude e a aversão ao mal. Foi a primeira tentativa consistente moderna de desenvolver um sistema de ética mediante uma orientação intramundana em direção à humanidade e às obrigações diárias. O aparecimento da obra de Pomponazzi, de novo, é sintomático de uma tendência que foi interrompida pela Reforma e reaparece em grande escala apenas nos séculos XVII e XVIII.

Finalmente, no ano de 1516 foram publicados os dois tratados mais importantes da modernidade da pré-Reforma, a *Institutio Principis Christiani* de Erasmo e a *Utopia* de Thomas More. Discutiremos agora, em pormenores, esses tratados de Erasmo (1466-1536) e More (1478-1535).

§ 2. A Cristandade de Erasmo

A *Educação de um Príncipe Cristão* erasmiana é o correspondente do *Príncipe*, de Maquiavel. Enquanto Maquiavel evocava a imagem do príncipe italiano que, com o favor da *fortuna*, obteria a unificação da Itália por sua *virtù*, Erasmo dedicou ao jovem Carlos V sua evocação do príncipe asceta que administrará a custódia do poder herdado, em prol do bem-estar espiritual e material de seu povo. No que diz respeito ao gênero literário, a obra de Erasmo, como a de Maquiavel, é um exemplo tardio (embora não o último) de um Espelho do Príncipe, e como o de Maquiavel, segue a tradição de gênero em inúmeros pormenores.[1] Todavia, como

---

[1] Para a filiação histórica da obra, ver a introdução de Lester K. Born a sua tradução *The Education of a Christian Prince*. Nova York, Columbia University Press, 1936 (reedição: Nova York, Octagon, 1965); ver, em particular, a introdução, Parte V – "The Perfect Prince from the Sixth Century to the Sixteenth Century". Nova edição, *Institutio Principis Christiani*. Trad.

no caso de Maquiavel, a insistência nos elementos tradicionais não consegue trazer para o foco a "modernidade" revolucionária do tratado. A qualidade peculiar da obra que a faz historicamente relevante não pode ser encontrada nos itens simples de conselhos com seus modelos milenários; encontra-se na concepção erasmiana da Cristandade, assim como nos critérios pelos quais um governante deve ser julgado como um príncipe "cristão".

A Cristandade de Erasmo pode ser chamada humanista. No *Paraclesis*, como introdução a seu *Novum Instrumentum*, defende uma leitura do Novo Testamento que compare a "filosofia de Cristo" com a de outras "seitas" tais como as de Platão ou Pitágoras. A época é caracterizada pelo reviver do aprendizado em muitos campos; por que não deveria a "filosofia cristã", nessa época, ser exposta com a mesma completude das fontes como a doutrina de Zenão ou de Aristóteles? Na linguagem aristotelizante, Erasmo se pergunta porque os cristãos não deveriam estudar seu "Mestre" com o mesmo zelo que os professores de outras filosofias estudam os seus. Cristo, afinal de contas, foi um "professor do céu", e somente ele poderia oferecer sabedoria certa e eterna. Além disso, a filosofia de Cristo está contida em poucos livros pequenos; não exige os trabalhos que se têm de expender no *corpus Aristotelicum*, etc. A preferência é cristã, mas o apelo – quase a apologia – é a de um humanista que defende sua filosofia de conduta favorita, assim como o "professor" e o "mestre" dessa "seita" particular entre outros. A Cristandade é uma doutrina, contida num documento literário; Erasmo, o humanista douto, põe à disposição a fonte na língua original, com uma versão latina razoável e anotada; e convida a todos a seguir-lhe o exemplo, lendo essa fonte e fazendo da filosofia dela o princípio de conduta. Deseja até que a fonte fique disponível nas línguas vulgares modernas de tal forma que o homem comum possa lê-la e decorá-la. No entanto,

---

Neil M. Cheshire e Michael J. Heath. Ed. Lisa Jardine. Cambridge, Cambridge University Press, 1997.

para uma realização séria do estudo, exige-se um conhecimento das três línguas (latim, grego e hebraico). Não se deve empreender o estudo por curiosidade, mas com reverência: a filosofia cristã não é uma doutrina que se deva entregar à memória, mas um modo de vida, realizado na pessoa de Cristo e que deve ser seguido com devoção pelo homem cujo coração foi penetrado com o exemplo.

Tudo isso soa muito cristão – mas o leitor terá notado que essa concepção de Cristandade não difere muito da atitude de um averroísta do tempo de Sigério de Brabante quanto a Aristóteles. Ele se terá perguntado, talvez com algum espanto, como a igreja se encaixa nessa concepção e o que aconteceu com a penetração intelectual da Cristandade e sua evolução num vasto sistema de teologia especulativa através dos padres e dos escolásticos? Depois de quinze séculos de história eclesiástica, não estava Erasmo a par da consequência possível de reformar a Cristandade, fazendo cada cristão confiar em sua compreensão pessoal de uma fonte literária complicada em grego e hebraico, com meia dúzia de comentários latinos aí intercalados?

Evidentemente não estava a par – assim como a geração contemporânea de reformadores antes de a experiência lhes ensinar melhor. São muito claras as razões dessa inconsciência; encontram-se parcialmente na estrutura objetiva da situação intelectual, parcialmente nos traços pessoais de Erasmo. O treino teológico a que um homem como Erasmo se submetia deve ter sido muito insatisfatório: uma escolástica epigônica, degenerada em distinções de arrepiar os cabelos de problemas periféricos, irrelevantes, e administradas por mestres que muito frequentemente eram ignorantes dos textos bíblicos, cuja penetração intelectual ativa dos grandes sistemas escolásticos era praticamente inexistente, que eram incapazes de fazer distinções conceituais de doutrina, inteligíveis à luz de experiências espirituais ou de circunstâncias históricas – em suma, que muito provavelmente transmitiam a impressão a um jovem sensível e inteligente que a Cristandade poderia ser encontrada em qualquer parte do mundo, exceto nas coisas que eles transmitiam.

Essa situação tem de ser entendida como o pano de fundo para a expressão da ira erasmiana contra os escolásticos. No *Paraclesis*, pergunta por que se deve gastar mais tempo com os escolásticos do que com o Evangelho; quem é Alberto e Tomás, Ockham e Scot, comparados com Cristo? Prefiramos a piedade à disputa; sejamos invencíveis na virtude em vez de na discussão. No *Encomium Moriae* ele já salpicara profusamente seu ridículo nos filósofos argumentativos e teólogos,[2] com suas noções, relações, formalidades, suas quididades e heceidades, que ninguém pode ver porque não existem. Tais passagens são reveladoras não apenas do amargor de Erasmo, mas também de sua causa. Seu escárnio recorrente da *quidditas* e *haecceitas* parece indicar que ele não sabia que eram traduções dos *to ti em einai* e *tode ti* aristotélicos e que representavam façanhas consideráveis na criação de um vocabulário filosófico em latim para uma tradução adequada de significados aristotélicos. Tocamos aqui pela primeira vez na dinâmica da desintegração intelectual moderna. Quando o epigonismo alcançou certo grau de ofensiva, começou a revolta das vítimas mais vitais; a justiça da revolta, entretanto, não é uma garantia de que a vítima indignada foi capaz de agarrar o problema que lhe causou indignação; sob tais condições, a tentação é grande de escapar do epigonismo, lançando do barco a obra do intelecto que degenerou nas mãos dos sucessores epigônicos. Foi essa a tentação a que Erasmo sucumbiu – pois, como Voltaire, era mais talentoso em escrever brilhantemente do que em pensar conscienciosamente.

Naturalmente, os teólogos a quem ele censurava não achavam isso engraçado. Martin Dorpius, o amigo de Erasmo e de Thomas More, fez-se o porta-voz do ressentimento teológico.

---

[2] *Encomium Moriae*, seções LII sobre os filósofos e LIII, sobre os teólogos. Traduções inglesas: *Praise of Folly and Letter to Maarten van Dorp, 1515*, ed., ver. e trad. de Betty Radice, com uma introdução e notas de A. H. T. Levi. Nova York, Penguin Books, 1993. Este texto foi atualizado na edição dos *Collected Works* de Erasmo em inglês (Toronto, University of Toronto Press, 1974-).

Em sua resposta a Dorpius (a carta é datada de Antuérpia, maio de 1515), Erasmo expressou sua posição da maneira mais sucinta. Insistiu que seus ataques eram dirigidos não contra os teólogos em geral, mas contra os "teólogos modernos" (*recentes theologi*); os teólogos modernos são ruins, os outros são bons. A questão seria: quem são os teólogos modernos? Quanto a esta pergunta Erasmo é deliberadamente dissimulado. Não ousa nunca nomeá-los expressamente; fala dos caminhos labirínticos de "realistas, nominalistas, tomistas, albertistas, ockhamistas e scotistas",[3] mas nunca diz expressamente que quer significar os sistemas teológicos de Alberto, Tomás, Ockham e Scot quando repreende os "modernos" ruins. Contudo, os contextos do prefácio ao *Novum Instrumentum* e ao *Encomium Moriae* não deixam nenhuma dúvida acerca da intenção de livrar-se dos mestres da escolástica sob o título de "modernos", ao passo que está querendo aceitar Orígenes, Basílio, Jerônimo e Ambrósio como os bons antigos. Temos de ter em mente esse alvo quando lemos as reclamações de Erasmo acerca do *recentius theologiae genus* [o gênero mais recente de teologia]. "O que há de mais sagrado e augusto do que o velho tipo (de teologia), o que igualmente reflete e elucida a doutrina celestial de Cristo?" Mas o tipo moderno é estragado pela "ignomínia e monstruosidade de sua linguagem bárbara e artificial" por "sua completa inconsciência das boas letras", e por "sua ignorância das línguas".[4] E mesmo se esquecermos tais defeitos de dotes literários, essa teologia é "tão pervertida por Aristóteles, por invenções humanas e mesmo por lei profana [*prophanis legibus*]" que dificilmente ainda respira o "Cristo puro e verdadeiro". Seus olhos estão tão fixados nas "tradições humanas" que então perderam de vista o "arquétipo". "Que relação há, pergunto a ti, entre Cristo e Aristóteles? Que relação entre sutilezas

---

[3] *Encomium Moriae*, LIII.

[4] Posso estar sendo injusto com Erasmo, mas tenho de confessar que em tal crítica, que, afinal de contas, é dirigida a Santo Tomás e Guilherme de Ockham, já posso ouvir o jornalista moderno que censura Henry James porque este não escreveu como um estúpido escritor de best-sellers.

sofísticas e os mistérios da sabedoria eterna? Para onde levam todos esse labirintos e *quaestiones?*[5] E se uma decisão sobre algum ponto tiver de ser feita, "Gostaria que se fizesse reverentemente, não arrogantemente, com fundamento na Escritura, não por truques de raciocínio humano". "Em suma, chegamos ao ponto onde os *negocii summa* já não dependem da palavra governante de Cristo, mas das definições da escolástica e do poder de alguns bispos.[6] Como consequência, tudo se tornou tão envolvido que não temos nenhuma esperança de levar o mundo de volta à verdadeira Cristandade. Essas e muitas outras coisas, os homens mais veneráveis veem e deploram; e consideram como a causa principal desse mal essa raça audaz e irreverente dos teólogos modernos.[7]

O reformismo de Erasmo, então, é uma tentativa sincera de recapturar a essência da Cristandade no nível de uma filosofia de conduta. O retorno às fontes evangélicas é um retorno às vidas de Cristo e dos apóstolos; as preocupações intensificadas com os relatos de suas ações e ditos deveriam servir ao propósito de transformar a vida pela conformidade com os grandes modelos. Esse desejo de uma Cristandade evangélica, no entanto, é acompanhado de uma atitude negativista que, na história da política e das ideias políticas, mostrou-se o ingrediente mais eficaz da posição erasmiana. Em primeiro lugar, Erasmo não está satisfeito com uma renovação da substância cristã mediante o retorno ao Evangelho. Tem

---

[5] Deixei em latim *quaestiones* a fim de preservar a habilidade erasmiana em encobrir o ataque com um álibi. Se alguém dissesse que a sentença é um ataque à *Summa theologiae*, que é organizada em *quaestiones*, Erasmo poderia responder inocentemente que não queria dizer nada disso, mas estava falando simplesmente de "problemas". Para essa técnica, comparar a sentença na *Institutio Principis Christiani* em que aconselha o príncipe: "Aliaste-te com Cristo – e no entanto, escorregarás para os caminhos de Júlio e Alexandre, o Grande". De novo, se alguém sugerisse que a sentença é uma investida contra o papa Júlio II e Alexandre VI, ele poderia negar solenemente a intenção.

[6] Deixei de novo os *negocii summa* (que poderia ser traduzido ou como "decisões em matérias de doutrina" ou como o resultado de tal decisão, i.e., como "a substância da doutrina cristã") porque Erasmo parece ter escolhido essa frase deliberadamente a fim de aludir à *Summa* no sentido literário.

[7] *Carta a Dorpius*, seção XIX.

como certo que tal retorno exige a destruição da civilização intelectual cristã. Com relação a essa demanda dá passos cuidadosos e esconde todas as suas implicações, distinguindo entre teólogos modernos e antigos. As consequências se tornam inteiramente visíveis apenas com Locke; e, para um desenvolvimento maior desse problema, o leitor deve consultar o vol. 6, Capítulo 4, § 2 e f, deste estudo.[8] Mas não pode haver dúvida de que Erasmo já tinha perdido contato com a filosofia especulativa e com a teologia a um ponto tal que já não compreendia a função estabilizadora e civilizacional de uma análise intelectual conscienciosa e sistemática de forças espirituais tão complexas e explosivas como as que estão contidas no Novo Testamento. O que surpreende mais em Erasmo – e o leitor desta obra tem de sempre lembrar-se da situação geral a fim de não se tornar um crítico injusto dele – é sua candura quase inacreditável no que se refere à história. Parece não ter tido nenhum senso do fato de que a existência das sociedades humanas na história é mais do que ocasião para indivíduos brilhantes exibirem seu gosto nas belas letras, sua elegância de estilo e seu conhecimento de três línguas. A húbris do intelectual já era tão forte nele que lhe estupidificava o senso da importância da tradição e da disciplina intelectual e exagerava o valor da demolição brilhante dos sintomas de um mal. Deve-se dizer dele o que se deve dizer de muitos intelectuais depois dele: que estava fundamentalmente certo em sua revolta emocional, mas totalmente errado em sua reação intelectual. O reformismo de Erasmo, em seus aspectos assim positivos como negativos, tem sua importância histórica porque mostra a extensão a que as tradições intelectuais e espirituais da civilização ocidental se desintegraram antes de a grande sublevação de 1517 ter mudado radicalmente a situação através da injeção de fontes espirituais dos movimentos sectários na vida pública das nações ocidentais. A ambivalência da reação de Erasmo para com a Reforma, sua simpatia pela revolta e seu nojo pelas formas (muito reminiscente de

---

[8] Ver Eric Voegelin, *History of Political Ideas*, vol. VI, *Revolution and the New Science*.

nosso *so haben wir es nicht gemeint*[9] contemporâneo) mostram melhor as dificuldades que surgem de uma fuga para uma existência privada humanista numa época de crise, da fuga numa existência que é pia, douta e razoável, mas deficiente na força do intelecto e do espírito.

§ 3. O príncipe asceta e o vulgus

Mas estamos ainda no ano feliz de 1516, o ano em que Erasmo evocou a imagem do príncipe cristão para o futuro imperador. Na dedicatória, Erasmo afirma seu programa em termos platônicos. A república não será feliz a não ser que seja governada por filósofos, ou a não ser que os governantes abracem a filosofia. Carlos é o governante e Erasmo tentará uma educação filosófica. Mas o que é essa filosofia? Não é a "filosofia" que lida com as origens cósmicas, com as causas primeiras e a matéria, com o movimento e com o infinito. Como seu amigo More no mesmo ano, em sua *Utopia*, Erasmo distingue entre essa escola filosófica e o tipo mais cortês que é adequado a príncipes. A sua é uma filosofia que "liberta a mente das opiniões falsas e das predileções viciosas das massas", e essa função catártica será suplementada por uma doutrina de governo "de acordo com o exemplo do Poder Eterno".[10] O programa soa "filosófico", mas não especificamente cristão. A despeito de seu pronto conselho de que não vai molestar o príncipe com as coisas intricadas da metafísica aristotélica, Erasmo está até com medo de que os cortesãos protestarão contra a ideia de formar uma conduta principesca pelos critérios platônicos do bem e do mal. O produto seria "um filósofo, não um príncipe". Nesse ponto, entretanto, Erasmo é inflexível. Não se pode ser príncipe sem ser filósofo; a alternativa para o príncipe filosófico é o tirano. Reassegura ao leitor que por filósofo ele não quer dizer um desses indivíduos que sabem tudo de dialética e

---

[9] "Não foi isso que quisemos dizer." (N. T.)
[10] Erasmus, *Education*, ed. Born, p. 133 ss.

física, mas um homem "que põe de lado as pseudorrealidades falsas e que, com mente aberta, procura e segue a verdade". E então vem a grande surpresa: "Ser filósofo e ser cristão são sinônimos de fato. A diferença é apenas de termos".[11]

Essa abolição cavalheiresca da pequena diferença entre a filosofia e a Cristandade exigiria alguma explicação do significado da Cristandade, e Erasmo não hesita em dá-la à luz de sua concepção previamente discutida. A Cristandade não deve ser encontrada em cerimônias, ou em dogmas que são cridos segundo uma moda ou em constituições papais. "Quem é verdadeiramente cristão? Não aquele que é batizado ou crismado, ou que frequenta a igreja. É, ao contrário, o homem que abraçou a Cristo nos sentimentos mais profundos de seu coração, e que O emula com feitos pios."[12] Erasmo não rejeita a igreja e sua ordem sacramental; não diz expressamente sequer que se pode ser cristão sem batismo; mas tampouco Pomponazzi rejeitou a igreja quando, como filósofo, concluiu que a alma não era imortal. Estamos diante de um sentimento curiosamente misturado, diante de uma moralidade intramundana com uma ressaca cristã. Acerca da inclinação, não pode haver dúvida. "O que mais é a filosofia de Cristo, que Ele Mesmo chama *renascentia*, senão uma restauração da bondade original da natureza? E afinal de contas, embora ninguém tenha ensinado esta doutrina tão radical e eficazmente quanto Cristo, muito do que está de acordo com ela pode também ser encontrado nos livros pagãos." O drama da salvação perdeu sua importância; a natureza humana é criada boa; certamente, há a queda e o pecado, mas o bem original pode ser recobrado por um esforço de conformidade com o exemplo de Cristo. A vida de Jesus, não a morte de Cristo, está no centro nessa concepção de autossalvação.[13]

---

[11] Ibidem, p. 150.

[12] Ibidem, p. 153.

[13] As passagens na *Institutio* são a formulação mais clara da posição de Erasmo. Para as variantes de seu pelagianismo, com relação especial à sua política, ver Gehard Ritter, *Machstaat und Utopie: Vom Streit und die Dämonie der Macht seit Machiavelli und Morus*. Munique, R. Oldenbourg, 1940, p. 50 ss, assim como as citações posteriores e a bibliografia dada nas notas dessas páginas.

Se seguirmos a sugestão de Erasmo e considerarmos a diferença entre filosofia e Cristandade apenas como de termos, poderemos dizer que a educação cristã do príncipe é, então, revelada como sua educação filosófica. A principal função dessa filosofia é, como vimos, liberar a mente das falsas opiniões e predileções viciosas das massas. O verdadeiro príncipe "deve ser retirado das opiniões e desejos sujos das pessoas comuns. Uma coisa que ele deve considerar baixa, vil e inconveniente para ele é partilhar das opiniões das pessoas comuns que não estão nunca interessadas em nada de valor". "O príncipe deve ser removido tão longe quanto possível das baixas preocupações das pessoas comuns e de seus desejos sórdidos." Se bajuladores devem encorajar o príncipe a envolver-se e protestar contra tais regras como uma redução do estado de príncipe, a resposta teria de ser: "Quem quer permitir ao príncipe o que não é honroso está realmente diminuindo o príncipe! Em que outra coisa consiste a diminuição do príncipe do que em fazê-lo semelhante ao comum dos homens; em ser um escravo da ira, da luxúria, da ambição, da avareza e devedor à loucura?".[14]

Esses passos soam simples; mas seu significado é, na verdade, muito complexo. O conselho de não ser escravo dos vícios é o postulado moral geral, dirigido a todo homem, para controlar e canalizar as forças instintivas de sua alma sensual através das forças ordenadoras de sua alma espiritual. Quando Erasmo estreita esse postulado geral a uma regra especial para o príncipe, enquanto "o comum dos homens" evidentemente pode fazer o que lhe apraz, surge a questão de se, na verdade, ele pretendia dividir a humanidade em uma elite governante de personalidades maduras e uma massa ampla consistente em algo como os "escravos por natureza" aristotélicos. Se foi essa a intenção, ele teria rompido com a ideia cristã do homem e retornado à antropologia pagã. Todo o contexto da *Institutio*, no entanto, não deixa dúvidas de que tal diferenciação não estava em sua mente. "A natureza

---

[14] *Education*, ed. Born, p. 151, 159, 191.

criou todos os homens iguais, e a escravidão foi sobreposta à natureza, fato este que até as leis dos pagãos reconheciam."[15] A formulação geral não é mais do que uma das inexatidões comuns erasmianas quando trata de problemas sérios. Ele não quer privar o homem comum de seu direito espiritual de nascença; apenas aventa seu nojo pelo *vulgus* quando distingue empiricamente entre o povo comum que peca luxuriosamente (mas também, quiçá, se arrependa profundamente) e o virtuoso de autocontrole e conduta moral. O ideal de Erasmo é o asceta, um ideal em que entraram ingredientes platônicos, estoicos e monásticos. O príncipe ideal deveria ser um asceta, embora as pessoas comuns pudessem permanecer o que sempre foram, sem prejuízo de sua Cristandade e igualdade. Se esse ideal "filosófico" é de todo "cristão" é uma questão delicada. A caracterização repetitiva e venenosa do homem comum, não asceta, sugeriria, ao contrário, um aristocratismo de conduta que em termos espirituais teria de ser caracterizado como o pecado do orgulho espiritual, como a *libido dominandi* em sua forma mais sutil de uma vontade perfeccionista de autodomínio.

De qualquer modo, não se tem de ser um virtuoso de ascetismo a fim de ser um cristão. O que permanece da fórmula erasmiana desajeitada é a inclinação de identificar a Cristandade com o ascetismo. No que diz respeito à situação histórica, essa inclinação é um sintoma da dissolução na ordem tradicional da sociedade ocidental; a dissolução foi ao ponto de um literato individual poder expor uma Cristandade confusa a um público amplo sem levantar maior ressentimento do que Erasmo realmente levantou. No que diz respeito ao problema sistemático da política erasmiana, podemos remover o ônus terminológico e falar simplesmente do ideal do "príncipe ascético".

Tão logo, porém, os sinônimos confusos são removidos, impõe-se a questão: por que, de todas as coisas, deve

---

[15] Ibidem, p. 177.

o príncipe ser um asceta? A resposta deve ser encontrada na concepção erasmiana da *civitas* como um análogo cósmico, e o príncipe como um análogo de Deus. "O que Deus é no universo, o que o sol é no mundo, o que o olho é no corpo, isso o príncipe deve ser em seu domínio."[16] A comunidade, como o universo, é concebida como um organismo com um centro de controle vitalizante. Quando o centro está doente, a infecção espalhar-se-á contagiosamente por todo o corpo e o corromperá; e quando o corpo está doente, há ainda a esperança da recuperação, contanto que o centro vital não seja afetado e possa exercer sua influência curadora. "Em consequência o príncipe deve manter-se limpo e imaculado de toda loucura corruptora sempre que qualquer doença tome conta do povo."[17] O centro controlador no homem é sua melhor parte, i.e., a mente; na mente está a melhor parte, i.e., a razão; e no universo o centro controlador é Deus, a essência de todas as coisas. Analogicamente, o centro governante da comunidade, o príncipe, deve exceder todos os outros em bondade, sabedoria e precaução. Seria contrário à natureza se os males se espalhassem da mente para o corpo; e igualmente seria contrário à natureza se as desordens da comunidade devessem espalhar-se do príncipe, cuja excelência, a seu turno, está em acalmar as tormentas provocadas "pela loucura das pessoas comuns".

Os únicos elementos do agregado de metáforas têm seus modelos antigos, e é túrgido o amontoar de metáforas, nenhuma expressão teorética precisa de seu significado poderia ser fundada inequivocamente no texto. Contudo, o fluxo como um todo tem um sabor distinto: a despeito dos modelos clássico e cristão, o agregado tem um toque oriental. Quando lemos que um príncipe deve ser superior a seus funcionários, não na hierarquia de comando, mas na hierarquia da essência, no mesmo grau em que seus funcionários são superiores às pessoas comuns, isso nos faz lembrar uma

---

[16] Ibidem, p. 186.
[17] Ibidem, p. 176.

concepção hierárquica egípcia. E quando lemos do príncipe que não ordena a comunidade pela arte de governar, mas preserva misticamente sua harmonia e a restaura pela essência de seu ser ascético, isso nos faz lembrar nada mais do que de um Filho do Céu chinês. Há algo de um cavalheiro literário confuciano em Erasmo e em sua ideia de ordenar uma comunidade pela manutenção em seu centro de uma essência contida, autocontrolada e razoável.

§ 4. O alcance do ascetismo principesco

O ascetismo do príncipe deve estender-se sobre todo o leque de possibilidades desde a indulgência humana comum, orgulho em habilidades e posses, até os envolvimentos específicos do poder.

O príncipe deve evitar as armadilhas das pedras preciosas, do ouro, da púrpura real, do cortejo de cortesãos, das marcas de honra e estátuas; pois o que é mais ridículo do que ver um homem adornado de tal maneira e considerá-lo inferior à bondade real de um homem no fundo da sociedade.[18] O arrazoado é caracteristicamente erasmiano. Ele não ousa dizer sem rodeios (o que ele implica em outra passagem, p. 151) que a vida e a aparência do príncipe devem ser de "frugalidade e esmero simples", mas insinua ofensivamente que quem quer que apareça em trajes reais é um indivíduo que será considerado inferior em qualidade aos "próprios refugos da sociedade". Além disso, não parece possível "vestir" tais trajes de maneira nenhuma; se o príncipe os usa, evidentemente não pode fazer nada, senão "ostentá-los" à vista de seus súditos. E quando ele os ostenta, ensina inevitavelmente a eles a desejar e admirar a fonte da "essência pior de quase todos os crimes que são puníveis pela lei do príncipe".[19] O mesmo argumento

---

[18] Ibidem, p. 150.
[19] Ibidem, p. 151.

desajeitado é empregado para aconselhar ascetismo com relação a mobílias esplêndidas. "Se queres ser famoso não dês mostras de estátuas e quadros, se há algo louvável neles, é devido ao artista cujo gênio e obra elas representam."[20] De novo Erasmo não ousa dizer que o príncipe deve viver em cercanias medianas, mas insinua que o gozo do esplendor cultivado te impede de fazeres "de teu caráter o monumento de tuas boas partes". Na realização deste último ideal está a nobreza própria do príncipe. Erasmo distingue entre a nobreza que é derivada da virtude e das boas ações e a nobreza de ascendência e riqueza. "Não convém de maneira nenhuma a um príncipe orgulhar-se de seu grau mais baixo de nobreza, pois é tão baixa que não é nada, a não ser que tenha surgido da virtude."[21] A distinção de nobreza tem seu modelo clássico,[22] mas como um argumento eficaz contra a nobreza de ascendência na política ocidental tem uma história contínua apenas desde o final da época feudal e a ascensão do político e intelectual profissionais.[23] A nobreza erasmiana de virtudes difere em conteúdo da *virtù* de Maquiavel; ambos os pensadores, no entanto, estão de acordo sobre a qualificação pessoal do príncipe como a força ordenadora da comunidade; na inquietação fervente do tempo, à vista da derrocada das instituições e tradições, a personalidade do governante ganha uma importância nova como o ponto de ordem cristalizador.

O ascetismo do príncipe tem de determinar, em particular, sua relação com seus súditos. O príncipe é o análogo de

---

[20] Ibidem.

[21] Ibidem.

[22] Ver a referência a Sêneca, *Epistula Morales* XLIV.3-6. In: ibidem, p. 151, nota 40 do editor.

[23] O problema se tornou agudo por ocasião da luta entre o papado e os Hohenstaufen no século XIII; ver *The Collected Works of Eric Voegelin*, vol. 20, *History of Political Ideas*, vol. II, *The Middle Ages to Aquinas*. Ed. Peter von Sivers. Columbia, University of Missouri Press, 1997, cap. 9, p. 144-59 [Em português: Eric Voegelin, *História das Ideias Políticas*, vol. II, *Idade Média até Tomás de Aquino*. Trad. Mendo Castro Henriques. São Paulo, É Realizações, 2012]. A teoria da nobreza da *virtù* foi elaborada pela primeira vez no *Convivio*, de Dante; ver sobre esta questão o Capítulo 3 seguinte, "O Povo de Deus", § 11, c.

Deus. É seu dever conformar sua existência com o "arquétipo". Os atributos principais de Deus são em número de três: o poder mais alto, a sabedoria maior e a maior bondade. O príncipe tem uma posição de poder; sem a bondade esse poder é tirania; sem sabedoria, é o caos, sem domínio. Daí o príncipe deva adquirir sabedoria a fim de apanhar os objetivos do governo; e tem de manifestar sua bondade, empregando seu ofício para a assistência a seus súditos e para satisfazer tantas necessidades quantas for possível.[24] O príncipe deve estar consciente de que tem de possuir essas qualidades *antes* de começar a governar; o cargo mais alto não é uma ocasião para conhecer os problemas do governo. "Tentativa e erro" não tem lugar na política. "Seria uma matéria séria para o Estado ser arruinado enquanto o príncipe está aprendendo."[25] O cargo é tão cheio de cuidado que apenas um tolo ou um velhaco o assumiria prontamente; a regra platônica é válida de que ninguém está qualificado a governar senão o que governa contra a vontade.[26] O governo de um príncipe não deve ser tomado por uma senhoria sobre seus súditos. Assim os súditos seriam degradados à posição de escravidão. Mas todos os homens são criados iguais e, em particular, todos os cristãos são igualmente livres através de Cristo, que é seu único Mestre. Seria o cúmulo da tolice para um cristão usurpar o poder total sobre seus companheiros cristãos.[27] "Não esqueças de que 'domínio', 'autoridade imperial', 'Reino', 'majestade', 'poder' são todos termos pagãos, não cristãos." O governo numa comunidade cristã consiste apenas em "administração, bondade e proteção".[28] Para os cristãos, "o principado é apenas uma questão de administração, não de poder imperial; e a autoridade do rei é uma questão de serviço, não de tirania".[29] Quanto a seus

---

[24] *Education*. Ed. Born, p. 158.
[25] Ibidem, p. 183.
[26] Ibidem, p. 160.
[27] Ibidem, p. 177.
[28] Ibidem, p. 175.
[29] Ibidem, p. 169.

súditos, a função do príncipe deve ser a de um *pater familias* que toma conta de sua casa. Deve providenciar para que sejam repelidas ou emendadas leis obsoletas; deve supervisionar a integridade de seus magistrados e punir os corruptos, deve suprimir a bandidagem e a mendicância; deve ajudar os pobres, mas, se possível, evitar a pobreza; para esse propósito deve desenvolver seu domínio pela construção de pontes e canais, drenagem de pântanos e regulação de rios e da melhoria das técnicas agrícolas; deve também providenciar adorno para edifícios públicos e igrejas. Em suma: Erasmo desenvolve a ideia do despotismo benevolente e da administração racional de um estado de bem-estar.[30]

Por fim, chegamos ao cerne do ascetismo principesco, ou seja, à restrição quanto à sua própria posição de poder. O príncipe tem de tomar sua cruz, ou Cristo não o receberá. E qual é sua cruz? "Vou dizer-te: segue o direito, não cometas violência com ninguém, não saqueies ninguém, não vendas nenhum serviço público, não te corrompas com propinas." Erasmo reconhece que a observação dessas regras não será o melhor meio de aumentar a renda do príncipe, nem de preservar-lhe intacto o poder. "E como preferirás estar ao lado de uma injúria do que vingá-la em detrimento do Estado, talvez perderás um pouco de teu império." Isso deve ser suportado, pois o ganho (menos injúria aos outros) é grande. E mais radicalmente: "Se não podes defender teu Reino sem violar a justiça, sem perda extravagante da religião, renuncia e submete-te às importunações de tua idade!" Se te conduzires dessa maneira, muitos te chamarão bobalhão em vez de príncipe; isso se deve suportar, também, pois é melhor "ser um homem justo do que um príncipe injusto".[31]

---

[30] Ibidem, parte X, "A Ocupação do Príncipe na Paz".

[31] Ibidem, p. 154 ss. Na *Querela Pacis*, de 1517, Erasmo desenvolveu muito esse argumento. Se necessário, a paz deve ser comprada. "Embora seja grande o custo, no entanto a guerra custa mais; além do que está acima de todo preço, o sangue dos homens, o sangue de teus concidadãos e súditos, a cujas vidas estás ligado por cada laço de dever para preservar em vez de prodigalizá-las em esquemas de perseguição ou falsa política e ambição cruel, egoísta e vil." (Introdução de Born a Erasmus, *Education*, p. 18).

§ 5. Erasmo sobre a guerra

Desse ascetismo fundamental do príncipe seguem-se os corolários erasmianos quanto à guerra. Guerra é "o naufrágio de tudo o que é bom"; é a fonte de mal geral; uma guerra engendra outra, e a conflagração espalhar-se-á para os lugares mais distantes. Um príncipe deveria recorrer à guerra apenas se absolutamente inevitável; e então deveria conduzi-la tão brevemente e, se possível, com o menor número de perdas de vidas de seus súditos e de cristãos em geral. O homem nasce para a paz e a boa vontade, não é um animal predatório. A guerra é uma "ocupação desastrosa e criminosa", mesmo quando no caso da "guerra justa" – "se realmente há alguma guerra que se possa chamar 'justa'". Erasmo não quer comprometer-se com a tese de que todas as guerras são injustas (embora muito obviamente essa seja sua opinião), mas reflete que todo mundo achará justa sua guerra e que se podem sempre encontrar razões, ao se considerar a complexidade e a vicissitude das coisas humanas. Em particular, os tratados são uma fonte rica de guerras porque alguém sempre pode interpretar uma violação de tratados. Daí quanto menos tratados, tanto melhor será para a paz – opinião em que coincide com a *Utopia* de More. Santo Agostinho considerou a possibilidade de situações em que uma guerra seja "justa", mas por que devemos curvar-nos à autoridade de um padre quando o Evangelho é claro em sua condenação da violência? Há, é claro, o problema que os direitos não devem ser abandonados. Mas, de fato, os direitos dos príncipes surgem de tratados concernentes a seus negócios privados, como, por exemplo, as alianças de casamento. De que interesse concebível poderiam ser esses negócios para os súditos? O príncipe deve considerar que seus súditos são homens que não deve empregá-los como animais. "Uma grande parte da autoridade reinante é o consentimento do povo, que é o fator que primeiro criou os reis." Se, portanto, surgir um desentendimento sério entre príncipes, devem recorrer à arbitragem por meio de bispos, abades, magistrados e homens doutos.

Embora, como regra, os negócios privados e as ambições dos príncipes sejam a causa da guerra, Erasmo não está inconsciente de que os povos podem oferecer alguma causa também. Reflete sobre os ódios coletivos entre ingleses e franceses, irlandeses e ingleses, italianos e alemães, suábios e suíços, "e assim por diante pela lista", e pergunta: "Por que esses nomes estúpidos fazem mais em dividir-nos do que o nome comum de Cristo em unir-nos?" Mas aqui, precisamente, está um dos grandes obstáculos à paz, pois os padres que deveriam desviar da guerra as mentes dos comuns e dos príncipes a estão apoiando e bendizendo. E fazem isso de todos os lados de tal maneira que temos a situação ridícula de um Cristo em ambos os campos "como se Ele estivesse lutando contra si mesmo".[32]

§ 6. *O problema do poder*

Concentramo-nos no problema da política erasmiana na ideia do "príncipe asceta". Escolhemos esse termo – de preferência ao príncipe "Cristão" de Erasmo – a fim de enfatizar que ele não está preocupado com formas de governo (embora favoreça a monarquia), ou com um Estado ideal no sentido clássico, ou com as relações entre poderes espirituais e temporais no sentido medieval. O problema da política para Erasmo, na verdade, concentrava-se na figura do príncipe; sua preocupação é a atitude do homem em relação ao poder como um princípio de ordem social. Essa é a preocupação geral nos anos de abertura do século XVI. O problema de Erasmo, como o de Maquiavel, é a desordem geral contemporânea através da busca do poder em detrimento da ordem substantiva. Essa *pleonexia* dos príncipes de Maquiavel encontrou-se com a ideia do príncipe que ultrapassa seus rivais no jogo e empregarão sua qualidade superior para o

---

[32] Condensado de *Education*, XI, "On Beginning War".

estabelecimento de uma ordem nacional. Erasmo encontrou o mesmo problema com a ideia do príncipe que não empregará seu poder (que já está em suas mãos) com o propósito de aumentar seu domínio ou para engrandecimento pessoal em geral, mas que o considerará como uma custódia, para ser empregada em prol do bem-estar da *civitas* e para a manutenção da paz internacional. Podemos dizer que assim Maquiavel como Erasmo estavam preocupados com uma ordem política estável, mas que o problema apresentava-se a Maquiavel, sob condições italianas, como o de uma ordem a ser estabelecida por um esforço supremo na luta do poder, ao passo que se apresentava para Erasmo, sob condições espanholas e transalpinas, como a administração e uma ordem estabelecida e a renúncia de engrandecimento ambicioso.

Essa formulação de alternativas, todavia, toca apenas a superfície pragmática da situação. Há sempre tensões políticas e guerras; e, de acordo com a situação concreta, o estabelecimento da ordem será sempre obtido pela pacificação através da força ou pela renúncia de ambições e a aceitação do *status quo*. Por baixo dessa superfície pragmática abre-se o problema do poder como o fator determinante na política numa época de transição dentre tipos de ordem política. Tanto Maquiavel quanto Erasmo veem a operação do poder durante o colapso da ordem imperial e feudal antes do estabelecimento de Estados nacionais como as unidades limitantes da nova ordem. A invasão da Itália por poderes estrangeiros, a luta entre a Inglaterra e a França, a aglomeração de poder através das alianças de casamento borgonhesas e espanholas dos Habsburgos criaram uma perspectiva de guerra, na época, com escopos ilimitados entre as novas monarquias poderosas que poderiam terminar apenas pela exaustão mútua ou por um golpe decisivo dado pelo vencedor nos competidores. Tanto Maquiavel quanto Erasmo têm seu primeiro lampejo do demonismo peculiar que o poder adquire numa civilização cristianizada quando entram em colapso as limitações institucionais e as restrições espirituais. O "realismo" do poder que se desenvolve numa civilização cristã que se desintegra não é um retorno ao naturalismo de poder pagão, comparativamente cândido, que encontramos expresso classicamente no diálogo de Melos, de Tucídides. Quando a ordem espiritual é amputada, o que sobra não é uma civilização pagã no nível de um Mito da Natureza helênico – como acreditam ternamente; o que sobra é o poder como a força bruta civil, como uma asserção de existência sem a graça redentora da ordem espiritual e civilizacional. O mito de Maquiavel da *virtù* tem de ser entendido como a tentativa de atribuir graça à nudez dessa luta existencial; e da mesma maneira o "ascetismo" erasmiano deve ser entendido como uma operação de salvação, como um apelo ao príncipe, como aquele que exerce o poder, para manejá-lo no espírito de virtudes platônicas e cristãs.

O julgamento concernente à penetração do problema de Erasmo fica suspenso. Um debate acalorado ainda ocorre entre os admiradores, que lhe louvam o humanismo requintado, o racionalismo e pacifismo, e os seus críticos, que lhe condenam a evasão e covardia ao enfrentar as questões reais. Não pretendemos tomar partido nessa discussão. O problema tem uma estrutura objetiva. O que Erasmo viu foi a *pleonexia* do príncipe como a fonte de guerra e desordem. O conselho de restrição e, em particular, o conselho de ascetismo até o ponto de render-se uma posição de poder, em vez de defendê-la a expensas do sangue e do tesouro do povo, pode soar cândido como solução. Mas parecerá cândido somente se projetarmos nossa mira na luta de nações na situação erasmiana. Aos olhos de Erasmo, as nações não tinham parte na política. A luta de poder foi conduzida por sobre suas cabeças entre príncipes. Se este ou aquele príncipe ou dinastia os governava não era sua preocupação. Seus sacrifícios na guerra não serviam a seus interesses; eram sacrifícios exigidos por príncipes para a busca de assuntos particulares. Se aceitarmos como premissa essa visão da política, então o tratamento erasmiano do poder como um problema na ética do príncipe é muito sensato. Se não houvesse mais nada na política senão a ambição de príncipes, então o príncipe ascético que não quer governar, que preferiria recolher-se a envolver-se numa guerra maior e mais cara, e que submete as disputas legais a pares para a arbitragem de dignitários eclesiásticos, seria, então, a solução para o problema da guerra. E conquanto a ideia pudesse nunca ser realizada na história, considerando as limitações do homem, seria ainda uma ideia verdadeira para a orientação da conduta.

A candura de Erasmo não está na solução; está na premissa. Erasmo, em grande contraste com Maquiavel, evidentemente tinha pouca consciência do contexto social do poder principesco. É muito capaz, na ocasião, de lembrar ao príncipe que o consentimento do povo é a base de sua autoridade, mas o príncipe move-se em um vácuo social. Parece ter-lhe escapado até que ponto as empresas dos príncipes eram a expressão de forças sociais, e que eram apoiadas e limitadas por povos não tão articulados politicamente. Na leitura da *Educação*, não se sonharia nunca que a eleição do príncipe Carlos como imperador em 1519 causaria a insurreição dos *Comuneros*. Há uma cegueira histórica peculiar em Erasmo. Tivemos ocasião de refletir sobre essa cegueira quando discutimos seus ataques à tradição intelectual dos escolásticos. E ela se impõe à nossa atenção, com força particular, quando lemos suas observações acerca dos ódios nacionais – que ele vê muito bem – e seu desejo de que sejam abolidos esses "nomes estúpidos". Que um homem que, afinal de contas, sabia algo do poder do *nomen Romanum* não pudesse encontrar nenhum outro atributo para os novos *nomina* do que "estúpido" talvez seja o sintoma mais revelador da limitação erasmiana. Aqui tocamos na fonte da ambiguidade peculiar nessa obra: que o leitor possa ficar fascinado pela intensidade e força da personalidade de Erasmo, pela profundeza de sua iluminação, pelo fogo de seu desejo ascético e pela clareza de sua ideia de paz; e que possa ficar chocado e deprimido, ao mesmo tempo, pela superficialidade e futilidade de sua posição. A fonte dessa ambiguidade é uma estreiteza, muito próxima do demonismo de Maquiavel. Erasmo fechou-se em sua posição de intelectual humanista; reduzira a realidade da sociedade na história à antítese do ascetismo racional como o princípio de ordem e de luxúria sem valor do *vulgus* como o princípio da desordem – com a consequência lisonjeadora e confortante de que tudo seria melhor neste mundo se todos os homens, ou ao menos os governantes, fossem como Erasmo. A vida real do povo, o *pathos* da existência nacional, a obra precária da civilização, o valor da tradição, a importância da vida do intelecto e sua disciplina na história – todos esses fatores desapareceram do quadro da política. Esse mundo tem apenas uma glória: o intelectual asceta e o príncipe que, no espírito asceta, administra sua custódia do poder. No cerne desse sonho encontramos o próprio mal que é o tópico da política erasmiana, a paixão de poder, na forma da *pleonexia* do intelectual.

§ 7. Utopia e América

As tensões mais ou menos escondidas da posição erasmiana se tornaram totalmente articuladas em More e em sua *Utopia*. Que se tornaram articuladas, no entanto, não significa que na *Utopia* encontramos uma exposição discursiva dos problemas, facilmente inteligível.[33] *Sir* Thomas More se distingue entre os homens por ser um santo tanto da Igreja Católica quanto do movimento comunista. Tal abundância de honras históricas aponta para complexidades, difíceis de desenredar, na obra a que deve sua fama duradoura. O processo de desenredamento, na verdade, está longe de terminar; mas, ao menos, está a caminho um esforço concertado, de tal modo que hoje temos uma compreensão consideravelmente melhor da obra do que possivelmente há vinte anos. A falta de clareza que cerca a obra é, em parte, consequência de seu sucesso; daí, devemos dedicar algumas observações preliminares para remover certas obscuridades que se originam em sua fama literária.[34]

---

[33] [O material daqui até o final deste capítulo foi publicado como "More's Utopia". *Österreichische Zeitschrift für öffentliches Recht*, n. 3 (1951); p. 451-68.]

[34] A base para uma interpretação da *Utopia* é hoje R. W. Chambers, *Thomas More*. Nova York, Hancourt and Brace, 1935. A melhor monografia recente,

A *Utopia* foi traduzida para todas as línguas modernas, e igualmente em todas as línguas a palavra *utopia* passou a ser um nome comum. O substantivo adquiriu uma amplitude considerável de significado. No cerne desse significado encontramos a concepção de um estado idealmente perfeito de coisas (*Dicionário Oxford*). Uma concepção de um pensador de tal estado perfeito de coisas pode ser expressa em forma ficcional, na interpretação elaborada de instituições sociais ideais. Para além de tal expressão formal ficcional, a palavra *utópico* passou a significar qualquer expressão de ideais políticos; e se os ideais parecem mais ou menos irrealizáveis por uma ou outra razão, a palavra pode ter uma conotação pejorativa. O impacto social da palavra foi tão forte que penetrou na ciência política propriamente dita. Parece amplamente ser tido como certo que existe algo como um pensamento utópico.[35]

---

continuando o trabalho de Chambers, é de Henry W. Donner, *Introduction to Utopia*. Uppsala [Londres], Sidgick and Jackson, 1945; reimpresso. Freeport, N.Y., Books for Libraries Press, 1969. Um ensaio valioso é o de Tommaso Fiore, *Saggio su Tommaso More*, que serve como introdução à tradução italiana de Fiore da *Utopia*, em Tomasso More, *L'Utopia*. Ed. Tommaso Fiore. Bari, G. Laterza e figli, 1942. O interesse em problemas moreanos foi muito instigado por historiadores alemães que, depois da Primeira Grande Guerra, interpretaram a *Utopia* como um tipo de manual do imperialismo britânico e da exploração dos povos coloniais. Essa linha de interpretação começou com Hermann Oncken, *Die Utopie des Thomas Morus und das Machtproblem in der Staatslehre*. Sitzungsbericht der Heidelberger Akademie der Wissenschaften, Phil.-Hist. Klasse, 13. Heidelberg, C. Winter, 1922; seus resultados estão contidos na introdução de Oncken à tradução alemã de Gerhard Ritter de *Utopia*. Berlim, R. Hobbing, 1922. Para as vicissitudes posteriores dessa interpretação, ver as notas na *Introduction to Utopia*, de Donner. A projeção de Oncken do "imperialismo" e "inclinação" britânicos para More era um grande erro, e esse interlúdio pode ser considerado como terminado no que diz respeito a esse princípio de interpretação. O erro, entretanto, tinha uma razão: uma interpretação revista de *Utopia* que leva em consideração o problema original em que Oncken tropeçou está contida em Ritter, cap. 2, "Morus als Ideologie des Englisch-Insularen Wohlfahrtsstaates". In: *Machstaat und Utopia*. Para nossa análise empregamos o texto da edição crítica: Thomas More, *L'Utopie*. Texto latino editado por Marie Delcourt com notas explanatórias e críticas. Paris, E. Droz, 1936. Todas as referências de páginas, entretanto, são dadas da edição de Joseph H. Lupton, *The Utopia of Sir Thomas More*, Oxford, 1895, já que essa edição é a mais facilmente acessível. Ver *The Complete Works of St. Thomas More*, New Haven, Yale University Press, 1963; e *Utopia*, 2. ed., Norton Critical Edition, trad. e ed. Robert M. Adams, Nova York, W. W. Norton and Co., 1992.

[35] Ver, por exemplo, Joyce O. Hertzler, *The History of Utopian Thought*. Nova York, Macmillan, 1926.

Sob o título *utópico* estão subordinadas ideias tão variegadas como as dos profetas hebraicos, o "utopianismo de Jesus", a *República*, de Platão, a *Civitas Dei* de Santo Agostinho, a *Utopia*, de More, e pensadores socialistas como Saint-Simon, Fourier e Owen. Como resultado desse sucesso linguístico, a própria obra de More foi tratada como a espécie do gênero; supôs-se que More escreveu um "estado ideal" pois isso se aplica a um "pensador utópico" – embora a questão seja precisamente em que extensão as instituições da *Utopia* foram consideradas "ideais" por seu autor.[36]

Diante de tal confusão, é necessário restabelecer o cerne historicamente relevante do significado, ou seja, da utopia como um estratagema literário. A *Utopia* de More descreve as instituições econômicas, políticas e religiosas de uma sociedade, numa forma ficcional. Qualquer que tenham sido suas opiniões acerca do valor das instituições, ele criou um gênero literário para o período moderno. Esta criação estava intimamente ligada ao descobrimento da América, com os relatos de viagem sobre os novos países e seus povos, e geralmente com a abertura do horizonte geográfico em direção a regiões até então desconhecidas. Rafael, o marinheiro filosófico que conta a história de *Utopia*, era um membro da companhia de Américo Vespúcio; e a influência do *Mundus Novus* de Vespúcio (publicado em 1507 na *Cosmographiae Introductio*, de Waldseemuller) pode ser encontrada na *Utopia*.[37] Também de Peter Martyr, *De Orbe Novo*, de 1511, muito provavelmente não era desconhecido a More.[38] O espaço se tinha aberto onde uma construção política poderia ser colocada. Essa situação peculiar não tinha surgido, pela

---

[36] O clímax do sucesso linguístico talvez seja, de Karl Mannheim, *Ideology and Utopia*, trad. Louis Wirth e Edward Shils, Londres, Routledge and Kegan Paul, 1936, primeiro publicado como *Ideologie und Utopie*, Bonn, F. Cohen, 1929. Num livro que em grande parte é dedicado ao problema do utopianismo, o autor não tem nada que dizer acerca da *Utopia* de More. A razão é que Mannheim dá um significado à palavra *utópico* que dificilmente se aplica à obra de More.

[37] Introdução, *Utopia*, ed. Lupton, p. xxxvii ss.

[38] Donner, *Introduction to Utopia*, p. 27 ss.

primeira vez na história da humanidade, com o descobrimento da América. A fábula de Pandora, por exemplo, reflete a dependência das evocações helênicas de políticas sobre a fundação real de colônias e da prática de fazer constituições.[39] Ideias políticas podiam ser expressas na Hélade pelo estratagema de construir uma comunidade porque um pano de fundo de prática oferecia a forma literária com verossimilhança. Esse gênero de literatura chegou ao fim inevitável com a ascensão do império romano. Houve um momento de renascimento no século XIII, quando, no despertar da cruzada latina, novos estados foram talhados no Mediterrâneo oriental por príncipes ocidentais; é o momento que precipitou o *De regimine principum*, de Santo Tomás. Com essa exceção, entretanto, o estratagema não foi empregado entre a Antiguidade helênica e a *Utopia* de More. Com o descobrimento da América, de novo havia um pano de fundo que conferia verossimilhança à evocação.

Se definirmos o problema dessa maneira, nós o reduziríamos à importância que ele realmente tem na história das ideias políticas. A existência de um horizonte amplo para a fundação política é um incentivo para expressar ideias políticas através da evocação literária de uma comunidade. Nesse sentido (mas apenas nesse sentido restrito) pode ser considerado legítimo falarmos de uma grande literatura grega utópica, e até mesmo chamar de utopia a *República* platônica.[40] Entretanto, duvidamos da sabedoria de tal emprego. Não há necessidade de designar, por um nome que é cheio de tantas implicações e significados variados, um fenômeno bem definido; o uso parece ser uma concessão ao mau hábito que surgiu no século XIX de, a qualquer preço, transformar num conceito da ciência política cada símbolo político que é vomitado pela história (como utopia, ideologia, socialismo, democracia, comunismo, fascismo, etc.).

---

[39] [Sobre Pandora, ver Eric Voegelin, *Order and History*, vol. II, *The World of the Polis*. Baton Rouge, Louisiana State University Press, 1957, p. 140-44.]

[40] Ver, por exemplo, Edgar Salin, *Platon und die griechische Utopie*. Munique, Duncker e Humboldt, 1921.

Embora possamos estar de acordo com uma legitimidade restrita da frase *literatura utópica grega*, não conseguimos encontrar nenhum sentido no conceito de uma "história do pensamento utópico" em geral. A literatura utópica, no sentido limitado, aparece nas áreas históricas bem circunscritas da pólis helênica e da civilização ocidental depois do descobrimento da América. As duas aparições têm causas similares; certamente, houve influências literárias exercidas pelas obras helênicas nas ocidentais durante o intervalo de mais de mil anos, mas não há continuidade histórica entre as duas aparições.

Desenvolveu-se, no entanto, uma genuína história de literatura utópica no despertar da obra de More. Sua ilha no Atlântico Sul foi seguida, à distância de um século, pela *Cidade do Sol*, de Campanella, no Oceano Índico, e pela *Nova Atlântida*, de Bacon, nos Mares do Sul. *Gulliver*, de Swift, e *Robinson Crusoe*, de Defoe, dependem da atmosfera criada pela *Utopia*; e os Mares do Sul permanecem a grande fuga do Oeste até os dias de Jack London, Joseph Conrad e Somerset Maugham. Na esfera do pensamento político propriamente dito, a vista de estabelecimento e construção política nos novos espaços está ainda aberta no *Tratado do Governo Civil*, de Locke – embora aqui estejamos alcançando o limite. Sua sentença famosa: "No começo todo o mundo era a América, e mais ainda do que agora",[41] mostra que o estado ideal de natureza pode ainda ser colocado na América, mas que o apelo para a imaginação está próximo da exaustão por causa da fundação real de governos no Novo Mundo. O "selvagem nobre" e as virtudes da sociedade primitiva exercem influência ainda em Rousseau; mas depois de Chateaubriand esse instrumento de crítica social também parece ser empregado no nível mais sério da literatura política. A exaustão da substância original, entretanto, não evita o emprego da forma literária, uma vez que é estabelecida. No século XIX, a literatura utópica se enche de conteúdo socialista e cientificista, e a distância no espaço tende a ser substituída pela distância no tempo. A variedade de propósito

---

[41] [A citação é de *O Segundo Tratado do Governo Civil*, v. 49.]

a que a forma pode ser colocada é indicada por Samuel Butler em *Erewhon*, H. G. Wells, em *Modern Utopia*, e Aldous Huxley, em *Brave New World*.

§ 8. Algures e nenhures

A *Utopia* é um diálogo. Seu cenário é Antuérpia em 1515, quando More estava nos Países Baixos como membro de uma embaixada inglesa. Os interlocutores são o próprio More, Petrus Aegidius, seu amigo na Antuérpia, e Rafael Hythlodaeus, o "contador de contos ociosos", o marinheiro educado no Humanismo, o companheiro de Américo Vespúcio em suas viagens para o Novo Mundo, que trouxe com ele o conto da *Utopia*. O diálogo é organizado em dois livros. O Livro II contém o conto de Rafael sobre as instituições de *Utopia*. Foi escrito primeiro, enquanto More estava ainda em Antuérpia. O Livro I, escrito depois de seu retorno à Inglaterra, contém o diálogo introdutório sobre os males do tempo, sobre a impossibilidade prática de reforma através de conselho a governantes, sobre a atmosfera de cortes onde a voz do filósofo e do estadista não são ouvidas e sobre a raiz das iniquidades sociais na instituição da propriedade privada, levando ao conto de Rafael sobre a ilha onde a felicidade social foi assegurada por instituições sábias.

No centro do significado está a parte autobiográfica do diálogo. More está em dúvida quanto a se há algum sentido em estar num cargo a serviço do rei; um único homem não pode conter a onda do tempo; em vez de fazer algum bem, será ele mesmo corrompido pela conivência inevitável em medidas que desaprova. A discussão que deve estar na alma de More, a esse tempo, é distribuída no diálogo entre More e Rafael. More é a favor de um serviço real, "pois do príncipe, assim como da fundação perene, jorra a fonte do bem e do mal até o povo".[42] O homem experimentado em negócios e de educação ampla

---
[42] *Utopia*, ed. Lupton, p. 37.

está sob o dever (*boni viri officium*) de beneficiar o público por seu conselho aos governantes. More está perturbado, mais do que Erasmo, pelo tema platônico da Parábola da Caverna, pelo dever do filósofo de participar nos negócios da pólis. E, na verdade, More invoca a fórmula platônica que diz que uma comunidade ficaria feliz se os filósofos fossem reis, ou se os reis se tornassem filósofos. "Como, então, poderia uma república tornar-se algum dia feliz quando os filósofos rejeitam o serviço no conselho do rei?"[43]

Não era bem essa a ideia de Platão, que, mesmo sob as condições da pólis helênica que tudo abrangia, sabia que poderiam vir tempos quando a não participação é o dever. Ainda menos cristã é essa reflexão. O primeiro dever do cristão é a orientação da vida em direção ao *summum bonum* – e essa não é de maneira nenhuma a felicidade da república. A questão de More implica que o poder espiritual tinha declinado como um poder ordenador na comunidade a tal ponto que o problema da república feliz apresentava-se a ele sem dúvida como o problema de uma regra conjunta do príncipe e do filósofo secular. Em sua argumentação, o poder espiritual é uma *quantité négligeable*. Em More como em Erasmo podemos observar a transformação do poder espiritual no poder do intelectual secular; um desenvolvimento que já fora antevisto na ideia de Dante de uma dupla cabeça de imperador e filósofo agora se torna muito intensificada. O intelectual secular, no entanto, está numa posição difícil, e como um adjunto aos poderes que há ou haverá, que deverá fazer? A resposta existencial – para More evidentemente a única que podia imaginar – é Rafael, o homem que se despiu de sua propriedade em favor de sua família e leva uma vida de viajante como um homem sem país. Ele é, por disposição, um homem "que está mais preocupado com o vagar do que com o lugar onde encontrará seu túmulo; pois ele costumava dizer 'O que não tem nenhum túmulo é coberto pelo céu' e 'De todos os lugares, a distância para o céu é a mesma'".[44]

---

[43] Ibidem, p. 79 ss.
[44] Ibidem, p. 28.

Esse viajante humanista agora responde à pergunta de More, e com muitos exemplos mostra que o conselho do tipo que ele se obrigaria a oferecer não tinha nenhuma chance de encontrar aceitação, considerando-se o estado de coisas na política.

More concorda; mas pode defender sua posição, fazendo uma distinção entre dois tipos de filosofia, a mesma distinção que seu amigo Erasmo fez, na mesma época, na *Institutio*. Deve-se distinguir entre filosofia de escola (*philosophia scholastica*) e filosofia civil (*philosophia civilior*). A primeira tem seu lugar em discussões entre amigos, não nas relações políticas. Como se poderia esperar seriamente que cortesãos concordassem com proposições inauditas (*sermo insolens*) que vão contra seu hábito de pensamento? "A filosofia civil" conhece seu lugar, não afirma abstratamente que uma verdade é oportuna em toda situação, não fala quando não é sua vez, e não perturba, como um mau ator, a peça que se representa. Não se podem radicar más opiniões e vícios tradicionais num único momento – mas isso não é motivo para desertar da comunidade, como um barco numa tempestade. Não se devem incomodar as pessoas com noções estranhas, mas empregar as artes e truques de persuasão de tal modo que "se não podes tornar boas as coisas, ao menos podes fazê-las menos ruins". "Pois nada pode estar bem, se todos os homens não forem bons – e isso não espero que aconteça por muitos anos."[45]

A resposta não é impressionante. Nem platônica, nem, de outro modo, profunda. É o senso comum persuasivo para um homem que quer exercer um papel na política, que é inteligente e sensível o bastante para sentir as responsabilidades em que pode incorrer, e que precisa de um pouco de ópio para superar seus escrúpulos. Hoje podemos chamar isso de o argumento do "colaborador". É notável a habilidade em esquivar-se das questões. Uma verdade abstrata, certamente, não se enquadra em qualquer situação; mas há situações em que a verdade abstrata tem de ser pronunciada a fim de sair

---
[45] Ibidem, p. 97-100.

do lamaçal da confusão moral. Podem-se, é verdade, não radicar os vícios tradicionais num único momento, mas há um limite para além do qual não se permite demora. E que todos os homens não sejam bons e, portanto, todas as coisas não possam estar bem é um bom conselho para um perfeccionista; mas torna-se facilmente uma cobertura para participar de crimes. O que torna essa discussão tão plana é a renúncia do espírito como a autoridade última para além da ordem temporal e suas insuficiências. A comunidade tende a adquirir um caráter definitivo que pertence propriamente ao espírito. O sintoma ominoso da mudança de ênfases é a distinção de More entre a filosofia escolástica e a civil. O significado da filosofia como a dimensão intelectual da vida do espírito e a orientação da alma em direção ao *realissimum* evidentemente fora perdido para More tanto quanto para Erasmo. A filosofia principesca erasmiana assim como a filosofia civil de More é a sabedoria que recorre às tradições clássica e cristã; mas perdeu a selvageria que não pode vir do passado, mas apenas da presença eterna da fonte.

A *Utopia* é um diálogo. O argumento de More representa apenas um lado de sua posição; nossa crítica toca apenas um aspecto da tensão em que ele viveu. More sabia muito bem que não havia contra-argumentos; ele os representava em Rafael, e o debate continuou inconclusivo. Temos de considerar a tensão como um todo. Os elementos do problema já são conhecidos. O argumento de More é desapontador porque é oportunista e se esquiva das questões espirituais. No outro polo da tensão esperaríamos encontrar a posição espiritual. Mas de novo ficamos desapontados, pois nesse outro polo encontramos o viajante humanista que se recolheu resignado. A tensão como um todo ocorre no campo dos sentimentos humanistas políticos. A verdadeira alternativa, a vida do espírito, permanece para além do horizonte. Essa estrutura do problema moreano é algo surpreendente, porque em sua juventude More hesitara entre tomar ordens sacras (como cartuxo ou franciscano observante) e estudar Direito. Sua escolha fora uma família, o direito e a comunidade. No entanto, deixando de lado seu conhecimento teológico completo e abrangente, esperar-se-ia que um homem que existencialmente estava a ponto de tornar-se monge compreendesse o problema do "mundo" e não tentasse evadir-se dele pelo argumento de que é um insulto à inteligência.

A chave para o enigma pode talvez ser encontrada numa passagem da *Utopia* em que Rafael descreve a atitude dos ilhéus para com os membros de uma ordem sectária estrita que se formara entre eles. Os utópicos toleram essa ordem porque respeitam qualquer conduta que é motivada pela "religião", contanto que não perturbe o credo mais fácil dos outros. Eles próprios, contudo, são hedonistas e racionalistas. "Quem quer que preferisse o celibato ao matrimônio, ou uma vida difícil a uma fácil, quanto à razão, seria ridicularizado."[46] *Ratio* e *religio* são opostas como princípios de conduta ordenadora. A comunidade utópica vive pela ordem da razão; a religião é reduzida a um dogma mínimo deísta consistente na existência de Deus, na imortalidade da alma e na recompensa no além, e na regra da Providência.[47] E mesmo esse dogma mínimo é retido apenas por uma razão utilitária de que, sem ela, as leis da comunidade poderiam não ser suficientes para manter as boas pessoas no caminho estreito.[48] A interpretação de More concorda em todos os pontos essenciais com a ideia posterior lockeana de tolerância e da separação da Igreja e do Estado. O deísmo oficial com seus ritos, mas sem uma teologia sistemática que pudesse incitar problemas, deixa todo o mundo acreditar no que ele quer, contanto que não

---

[46] Ibidem, p. 282.
[47] Ibidem, p. 274.
[48] Rafael relata o incidente de um utópico que, como muitos outros, foi convertido por eles ao cristianismo, mas tomou a nova crença um pouco a sério demais. Começou a discuti-la em público e assegurou a seus concidadãos que a danação eterna seria o fim deles, a não ser que lhe seguissem o exemplo. O homem foi preso justamente e banido como perturbador da paz. O ponto é que o culpado foi removido, não porque lançava maldições sobre a religião estabelecida, mas porque incitava as pessoas (*reus excitati in populo tumultus*). O cenário prefigura o problema que seria mais tarde tratado por Dostoiévski em *O Grande Inquisidor* (*Utopia*, ed. Lupton, p. 270).

queira um reconhecimento público. Reconhecendo o óbvio, que ninguém pode conceber e elaborar essa ideia com um cuidado amoroso, a não ser que ela lhe ocupe intensamente a imaginação, podemos dizer que a ideia da *Christianitas* como o corpo místico de Cristo, articulada em suas ordens espiritual e temporal com grau público igual, perdera seu domínio sobre os sentimentos de More ao menos no grau que, pelo menos nessa fase de sua vida, a ordem espiritual já não era experimentada como uma ordem pública representativa na comunidade. A vida do espírito se tornara um negócio privado, já que, como um místico, sua personalidade não era tão forte para manter-se por si; a ordem temporal se transformara na comunidade secular, com o monopólio da representação pública, retendo tanto das tradições cristãs quanto da circunstância histórica deixada no momento.

A separação de *ratio* e *religio*, de Igreja e Estado, das esferas do natural e do sobrenatural, a redução da ordem temporal à comunidade secular e a privatização correspondente da "religião" permite-nos compreender o dilema de More assim como a forma peculiar que assume na tensão do diálogo utópico. Quando a comunidade natural, racional e secular monopolizou o *status* público, quando fecha o horizonte da existência humana na sociedade, então, na verdade, torna-se difícil encontrar um caminho em tempos de desordem mundial. A comunidade é inescapável; o absoluto nacionalista do "certo ou errado, o meu país" substitui o relativismo cristão do "mundo", e o cristão cujo destino é a beatitude torna-se o Rafael do diálogo, o buscador sem lar de ideais. E onde encontra ele os seus ideais? Nesse ponto More revela a sua força; o simbolismo de sua resposta é inconfundível: Nenhures! A despeito da decomposição de longo alcance de sua Cristandade, More é ainda muito cristão para ser um escatologista intramundano como os progressistas, positivistas e marxistas posteriores. Envolve-se num "ideal", mas, ao menos, sabe que o ideal está nenhures, e não tem nenhum lugar no algures histórico de uma comunidade. Com a *Utopia* de More estamos na transição da escatologia cristã intramundana para a escatologia intramundana revolucionária. A *ratio humana* cessou de ser uma participação orientadora na *ratio divina* e se tornou um conjunto de regras (ideais normativos) em suspense axiológico crítico acima da realidade histórica da política; a realização cristã pela salvação no além tornou-se a teleologia de uma perfeição intramundana de felicidade. Assim vai a desintegração em More, mas não adiante. Seu ideal permanece na posição de crepúsculo de seu Nenhures; e, veremos em breve, More estava muito a par de que sua descrição da sociedade ideal implicava uma mudança irrealista na natureza do homem. Não se envolveu na falácia de ativistas escatológicos posteriores, ou seja, na suposição de que processos revolucionários misteriosos mudariam, de fato, a natureza do homem de tal maneira que o problema do mal desapareceria do mundo.[49]

---

[49] Hans Urs Balthasar, *Apokalypse der deutschen Seele*, vol. III, *Die Vergöttlichung des Todes*, Salzburg e Leipzig, A Pustet, 1939, p. 409, apresenta a tese geral: *"Alle Utopie glaubt an die phantastischste aller 'Brotvermehrungen', und die Wesensvermehrung"* [Toda utopia acredita no sonho transmitido na 'multiplicação de pães' e no crescimento da essência/realidade]. A tese está geralmente correta, e em particular no contexto em que aparece, que é numa discussão de escatologia marxista. Precisamente no caso de More, entretanto, gostaria de emendar a tese, enfatizando a posição conscientemente intermediária do Nenhures. More estava inclinado ao "crescimento da essência", mas ainda estava consciente da impossibilidade desse milagre.
Em nossa análise do ideal utópico como uma decomposição da escatologia cristã, estamos seguindo, em geral, as indicações dadas por Balthasar, *Apokalypse der deutschen Seele*, vol. I, *Der Deutsche Idealismus* (1937), p. 22-29. De novo, contudo, gostaríamos de excetuar uma referência específica a More. Escreve Balthasar: *"Erst die Trennung von Staat und Kirche (als 'Natur' und 'Übernatur') schuf die eigentlich Voraussetzung der Utopie als selbständig natürlichen, zeitlichen Eschatons. Morus nimmt wirklich eine antike Tradition auf (Plato, Plotin), wenn er sein 'Utopie" schreibt"*; 29 n. [Apenas a separação do Estado e da Igreja (como "natureza" e "sobrenatural") cria as pressuposições essenciais da utopia de uma *eschaton* autonomamente natural e temporal. More na verdade recorre a uma tradição antiga (Platão, Plotino), quando escreve sua *Utopia*]. Que More retomou uma tradição "clássica", e em particular a tradição de Platão, parece exigir alguma observação. A pólis platônica da *Idea* não é um estado "ideal". A preocupação com o significado da Ideia induziu Platão a elaborar seu mito de história em *Timeu* e *Crítias*. O ideal é encarnado na realidade; e a encarnação, como toda "natureza", está sob a lei do declínio cíclico e de recorrência. Platão está tendendo para uma escatologia no sentido cristão [Voegelin está-se referindo aqui ao material que afinal se tornou seu *Platão e Aristóteles*, p. 199-204], ao passo que More está tendendo para longe disso. Essas posições antes e depois da escatologia cristã, sem dúvida, levam a certas similaridades. No entanto, Platão continua com a forma "clássica" de escatologia – ou seja, dentro do mito do

A tensão do diálogo utópico acompanhou More por toda sua vida, até o final. Em suas últimas palavras no patíbulo afirmou "que morria bom servo do rei, mas primeiro de Deus". Seu rei e seu país tinham sido seu algures – mas na decisão crucial de sua vida a balança de algures veio abaixo. Preserva-se uma conversa na Torre entre More e sua esposa. Ele tentava discutir com a senhora, e perguntou-lhe: "Peço-te, boa senhora Alice, dize-me... não estará esta casa tão próxima do Céu quanto a minha própria?" Lembramo-nos da frase do Rafael sem lar, escrita vinte anos antes, que, de todos os lugares, o caminho para o Céu tem a mesma distância. A frase citada pelo errante em direção ao Nenhures tornou-se a palavra experienciada pelo errante em direção ao Algures – pois não podemos escapar da emigração.

E o que disse Dona Alice? "Bom Deus, Bom Deus, homem, nunca sairás desta gaiola?"

§ 9. Orgulho e propriedade

O "ideal" de More, então, é um instrumento de crítica social. Esse instrumento tem seu lugar histórico a meio caminho entre o espiritualismo cristão e a escatologia maciça posterior da revolução social. O "ideal" é significado seriamente à medida que ataca os males sociais da época; não é significado, em princípio, como um programa de reforma. Essa ambiguidade é uma fonte inexaurível de equívocos, pois em sua descrição ricamente elaborada da Utopia, que como um *todo* e em seus *princípios não é* significada como um projeto de reforma social, More saltou uma riqueza de pormenores que *são* significados como sugestões para melhoras concretas. Embora não seja possível sempre distinguir com certeza entre os dois tipos

---

ciclo de encarnação. Estou inclinado a dizer que os pensadores políticos modernos que revivem a ideia do ciclo histórico – por exemplo, Maquiavel – são, a esse respeito, mais platônicos do que os platônicos confessos que confundem a *Idea* como um "ideal" no sentido pós-cristão.

de sugestões (particularmente porque More dá livre trânsito a seu senso de humor e gosto pela sátira), não há dúvida de sua existência. De um lado, temos a passagem conclusiva da obra em que More observa que não pode concordar com tudo o que Rafael disse, mas que há muitas coisas na comunidade utópica que gostaria de ver realizadas em nossas sociedades, embora tenha pouca esperança nisso. De outro lado, há uma passagem muito negligenciada que não deixa dúvida acerca da opinião de More no concernente ao *status* de seu ideal. Falando como Rafael, More sugere que o interesse pessoal de cada homem, para não dizer nada da autoridade de Cristo, teria há muito tempo "convertido todo o mundo em instituições desta república, a não ser que apenas uma besta, o príncipe e pai de toda maldade, o orgulho [*superbia*] não o impedisse".[50] Temos de dar a esse passo todo o peso que ganha se o considerarmos como vindo de um homem que sabe de cor a *Civitas Dei*. A *superbia* é o vício fundamental, enraizado no *amor sui*; é a vontade e orgulho de existência particular; é, por definição, o pecado original do homem em sua revolta contra Deus. Esse "príncipe e pai de toda maldade" pode ser mantido acorrentado, com a ajuda da graça, na luta diária pela santificação da vida, mas a ferida infligida à natureza do homem não pode ser nunca fechada. Os utópicos obtiveram o impossível quando por seus mecanismos institucionais removeram "a serpente infernal que se arrasta no coração do homem". More sabia que tinha criado uma comunidade ideal ao eliminar o fator fundamental da natureza do homem que torna impossível a criação de instituições sociais em que os homens podem "viver felizes para sempre".[51]

A clareza desse ponto, entretanto, não invalida o ideal como um instrumento de crítica. Ao contrário, a remoção da

---

[50] *Utopia*, ed. Lupton, p. 306.

[51] Os utópicos "*ea vitae sunt instituta secuti, quibus reipublicae fundamenta iecerunt non modo felicissime, verum etiam, quantum humana praesagiri conjectura contigit, aeternum duratura*"; ibidem, p. 307 ("as instituições que adotaram fizeram sua comunidade mais feliz, e, tanto quanto se pode dizer, capaz de durar para sempre"; Norton Critical Edition, ed. Adams, p. 84).

superbia aponta para o mal que More quer estigmatizar. Certamente, instituição alguma pode mudar a natureza do homem, a *superbia* está conosco; mas isso não significa que tenha que andar à solta. A comunidade sem *superbia* é a contraideia à realidade histórica circundante da época feudal decadente em que More vê a *superbia* a efetuar, sem peias, a destruição. A crítica é aguçada porque More provê seus ilhéus de uma filosofia de conduta e de um sistema de virtudes que é essencialmente pagão. São hedonistas, indo atrás de seu prazer sob a orientação da natureza e da razão. Em seu deleite, são restringidos pela temperança e pela justiça de tal modo que não prejudicarão os próximos. Reconhecem as virtudes da alma intelectual e encontram prazer na vida de contemplação. Detestam a metafísica técnica, mas desenvolveram uma filosofia da moral e uma ciência da natureza e de artes úteis. Reconhecem a natureza humana como social e consideram sua obrigação ajudar o próximo individualmente, assim como organizar instituições sociais (escolas, hospitais, cuidados para com os idosos e doentes, etc.) que, pela provisão coletiva, tornam a vida agradável e possível para todos. Têm uma classe não hereditária de homens doutos à qual podem ascender todos os que mostrem talento especial. Não mancham essa vida agradável com a aquisição, mas mantêm a propriedade em comum; as necessidades simples de todos são amplamente supridas pelos armazéns comuns; e suas refeições são organizadas coletivamente em refeitórios. O ponto nessa vida pacífica e feliz – asceta e hedonista ao mesmo tempo – é a ausência de cristianismo. Tal felicidade individual e social é possível até mesmo sob as condições de uma civilização primitiva pagã – deixando de lado o pequeno truque com a *superbia*; essa é a moral.[52]

A *superbia* sem restrição é a acusação que More faz contra a sociedade de seu tempo. O problema é fundamentalmente o mesmo de Erasmo, mas o horizonte de More é mais amplo. Reconhece o mal não apenas na *pleonexia* do príncipe, mas

---

[52] Esse ponto do contraste entre a felicidade pagã e a corrupção cristã foi muito bem analisado por Chamber, *Thomas More*, p. 125 ss., "The Meaning of Utopia".

geralmente, entre todas as classes de pessoas; a paixão de poder e de engrandecimento político é apenas uma manifestação entre outras. Para a famosa descrição que More faz do Estado da Inglaterra e da sociedade ocidental em geral, o leitor deve recorrer à literatura monográfica, ou melhor, à própria *Utopia*. Relembremos apenas os senhores que, depois de uma guerra, soltam seus prisioneiros que são inaptos para o trabalho regular e uma praga para o país; os senhores de terra que mandam embora seus inquilinos, a fim de converter-lhes as propriedades em pasto de ovelhas; em consequência, os mendigos sem propriedade que enchem o país e vivem de caridade, roubo e furto; a lei penal cruel que pune com enforcamento pequenos crimes cometidos por pessoas famintas; a degradação pela prostituição, bebedeira e jogo; as trapaças legais em favor da classe mais alta; a exploração brutal do trabalho e a despedida dos idosos e doentes, deixando-os sujeitos à fome e à morte; a corrupção da sociedade cortês e seus parasitas vagabundos; as maquinações de guerra; os reis que não se satisfazem em tomar conta do bem-estar de seu país, mas querem conquistar um segundo Reino que, de qualquer modo, não podem governar; a degradação das pessoas pelos impostos excessivos, e o rei que não é apto para governar homens livres prósperos; a ausência completa de um sentido de obrigação social e de dever governamental para reparar tais males com leis ruins, reforma da lei penal, provisão de hospitais, construção de uma indústria nativa que dará emprego aos fazendeiros desapossados, e as instituições educacionais.

Na raiz de todos esses males, More encontra a instituição da propriedade privada; se a propriedade privada fosse abolida, como na Utopia, esses males desapareceriam juntamente com ela. Nesse ponto temos de tomar cuidado em não apanhar uma tangente e nos deleitarmos na falácia usual de interpretar More como um precursor do "socialismo". A propriedade não é para More um problema isolado. Ele castiga a sociedade de classe que se funda na propriedade e critica o mau uso do poder econômico assim como a irresponsabilidade social da classe proprietária; mas nem acredita que a propriedade e a riqueza em si sejam males nem que a vida comunal frugal seja algo que cause entusiasmo. Ao contrário, ele excetua o ideal de Rafael da vida comum sem o emprego de dinheiro porque isso "destruiria radicalmente toda a nobreza, magnificência, esplendor e majestade que, de acordo com a opinião comum [*opinio publica*], são as verdadeiras graças e ornamentos de uma comunidade".[53] O problema da propriedade surge em conexão com a análise do orgulho e é inseparável dele. A propriedade deveria ser abolida porque é o principal instrumento para o deleite da *superbia*. O orgulho é a fonte real do mal, pois o orgulho mede seu bem-estar não em termos de riqueza, mas pela miséria dos outros. "A *superbia* não gostaria de ser uma deusa, a não ser que se deixassem desventurados para ela comandar e insultar, em comparação com cujas misérias sua felicidade poderia brilhar mais, cuja pobreza ela poderia atormentar e incensar pela mostra de suas riquezas."[54] Necessidades e posses poderiam ter padrões e limites, mas o orgulho faz da propriedade o instrumento de satisfação da paixão do poder e da superioridade social. More já está a caminho de uma análise do orgulho que foi depois continuado por Hobbes para o caso de eleição religiosa como o instrumento de satisfação do orgulho. E More, como Hobbes, desespera de encontrar a cura das almas doentes no redespertar da vida do espírito. Hobbes urdiu o Leviatã como o poder externo que reprimirá pela força o orgulho; e More urde a sociedade sem propriedade como a medida institucional externa que terá de substituir a cura das almas. Talvez não seja desnecessário enfatizar que a concepção desse remédio é tão antiplatônica quanto se possa pensar.

A propriedade como o meio de satisfazer o orgulho é o alvo de More. Nesse sentido tem de ser entendida sua caracterização da sociedade de seu tempo como uma "conspiração dos ricos" (*conspiratio divitum*).[55] Os ricos fingem representar o interesse da comunidade, e com esse pretexto tomam conta de

---

[53] *Utopia*, ed. Lupton, p. 308.
[54] Ibidem, p. 306.
[55] Ibidem, p. 303.

seus próprios interesses. Urdem truques legais para manter a salvo o que ganharam injustamente, assim como para explorar o trabalho dos pobres por menos dinheiro que se possa. Além disso, acrescentam injúria ao dano, ao fazer regras gerais que operam para seu lucro, e então, chamando-o a lei da terra que é a mesma para os ricos e pobres.[56] Em suma, More condena um estado da sociedade e uma prática de governo que dois séculos mais tarde, numa época mais progressiva, encontra sua aprovação e sanção teorética através do *Segundo Tratado do Governo Civil*. Em contraste com Locke, o More menos iluminado acredita que a satisfação do orgulho através da aquisição como um princípio de ordem social e política destrói a ideia da comunidade. Pois como se pode falar de uma comunidade quando todo mundo está apenas atrás de sua riqueza privada (*res publica, res privata*)? A sociedade sem propriedade utópica, por outro lado, é uma comunidade verdadeira, pois "onde nada é privado, todo mundo se preocupa com a coisa pública".[57]

Temos os elementos da construção de More em mãos e podemos agora avaliar-lhe o significado político. Primeiro de tudo, More não era socialista. Construiu uma comunidade socialista a fim de mostrar com que se parece uma sociedade quando o principal instrumento para a satisfação, o orgulho, é removido. A eliminação do orgulho foi seu problema principal, não a eliminação da propriedade. Surge então a questão de se ele na verdade acreditava que as "instituições sábias" de sua Utopia remediariam o mal? Essa questão tem de ser respondida negativamente. Como um cristão consciencioso e teólogo treinado, More sabia que a *superbia* não pode ser abolida por mecanismos institucionais. Se sabia isso, a próxima questão tem de ser: por que ele se deleitou nesse jogo? Aqui tocamos no centro do problema de More, sua fraqueza espiritual e pessimismo; mas aqui tocamos também num problema fundamental da política moderna.

---

[56] Ibidem, p. 303 ss.
[57] Ibidem, p. 299.

Uma vez que More diagnosticou os males do tempo como uma excitação da *superbia*, a resposta cristã teria de ser a restauração da ordem espiritual através, por exemplo, da reforma da igreja.[58] Entretanto, como Maquiavel, More parece não ter tido confiança nessa possibilidade. Nesse impasse de sentimento temos de olhar para a origem do jogo meio sério com a ideia de uma sociedade em que os males da *superbia* são removidos através de instituições sábias. A bondade das instituições substitui a bondade do homem; um mecanismo técnico resolve o problema da ordem substantiva da alma. O próprio More ainda tinha material suficiente para saber que tal coisa pode levar a Nenhures. Contudo, ele se deleitou no jogo; e os resultados do jogo não diferem dos resultados a que chegaram seriamente os pensadores dos século XVIII e XIX quando a fraqueza espiritual de More tinha degenerado em impotência espiritual. O resultado geral é a renúncia da ordem espiritual na alma e na sociedade. A ordem espiritual ganha sua importância suprema na política moderna porque parece abrir o caminho em direção a uma ordem social estável através dos mecanismos pragmáticos, em vez de através da santificação da vida. Já é, em princípio, a situação que T. S. Eliot repreendeu seriamente como o sonho de uma ordem "tão perfeita que ninguém precisará ser bom". Ainda assim, o "ideal" tem de ter um conteúdo. E, de novo, More apontou o caminho em direção a uma *ratio* hedonista, sem guiamento espiritual, que oferecerá a ideia de uma existência econômica moderada para todos, com uma centena de grandes livros inseridos para cultura.

Mas aqui alcançamos a divisão entre More e os modernos posteriores; pois More não apenas sabia que a realização do ideal pressupunha o impossível (ou seja, a abolição da *superbia*) mas também tinha ele mesmo alegria suficiente do mundo a fim de ver que a existência ideal era um negócio enfadonho. Segue-se um número definitivo de falácias independentes quando se

---

[58] Essa, a propósito, teria sido uma resposta platônica. Já chamamos a atenção contra aceitar em seu valor nominal o "platonismo" de construtores de comunidades "ideais".

perturba o equilíbrio em que More as mantinha. O pensador político – se por cortesia podemos assim chamá-lo – pode entender que as instituições ideais não funcionarão a não ser que a *superbia* seja realmente abolida; daí ele embarcará em sua abolição como o prelúdio para o estabelecimento do reino perfeito. Essa é a maneira do místico ativista – do Paracleto da Reforma ao Paracleto do Positivismo e Comunismo, ou seja, a Comte e Marx. Ou pode aceitar a *superbia* ilimitada como uma parte não erradicável da natureza humana e urdir instituições políticas que ou suprimirão sua tendência através da força absoluta, como no Leviatã hobbesiano, ou deixarão as tendências individuais equilibrar umas às outras, como fizeram Locke, Hamilton e Madison. Esse último sistema atingiu importância prática considerável na política porque trabalha muito bem contanto que haja fontes humanas e naturais que explorar, de tal maneira que não haja para sair satisfazendo a "democracia da cupidez" – como esse sistema recentemente foi caracterizado. E então, é claro, há os inocentes da persuasão pelagiana que tomariam o ideal ao menos em seu valor nominal, que acreditam que o homem é bom e que com esforço e propaganda o Estado perfeito afinal será realizado. A despeito da futilidade deles, é considerável sua importância social, pois proporcionam a turvação que permite aos menos inocentes pescar seu peixe.

§ 10. Guerra utópica

Em conclusão, consideremos os ideais muito debatidos de More com relação à guerra. Em princípio, são pacíficos seus ilhéus. Consideram a guerra uma coisa bestial, embora nenhuma espécie de besta a empregue tanto quanto o homem; abominam-na como "contrária ao costume de quase todas as outras nações, não consideram nada tão inglório quanto a glória obtida na guerra".[59] Contudo, não são cordeiros; estão excelentemente

---

[59] *Utopia*, ed. Lupton, p. 243. Toda a matéria discutida no texto está contida, a não ser que indicado de outra forma, na seção *De re militari*, p. 243-65.

equipados para a guerra através de um treinamento militar estrênuo assim como em razão do vasto tesouro que se acumula por comércio e pelos arrendamentos de terras que são pagos por países estrangeiros como indenizações de guerra. Os utópicos não conduzem guerras para engrandecimento nacional; todas as suas guerras são guerras justas no sentido de que são sanções pelas violações da lei cometidas por outros; e os objetivos dessas guerras são estritamente limitados a obter pela força o que é sua obrigação legal, ou, se isso for impossível, a infligir terror suficiente para dissuadir o inimigo de tentar algo uma segunda vez.

More, então, ao contrário de Erasmo, reconhece uma *bellum justum*. Daí surge a questão: quando é justa uma guerra? Sobre esse problema, More é minucioso. As guerras são justas, em primeiro lugar, quando servem ao propósito de estabelecer colônias em territórios ocupados por outros povos. Devido à sua vida próspera e saudável, os ilhéus têm um população crescente; o excesso é estabelecido no continente vizinho onde os nativos não fazem uso próprio de seus acres. A população indígena pode viver em simbiose com os colonizadores, sob suas instituições; se resistem, então é dada a *justissima causa belli*, pois a lei da natureza (*praescriptum naturae*) determina que a terra seja usada propriamente para a nutrição daqueles que dela precisam.[60] Não faltam outras causas justas. Os utópicos defendem seus próprios territórios assim como os dos seus amigos contra qualquer invasão; e são circunspectos o bastante para não esperarem por uma agressão, mas a conduzir uma guerra de prevenção se não notarem preparações de guerra em alguma parte dirigidas contra eles. Além disso, por causa do sentimento humanitário, ajudam povos oprimidos a libertar-se do ônus da tirania e da servidão. Ajudam seus amigos não apenas em defesa de seu país, mas também em guerra ofensiva quando são consultados sobre a questão e estão convencidos de que todos os meios pacíficos de estabelecimento foram exauridos. Ajudam-nos em particular quando seus mercadores são oprimidos num país estrangeiro sob o pretexto do direito; pois consideram

---

[60] Ibidem, p. 155.

particularmente injusto quando os povos são oprimidos sob a desculpa da justiça. São mais abstêmios em matérias comerciais quando eles próprios são as vítimas e respondem apenas com sanções econômicas; mas quando qualquer de seus cidadãos é atacado fisicamente, mandam uma embaixada, exigindo a entrega do culpado para ser punido (com a morte ou a escravidão), e se lhes recusam a entrega, declaram guerra.

A condução da guerra é estritamente racional. O principal propósito é a minimização do derramamento de sangue, e em particular evitando a perda das preciosas vidas utópicas. Tão logo declaram guerra, afixam secretamente cartazes em lugares públicos no país inimigo, prometendo recompensas imensas pelo assassínio do príncipe e recompensas menores pelo assassínio de outros notáveis; dobram a recompensa se forem entregues vivos. Imunidade e recompensas são prometidas especialmente às pessoas proscritas que se traírem umas às outras. Essa medida é a mais eficaz porque as recompensas são tão altas, e são oferecidas em investimentos em terras seguras em outros países, de tal maneira que são praticamente irresistíveis. Outros consideram esses métodos baixos e cruéis, mas eles consideram-nos louváveis e prudentes; pois evita-se grande morticínio entre os povos se apenas os poucos culpados forem mortos.

Se não funcionar o suborno, eles tentam fomentar conspirações de descontentes que possam aspirar ao trono. Ou quando falha a incitação de problemas domésticos, incitam os vizinhos a envolver-se na guerra com base em alguma violação forjada de tratados "que nunca são queridos dos príncipes". A tais aliados eles lhes dão dinheiro e os deixam lutar com seu próprio exército. Se precisam de exércitos maiores, empregam mercenários; apenas como último recurso empregam seus próprios homens.

Os princípios engajadores da guerra moreana se tornaram a *causa justa* da guerra anglo-germânica no que concerne a seu significado. Os historiadores alemães achavam que More era um inglês pérfido que inventou todos os pretextos para a expansão do império britânico e com hipocrisia caracteristicamente inglesa atribuiu a eles um halo moral. Os ingleses, com desprezo, riem às gargalhadas porque a expansão marítima britânica estava ainda a um século de distância; e por melhor que os preceitos se adaptassem ao império malicioso e seus métodos, não se pode culpar More por tê-los antevisto ou aconselhado. Os alemães reconhecem taciturnos a derrota em vários cálculos de pormenor histórico, mas insistem que todo o negócio ainda fede, embora eles já não estejam bem certos do quê. Como sempre em tais debates, ambos os lados deram contribuições valiosas para a compreensão de um problema importante. Os ingleses certamente estão certos quando rejeitam toda a ligação entre More e o imperialismo britânico; com igual certeza estão corretos os alemães quando acreditam em seu sentido olfativo e insistem que é necessaria uma explicação.

A explicação, em nossa opinião, está bem à mão se continuarmos a aplicar os princípios que guiaram nossa interpretação da *Utopia* até este ponto. Por causa da ambiguidade fundamental do "ideal" de More, não podemos estar absolutamente certos de quanto ele queria dizer seriamente, e quanto não. A observação de que muitos consideram tais métodos baixos e cruéis pode refletir a própria posição dele. Tais páginas, entretanto, como a descrição amorosa do exército do povo em ação (quando os utópicos recorrem ao emprego de seu próprio exército) soam muito como um sonho de um estadista nacional que quer livrar-se do exército feudal, assemelhando-se em muitos aspectos ao sonho de Maquiavel da milícia popular. E, geralmente, pode-se considerar que a enumeração das causas justas de guerra é talvez menos um ideal do que uma tentativa de listar causas sensíveis de guerra (no interesse do povo) em oposição às causas frívolas dos príncipes.

Contudo, com a devida permissão das intenções críticas e das reservas pessoais de More, permanece, como no caso de seus outros estratagemas institucionais, o duro fato de que ele podia deleitar-se em tais voos de fantasia. O que impressiona o leitor como odioso nessa relação de causas e métodos de guerra é a infalibilidade do ideal. Os que vivem pelo ideal não podem cometer erros; o ideal decide sobre a justiça da conduta dos que não o aceitam; e, em consequência, os portadores do ideal combinam em suas pessoas as funções de parte, juiz e executor. Quando através da dotação de um absoluto que propriamente é do espírito, a ordem temporal adquire as características de um "ideal", o efeito é uma "moralização" peculiar da conduta política. Essa moralização nós a podemos definir pelas seguintes características principais: (1) O possuidor do ideal perde a consciência de sua própria *superbia* e, em particular, nas relações políticas, de sua própria *pleonexia*. (2) No nível da consciência, a *superbia* foi canalizada com sucesso para a formação do ideal; sob esse aspecto, o ideal é uma manifestação do orgulho espiritual, da *libido dominandi*. (3) Quando essa perversão finalmente tomou conta da mente do idealista, ele pode persuadir seus desejos sem um sentimento de culpa porque os desejos estão agora localizados no ideal, e o ideal, por definição, é um absoluto moral. (4) A consequência seguinte é uma variante peculiar de ética intencionalista à medida que o ideal agora santifica os meios necessários para sua realização – uma consequência que se torna particularmente visível nos princípios de More. (5) Já que o portador do ideal só pode agir moralmente, quem quer que esteja em conflito com ele está automaticamente errado; os utópicos só podem conduzir guerras justas – depois de terem definido os princípios de justiça de tal maneira que sua aplicação leva à preservação e à expansão do poder deles. (6) Como consequência, a tragédia do conflito existencial é eliminada da história; o inimigo não está lutando para a manifestação de sua existência com o mesmo direito do idealista; quem quer que queira levar seu próprio estilo de vida, não molestado pelo idealista, é um criminoso. (7) E, mais geralmente, o ideal abole o significado da história como a potencialidade através da pluralidade das civilizações históricas; pois apenas uma civilização realiza a ideia de homem, e essa é a civilização do idealista. (8) E, finalmente, e mais perigoso, o ataque brutal à realização histórica de todos os valores que não por acaso não são incorporados no ideal força todas as outras pessoas a uma posição defensiva em que as piores atrocidades e crimes podem parecer justificados a fim de repelir o insulto à dignidade humana.

No cerne do idealismo utópico de More encontramos a mesma *pleonexia* do intelectual como está no centro do ascetismo de Erasmo. Além disso, é o mesmo demonismo de poder sem a graça do espírito como em Maquiavel, apenas agravado por seu disfarce como um ideal. A concepção de More, então, é de importância consideravelmente mais geral do que qualquer realização de seus preceitos no imperialismo britânico. More tem o dúbio mérito histórico de ter expressado pela primeira vez a inteira *pleonexia* da razão secular, justiça e moralidade. Sua expressão do ideal não é a causa do que se seguiu depois, mas é o primeiro sintoma tangível da grande doença espiritual que devia agarrar a civilização ocidental nos séculos seguintes. E o primeiro desenvolvimento sistemático dessa ideia não se deve aos ingleses (como os críticos alemães parecem supor), mas aos espanhóis, em particular às *Relectiones de Indis* de Vitória – não por causa de nenhuma nefariedade dos espanhóis, mas porque eles foram os primeiros que tiveram de lidar com a justificação de sua *pleonexia* na Conquista. A *Utopia* mostra o problema da desintegração espiritual mesmo num estágio mais avançado da obra seja de Maquiavel, seja de Erasmo, à medida que a *pleonexia* agora se espalhou dos príncipes para a comunidade. A obra de More é a primeira evocação de um povo que se estabelece como o padrão para a humanidade. De novo, More não é a causa da sequência na história pragmática; mas, de novo, aqui temos o primeiro lampejo de um campo de política internacional ou intercivilizacional em que todo mundo tem uma ideia com os utópicos e se sente no direito de estabelecer os princípios de justiça para todos os outros, com a consequente racionalidade da guerra ao serviço do ideal. Na *Utopia* podemos observar em formação um complexo de sentimentos e ideias que nos séculos seguintes se tornarão um fator decisivo na história ocidental, e daí advém a sua verdadeira importância histórica. As atrocidades atuais do imperialismo colonial, do nacional-socialismo e do comunismo marcam o fim de uma curva, cujo começo é marcado pela atrocidade jocosa do intelectual humanista.

3. O povo de Deus

Com o colapso da ordem espiritual temporal da Cristandade Ocidental, era necessária uma nova organização de poder temporal, assim como uma nova matéria de comunidade. O problema temporal foi resolvido nos séculos seguintes através da criação do Estado como a nova forma política; a penetração dessa forma por uma nova matéria espiritual, no entanto, apresentou maiores dificuldades e só foi provisoriamente resolvida pelos movimentos nacionalistas no quadro das organizações do Estado. Vimos como nas décadas de abertura do século XVI os pensadores políticos lutaram com esse problema. Maquiavel queria criar a ordem nacional da Itália mediante a *virtù* do príncipe; Erasmo concebeu a ideia do príncipe asceta como o harmonizador da comunidade; e More brincou com a ideia de instituições que, de uma vez por todas, resolveriam as desordens que surgem do orgulho e da *pleonexia*. Nenhum deles anteviu as forças de massa que levariam à reorientação espiritual do mundo ocidental. O reagrupamento dos homens em comunidades que caminham na história em parceria com Deus é, de fato, um processo de duração milenar; começou na alta Idade Média e não vimos ainda o fim dele. O irrompimento da Grande Reforma no século XVI é apenas uma das fases desse processo muito mais abrangente. Daí, antes de entrarmos na análise da Reforma e de seus resultados, temos de nos inteirar da estrutura geral e dos problemas tipicamente recorrentes desse vasto leque de movimentos espirituais do povo.

§ 1. *Instituição e movimento*

Podemos tratar o problema dos movimentos, distinguindo entre dois planos da civilização ocidental, um plano mais elevado e um plano inferior. O plano elevado vamos caracterizá-lo de uma maneira preliminar como o das instituições públicas; o plano inferior, como o dos movimentos que estão em permanente revolta contra as instituições estabelecidas. Desde o começo do século XI, a história espiritual e intelectual da civilização ocidental foi ordenada em ambos os planos; além disso, boa parte dessa história é a história da interação entre instituições públicas e os movimentos de revolta. Até aqui consideramos apenas os acontecimentos que ocorreram no nível público, tais como a evolução do sistema feudal e as monarquias nacionais incipientes, a evolução da igreja feudal, a centralização do governo da igreja e a tentativa de conciliar na sua constitucionalização as ideias evocativas da Cristandade imperial, a ideia do *corpus mysticum*, a ideia das duas ordens no corpo místico, os freios e contrapesos entre o poder espiritual e temporal, e assim por diante; no mesmo nível público encontramos, nos séculos seguintes, as ideias do Estado nacional, do povo e de sua representação, do direito natural, dos direitos individuais e do governo constitucional, a evocação da igreja reformada, as ideias de tolerância religiosa e as ideias que dizem respeito às relações entre a Igreja e o Estado.

Sob essa superfície desenrola-se o drama milenário dos sentimentos e ideias que estão em revolta contra a superestrutura de nossa civilização. Essa tensão entre as instituições e o movimento milenar do povo, contudo, não é uma peculiaridade ocidental. É um traço geral do processo civilizacional; a tensão, por exemplo, entre as instituições públicas chinesas e os movimentos populares recorrentes de natureza taoísta pertencem, em princípio, à mesma classe de fenômenos que nossa tensão ocidental. A tensão ocidental, entretanto, assume certos traços específicos que não encontramos da mesma maneira em outras civilizações. Podemos descrever esses traços melhor por meio de comparação com os problemas relacionados na civilização helênica. O leitor se lembrará de nossa discussão do apolitismo helênico.[1] Nessa ocasião observamos que a tensão entre as instituições da pólis e os sentimentos dos grupos apolíticos seriam recorrentes de uma forma mais radical numa civilização cristã, porque a ideia cristã da pessoa em proximidade com Deus se mostraria o irritador permanente contra as instituições. A ideia da pessoa cristã funcionaria como um agente de revolta contra a institucionalização das relações entre a alma e Deus e como um agente de regeneração das instituições. Desenvolvamos um pouco essas afirmações de princípio.

O apolitismo é um problema permanente em toda cultura política. As instituições não podem fazer mais do que estabilizar e ordenar o campo das forças sociais que existem no tempo de sua criação; mesmo a melhor criação institucional não é perfeita; sempre haverá grupos e indivíduos que estão insatisfeitos com o estabelecimento do momento histórico, e com o passar do tempo e com a mudança das circunstâncias surgirão novos casos de insatisfação. Uma instituição tem de constantemente envolver-se no processo de restabilizar-se pela solução de problemas que destruiriam seu valor e significado se permanecessem não resolvidos. Se o grupo reinante de uma instituição falha em tais adaptações, um número crescente de pessoas se sentirão "deixadas de fora". Se o número de tais pessoas começa a tornar-se grande demais numa dada sociedade, e se elas expressam seus sentimentos e ideias numa filosofia de conduta adaptada a pessoas que vivem com seus "corpos" numa comunidade, mas não participam dela com suas "almas" (para empregar a formulação

---

[1] [Ver vol. I, *Hellenism, Rome, and Early Christianity*, p. 69-84. Ver também *Plato and Aristotle*, p. 112-17, 140-46, em que Voegelin incorporou material do manuscrito original de *History of Political Ideas*.]

platônica), então temos o fenômeno do apolitismo numa escala socialmente relevante. Se, além disso, tais pessoas formarem comunidades e se organizarem para a ação política, então a situação estará madura para uma revolução.

Tensões dessa natureza, como dissemos, ocorrem em todas as civilizações, mas suas formas variam amplamente de acordo com as diferenças de estrutura espiritual. No caso da civilização helênica, vimos que a forma da tensão estava determinada pelo conflito entre o mito coletivo da pólis e o mito da alma dos filósofos-místicos. A onda de apolitismo na Hélade, embora com sucesso, pôde apenas levar à desintegração da pólis; o coletivismo politeísta do mundo da pólis podia reagir apenas com o colapso contra o misticismo essencialmente monoteísta e universal da alma. Numa civilização cristã, as determinantes da situação são inteiramente diferentes. As instituições públicas da Cristandade imperial (Igreja e Império) absorveram, desde o seu começo, os problemas da alma espiritual e de seu destino em direção a esse padrão. Pareceria impossível, em princípio, que situações como a insatisfação popular com a religião do império de Akhenaton, ou o apolitismo das escolas helênicas, ou o "associativismo" chinês em conflito com a ordem pública confuciana pudessem levar a uma civilização cristã. De fato, situações desse tipo particular não surgem; as tensões assumem formas especificamente diferentes. Para a designação dessa diferença específica podemos empregar apropriadamente o termo *reforma*. O movimento do espírito se tornou institucionalizado na Igreja; donde os movimentos espirituais do fundo da sociedade não poderem estar em oposição genérica às instituições. O movimento oposicional está intimamente relacionado ao espírito da própria instituição e tem de expressar-se numa chamada para a reforma. O espiritualismo da Cristandade, e em particular o espiritualismo do Sermão da Montanha, é um padrão que pode ser invocado contra a instituição que deve representá-lo; se a ordem espiritual da Cristandade for excessivamente violada pela conduta dos grupos governantes, o apelo pode exigir padrões que são, em princípio, aceitos pelos próprios grupos governantes.

A resposta a um movimento espiritual a partir da base não depende de um colapso; pode ser a reforma da instituição. A categoria da reforma, então, torna-se uma ideia que distingue a civilização ocidental medieval e moderna da helênica. De fato, os cinco séculos de 1000 a 1500 são caracterizados pela digestão de movimentos espirituais radicais através de uma série de reformas menores assim como pela supressão social, algumas vezes sangrenta, das escórias indigestas desses movimentos.

Acabamos de falar de escórias indigestas dos movimentos e de sua supressão. Quando um movimento popular de relevância de massa se está formando em oposição a uma instituição, essa formação é a prova definitiva de que a instituição falhou, de algum modo, em lidar com os problemas confiados a seu cuidado; nesse sentido, a ideia de *vox populi, vox Dei* é de sabedoria de ouro. A formação de tal movimento, entretanto, nunca é uma prova de que a direção a que se move é dotada de valor intrínseco. O movimento pode apresentar uma tendência para a realização social de valores espirituais; mas essa tendência pode não ser mais do que um núcleo que está cercado por largas franjas de ódio destrutivo contra a instituição que falhou quanto à sua tarefa específica. Dessa possibilidade surgem perigos peculiares das tensões entre instituições e movimentos, alguns deles genéricos em todas as civilizações, alguns deles específicos da civilização ocidental. As queixas legítimas de um movimento espiritual, o seu apelo para a reforma no sentido cristão, podem ser acompanhadas de uma atitude hostil aos valores civilizacionais. Essa mistura de hostilidade civilizacional é um traço praticamente inevitável dos movimentos do fundo da escala social; o ressentimento contra os valores intelectuais e estéticos realizados pela classe mais alta darão muito poder motor na exigência de reforma. O clamor por reforma espiritual é tipicamente unido às exigências de uma "queima de livros", de uma supressão da cultura literária e artística, e da abolição da ordem de propriedade prevalecente.

Essas misturas anticivilizacionais são duplamente perigosas para as instituições. São um perigo por seu ataque imediato aos valores civilizacionais; e são ainda um perigo pior porque essa mistura empresta legitimidade à resistência institucional contra os movimentos; os elementos anticivilizacionais em movimentos tornam-se uma desculpa para os grupos reinantes não satisfazerem queixas legítimas, e a vitória momentânea da instituição pode tornar-se, em consequência, a causa de insurreições ainda piores no futuro. Esse efeito cumulativo de resistência contra clamores legítimos de reforma tiveram consequências especialmente graves numa civilização do tipo cristão ocidental. Se as reformas não estão próximas, o ressentimento que é sempre facilmente direcionado contra os valores civilizacionais incorporados em instituições pode virar-se contra os próprios valores espirituais. O processo que começou com movimentos de reforma espiritual pode terminar com movimentos contra o espírito. Esse tem sido, de fato, o curso dos movimentos na civilização ocidental: o curso começa com movimentos do tipo albigense; termina com movimentos do tipo comunista e nacional-socialista. O desenvolvimento não tem paralelo na história. A civilização cristã ocidental tem uma vulnerabilidade peculiar e mostra problemas peculiares de declínio: enquanto na civilização greco-romana a tensão do declínio era causada por movimentos que representavam um avanço do espírito, na civilização cristã ocidental a tensão do declínio é causada por movimentos que são espiritualmente regressivos.[2]

É da maior importância distinguir entre esses vários componentes em movimentos porque a falta de tal distinção pode levar a uma séria confusão em sua interpretação. Nietzsche, por exemplo, viu apenas o componente de ressentimento nas origens da Cristandade assim como nos movimentos posteriores de reforma cristã – um componente que certamente estava presente; ficou cego aos valores espirituais da Cristandade, e seu

---

[2] Lembremo-nos, a propósito, que essa peculiaridade da civilização ocidental deveria fazer os historiadores hesitar nas predições com relação ao curso futuro do declínio ocidental. Sob tais condições são possíveis catástrofes de desordem sem paralelo, ao passo que, por outro lado, forças recuperativas sem paralelo estão imanentes nessa civilização.

ataque à corrupção civilizacional do Ocidente levou-o, em consequência, à tentativa tragicamente absurda de uma revolta espiritual contra o espírito. O caso de Nietzsche é particularmente iluminador por causa da relação íntima entre uma análise teoreticamente errada e as consequências práticas: um movimento como o Nacional Socialista podia afirmar a ancestralidade de Nietzsche com certa dose de legitimidade, a despeito do fato de a intenção de Nietzsche ter sido dirigida precisamente contra os traços na civilização ocidental que estavam manifestos nesse movimento. A revolta espiritual continuou ineficaz; a revolta contra o espírito ganhou relevância social.

§ 2. Periodização do movimento

Embora o processo dos movimentos se estenda pelos séculos desde a alta Idade Média até o presente, é possível articular esse processo em períodos através da aplicação de vários critérios. O primeiro, e mais importante critério para periodização, seria a capacidade de absorção das instituições para os movimentos.

Quanto a esse critério podemos dizer que o grau de capacidade de absorção foi muito alto até 1300 e declinou decisivamente depois dessa data. Até 1300, a Igreja era ainda capaz, no todo, de lutar corpo a corpo com seus problemas. O feito mais notável foi a absorção dos movimentos religiosos populares do começo do século XIII pela Igreja por meio das novas ordens mendicantes. Ainda assim, devemos também notar que a Cruzada Albigense mostra uma fraqueza grave com relação à capacidade de absorção, precisamente porque foi conduzida com sucesso militar completo para destruição do movimento albigense. No entanto, a capacidade de absorção era ainda alta, mesmo no fim do século XIII. A absorção do intelectualismo arábico-aristotélico no sistema da doutrina cristã através de Alberto e Tomás é um dos feitos mais grandiosos de adaptação intelectual de uma instituição política.

Depois de 1300, muda esse quadro. O grande movimento místico do século XIV, representado por figuras como Eckhart, Tauler e o Frankfurtiano, não foram absorvidos, mas empurrados para a posição de uma heresia. E os movimentos da assim chamada pré-Reforma foram vencidos pela violência, no caso do movimento hussita por uma cruzada formal. A mesma inabilidade de lidar com os novos problemas é revelada nas crescentes influências nacionais no papado cismático, na falha em criar uma constituição parlamentar internacional para a Igreja, na retirada para uma forma absoluta de governo da Igreja e na criação da nova forma legal de lidar com governos nacionais. Esse quadro geral dificilmente é mudado pelo fato de o novo misticismo ter penetrado a Igreja através de pensadores individuais como Nicolau de Cusa. Tal absorção individual não resolveu o problema que a igreja enfrentava na época, ou seja, o problema do desenvolvimento da doutrina cristã através de uma diferenciação de cultura mística do simbolismo do dogma assim como o problema da reinterpretação do significado dos símbolos dogmáticos à luz da experiência religiosa ativa. O ano de 1300 pode ser considerado o marco da época na qual começou o declínio da Igreja – declínio definido quanto ao decréscimo da capacidade de absorção para o movimento do espírito.

O período entre 1300 e 1500 pode ser caracterizado como o período de capacidade de absorção decrescente e, ao mesmo tempo, da supressão exitosa dos movimentos. O período que começa com 1500 tem de ser caracterizado como o período em que os movimentos se tornaram poderosos o bastante para despedaçar as instituições, com o resultado de criar igrejas rivais cismáticas. Esse é o período dos séculos protestantes de 1500 a 1700. Mesmo durante esse período, contudo, a capacidade de absorção da igreja (que agora se torna a Igreja Católica no sentido estrito, como distinta dos movimentos protestantes de sucesso) não tinha desaparecido completamente. O movimento da Contrarreforma revela as forças de recuperação consideráveis que ainda estavam vivas. Além disso, nesse período começamos a notar o amálgama dos movimentos políticos populares nas novas organizações do Estado.

Essa tendência é mais claramente marcada na Inglaterra, onde o constitucionalismo e o protestantismo se misturaram um com o outro.

O último período dos movimentos começa em 1700. É de novo marcado por novas características. Enquanto no período precedente os movimentos espirituais tendiam a misturar-se com o nacionalismo para mostrar um toque crescentemente internacional que ameaça explodir a forma do Estado nacional. Esse elemento não está completamente ausente no período precedente; tanto o catolicismo quanto o protestantismo desenvolvem alianças internacionais, e as duas internacionais estão em guerra uma com a outra. No entanto, podemos distinguir entre o internacionalismo religioso dos séculos XVI e XVII como um arrebol da tarde do universalismo cristão e o novo internacionalismo do tipo positivista e comunista que se desenvolveu fora da tradição cristã e mesmo contra ela.[3] Ademais, essa consideração apresenta a segunda característica dos movimentos nesse último período: seu caráter secularista anticristão. Aqui, afinal, aconteceu o que avultava como um perigo mesmo no caráter anticivilizacional anterior dos movimentos: o clamor pela reforma espiritual que seguiu desatendida, ou foi insuficientemente resolvida pelas instituições, transformou-se gradualmente num clamor pela destruição completa dessas instituições porque o próprio espírito que está vivendo nelas é a causa dos males. O clamor de reforma transformou-se num ataque ao espírito.

§ 3. O alcance do movimento

A caracterização do processo assim como de sua periodização, como acabamos de apresentá-las, têm de ser consideradas experimentais. A dinâmica da civilização ocidental e, em

---

[3] Para os vários tipos de internacionais e sua periodização, ver o cap. 4, "Vitoria", do vol. V, *Religion and the Rise of Modernity*.

particular, a tensão entre movimentos e instituições, ainda não receberam até agora a atenção monográfica que merecem. Os interesses concentraram-se apenas no nível institucional. Com relação às fases iniciais desse processo, ainda não avançamos perceptivelmente para além do relato dado por Edward Gibbon em seu *Declínio e Queda do Império Romano*. É mérito de Gibbon o ter chamado a atenção pela primeira vez (no Capítulo 54 de seu tratado) para as origens e alcance do movimento que culmina na explosão da Reforma do século XVI. Ele assinalou a linha de continuidade direta do movimento pauliciano do século VII na Síria, passando da transplantação dos paulicianos para os Bálcãs, pela sua ramificação na seita bogomila e pelas migrações dos paulicianos e bogomilos até à Itália, até o aparecimento dos cátaros no sul da França no século XI. Dos cátaros, a linha continua pelos waldenses e franciscanos até os movimentos sectários posteriores que se espalharam por toda a Europa e chegaram a seu cume no movimento Lollard na Inglaterra e no movimento hussita na Boêmia nos séculos XIV e XV. A Reforma do século XVI é levada a efeito por um movimento amplo que se manifestou na Guerra dos Camponeses assim como no movimento anabatista que se espalhou da Holanda para a Suíça e da Alsácia para a Morávia, com sua continuação na vida sectária na Holanda, Inglaterra e América. No século XVII, de novo, vemos o movimento puritano propriamente dito levado a efeito por um movimento amplo com suas franjas nos Cavadores, Buscadores e Oradores Exaltados. E no século XVIII, finalmente, podemos observar a transição dos grupos deístas e unitários para clubes e movimentos de iluminismo, utilitarismo e socialismo.

O desenho dessa linha genealógica sugere imediatamente as dificuldades que devem cercar uma investigação mais aprofundada do processo, particularmente em suas fases iniciais. O movimento, até o século XVI, é uma tendência oculta na história civilizacional. É essencialmente um movimento no sentido estrito de um movimento religioso nas almas de indivíduos singulares e dos seguidores que são capazes de reunir. Esses movimentos não se cristalizam facilmente num sistema racional de ideias que poderiam ser transmitidas como um corpo de doutrina, à maneira do corpo dos escritos aristotélicos que pôde ser transmitido aos árabes e aos escolásticos ocidentais. É muito difícil, portanto, estabelecer se é possível de algum modo falar de uma "história" dos movimentos num sentido rigoroso. Estão claramente relacionados entre si através dos séculos pela estrutura geral dos seus sentimentos e atitudes; mas se essa afinidade é devida à influência histórica real de uma vaga do movimento para outra, ou se as experiências que revelam a tendência dos movimentos brotam novamente em cada época, sem determinação intrínseca pelos movimentos similares precedentes, é uma questão em aberto. A segunda dificuldade provém do nosso conhecimento insuficiente direto das fontes, de novo e em particular em relação às fases iniciais. Os movimentos, como dissemos, são uma tendência oculta social; sua revolta espiritual é regularmente, ao mesmo tempo, uma revolta social. A destruição física dos partidários e de suas produções literárias deixam-nos com os relatos dos adversários como as únicas fontes sobre a vasta extensão do processo. Essa destruição de fontes, contudo, pode ser menos grave do que pareceria à primeira vista. Os teólogos e inquisidores odiavam e perseguiam os sectários dos movimentos, mas compreendiam-nos excelentemente, com toda a probabilidade. Donde, se descontarmos os lugares-comuns de calúnia e histórias atrozes típicas, mesmo os relatos inimigos permitem uma compreensão correta da natureza dos movimentos, embora, é claro, muitos pormenores e fatos relevantes se tenham perdido.

§ 4. *Igreja e seita*

Caracterizamos os aspectos mais gerais da tensão entre instituições e movimentos que são comuns a todas as civilizações; indicamos, depois, brevemente, o problema da reforma que é peculiar à civilização cristã ocidental; e finalmente indicamos a periodização do processo e seu alcance geral. Passaremos agora a problemas mais específicos que surgem do fato de a instituição ser a organização sacramental da Igreja, ao passo que os portadores do movimento são seitas cristãs.

O ataque dos movimentos sectários é especificamente dirigido contra as marcas da instituição eclesiástica resultante dos primeiros compromissos cristãos com o mundo. Quanto a essas marcas, temos apenas de sintetizar o que apresentamos em partes anteriores deste estudo. A Igreja se tornou a grande influência civilizadora no mundo ocidental porque foi capaz de fazer um compromisso entre os ensinamentos estritos do Sermão da Montanha, a fraqueza da natureza humana, a existência do poder governamental e o conteúdo histórico da civilização pré-cristã. O compromisso com a fraqueza humana expressava-se na inclusão de todo o mundo no corpo místico de Cristo através do sacramento do batismo e da Ceia do Senhor; a fundação da comunidade é feita através da recepção sacramental, não através de nenhuma garantia que a pessoa seja, na verdade, um membro da igreja invisível. O *status* atual da alma em salvação ou danação é conhecido apenas por Deus; não pode ser julgado pelos irmãos na comunidade. A aceitação do poder governamental como parte do "mundo" e desejado por Deus é o segundo grande compromisso. Permitiu à Igreja sobreviver às dificuldades dos primeiros séculos e alcançar seu clímax na integração da função real na ordem dos carismas no século IX. O terceiro compromisso, igualmente inaugurado por São Paulo, foi o compromisso com a história através do reconhecimento de que Deus se revelou aos pagãos através da lei da natureza e aos hebreus através da lei antiga antes de revelar-se ao mundo inteiramente através do Logos que se fez carne. Como consequência desse terceiro compromisso foi possível para os primeiros padres absorver o direito natural estoico na doutrina cristã, e em virtude dessa absorção criar para a Cristandade um sistema de ética que foi aplicável às relações entre homens que vivem no mundo.

Por mais importantes que sejam esses compromissos, não poderiam ter implementado a sua eficácia completa a menos que fossem acompanhados da organização sacramental. A mediação da graça pelos sacramentos torna a graça objetiva. O estado de graça não pode ser obtido pelo entusiasmo religioso ou pelos esforços da santidade heroica; tem de ser obtido pela incorporação sacramental do corpo místico de Cristo. O desenvolvimento do ofício sacramental com a administração da graça pelos sacramentos e pela objetividade da administração do padre que torna o sacramento eficaz, independentemente do valor pessoal dele, sacerdote, são os passos organizacionais decisivos sem os quais os compromissos com a ordem natural e histórica das sociedades não poderiam ter desenvolvido plenamente as suas potencialidades. A igreja como organismo divino-humano é o corpo social do Deus-homem, e o Cristo sacramental renova a união de Deus e do Homem quando o sacerdote celebra o sacramento. Pela administração do sacramento, a Encarnação continua objetivamente no meio histórico.

Os compromissos, juntamente com a objetificação sacramental da graça, são a base para a função civilizadora da igreja. Com os seus compromissos, à igreja se permite aceitar a estrutura social de um povo como um todo, com suas profissões, hábitos e instituições econômicas e políticas, e a injetar no corpo social os valores espirituais e éticos da Cristandade com as gradações suportáveis para o ser humano médio na época. Não se exige nenhuma revolução, nenhuma sublevação escatológica que estabeleceria o Reino de Cristo dentro da geração dos viventes. A tensão de expectativa escatológica é abrandada até a atmosfera de um processo civilizacional que pode não ter pressa; numa obra lenta e paciente pode-se estender por séculos. Em razão de seus compromissos, a Igreja pode agir nas massas; pode empregar a riqueza de dons naturais e enobrecê-los aos poucos, dando-lhes direção para os objetivos sobrenaturais. Ademais, a graça que está objetivamente com o corpo todo da comunidade permite uma socialização muito importante dos dons individuais na vida cristã. O sacrifício vicário de Cristo foi trazido para o homem tanto individual quanto coletivamente; como consequência, o ascetismo extraordinário desses indivíduos que são especialmente dotados para uma vida santa assume a função de uma oferta vicária que leva à salvação dos irmãos menos dotados na comunidade pela pureza da igreja sacramental. Esse organismo abrangente tem um lugar para ricos e pobres, para sacerdotes e leigos, para o príncipe e o súdito, para o educado e para o não educado, para o asceta heroico e o fraco pecador, para o lutador, o comerciante e o camponês. Em razão de sua abrangência, a Igreja poderia penetrar uma civilização com seu espírito.

A fusão civilizacionalmente magnífica com o "mundo" é a causa da reação sectária. A objetificação do espírito na instituição sacerdotal e sacramental, a adaptação às exigências do mundo, o gradualismo da realização espiritual – tudo isso é certamente um desenrolar autêntico das potencialidades da Cristandade. Contudo, são possíveis desenvolvimentos numa direção inteiramente diferente. É igualmente possível desenvolver a Cristandade na direção de uma realização dos conselhos evangélicos sem compromissos, de renunciar ao universalismo da instituição e de concentrar a realização do espírito em pequenas comunidades com exigentes padrões de religiosidade pessoal e de conduta moral. Dentro da história da Cristandade, sempre é possível o retorno da disposição escatológica para a apocalíptica, da instituição sacramental objetiva para a religiosidade pessoal intensa do pequeno grupo, dos compromissos com o mundo para uma Cristandade evangélica sem compromissos, da igreja universal para a pequena seita. Temos de reconhecer a igreja e a seita como manifestações igualmente autênticas de Cristandade, se quisermos entender a força dinâmica dos movimentos sectários em sua luta com a igreja; somente porque são autênticos movimentos cristãos é que podem exigir uma reforma da igreja e podem ameaçar a própria instituição da igreja pela exigência de uma realização social mais perfeita de Cristandade.

Não são de nossa preocupação os problemas da doutrina cristã que inevitavelmente têm de surgir no conflito entre a igreja e as seitas. Temos de lidar apenas com os aspectos do conflito que tocam a estrutura das instituições assim como seu conteúdo civilizacional. Em relação a esses pontos, podemos dizer que os ataques de praticamente todos os movimentos até o século XVII foram dirigidos contra a função sacerdotal e contra o monopólio da graça mediadora através dos sacramentos. Da experiência religiosa imediata como sua fonte surge repetidamente a revolta contra a objetividade do sacramento, e o sacerdócio geral dos leigos é afirmado repetidamente na comunidade cristã. Dessa direção fundamental do ataque seguem-se grandes consequências políticas. A Cristandade leiga foi uma ameaça mortal para a instituição sacerdotal e sacramental da igreja; mas não foi uma ameaça apenas à igreja. Os poderes espirituais e temporais estavam intimamente integrados na ordem da Cristandade imperial; as instituições não podiam ser atacadas em princípio sem a destruição do *status* carismático do governo na ordem cristã. O ataque à instituição eclesiástica, se exitoso, estava prestes a produzir as seguintes consequências: (1) a divisão da organização sacramental em igrejas rivais e seitas; (2) a integração das igrejas parciais em comunidades nacionais ascendentes; (3) a divisão das ordens espiritual-temporais nacionais nos Estados seculares e nas igrejas e seitas livres desestabilizadas, e (4) a exposição do estado secular a sua ocupação futura pelos movimentos religiosos de uma natureza anticristã, tais como os modernos movimentos de massa.

§ 5. *Reforma e efeitos anticivilizacionais*

A luta entre a igreja e os movimentos sectários é, em substância, uma inversão do processo em que a igreja suplantou os começos escatológicos e sectários da Cristandade. A criação da organização sacramental e sacerdotal, a objetificação institucional e a mediação da graça tinham sido o empreendimento coroador no estabilizar os compromissos da Cristandade com o mundo e sua civilização. O ataque à organização objetiva estabilizante está agora escurecendo num desenredar dos compromissos. O ataque é acompanhado, em particular, de uma tendência para abandonar o compromisso com o poder político. O movimento sectário é o portador de uma nova atitude de indiferença para com a autoridade governamental e para com as funções de uma classe reinante; essa indiferença exprime-se tipicamente na recusa de empregar o sistema de tribunal para o litígio entre os membros da comunidade, na recusa de jurar ou de pegar em armas em defesa da comunidade, no ideal de obediência ao poder governamental onde tal obediência não conflitua com a ética religiosamente determinada do grupo e no ideal de resistência passiva ao extremo de, quando necessário, sofrer a morte. A atitude antiestatista do movimento não está confinada às fases das seitas cristãs propriamente ditas (antes de 1700); podemos traçá-la em continuidade na fase dos movimentos secularistas e antiespirituais depois de 1700. A concepção liberal, restritiva das funções do governo provém em parte do sectarismo da Reforma; e encontramos a mesma atitude antiestatista radicalizada nos movimentos anarco-sindicalistas do século XIX, assim como na doutrina marxista de fazer murchar o Estado.

A retirada formal do compromisso com o poder político, entretanto, é apenas uma característica da tendência muito complexa que designamos como o anticivilizacionismo do movimento. Os elementos de reforma espiritual e de destruição civilizacional estão frequentemente tão intimamente entrelaçados nos movimentos que se torna difícil separá-los, ou decidir qual dos dois elementos é preponderantemente característico do composto. Ademais, já sugerimos que não é acidental a coexistência muito regular dos dois elementos. A não mundanidade radical é possível apenas sob certas condições. Dificilmente pode ser mantida se a pessoa em questão está envolvida com sua existência total na rede social e econômica de uma civilização desenvolvida. Uma retirada do mundo implica uma simplificação de longo alcance das relações econômicas e sociais do fiel. Podemos observar, na verdade, uma preponderância do elemento artesanal na vida da seita medieval, algumas vezes ao ponto de um movimento sectário se tornar um movimento típico de "tecelões". Essa preponderância, ademais, não é apenas factual no sentido de que as seitas se difundem mais intensamente entre artesãos; o trabalho manual torna-se, ao contrário, um modo ideal de existência, mais adequado a uma vida cristã, ao passo que as profissões comerciais, com suas trocas como elemento de desonestidade supostamente inevitável, são rotuladas de não cristãs. Que a profissão de Jesus fosse a de carpinteiro pode ser frequentemente discernido como uma influência na formação de tais ideais. Daí, na vida cristã, a vida de pobreza e de igualdade econômica numa comunidade de fiéis tenha uma tendência de encontrar seus recrutas principalmente entre as classes mais baixas da sociedade; e se o ideal de pobreza e igualdade é aliado à indiferença hostil para com a estrutura política do "mundo", então estão presentes as condições para o desenvolvimento de um movimento revolucionário dirigido contra a classe alta, na sua dupla função de rica e governante. A atitude revolucionária nesse sentido é um elemento de várias das seitas medievais. E de novo, como no caso do antiestatismo, essa atitude é levada a efeito num movimento antiespiritual depois de 1700. Permanece, por exemplo, um elemento importante nessa fase do comunismo moderno que quer não apenas desapossar a classe governante e tomar-lhe o lugar, mas também suplantar a civilização "burguesa" com uma civilização "proletária".

§ 6. Um Vislumbre da Glória de Sião

A conexão peculiarmente íntima entre a reforma espiritual e a revolução social pode ser bem ilustrada pelo recurso a um documento. Escolhemos para esse propósito um panfleto da revolução puritana intitulado *Um Vislumbre da Glória de Sião* (1641).[4]

---

[4] É discutível a autoria; provavelmente foi escrito por Hanserd Knollys, mas é também atribuído a William Kiffin. Para o texto, ver A. S. P. Woodhouse

A situação apresentada nesse panfleto é animada pelas expectativas escatológicas. A queda de Babilônia está à vista; a nova Jerusalém virá em breve. "A queda de Babilônia é a ascensão de Sião. A destruição de Babilônia é a salvação de Jerusalém." Deus será a última causa da mudança feliz. "E é obra do dia não dar a Deus nenhum descanso até que estabeleça Jerusalém como o louvor de todo o mundo." Contudo, os homens devem envolver-se em ações meritórias também, a fim de apressar a vinda. "Bem-aventurado é o que arremete contra as pedras as crianças de Babilônia. Bem-aventurado é aquele que teve mão na destruição de Babilônia."

E quem são os homens que apressarão a vinda de Sião, arremessando as crianças de Babilônia contra as pedras? São "as pessoas comuns". "Deus pretende fazer uso das pessoas comuns na grande obra de proclamar o reino de seu Filho." As pessoas comuns têm um *status* privilegiado em apressar o reino de Cristo. A voz de Cristo "vem primeiro da multidão, das pessoas comuns. A sua voz é ouvida primeiro, antes de ser ouvida a de quaisquer outros. Deus emprega as pessoas comuns e a multidão para proclamar que O Deus Senhor Onipotente reina". A suposição é baseada no precedente do Evangelho. Cristo não veio para o sábio, para o nobre, para o rico; veio para o pobre. E quando começou a reforma da religião, e o Anticristo foi descoberto, foi de novo o povo comum que primeiro veio cuidar de Cristo. Ademais, tal preferência divina pela multidão não é arbitrária, pois acontece que o espírito do Anticristo prevalece nas classes superiores, especialmente na prelazia; e daí a voz de Cristo "começa com aqueles que são a multidão, que são desprezíveis", a "multidão vulgar".

A coloração do argumento se transforma cada vez mais de reforma espiritual em revolução social. "O povo de Deus foi e é um povo desprezado." "Sabemos que agora em muitos lugares os governantes de Judá, os grandes do país, seus

---

(ed.), *Puritanism and Liberty: Being the Army Debates (1647-9) from the Clarke Manuscripts with Supplementary Documents*. Londres, J. M. Dent and Sons, 1938, p. 233-41.

espíritos foram colocados contra os Santos de Deus." Os "santos" são chamados facciosos, cismáticos, puritanos, sediciosos e perturbadores do Estado. Esse estigma, entretanto, tem de lhes ser retirado; e os governantes se convencerão em seus corações "que os habitantes de Jerusalém, ou seja, os Santos de Deus ajuntados numa igreja, são a melhor comunidade de homens". Os governantes não apenas se convencerão em seus corações; suas convicções se fortalecerão pelas mudanças drásticas de relações sociais. O autor cita Isaías 49,23: "Reis serão os teus tutores, as suas princesas serão tuas amas-de-leite. Prostrar-se-ão diante de ti com o rosto em terra e lamberão o pó dos teus pés". Os santos, por outro lado, serão glorificados no novo reino; "embora não tanto como depois no céu excelso, mas elevados poderosamente". Um paraíso terrestre será estabelecido pelo destronamento, um estado entre o estado presente do mundo e o paraíso além. Nesse novo reino "os santos vestir-se-ão de linho branco, que é a virtude dos Santos; ou seja, a virtude que eles têm por Cristo, pelo qual devem ser virtuosos perante Deus, e santos diante dos homens. A santidade será escrita em seus vasos, em suas cintas: em tudo o que suas graças devem brilhar excedentemente para a glória de Deus".

Além da reforma das vestimentas, haverá mudanças incisivas na estrutura das instituições legais e econômicas. Cristo estará presente tão intensamente nessa comunidade que os santos seguirão o Cordeiro para onde quer que ele vá. A presença dessa beleza e glória muito provavelmente tornará desnecessária a compulsão legal; "é questionável se haverá necessidade de regulamentos, ao menos da maneira que há agora". "A presença de Cristo estará aí e suprirá todos os tipos e regulamentos." Com relação às condições econômicas, haverá abundância e prosperidade. Todo o mundo é comprado por Cristo, e é comprado para os santos e será entregue a eles. "Tudo é teu, diz o apóstolo, o mundo todo", e Apocalipse 21,7 assegura-nos: "Os Santos herdarão todas as coisas". A motivação da convicção é dada muito candidamente: "Vês que os Santos têm pouco agora neste mundo;

agora eles são os mais pobres e os mais humildes de todos; mas então quando a adoção do cântico de Deus vier em sua plenitude, o mundo será deles... Não apenas o céu será teu reino, mas este mundo, corporalmente".

A visão parece demasiado bela para ser real. Como podem ser trazidas tais maravilhas? Que medidas humanas suplantarão as dificuldades evidentemente insuperáveis? A resposta é que a ação humana será apenas subsidiária da revolução epocal; é o próprio Deus que trará o seu reino. "É Deus Onipotente que deve fazer essas coisas, por esse poder, pelo qual é capaz de submeter todas as coisas a si mesmo. As montanhas se farão planas, e ele virá saltando sobre as montanhas e sobre as dificuldades. Nada o deterá."

Um Vislumbre da Glória de Sião é particularmente valioso para ilustrar o problema da seita revolucionária, porque nesse panfleto estão reunidos praticamente todos os traços que aparecerão nos vários períodos dos movimentos. Nem todos esses traços, contudo, estão representados com força igual. O elemento que caracterizou mais fortemente os movimentos em suas fases iniciais medievais, o elemento do clamor de reforma, tornou-se muito fraco por volta do século XVII. O clamor de reforma das instituições já se transformou no clamor de destruição. O elemento de reforma pode ser encontrado apenas na sugestão de que os servos presentes do Anticristo terão uma mudança de coração que os fará ver nos santos os verdadeiros vasos do espírito. Tal mudança de coração, entretanto, não os ajudará socialmente; a estrutura institucional que eles representam se quebrará, e sua principal ocupação no futuro parece ser a de lamber o pó dos pés dos santos. Mais fortemente desenvolvidos são os elementos em que a disposição escatológica se torna manifesta. O fim do *saeculum* está à mão; Babilônia cairá e Cristo estará presente em seu reino. O reino que virá, entretanto, não é o além da Cristandade ortodoxa; é um estado histórico de perfeição que se seguirá ao presente estado de iniquidade. A escatologia de *Um Vislumbre* não é transcendental; é intramundana; e por causa desse traço pertence à classe de especulações sobre o Terceiro Reino que começou com Joaquim de Flora. A estrutura verdadeira do paraíso terrestre que está prestes a vir permanece algo vaga; podemos apenas discernir as negativas típicas de ausência de obrigações e de propriedade privada – negativas que permanecem típicas para essa classe de especulação até Marx e Lênin. Surge ainda um elemento nem sempre associado aos sonhos do paraíso terrestre, ou seja, o elemento de ressentimento e violência. Esse elemento provém do Antigo Testamento. O virar das mesas e o festejar sonhos de vingança sangrenta começam a entrar nos movimentos sectários com o maior conhecimento dos textos bíblicos, para além do Evangelho, no final da Idade Média. A questão de sua primeira aparição é um caso de conhecimento dos materiais: Ernst Troeltsch é de opinião que a violência como um fator no sectarismo quiliástico pode ser encontrada pela primeira vez na corrente taborita do movimento hussita.[5] Permaneceu um componente frequente nesse tipo de movimentos até aos modernos movimentos totalitários de massa.

§ 7. A estrutura social do movimento

Antes de penetrarmos mais profundamente nos sentimentos e ideias dos movimentos, devemos buscar o problema da revolução social num passo adiante. Até aqui indicámos apenas que o movimento surge do fundo da escala social e tenta reformar, ou destruir, as instituições estabelecidas; passaremos agora a uma determinação do estrato social que é o portador da reforma e revolta.

A fim de esclarecer essa questão, temos de ampliar aos poucos o horizonte de observação. Ao determinar o alcance

---

[5] Ernst Troeltsch, *Die Soziallehren der Christlichen Kirchen und Gruppen*, 2 vols. Tübingen, J. C. B. Mohr [Paul Siebeck], 1912, p. 405 ss. Edição inglesa: *The Social Teachings of the Christian Churches*. 1931; reimpressão Nova York, Harper and Row, 1960.

do movimento, referimo-nos à genealogia estabelecida por Gibbon. Essa genealogia é válida para a linha principal do movimento, que vai, em continuidade, dos paulicianos no Leste, através dos Patarenos italianos do século XI e da pré-Reforma, até aos modernos movimentos de massa. O problema da reforma, contudo, é mais velho do que os movimentos. Era claro para os pensadores da alta Idade Média que a Igreja preservava a eficácia espiritual através de uma série de renovações. Era claro, ainda, que os portadores sociais das renovações sucessivas eram as ordens. A reforma beneditina e a reforma de Cluny eram os principais acontecimentos nessa série; e uma nova vida foi dada à Igreja através da absorção de tendências sectárias nas ordens mendicantes. Temos de distinguir, portanto, entre as reformas que se originaram nas ordens e as reformas que se originaram nos movimentos propriamente ditos. O primeiro tipo originou-se socialmente na sociedade feudal e rural; o segundo tipo se originou na sociedade urbana. As duas linhas se entrecruzaram e finalmente se fundiram no século XIII. A reforma beneditina não tinha nada que ver com os movimentos no sentido mais estrito. A reforma de Cluny não se originou num movimento, mas tocou o movimento à medida que a demagogia gregoriana empregou os movimentos da alta classe italiana para exercer pressão sobre o clero feudal. No caso das ordens mendicantes, a ênfase da origem se mudou para o movimento propriamente dito, e era secundária a canalização do movimento para a forma da ordem.

Especialmente iluminadora para essa transição é a história da Ordem Franciscana. Os franciscanos começaram como um movimento, não diferindo essencialmente de outros movimentos heréticos do tempo. Encontraram um apoio cauteloso de Inocente III e, depois de longas hesitações, foram reconhecidos como a ordem dos Irmãos Menores. Esse reconhecimento, entretanto, não resolveu o problema das mulheres no movimento; a solução foi encontrada pela organização de uma segunda Ordem Franciscana, a ordem das Clarissas, para mulheres. Essa criação de ordens ainda não resolveu o problema das massas mais amplas cujo fervor religioso era forte, mas não as inclinava a uma vida em formas estritas de uma ordem. Para essas massas mais amplas, finalmente, foi criada uma terceira ordem, ou seja, a Ordem Terceira dos irmãos que vivem no mundo. A canalização do movimento em forma de ordens submetidas à supervisão eclesiástica suprema pareceu por um momento algo exitoso. O próprio êxito, entretanto, produziu um renascer do caráter de movimento dentro da ordem. Com a institucionalização, os sintomas degenerativos inevitáveis de rotina e abuso começaram a aparecer, e uma ala radical dentro da ordem tentou restaurar o caráter prístino do movimento. A ala dos Espirituais Franciscanos finalmente foi forçada a sair da ordem pelos Conventuais; os Espirituais fora da ordem dividiram-se em grupos menores, foram perseguidos como heréticos e desapareceram no século XIV, ao passo que a própria ordem degenerou ao ponto que, por um tempo, se tornou um escândalo notável na vida da Igreja. O amálgama de movimento e ordem e sua falha parcial iluminam a natureza do problema e mostram talvez melhor onde a linha de divisão concreta tem de ser riscada entre as formas mais antigas de vida religiosa oferecidas pela igreja e as exigências da nova sociedade urbana.

O movimento tem suas raízes sociais na cidade. Está intimamente ligado à ascensão das cidades como enclaves numa sociedade feudal que se assenta numa economia rural. O habitante da cidade não estava tão intimamente integrado no sistema feudal ao redor. Esse caráter das pessoas da cidade como forasteiros, combinado com a atividade intelectual mais forte que acompanha a vida mais gregária, parece ter feito da cidade o solo fértil de sectarismo. A expansão do movimento seguiu de perto as regiões do desenvolvimento da cidade. Começou no século XI com a Pataria nas cidades da Itália do Norte; dali se espalhou para as cidades do sul da França, depois para as cidades nortenhas da Picardia (como um movimento tipicamente de tecelões); e finalmente penetrou a parte ocidental da Alemanha e as cidades inglesas. As figuras de proa não eram tiradas tipicamente das classes mais baixas de trabalhadores, mas, ao contrário, do estrato médio intelectualmente vivo. Eram mercadores (Petrus Waldes), *jeunesse dorée* (São Francisco), reitores de Oxford (Wycliffe) e seus alunos (os primeiros Lollards, Jan Hus), monges (Lutero), teólogos e advogados (Calvino) e padres (nas cidades suíças). Essa origem típica dos líderes de um estrato médio da sociedade da cidade continua até ao presente, com Marx e Engels como os intelectuais burgueses, advogados da causa dos trabalhadores; e com Lênin, Hitler e Mussolini como líderes de origem de baixa classe média.

A classe média nas cidades é o centro alimentador dos movimentos. Em períodos críticos, entretanto, esse centro pode irradiar sua intranquilidade para outros setores da sociedade e o movimento pode encontrar apoio de quase qualquer grupo com queixas momentâneas contra as instituições estabelecidas. Duas vezes encontramos o movimento espraiando-se numa grande escala na população camponesa; ou seja, na Revolta Camponesa de 1381, uma consequência do movimento de Wycliffe, e na Guerra Camponesa alemã de 1524-1535, uma consequência do movimento de reforma luterano. Contudo, são acidentais essas associações; não são essenciais como a conexão entre movimento e classe média. Na Guerra Civil inglesa do século XVII, as linhas não estavam claramente demarcadas, mas, no todo, pode-se dizer que o campesinato era realista, ao passo que a classe média e os mercadores eram parlamentaristas. Na outra direção da hierarquia social, vemos os movimentos que encontram apoio político da nobreza feudal que resistia à centralização monárquica inicial na Idade Média. A Cruzada Albigense, por exemplo, tinha o duplo aspecto de uma cruzada da Igreja contra os heréticos e de uma guerra da nobreza francesa do norte, que dependia dos Capetos, contra os barões independentes do sul. Na Reforma Alemã do século XVI, o sucesso do movimento deveu-se largamente ao apoio dos príncipes territoriais antiimperiais, ao passo que as guerras francesas de religião do mesmo século de novo eram guerras entre facções da nobreza. O mesmo ingrediente de uma guerra entre facções da nobreza foi recorrente na França do século XVII quando uma Fronde aristocrática se pôs ao lado dos Parlamentos burgueses em sua luta com o rei. Wycliffe recebeu apoio, por algum tempo, de John de Gaunt; e a revolução puritana é caracterizada por uma boa pitada de alta nobreza no lado parlamentarista. Em anos mais recentes pudemos notar uma aliança comparável de uma classe superior com os movimentos, como no curioso apoio que foi dado pela grande burguesia aos movimentos fascista e nacional-socialista – conexão que frequentemente levou à suposição precipitada de que esses movimentos eram "capitalistas" ou "reacionários".

§ 8. Influências do Leste nos movimentos ocidentais – Dionísio Areopagita

A genealogia dos movimentos, como desenvolvida por Gibbon, levou-nos de volta aos paulicianos. Essa ancestralidade sugere a possibilidade de que a linhagem comum de ideias que encontramos nos movimentos é oriental na origem. De fato, o tipo de experiências religiosas que formam o núcleo ativo dos movimentos pode grosseiramente ser chamado "do Leste" ou "oriental" no sentido de que as culturas religiosas que são baseadas nesse tipo de experiência podem ser encontradas no misticismo gnóstico, neoplatônico, maniqueu. Daí a questão da influência da religiosidade do Leste nos movimentos do Ocidente tenha de ser considerada. Essa questão, no entanto, não admite uma resposta simples. Sem dúvida, é possível traçar uma linha de influências literárias; mas dificilmente faríamos justiça aos movimentos se os tratássemos como um problema na história da literatura. Nosso problema não é de uma influência da teologia do Leste no Ocidente; temos, ao contrário, de afirmá-la como uma aparição no Ocidente de experiências religiosas que já tinham inspirado no Leste a criação de grandes sistemas de teologia especulativa. As próprias experiências não são nem orientais nem ocidentais, mas fundamentalmente humanas. Podem surgir em qualquer parte e a qualquer tempo, embora apenas se tornarão socialmente eficazes e florescerão em sistemas de especulação se o ambiente social favorecer tal expansão. O problema pode ser ilustrado melhor pelo destino de um dos clássicos da especulação mística oriental no Ocidente, ou seja, o destino das obras de Escoto Erígena, ou seja, o pensador que absorveu a especulação dionisíaca na sua grande obra, *De Divisione Naturae*.

Os escritos de Pseudo-Dionísio exerceram uma influência profunda nos movimentos medievais, e não apenas nos movimentos; também penetraram a filosofia ortodoxa tão completamente que – como se disse – se se tivessem perdido as obras de Dionísio, elas poderiam praticamente ser reconstruídas pelas obras de Santo Tomás. O autor delas é desconhecido. Era um filósofo cristão, vivendo muito provavelmente ca. 500, sob forte influência neoplatônica, em particular de Proclo (412-484). As obras, que gozaram de um prestígio considerável no Oriente, foram enviadas em 827 por um imperador bizantino, Miguel II, a Luís, o Pio – com pouco efeito porque ninguém podia lê-las. Depois de 840, a pedido de Carlos, o Calvo, foram traduzidas para o latim por João Escoto Erígena. Nesse ponto começou a influência delas no Ocidente à medida que o grande sistema de teologia especulativa de Erígena, *De Divisione Naturae*, é dominada pela impressão que os escritos do Pseudo-Dionísio exerceram sobre ele.

Nesse ponto, entretanto, também começaram as complicações; pois a posição que Erígena desenvolveu em sua principal obra tardia, *Divisões da Natureza*, já era fundamentalmente mantida por ele em sua obra anterior, *Predestinação*, de 851, em que ainda não se notava a influência do Pseudo-Dionísio. Há uma corrente de ideias neoplatônicas já presentes em Erígena pela preservação da literatura patrística oriental na tradição da Cristandade irlandesa; temos de considerar essa corrente como uma fonte que jorra independentemente do forte impacto do Areopagita na alta Idade Média Ocidental. Podemos apontar o dedo para uma doutrina específica que provavelmente provém dessa fonte independente e aparece vez por outra como ingrediente importante nas ideias dos movimentos até à época mesma em que desaparecem na variedade antiespiritual. O tratado *Predestinação* foi uma obra encomendada. O arcebispo Hincmar de Reims pedira ao erudito irlandês que escrevesse o tratado em refutação à detestável doutrina da predestinação desenvolvida pelo monge Gottschalk. O desventurado monge parece que tinha uma mente algo lógica: afirmara que os decretos em que Deus despacha as almas más para a danação e as boas para a salvação são, na verdade, eternos e imutáveis e que ninguém, e particularmente nem a igreja, tem o poder de mudá-los. Essa doutrina tornava desnecessária a existência da Igreja para a salvação do homem, e obviamente tinha de se fazer algo a esse respeito. Erígena, a quem se atribuiu o dever da refutação, lamentavelmente também tinha uma mente apenas lógica. Foi para o outro extremo. Afirmava a unidade de Deus, que é bom; o mal não pode originar-se nele; a suposição de que a danação pode originar-se da vontade de Deus introduziria um dualismo de bom e mau nessa natureza. Daí ser o mal uma negação; é devido a uma perversão da vontade humana que se separa de Deus; Deus não pune, o pecador se pune a si mesmo pela queda. O estado de separação não será duradouro; no final todas as criaturas que se separaram de Deus retornarão à sua unidade. Essa solução de Erígena é substancialmente a doutrina de Orígenes da *apokatastasis*, da restauração completa do estado prístino da unidade divina. É em Orígenes, e nos padres orientais em geral, que devemos procurar as fontes de uma ideia que Erígena já tinha mesmo antes de ter experimentado todo o impacto dos escritos do Pseudo-Dionísio; e é precisamente essa doutrina de *apokatastasis*, do retorno completo da criação para um estado divino de pureza, que se funde, nos movimentos políticos, com as visões de um paraíso terrestre.[6]

---

[6] É desnecessário dizer que a refutação de Erígena não foi mais do agrado das autoridades da Igreja do que a doutrina de Gottschalk. A doutrina de Gottschalk tinha sido condenada no Sínodo de Chierzey, de 849; a doutrina de Erígena foi condenada nos Concílios de Valença (855) e Langres (859).

A observação da última sentença leva ainda a mais uma ramificação do problema. A ideia de um paraíso terrestre – ou seja, de um *saeculum* histórico de perfeição que seguirá o presente *saeculum* imperfeito de Cristo – é inteiramente desenvolvido apenas no final do século XII nas profecias de Joaquim de Flora. A forma joaquimita da especulação sobre o Terceiro Reino tornou-se a mais famosa e a mais influente na Idade Média tardia. A ideia em si, entretanto, de um *saeculum* perfeito inaugurado pelo Paracleto pode, dentro da tradição cristã, ter sempre inspiração no Evangelho de São João, como aconteceu nos primeiros séculos da Igreja no movimento montanista. Tudo o de que se precisa para esse reviver é uma personalidade religiosa sensível à visão da perfeição espiritual numa comunidade histórica. E encontramos Erígena, na verdade, revivendo essa visão joanina do estado perfeito. Em seu *Comentário ao Evangelho de São João*, Erígena distingue entre três tipos de sacerdócio. Os sacerdócios do Velho e do Novo Testamentos veem a Verdade apenas pelos tipos e símbolos; o terceiro sacerdócio do futuro verá Deus face a face. Os primeiros dois sacerdócios correspondem à lei da condenação e à lei da graça; o terceiro sacerdócio, ao reino realizado de Deus. A presente igreja de Cristo desaparecerá no terceiro regime, pois não é mais do que um símbolo da verdadeira *ecclesia spiritualis* em que as almas estão em comunhão direta com Deus através do Espírito.

O surgimento da doutrina do terceiro estado, assim como o aparecimento da doutrina da restauração completa já se tinha feito sentir mesmo antes da influência dos escritos do Pseudo-Dionísio, deveria informar nosso julgamento em relação às ideias dos movimentos revolucionários. Os vários componentes desse tecido de ideias não pertencem uns aos outros como partes de um sistema transmitido na tradição literária de uma escola. Esses componentes estão associados uns aos outros como símbolos que expressam adequadamente certo tipo de experiência espiritual. Formam algo como uma massa flutuante na tradição helenista cristã; elementos dessa massa podem ser focados sempre que uma personalidade religiosa desse tipo busca símbolos para a expressão da experiência. E quando a personalidade é a de um pensador do grau de Erígena, podem cristalizar-se num sistema magnífico como *De Divisione Naturae*.[7]

Os escritos do Pseudo-Dionísio, como dissemos, tiveram uma carreira notável na literatura teológica no nível das instituições. Podemos traçar-lhes a influência em Pedro Lombardo, Alberto, o Grande, a escola de São Vítor e Santo Tomás; e numa parte anterior desse estudo notamos a influência deles na concepção da hierarquia da bula *Unam Sanctam* e em Egídio Romano.[8] Havia muito na obra de Areopagita que podia ser assimilado no sistema ortodoxo. O conteúdo não ortodoxo, revolucionário, também se fez sentir pela *De Divisione Naturae*. Nesse nível da tendência oculta, porém, a influência já não tem a maneira de uma tradição literária, mas é caracterizada pelo fator subterrâneo previamente mencionado, reaparição repentina, fragmentação dos componentes do sistema, novo foco dos elementos em várias constelações, etc. No século IX, a obra de Erígena permaneceu um livro errático. Um grande pensador apareceu do meio de nenhures no ambiente heterogêneo da Cristandade franca, produziu sua obra e então a corrente da história se fechou por trás dele; deixando de lado alguma menção ocasional ao seu nome como grande mestre, sua obra permaneceu submersa. Então, enigmaticamente, o *De Divisione Naturae* reapareceu no final do século XII nos ensinamentos de Amaury de Chartres na Universidade de Paris.

---

[7] Sobre Dionísio Areopagita e Escoto Erígena, ver Rufus M. Jones, *Studies in Mystical Religion*. Londres, Macmillan, 1936, caps. 6 e 7; sobre o Areopagita, além disso, ver Émile Bréhier, *Histoire de la Philosophie*, (1931) reimpressão Paris, Universitaires de France, 1942, 1, p. 519 ss.; sobre Erígena, ver Bréhier, op. cit., 1, p. 540 ss. As obras de Dionísio Areopagita estão em Migne, *Patrologia Graeca*, vols. 3 e 4; a tradução de Erígena assim como as obras de Erígena estão em Migne, *Patrologia Latina*, vol. 122 [disponível em: www.documentacatholicaomnia.eu/1815-1875,_Migne,_Patrologia_Latina_01._Rerum_Conspectus_Pro_Tomis_Ordinatus,_MLT.html – acesso em 11/07/2014].

[8] Ver vol. III, *The Later Middle Ages*, cap. 14. [Em português: Eric Voegelin, *História das Ideias Políticas*, vol. III, *Idade Média Tardia*. São Paulo, É Realizações, 2013.]

Podemos apenas supor que os manuscritos estiveram sempre disponíveis, mas que – passados séculos – Amaury foi o primeiro homem que os leu de novo com uma compreensão receptiva e, ao mesmo tempo, teve a capacidade intelectual de absorvê-los em seu próprio pensamento sistemático. Seu ensino se tornou suspeito e ele foi condenado pelas autoridades universitárias em 1204. Alguns anos depois de sua morte, descobriu-se nos arredores de Paris uma seita bem disseminada, os assim chamados amaurianos.

Entre os princípios dos amaurianos estava a doutrina que permaneceu uma constante em todos os movimentos revolucionários até ao presente, a doutrina de que no novo regime o Espírito está presente nos membros da nova comunidade, que o Estado decaído pode ser superado, e que os homens em quem a divindade é restaurada vivem sem pecado. Na conduta de vida dos sectários esses princípios já parecem ter degenerado, no caso amauriano, da mesma maneira em que se inclinaram desde então à degeneração: a restauração ao estado divino e à pureza é interpretada, ao menos por uma parte dos partidários, como significando que seja o que for que um homem restaurado faça não pode ser pecado – interpretação que obviamente pode levar a licenciosidades da pior espécie. É a tendência para a degeneração contra a qual Eckhart aconselhou no século XIV na famosa passagem: "É necessário estar precavido contra a falsa sabedoria, contra a crença de que se pode pecar sem medo de consequências. Um homem nunca está livre de consequências até que esteja livre do pecado. Quando um homem está livre do pecado, somente então é que desaparecem as consequências do pecado. Enquanto o homem é capaz de pecar, a distinção de certo e errado tem de ser escrupulosamente mantida".[9]

---

[9] [Essa passagem é citada em Jones, *Studies in Mystical Religions*, p. 224. Jones cita Franz Pfeiffer, *Meister Eckhart*. Göttingen, 1857; reimpressão Aalen, Scientia, 1962, p. 664, linha 6 do *Liber Positionum*. Voegelin pode estar traduzindo da edição de Pfeiffer. Ver a introdução a *Meister Eckhart: Teacher and Preacher*. Nova York, Paulist, 1986, para o estado atual dos estudos de Eckhart e a confiabilidade da edição Pfeiffer.]

A indicação mais importante de que um homem está sem pecado seria a de que ele não peca; na concepção do homem restaurado essa relação parece ser invertida: o homem supostamente deve restaurar-se e, portanto, seus atos imorais e crimes têm de ser considerados como manifestações da energia divina que nele opera. A iluminação nessa vontade invertida ajudará na compreensão do fenômeno correspondente de criminalidade em movimentos de massa modernos como o comunismo e o nacional-socialismo. A imoralidade de ações torna-se consideravelmente mais compreensível se não trouxermos para ela a fórmula de ética intencionalista de que o fim justifica os meios, mas se a colocarmos no contexto de uma experiência em que o homem é restaurado num estado de super-humanidade, com a consequência de colocar as ações dos super-homens para além do bem e do mal.

Em 1225, a própria *De Divisione Naturae* foi condenada. A última data da condenação parece indicar que o caso da seita amauriana não foi a causa imediata. De fato, a obra espalhara numerosas cópias muito para além do círculo dos amaurianos; em particular foram encontradas cópias entre sectários cátaros durante a perseguição dos albigenses no sul da França. A perturbação albigense foi de importância consideravelmente maior do que o movimento amauriano, e a afinidade com a religiosidade cátara é provavelmente a causa da condenação. A aparição posterior da obra nos círculos cátaros esclarece a modalidade de influências literárias. Dificilmente se pode considerar que o movimento cátaro se originou com a disseminação de doutrinas pela disseminação de *Das Divisões da Natureza*. Aqui a tradição literária do Pseudo-Dionísio funde-se com a corrente independente do movimento, que foi traçada por Gibbon. O processo parece ser que um tipo de experiência religiosa que não encontra expressão adequada no simbolismo da instituição eclesiástica estabelecida capta a expressão mediadora "oriental" de uma religiosidade similar, a fim de se articular. Se essa expressão tem a forma de um grande sistema como o de Erígena, as experiências religiosas que encontram a articulação no sistema tornam-se eminentemente comunicáveis; donde, o achado literário encontra o instrumento de rápida expansão social de um movimento que existiu antes do contato com a expressão literária articulada.

§ 9. As ideias dos movimentos

As ideias que aparecem nos movimentos são muito complicadas; a despeito das destruições, uma quantidade considerável de material ainda se conserva. Não podemos seguir nem essas ideias em suas ramificações nem fazer um excurso cronológico. Temos de confinar-nos a uma seleção de ideias típicas; e temos de restringir essa seleção a ideias que tiveram um significado especial na formação das atitudes políticas. Esse modo de apresentação encontra sua justificação na estrutura peculiar das "influências" que analisamos na seção precedente. A característica de tendência oculta dos movimentos antes do século XVI torna difícil, se não impossível, apresentar uma literatura importante de uma classe de teólogos e intelectuais institucionalizados em continuidade da obra de escola. A expressão dogmática tem de permanecer no estado fluido da emergência dos elementos doutrinais fora da massa flutuante da tradição oriental, com encontros ocasionais entre um movimento e uma obra como a de Erígena. Será nossa tarefa, portanto, recorrer a vários movimentos em busca desses elementos doutrinais, a fim de reunir uma linhagem comum de ideias que possam ser consideradas, em uma variante ou outra, como expressão das experiências fundamentais que percorrem todos esses movimentos.

a. Os albigenses

Para o primeiro grupo de tais elementos temos de recorrer ao movimento albigense, um dos mais ricos e precoces. Desenvolveu-se no sul da França, na velha província de Septimania, entre o rio Ródano e os Pirineus. A província era o lugar ideal para um grande movimento herético por causa de seu sedimento rico de civilizações heréticas anteriores. Pode-se dizer que a história heterodoxa da região começou com a própria cristianização, pois os celtas dos Pirineus foram convertidos pela seita herética prisciliana no século IV. Do século V ao VIII a província fez parte do império visigótico; e no primeiro século de seu Reino, os visigodos eram arianos. No século VIII a região sofreu uma onda completamente islâmica; e no século X e começo do XI encontramos traços distintos de maniqueísmo. Daí em diante, a região participou crescentemente de um grande movimento que está ligado às migrações dos paulicianos. Em 1167, o Sínodo de Toulouse foi presidido pelo pauliciano Nicetas de Constantinopla, cuja função no movimento pauliciano era comparável à de um papa; e o Sínodo de Albi de 1201 foi presidido por seu sucessor, Juliano de Palermo, um forte restaurador que deu ímpeto considerável ao movimento cátaro.

Se é de alguma forma possível distinguir nessa matéria obscura entre o elemento pauliciano e o cátaro propriamente dito, a linha divisória parece ser mais ou menos a seguinte: os paulicianos formavam parte do movimento geral de religiosidade oriental, que entrou, depois do século VI, dentro de seu próprio ciclo histórico, na fase do puritanismo que corresponde ao puritanismo ocidental dos séculos XVI e XVII. Os próprios paulicianos eram um movimento menor se comparado com o das grandes ondas paralelas de Islã e do movimento iconoclasta bizantino. A conexão entre os vários puritanismos paralelos pode ser entendida em certos incidentes: o puritano Leão, o Isauriano, estendeu a tolerância, em 722, aos paulicianos, embora depois da restauração da ortodoxia, na campanha anti-herética de Basílio I que se seguiu, os exércitos paulicianos e islâmicos lutassem lado a lado contra os gregos, em 873, na batalha sangrenta de Samósata. No que diz respeito às ideias, os elementos puritanos que parecem ter tido o grande apelo desde o começo do movimento ocidental foram os seguintes: (1) a simplificação da estrutura sacramental pela abolição do batismo da criança e sua substituição pela busca voluntária do batismo quando adulto, empregando a imersão num rio; (2) a abolição da hierarquia sacerdotal em favor de um grau simples de ministério, o "eleito" que deve ser o recebedor da graça imediata de Deus; (3) o reviver das experiências religiosas imediatas através da leitura do Novo Testamento, em particular das Epístolas de São Paulo, por um leigo; e (4) o retorno a uma conduta primitiva de vida – se possível, de trabalho manual.

Esses elementos puritanos provieram da Cristandade primitiva, e reaparecem nos movimentos sectários até à onda protestante da grande Reforma. No catarismo propriamente dito, encontramos, contudo, traços adicionais que estão relacionados ao maniqueísmo. Os elementos puritanos recebem uma nova cor se forem entendidos como expressão da experiência religiosa do mundo como um campo de batalha entre as forças da luz e das trevas. Essa experiência se manifesta no argumento de que Deus, que é amor, não pode ser o autor de um mundo que contém escuridão e mal. Daí o mito maniqueu de criação suponha que Deus começou a criar o mundo, mas foi interrompido em sua obra por Satã ou o Demiurgo, que o completou. O homem é um anjo caído, aprisionado na matéria que é o lugar do mal; é tarefa do homem esforçar-se para livrar-se do mal da matéria a fim de tornar-se *catharos* – ou seja, um espírito puro – de novo.

As regras puritanas de conduta podem adequar-se a essa concepção do mundo. A lei mais opressiva da matéria é a procriação; daí o desejo pela purificação manifestar-se na exigência de que o fiel, ou ao menos o grau mais alto de fiel, o *perfectus*, não se case; ou, se for casado, que doravante não toque mais sua esposa. O estigma do mal que se liga à procriação manifesta-se, além disso, em certas regras de dieta, tais como abstenção de toda comida cuja substância esteja ligada a intercurso sexual – por exemplo, carne, ovos, queijo. Ademais, todo contato com a matéria em geral acarreta certa profanação e deve ser reduzido a um mínimo. Desse princípio geral segue a regra de desprezar a ligação à matéria que está implicada na propriedade individual, assim como a regra de restringir o trabalho ao mínimo que é necessário para o sustento da vida. Tais regras podem obter não mais do que uma purificação parcial; a libertação completa pode surgir apenas pela morte. Contudo, a morte trará a condenação a não ser que seja precedida de uma vida purificadora. Daí os cátaros manterem pontos de vista não ortodoxos quanto ao purgatório; acreditavam que a vida neste mundo fosse um purgatório que seria sucedido imediatamente depois da morte pela libertação completa ou pela condenação. Como consequência, a morte era desejável; e parece que se permitia o suicídio, em particular se tomasse a forma de estender a *endura*, o jejum depois da iniciação como *perfectus*, ao limite da morte por fome.

b. Erígena

A variante maniqueia, contudo, é apenas uma das muitas formas que as experiências básicas podem assumir. Não é sequer aconselhável identificar catarismo exclusivamente com a variante maniqueia que parece ter predominado nesse movimento. O favor que *De Divisione Naturae* de Erígena encontrou nos círculos cátaros por volta de 1200 indica que as experiências do movimento podiam encontrar sua articulação em outras formas de teologia especulativa do que a maniqueia. O sistema de Erígena pode ser caracterizado como neoplatônico. Todo ser da natureza é dividido em quatro partes, e essas partes estão ligadas umas às outras por um processo de emanação criativa e de retorno da criação a seu fundamento. A primeira das naturezas de Erígena é Deus na qualidade de fundamento "criativo não criado" de todo o ser. O fundamento revela-se pela "processão" num mundo imaterial de ideias de protótipos; esse reino de ser é "criado e criativo", pois os protótipos são dinâmicos e, numa "processão" posterior, criam para si mesmos o corpo do mundo material. O mundo da matéria, "criado e não criativo", é mera aparência; a substância das coisas consiste em seus protótipos imateriais. Numa última "processão" o mundo das coisas, visíveis e invisíveis, passa para o estágio intelectual de união com Deus; o alfa "não criado criador" agora se tornou o ômega "não criado não criador". O mundo, então, é uma vasta teofania, emanando de Deus e retornando a ele.

A teoria de Erígena das "processões" é de importância para nós porque compreende a criação, queda e retorno do homem. O homem, na primeira processão, é um protótipo; desde a eternidade ele é uma Ideia na mente de Deus.[10] Nessa criação original todos os homens são Um, "este homem Único que é verdadeiramente feito à imagem de Deus e em que são criados todos os outros".[11] Na segunda processão o protótipo se revela nos indivíduos das espécies, no tempo, espaço e matéria.[12] Entre a primeira e a segunda processões, entretanto, ocorre algo, e esse algo é simbolizado no relato bíblico como a história da criação de Eva e da Queda. Nesse ponto da especulação de Erígena entram as ideias que contribuem para a força religiosa assim como para o desastre prático dos movimentos sectários. A força da especulação de Erígena está na retradução do simbolismo bíblico para as experiências em que se origina; o relato não é tomado em seu sentido literal, mas é compreendido como a simbolização dos processos espirituais. Erígena divide a criação bíblica do homem em duas partes, uma primeira e uma segunda criação. A primeira criação é a criação do homem original antes da divisão dos sexos. O paraíso em que o homem é criado é a natureza original do homem antes da Queda; essa natureza consistia em espírito e sensualidade (*nous* e *aisthesis*). O homem original gozava da possibilidade de comer da Árvore da Vida (ou seja, da sabedoria do Pai) e do Logos divino (ou seja, de Cristo) e gozava da possibilidade de abster-se do desejo indiferenciado e misturado de coisas boas e ruins que surge nas almas imperfeitas através da beleza de coisas materiais. O homem, entretanto, caiu em tentação. Daí Deus, numa segunda criação, dividir-lhe a natureza em *nous*

---

[10] Erígena, *De Divisione Naturae*, IV.7.

[11] Ibidem, IV.9.

[12] Ibidem, IV.9

e *aisthesis*, em homem e mulher, e condená-lo à procriação animal. Ademais, essa divisão do homem original em homem e mulher obscureceu a sabedoria original do homem. A nudez do paraíso original é interpretada como uma nudez na verdade. O homem foi desnudado de observações e das ciências da natureza; sua vida era sem arte porque tinha a força da virtude imaculada. Sem véus e fingimentos não tinha necessidade de conhecimento de coisas externas, o qual nos leva à compreensão das coisas divinas. Vivia numa contemplação simples e contínua das coisas sob Deus, e, além disso, tinha a força da virtude e da sabedoria que, se motivada, se guiava para a ação correta. Depois da Queda, mudou essa certeza paradisíaca da vida. Os que querem recuperar-se da Queda do primeiro pai têm de começar com uma renúncia às paixões sensuais, então têm de livrar-se do pesar das artes e do conhecimento natural, de tal maneira que, finalmente, sob o guia do *nous*, possam ascender à intuição eterna, imaterial.[13]

O problema do homem é seu retorno ao estado paradisíaco prístino. A especulação sobre o retorno do homem preenche o livro V de *De Divisione Naturae*. Da volumosa discussão temos de selecionar apenas alguns teologúmenos que se tornaram eficazes nos movimentos sectários. Primeiro de tudo, é completo o retorno da natureza a Deus; a *apokatastasis* de Orígenes, que já encontramos no tratado de Erígena *Predestinação*, agora reaparece na *Das divisões da Natureza*. A redenção é estendida por Cristo a todos os seres humanos, igualmente; o sistema de Erígena não conhece nenhum inferno para os condenados eternamente. Contudo, haverá uma distinção entre os homens com relação ao retorno. Todos retornarão ao paraíso; mas o "paraíso" tem uma estrutura hierárquica, correspondendo à primeira e segunda criação. O homem tinha a faculdade da sabedoria, mas também da liberdade da imprudência. Sem essa imprudência, a Queda teria sido impossível.

---

[13] Ibidem, IV.18-19. A especulação sobre o paraíso recorre principalmente a Orígenes; a especulação sobre a nudez na verdade, principalmente a Máximo, o Confessor. Sobre o paraíso como a "natureza do homem criado à imagem de Deus", ver também V.2.

A redenção através de Cristo e o retorno a Deus não mudam a natureza do homem com sua liberdade de imprudência. Os homens imprudentes não retornarão à união espiritual com Deus, mas apenas ao gozo paradisíaco de bens naturais em direção aos quais sua imprudência os inclina. "Não vemos muitos homens imprudentes, que, no entanto, estejam felizes e contentes com a nobreza de sua família, com seus parentes, com sua beleza, vigor e saúde de corpo, com a fineza de sua mente, sua eloquência, com uma esposa bela e virtuosa, com a prole e abundância das coisas terrenas, para não dizer nada das dignidades e honras, pelas quais o mundo sorri tão tentadoramente, que esses homens querem continuar a viver para sempre dessa maneira e não querem ouvir e pensar das alegrias do espírito." Tais homens retornarão ao paraíso do gozo natural. Os outros, entretanto, que, em suas vidas, foram "iluminados pela luz da sabedoria e brilharam com a flama do amor divino" serão admitidos à participação na sabedoria e força mais altas, e através dessa participação conseguirão a divinização e a contemplação da verdade.[14]

A hierarquia dos homens no retorno é determinada pela hierarquia dos homens em sua vida terrena. Erígena não divide os homens nos que estão predestinados à salvação e nos outros que estão predestinados à danação. Contudo, ele tem uma divisão: em homens espirituais que são capazes de viver como santos e *perfecti*, e os outros que não podem subir para além da tentação das coisas naturais. Os homens espirituais são os que podem realizar em suas vidas a inteireza de sua existência humana através da sabedoria e do amor. A inteireza da realização significa a autocompreensão do homem como a imagem de Deus. Erígena desenvolve a doutrina do homem como a imagem de Deus como uma parte consistente de seu sistema de "processões". O processo de criação é uma teofania; tudo o que é manifesto no mundo é uma revelação da natureza de Deus. Daí o homem, a imagem de Deus, não ser uma parte na criação ao lado das outras, mas toda a criação

---

[14] *De Divisione Naturae*, V.38.

subsiste na natureza dele, em essência. A natureza do homem é coextensiva com a criação à medida que essa criação é conhecida em sua essência mediante a mente contemplativa do homem. Onde deveria subsistir a natureza "a não ser na alma do sábio na forma de conceitos? Pois, onde o ser é pensado, aí ele *está*, ou melhor, aí está o pensamento de si mesmo".[15] Na concepção neoplatônica de Erígena o mundo tem, então, uma existência tripla: na mente de Deus, na criação revelada e na concepção do homem. A subsistência da criação no homem não apenas se estende à criação visível sub-humana, mas também abrange as naturezas angélicas invisíveis; mesmo os anjos existem através de sua criação à imagem de Deus. "O anjo surge no homem através do conceito do anjo no homem; e o homem surge no anjo através do conceito do anjo que subsiste no homem." "E isso não é de maneira alguma miraculoso; pois mesmo nós, quando discutimos uns com os outros, somos transmutados uns nos outros. Pois, ao conceber o que concebes torno-me teu conceito, e de uma maneira inefável transformei-me em ti. E de novo, se concebes inteiramente o que concebo completamente tornas-te meu conceito; e ambos os conceitos se tornam um conceito que consiste no que nós juntos concebemos em sua inteireza."[16] Em virtude dessa subsistência mútua, com seu centro no homem, a natureza do homem abrange a criação desde sua animalidade até os anjos. O "retorno" final será, portanto, o retorno da criação no homem, e então apenas do homem em Deus.[17]

c. *Os dois mundos*

Selecionamos algumas doutrinas do ambiente albigense assim como da teologia especulativa de Erígena. Em si mesmas, essas doutrinas não constituiriam uma problema maior na história da política. Sua eficácia política depende da amálgama com ideias previamente discutidas dos amaurianos e

---

[15] Ibidem, IV.7.
[16] Ibidem, IV.9
[17] Ibidem, IV.8

de Joaquim de Flora no concernente a um Terceiro Reino na história. A ideia de um Terceiro Reino ativa as várias doutrinas à medida que o estado perfeito de libertação do mal da matéria, ou do estado paradisíaco prístino, é transferido do além para uma nova época histórica para ser realizado pelos fiéis da seita. Na forma amauriana a ideia dos três estados históricos torna-se a crença em três regimes divinos. No primeiro regime do Antigo Testamento, Deus atuou sob a forma da Lei; no segundo regime do Novo Testamento, Deus atuou através de Cristo e da igreja sacramental; no terceiro regime, que está para começar agora, Deus se revela em sua proximidade, através do Espírito Santo, nas almas dos fiéis.[18] No novo Reino, Deus como Espírito torna-se encarnado em cada homem como estava encarnado em Cristo. De novo, somente a ideia do Terceiro Reino não poderia levar a nada senão a movimentos sectários comparativamente insignificantes. Se, entretanto, a ideia se preencher de conteúdo de um ideal de estado social, emprestará ao desejo de reforma social o fervor religioso de uma união paradisíaca com Deus. As ideias políticas que resultaram desse amálgama preenchem um vasto campo histórico; o mais importante entre eles será tratado em pormenor nas partes subsequentes deste estudo. Separaremos, para tratamento especial no presente contexto, apenas algumas ideias mais importantes que são constantemente recorrentes nos movimentos mais recentes. Acima de tudo, temos de tratar da categoria fundamental dos movimentos políticos modernos, as categorias dos dois mundos.

Mesmo se a especulação teológica levar à suposição de três épocas históricas, o problema prático fervente na política é sempre a transição do presente estado imperfeito para o estado perfeito que está para começar. Um movimento político que empregue o padrão histórico das três fases está, portanto, tão preocupado com o contraste entre os dois mundos (o passado e o futuro) quanto um movimento que se inclina para uma interpretação maniqueia da história. Tão logo os

---

[18] Para a doutrina amauriana, ver Jones, *Studies in Mystical Religion*, p. 186 ss.

movimentos sectários se tornam políticos, são dominados pela ideia dos dois mundos, o mundo de luz e o mundo das trevas, os mundos de Deus e de Satã, os mundos do Espírito e da Matéria. A fim de compreender as implicações da dicotomia é necessário distinguir entre o significado místico do Espírito e a Matéria e as teorias modernas concernentes à matéria e aos processos psicológicos. O Espírito e a Matéria, ou a Luz e as Trevas, são forças cósmicas. A concepção maniqueia dos cátaros assim como a especulação de Erígena e das seitas do século XIII compreendem o mundo como uma interpenetração das forças da Luz e das Trevas, ou Espírito e Matéria. Os "mundos" da especulação política são distinguidos como períodos sucessivos de uma predominância de uma ou da outra das duas forças. Na concepção popular mais comum, que é relevante para nós, isso significa que os dois mundos são idênticos em estrutura e que são diferenciados apenas pelas forças que operam neles. O estabelecimento do mundo da Luz não afasta a estrutura do mundo tal qual o conhecemos; não deixamos este mundo e entramos num além; o mundo é preservado, mas o mal desapareceu dele. A libertação do mal não significa morte; ao contrário, significa vida num mundo mais glorioso que foi libertado das forças das trevas. A concepção é um caso notável do grande sonho da humanidade, do sonho de comeres teu bolo e também o conservares.

d. *Um sermão de Thomas Collier*

Já nos familiarizamos com um exemplo desse tipo de especulação no *Vislumbre da Glória de Sião* de Hanserd Knolly. A literatura puritana é rica em tais festejos em imagens do novo mundo que está prestes a substituir o velho. Consideremos algumas passagens que lidam especificamente com o problema do novo mundo, um problema que tem de ser muito sério para um sectário cristão em cujos ouvidos soam as palavras de Cristo: Meu reino não é deste mundo! Como pode este reino que não é deste mundo ser, no entanto, deste mundo da história?

Thomas Collier reflete sobre essa questão num sermão intitulado "Um Descobrimento da Nova Criação", apresentado no Quartel General em Putney, em 29 de setembro de 1647. Collier pregou sobre um texto de Isaías 65,17: "Com efeito, criarei novos céus e nova terra". Desacredita a ideia "de que Cristo virá e reinará pessoalmente, submetendo seus inimigos e exaltando seu povo, e que este é o novo céu e a nova terra". Essa não é a sua compreensão; acredita, ao contrário, "que Cristo virá no Espírito e terá um reino glorioso nos espíritos do seu povo, e eles deverão, pelo poder de Cristo neles, reinar sobre o mundo, e são estes os novos céus e a nova terra". Muito semelhante ao paraíso de Erígena, o Paraíso de Collier é o reino de Deus, e "este reino está dentro dos Santos". "E esta é a nova criação, o novo céu: o reino do céu que está nos Santos." É a concepção de Erígena, mas passou por uma "ativação" através da ideia do novo reino na história. E essa "ativação" é agora apoiada por um argumento algo inesperado. Descobre Collier: "É verdade que tivemos, e ainda temos, pensamentos muito baixos e carnais acerca do céu, vendo-o como um lugar glorioso acima do firmamento, fora de vista, e que não deve ser gozado até depois desta vida. Mas o próprio Deus é o reino dos Santos, a alegria e glória deles. Onde Deus se está manifestando, aí está seu reino e o dos Santos, e este está nos Santos. Aqui está o grande mistério oculto do Evangelho, esta nova criação nos Santos".[19] O conceito de um reino de Deus em outro mundo torna-se uma ideia "materialista", ao passo que a concepção "espiritual" exige um mundo histórico que é transfigurado pelo Espírito de Deus.

Em tal "ativação" do paraíso podemos observar os perigos que acompanham a especulação simbolista de Erígena. O místico dissolve a imagem sensual e tenta penetrar na experiência que produziu o símbolo; mas preserva a distinção e distância entre a experiência e o símbolo. O paraíso de Erígena já não é um estabelecimento material que tem de ser localizado geograficamente fora deste mundo, mas permanece

---

[19] O sermão de Colllier está em Woodhouse, *Puritanism and Liberty*, p. 390 ss.

o símbolo de um estado de perfeição que pode ser alcançado apenas no "além" da morte. O símbolo de perfeição está enraizado na experiência de uma imperfeição que pode ser superada apenas pela graça na morte. Este é o ponto em que o místico verdadeiro termina com sua especulação; e este é o ponto do qual parte o místico ativista. O "ativista" aceita a desmaterialização do símbolo assim como o místico verdadeiro; mas então ele dá ainda um passo decisivo: abole a distância entre o símbolo e a experiência e confunde o símbolo com uma experiência que pode ser realizada existencialmente na vida do homem em sociedade.

A metamorfose de um símbolo religioso num programa revolucionário para descontentes políticos faz o filósofo perguntar-se se não há um mérito inegável mesmo nas formas mais cândidas de fundamentalismo. O homem que está convencido firmemente de que o paraíso oferece um glorioso almoço grátis e um bordel algures no além, ao menos não escreverá cartas a seu representante no Congresso, exigindo aqui e agora esse direito à bem-aventurança. A transformação do símbolo místico de perfeição num programa político para "ativistas" está no cerne dos modernos movimentos políticos de massa. Não está confinada ao sectarismo cristão na política, no sentido mais estrito; a transformação permanece uma constante nas seitas políticas ateístas e anticristãs do século XIX. Para sua recorrência na especulação política de Bakunin e Marx o leitor deve consultar os capítulos respectivos no último volume deste estudo.

e. As Perguntas *a Lord Fairfax*

Enfatizamos repetidamente o caráter não sistemático das ideias sectárias; os elementos de uma massa flutuante de doutrinas podem ser associados em várias combinações; a uniformidade nesses rearranjos caleidoscópicos é assegurada por certas ideias guias, como as ideias dos dois mundos, que servem como pontos constantes de cristalização para o material doutrinal. A fim de nos precatarmos contra a concentração muito estreita na doutrina dos Três Estados ou Reinos, consideremos a ideia dos dois mundos como ela aparece no estabelecimento da especulação da Quinta Monarquia.

A visão do profeta Daniel da imagem com os pés de barro, e da pedra que abate a imagem e então cresce para preencher o mundo, e a interpretação da visão como a sequência dos quatro impérios a que se seguirá a Quinta Monarquia de Cristo, encontraram seus partidários na revolução puritana. Um grupo de homens da tal Quinta Monarquia apresentou uma série de perguntas a Lord Fairfax; no curso dessas perguntas, de novo foi levantado o problema dos dois mundos. Perguntam os peticionários: "Se este não é o tempo (ou não está próximo dele) de derrubar esse governo temporal, e erigir este novo reino?" Ao ponderar esta pergunta, os autores refletem que o reino deve suceder imediatamente à quarta monarquia. A primeira parte do período da quarta monarquia de há muito já expirou, com o império romano; e a segunda parte do período, o reino do Anticristo, está-se aproximando de seu termo, pois o tempo de 1.260 anos a ele concedido está prestes a acabar.

Tais reflexões são muito confortadoras para um santo. Mas, então, de novo a objeção desagradável pode ser apresentada de que "Meu reino não é deste mundo". A essa objeção os peticionários encontram uma resposta. Cristo certamente disse que seu reino não era deste mundo, mas ele não disse: "Não deverá ser na terra, nem enquanto permanecer a terra". Ao contrário, em Apocalipse 5,10 ele nos assegura: "Deles fizeste, para nosso Deus, *uma Realeza de Sacerdotes;* e eles reinarão sobre a terra". O "mundo" então é distinto da "terra". "Mundo é tomado como o tempo de continuação desse governo mundial", ou seja, da monarquia romana. O "Mundo", do qual o reino de Cristo não é, é um eão histórico, que será seguido por outro "Mundo por vir" histórico, no sentido de Hebreus 2,5: "Não foi a anjos que ele sujeitou o mundo futuro, de que falamos". A época presente é "o desabar dos tempos" (2 Esdras 6,9). O velho mundo será seguido por um novo mundo; e esse novo mundo é identificado como a "a quinta monarquia", como "o reino de Cristo", como "os novos céus e a nova terra" e como "a Igreja dos Santos". Com uma precisão terminológica maior do que no sermão de Collier, *terra* designa a estrutura constante da existência humana finita, ao passo que *mundo* designa o *status* místico de trevas ou transfiguração. De novo, como no sermão de Collier, desapareceu o sentido ortodoxo da palavra *no outro mundo*; de novo o símbolo de perfeição se tornou a realidade da história transfigurada.[20]

As *Perguntas* merecem atenção por outra razão. Quando vier o desabar dos tempos, o ativista político, cedo ou tarde, terá de enfrentar o problema de organizar o novo mundo na história. Essa é uma situação crítica, pois novos mundos têm o hábito aflitivo de se parecerem muito com velhos mundos logo que alguém tente realizá-los concretamente. Como regra, o sectário ativista adia esse momento desagradável tanto quanto possível. Enquanto é sensacionalista sobre as iniquidades da época presente e vociferador em suas exigências de um mundo do novo espírito, normalmente tem pouco que dizer acerca da ordem concreta do novo mundo. Para essa reticência pode encontrar apoio bíblico, mesmo apócrifo, em 2 Esdras previamente citado. Quando o profeta soube do Senhor que estava próximo o desabar dos tempos, quis ter alguns pormenores. Mas o Senhor lhe respondeu: "De Abraão a Isaac, quando Jacó e Esaú lhe nasceram, a mão de Jacó primeiro segurou o calcanhar de Esaú. Pois Esaú é o fim do mundo, e Jacó é o começo do que se seguirá. A mão do homem está entre o calcanhar e a mão: outra pergunta, Esdras, não faças". O conselho divino de não fazer perguntas é uma sabedoria em alta estima entre os revolucionários. Mesmo em nossos movimentos políticos de massa modernos, podemos observar que os líderes místicos, por exemplo, Marx e Lênin, enfatizam a importância do dia e da tomada do poder embora sejam vagos acerca da ordem social concreta depois da transição mística. A fascinação desse futuro

---

[20] *Certain Queries Presented by Many Christian People*, 1649; em Woodhouse, *Puritanism and Liberty*, p. 241 ss.

místico sem uma ordem concreta foi apanhada talvez mais comoventemente na canção favorita da Juventude Hitlerista: "Wir marschierem, wir marschieren in die Zukunft!" [Nós marchamos, nós marchamos para o futuro!].

As *Perguntas* diferem dessa regra geral concernente à reticência acerca da ordem futura; pertence aos poucos exemplos em que os revolucionários sectários se tornam articulados acerca de seu objetivo organizacional. A revolução já está a caminho; chegamos ao estágio correspondente ao estágio da Revolução Russa em que Lênin escreveu acerca das "próximas tarefas". Numa fraseologia similar encontramos a pergunta: "Qual é então o interesse presente dos Santos e do povo de Deus?" A resposta aconselha que os santos devam associar-se em sociedades de igreja e corporações de acordo com o modo congregacional; se tiverem surgido em número suficiente, essas sociedades congregacionais devem combinar em assembleias gerais ou parlamentos de igreja de acordo com a maneira presbiteriana; "e então Deus deverá dar-lhes autoridade e governo sobre as nações e reinos do mundo".

Alguns corolários iluminam os pontos desse programa conciso. Isolemos primeiro o problema da organização federal. A ideia central é o estabelecimento do reino de Deus através do Espírito que anima os santos. Já que é um reino espiritual, não pode ser estabelecido "por poder e autoridade humanos". O próprio Espírito chamará e ajuntará um povo "e formá-lo-á em várias famílias menores, igrejas e corporações"; apenas quando esses núcleos espirituais se tiverem multiplicado é que "governarão o mundo" através de assembleias "de tais oficiais de Cristo e representantes das igrejas, quando devem escolher e delegar". A concepção de uma federação de grupos nucleares espirituais é da maior importância porque, através das fundações puritanas nas colônias, passou a ser o cerne religioso último do federalismo americano. Ademais, pela influência da ideia federal americana sobre política internacional, tornou-se o ingrediente mais forte nas tentativas abortadas de organização de um "governo mundial" no século XX. A ideia em si, entretanto, não é nem puritana nem americana, mas pode surgir em qualquer parte na atmosfera de sectarismo revolucionário; está, na verdade, na lógica da ideia de um Espírito que constrói para si um reino. Encontramo-la reaparecendo, por exemplo, no anarquismo de Bakunin. À medida que Bakunin se expressou sobre a organização de uma humanidade liberada depois da grande destruição do velho mundo, ele contemplou-a como uma federação de pequenos grupos liberados; e com o faro do místico por afinidades em tais matérias, chegou até a conceber o novo mundo como algo que seguiria o modelo do federalismo americano "anárquico".

Tudo isso soa comparativamente inofensivo e harmonioso. O Espírito animará pequenos grupos; animará uma pluralidade de pequenos grupos; tornar-se-ão possíveis federações; e, finalmente, toda a humanidade consistirá em santos federados com autogoverno parlamentar. Soa como um belo sonho; e o pior que pode acontecer será alguma desilusão quando o Espírito não tiver pressa em animar o novo mundo. De fato, o negócio não é tão inofensivo. Os santos que apresentam as *Perguntas* estão envolvidos na guerra, e as *Perguntas* são apresentadas ao lorde general do exército e ao Conselho Geral de Guerra. Lembramos a formulação de que Deus dará aos santos "autoridade e governos sobre as nações e reinos do mundo". Essa formulação faz soar uma nota perturbadora. Podemos perguntar: quem são essas nações e reinos do mundo sobre as quais os santos governarão? São elas as nações e reinos do mundo? Mas nesse caso não estaríamos ainda no novo mundo. E quando estivermos no novo mundo, sobre quem poderiam os santos governar senão sobre si mesmos? Ou serão deixadas algumas nações hereges do velho mundo a quem os santos poderão oprimir facilmente a fim de adicionar sabor à sua nova posição de mando?

Tais perguntas encontram suas respostas em algumas sugestões reveladoras para as medidas práticas dos santos. O governo do Espírito "derrubará todo governo e autoridade temporais (tanto quanto se relacionar à constituição temporal daí), embora nas mãos de cristãos". As *Perguntas* distinguem entre "oficiais de Cristo" e "magistrados cristãos". O princípio de que os dois mundos são idênticos em estrutura mas diferentes na força animadora é excelentemente iluminado por essa distinção. A forma de governo antes e depois da "divisão dos tempos" pode ser a mesma; mas o espírito das instituições terá mudado. Os peticionários perguntam de maneira persuasiva: "Considerai se não será uma honra muito maior para os parlamentares, magistrados, etc. governar como oficiais de Cristo e os representantes das igrejas do que oficiais de um reino temporal e representantes de um povo meramente natural e temporal?" Não é suficiente ser um representante cristão do povo inglês no Parlamento, pois o povo como tal pertence à ordem natural do velho mundo; o membro do Parlamento tem de representar os santos, ou seja, não os cristãos comuns da igreja sacramental, mas as comunidades do novo reino que são informadas pelo próprio Espírito. Daí a nova organização implicar um rompimento completo com as velhas instituições; mesmo se a nova forma política tiver de ser de novo parlamentar, a base da representação política assim como a representação pessoal tem de ser mudada. O velho grupo político governante tem de ser eliminado, pois "que direito ou exigência têm homens meramente naturais e temporais para o mando e governo, que querem uma exigência santificada para as menores bênçãos exteriores?" E mesmo mais agudamente: "Como pode o reino ser dos Santos quando são eleitores e eleitos para o governo os sem deus?" A atitude é inflexível. Se esperamos novos céus e uma nova terra, "Como então pode ser legal consertar às pressas o velho governo temporal?" Um compromisso não seria um ataque ao Espírito? Seria a tentativa "de reparar a imagem quebrada que a pedra golpeou no pé" um equivalente de cair "sobre pedra"? E todos os poderes que caíram sobre a pedra "não mereceram ser feitos em pedaços"? Obviamente o único curso correto será o curso que leve à "supressão para sempre dos inimigos da piedade".

Não é necessária nenhuma interpretação desenvolvida. Algumas modernizações de linguagem são suficientes para trazer o significado dessas sugestões. A ordem histórica do povo é quebrada pela ascensão de um movimento que não pertence a "este mundo". O movimento é uma nova realidade social, desalojando o crescimento histórico da nação. Os defeitos da máquina governamental não podem ser abolidos por uma mudança de constituição; diferenças de opinião não podem ser estabelecidas por compromisso. Os homens "deste mundo" pertencem inteiramente a uma treva que tem de dar lugar à nova luz. São impossíveis governos de coligação. As figuras políticas dos velhos membros dos movimentos são impossíveis. As figuras políticas da velha ordem não podem ser reeleitas no novo mundo; e os homens que não são membros do movimento, no novo mundo, serão privados de seu direito de votar. Todas essas mudanças chegarão substancialmente através do "Espírito"; mas no procedimento político os camaradas santos darão a mão, e a mão estará muito bem armada. Se o pessoal da velha ordem não desaparecer sorrindo, os inimigos da piedade serão "suprimidos", ou, como dizemos hoje, serão purgados. Em suma: chegamos à fase na realização daquele mundo novo em que, na Revolução Russa, Lênin escreveu suas reflexões com o título coquete: "Manterão os bolcheviques o poder do Estado?" Sim, manterão, na verdade. E ninguém o disputará.

Naturalmente, tal exclusivismo social não será de agrado de quem quer que não seja santo. O novo reino é universal em substância e universal em sua reclamação de domínio; estender-se-á "a todas as pessoas e coisas universalmente". Os santos podem antever que a exclusividade universal da sua federação produzirá uma aliança igualmente universal do resto do mundo contra eles. Combinar-se-ão "contra os poderes do Anticristo do mundo" e os poderes do Anticristo, por seu turno, "combinar-se-ão contra eles universalmente". Os dois mundos que se devem suceder um ao outro cronologicamente se tornam então, na prática política, dois campos armados universais envolvidos na luta de morte de um contra o outro. Fora do misticismo dos dois mundos vemos emergir o padrão de guerras universais que vieram a dominar o século XX. A exclusividade universal do sectário político produz a aliança universal contra ele. Estamos tocando no elemento das modernas "guerras mundiais", que é a verdadeira fatalidade delas. Essas guerras não são guerras mundiais porque o teatro militar é global em expansão; são guerras mundiais porque o misticismo da exclusividade sectária dá aos partidos a vontade de destruição universal. Num crescendo sinistro vemos quão irritável e exuberante o nacionalismo alemão, com seu imaginário paranoico de cerco hostil produz, na verdade, uma aliança mundial contra ele; como igualmente paranoica a propaganda de guerra britânica imagina o proscrito culpado das nações e, daí, produz o agressor à sua imagem; como o sectarismo aniquilante dos movimentos nacional-socialistas produz a vontade de aniquilação na aliança mundial contra ele; e como imagens similares de sectarismo moldam exclusivamente o conflito entre o movimento comunista e o resto do mundo.

f. Ativismo e niilismo

Sob esse título pretendemos trazer a foco alguns problemas ligados à realização de um mundo de luz em que tocamos incidentalmente nas páginas precedentes, e em que teremos de tocar de novo frequentemente no restante deste capítulo. Notamos, em princípio, que os condutores de luz se refreiam na expressão de seus objetivos concretos. Contudo, emerge um esboço geral dos programas. Nos casos politicamente relevantes, a transição para o novo mundo implica uma redistribuição das vantagens terrenas e a transferência da posição cobiçada da classe governante para os membros do movimento. No caso de Hanserd Knollys, por exemplo, encontramos o desejo de transferir "corporalmente" para os santos o presente mundo. O "virar das mesas", no sentido da escatologia israelita, permanece um traço fundamental do movimento até a fórmula marxista da "expropriação dos expropriadores".

A fórmula marxista concentra o problema de que estamos falando. Como uma exigência ética, a fórmula seria questionável. Se cobiçar a propriedade de outro homem é imoral para o burguês, por que seria moral para o proletário? O princípio não faz sentido no nível da ética; tira sua força da fé mística que por esse ato supremo o mundo da iniquidade será transformado num mundo de luz. Apenas no contexto de uma especulação sobre "o desabar dos tempos" é que tais fórmulas mostram seu sentido – seja a fórmula marxista ou a fórmula igualmente atraente da "guerra para acabar com a guerra". Daí, pragmaticamente, não haver nenhum sentido em discutir com tais formulações por meio de razões que pressupõem que o oponente esteja ao discurso no nível de uma antropologia realista. Da posição realista pode-se arguir que o ajuste das queixas sociais é mais desejável, mas não impede situações necessitadas de ajuste, que reformas sociais não mudam a natureza do homem ou do mundo, e que depois de uma reforma o mal ainda será o problema fundamental na existência humana. Tais argumentos são de nenhum valor contra a fé na transfiguração histórica. E a antropologia marxista assim como a do puritano radical é baseada na crença de que pelo ato revolucionário transformador a natureza do homem mudará de seu estado presente imperfeito para um estado de perfeição que tornará desnecessária a compulsão social.

O conflito entre as duas posições – ou seja, a posição do realista espiritual e a do místico ativista – permite que caracterizemos a natureza do problema mais de perto.

Primeiro de tudo, a fé num mundo transfigurado não pode ser transposta para a realidade histórica. Quando os crentes fazem uma tentativa séria de realização através da ação política, o resultado não será uma sucessão de mundos de trevas e de luz, mas a coexistência de dois mundos comuns numa guerra mundial. Os ativistas, é claro, antecipam esse resultado e descontam-no teoreticamente, ao construí-lo como uma fase "transitória" para seu esquema de história, como, por exemplo, pelo conceito marxista da "ditadura do proletariado".

Em segundo lugar, o embate violento entre dois mundos não pertence, na especulação dos ativistas, nem ao velho mundo nem ao novo. É uma catástrofe epocal entre os mundos. O nosso vocabulário técnico para a descrição de tais fenômenos complicados (que apenas revelou a sua importância completa durante a última geração) infelizmente não é suficientemente desenvolvido. Daí termos de inventar um novo termo para a designação desse reino transitório de ação catastrófica, e sugerimos o termo *violência escatológica*. Por violência escatológica queremos dizer um reino de ação que, nos sentimentos dos crentes ativistas, está além do bem e do mal porque assegura a transição de um mundo de iniquidade para um mundo de luz. Vimos nas *Perguntas* que os peticionários podiam asseverar que o mundo de luz não pode ser estabelecido "por poder e autoridade humanos", ao passo que ao mesmo tempo podiam fazer sugestões muito humanas, de armas na mão, para trazer o novo mundo para a existência. As forças das criaturas humanas imanentes do mundo se misturam com as forças transcendentais da divindade de uma maneira tão inefável que a ação do homem já não é a ação do homem, mas a efetividade da energia divina trabalhando através da forma humana. O que acontece na realidade pela ação política e violência é compreendido como uma operação de Espírito transcendental. O julgamento moral que é válido na existência humana ordinária obviamente não se aplica à operação espiritual. Essa "última violência", no sentido místico-ativista, está além da ordem da existência em que o homem é entendido em sua finitude criatural. O paradoxo da irrupção transcendental na história é a fonte das fórmulas paradoxais que mencionamos.

Terceiro, já que a violência escatológica está além do bem e do mal, já que a guerra para o mundo da luz é uma operação espiritual transcendental em que as forças das trevas são removidas do cosmos, os crentes inevitavelmente se envolverão numa inteireza de aniquilação que do plano de realidade aparece como bestialidade e atrocidade. Os acontecimentos das revoluções nacional-socialista e comunista da Guerra Civil espanhola, etc. forneceram, em nossa época, material amplamente ilustrativo desse ponto. O horror inumano e sem consciência desses acontecimentos resulta da combinação de misticismo com agressividade animal. No plano da história e da política em que são feitas as revoluções, as paixões humanas mais profundas podem ser satisfeitas, não apenas livres das sanções da moralidade e da lei, mas com o prêmio positivo da consciência de que os piores feitos são medidas no plano divino para libertar o mundo do mal.

Em quarto lugar, já que a mudança da natureza humana e a transfiguração da história não vêm dentro do alcance da ação humana, tal ação humana como é dirigida a esse fim não pode operar dentro da relação racional de meios e fim. A prática política de um movimento ativista será, pois, caracterizada ou pela falta de plano previamente discutida, ou pelo aborto de um plano, ou por uma mistura das duas características. O aborto do plano, em particular, assume certas formas típicas à medida que a revolução de um movimento, se exitosa, nunca leva a um reino de doçura e luz sem compulsão, mas sempre a formas agravadas de poder ditatorial centralizado. Os grandes exemplos nessa sequência são a ditadura de Cromwell na esteira da revolução dos santos, a ditadura de Robespierre e Napoleão na esteira da liberdade exuberante na Revolução Francesa, a ditadura de Lênin e Stálin na esteira da revolução comunista. As razões para a inevitabilidade dessa sequência, para o aparecimento do "Leviatã que reprimirá o orgulho", foram analisadas profundamente por Hobbes. E o leitor deve consultar o capítulo sobre Hobbes no volume VII (Capítulo 1, § 3, e Capítulo 5, § 5) deste estudo para um desenvolvimento maior desse problema.

A característica de falta de plano não é menos típica para a empresa do místico ativista. Já que o místico age na suposição de que no mundo novo a natureza do homem mudou, obviamente ele não pode envolver-se em planos de uma ordem que pressupõe que a natureza humana não mudou. Já que, de fato, a natureza humana não muda, o sucesso de uma luta revolucionária apresenta o ativista com a surpresa de um mundo em que ele tem de agir, se quiser assegurar uma ordem estável, precisamente nos princípios em que teria agido se a revolução não tivesse ocorrido. O ajuste à nova situação será feito com maior ou menor habilidade, com maior ou menor rapidez, mas a tensão está sempre presente – seja na insatisfação profunda e nas vacilações de Cromwell, seja no problema do Thermidor, ou nas reorientações da política soviética depois da Revolução Russa; numa hora ou noutra o nível de uma nova normalidade tem de ser encontrado, o entusiasmo escatológico da revolução mística mesmo tem de ser abandonado, e os escatologistas incuráveis têm de ser "liquidados".

Temos de tomar cuidado, entretanto, de não procurar ilustrações desse problema apenas nas revoluções catastróficas maiores. Os sentimentos e ideias dos movimentos penetram a civilização ocidental tão completamente e formam um ingrediente apreciável, pela mediação da revolução puritana, por exemplo, na política americana "normal", não revolucionária. Já notamos o lema da propaganda wilsoniana da Primeira Guerra Mundial como a "guerra para acabar com a guerra". A Segunda Guerra Mundial produziu não apenas um lema, mas uma política concreta de consequências de longo alcance que tem a marca do misticismo ativista, ou seja, a "rendição incondicional" de Franklin D. Roosevelt. No nível da política nacional uma exigência de "rendição incondicional" é sem sentido porque na continuidade histórica as condições da arte de governar da nova ordem têm de prevalecer no dia depois de as condições da velha ordem se terem quebrado. Uma fórmula que no nível da política racional permitiria interpretações altamente descorteses faz sentido, porém, se for entendida como a expressão da vontade mística do ativista em abolir as forças do mal, assim como a cegueira concomitante para as exigências da existência histórica.

Em quinto, e último lugar, consideremos que a tensão entre a vontade do místico ativista de aniquilar as forças do mal e a realidade da existência a que o estadista tem de submeter-se é uma das fontes de um fenômeno que é designado hoje como "niilismo". O próprio termo *niilismo* passou a ter um emprego mais amplo apenas no século XIX, através de Turgueniev, Bourget e Nietzsche. Daí ter ele absorvido em seu significado elementos que não são típicos de toda a série de movimentos desde a Idade Média, mas são característicos apenas da fase antiespiritual da história dos movimentos. O termo está bem estabelecido e seu significado não deve ser mudado futilmente. No entanto, devemos ficar atentos para o fato de que ao menos um elemento de seu significado tem um campo mais vasto de aplicação, ou seja, o componente que contempla a destrutividade civilizacional do ativista. Sob um aspecto, é inevitável a destrutividade num credo ativista que contempla um mundo do qual desapareceu a natureza do homem como a conhecemos; pois essa natureza do homem determina a estrutura de nosso mundo histórico, e a fé na abolição da natureza humana tem de expressar-se na vontade de destruir a estrutura do mundo histórico. O termo *niilismo*, entretanto, chama nossa atenção para outro aspecto da destrutividade do ativista que, embora não ausente dos movimentos da Idade Média e da Reforma, tornaram-se inteiramente visíveis apenas no século XIX. Parece que a crença no mundo transfigurado não é a última fonte de onde podemos tirar a interpretação dos fenômenos dos movimentos. Há ainda uma fonte mais profunda da crença ativista e do niilismo ativista num *taedium vitae* profundo, numa doença na existência histórica, numa impotência espiritual arraigada de enfrentar a vida em seus próprios termos e, em consequência, numa vontade de escapar do ônus da existência num paraíso.

§ 10. O espírito livre

a. Estado do problema

Uma das questões mais espinhosas na história do movimento é o problema da continuidade. A destruição das fontes é tão completa que apenas certos pontos altos foram preservados. Como mostrou a análise precedente, preservou-se o suficiente para estabelecer o conteúdo típico das ideias: e o suficiente para tornar moralmente certo que existe uma continuidade mesmo quando caíram as pontes entre os poucos pontos firmes. Entretanto, o leitor terá concluído de nossa escolha de materiais documentários que entre os escritos do Pseudo-Dionísio, a obra de Escoto Erígena, e a de Joaquim de Fiore de um lado da via, e a produção literária dos séculos protestantes, do outro – ou seja, aproximadamente entre 1200 e 1500 – há amplas lacunas. De fato é impossível reconstruir o desenvolvimento exato de ideias desse período com base em fontes primárias. Essa dificuldade, entretanto, não deve induzir-nos a negligenciar o curso atual da história. Quando nos anos de 1520, na esteira da Reforma, de repente, as obras de Joaquim de Fiore apareceram impressas, podemos supor que o editor sabia que tinha um mercado para uma obra de renome; e de onde teria vindo esse mercado para uma obra que fora escrita na última década do século XII, a não ser que tivesse existido em continuidade submersa até a publicação impressa?

Ademais, embora os documentos literários dos movimentos heréticos estejam destruídos, sabemos que os próprios movimentos existiram; temos ampla informação de sua existência importuna através das reclamações de escritores ortodoxos, dos julgamentos da Inquisição e das condenações dos concílios. Esse corpo de materiais não é desconhecido; está amplamente exposto em clássicos do século XVIII tais como *A História Eclesiástica*, de Mosheim; e a obra histórica crítica dos dois últimos séculos fez crescer consideravelmente nosso conhecimento. Lamentavelmente, a historiografia liberal dos séculos XIX e XX não levou em consideração esses materiais, na formação de nossa visão da história intelectual ocidental; e mesmo hoje nossa visão histórica das ideias políticas está seriamente distorcida através da suposição da grande quebra entre os períodos "medieval" e o "moderno". Um simples catálogo em partes mais importantes, dos movimentos entre 1200 e 1500, não seria certamente um substituto para uma história das ideias, mas sua consideração ao menos mostraria a continuidade do ambiente social em que as ideias dos séculos XII e XIII foram levadas até ao século XVI. A consciência desse ambiente de continuidade evitaria ao menos o erro de classificar ideias como "modernas" por nenhuma outra razão senão a de que as fontes mais antigas estão quase todas perdidas. Obviamente, nossa compreensão dos movimentos políticos modernos no período do Iluminismo e depois ganhará uma nova profundidade se pudermos ver as ideias comteanas, marxistas, leninistas e hitleristas de uma transfiguração final da história não como ideias "novas", mas como especulações escatológicas que provêm, em continuidade, do misticismo ativista do século XIII; ou se pudermos entender a dialética hegeliana e marxista da história não como um novo historicismo ou um novo realismo, mas como uma ascendência renovada da especulação gnóstica; se pudermos entender a luta crítica contemporânea entre positivismo, progressivismo, comunismo e nacional-socialismo de um lado e a Cristandade, do outro, não como uma luta entre ideias "modernas" e Cristandade, mas como uma renovação da velha luta entre Cristandade e Gnose; e se pudermos procurar a formulação superior das questões contemporâneas nos escritos de Irineu contra os gnósticos de seu tempo.

Possuímos, entretanto, mais do que apenas relatos concernentes à existência de movimentos em continuidade. Embora a produção literária original dos vários grupos sectários se tenha perdido em grande parte, conservou-se uma opulência de fontes secundárias. Essas fontes são algumas vezes embaraçosas porque os elementos doutrinários a que elas se referem são tirados do contexto. Mas estão longe de ser indecifráveis. O obstáculo principal a seu emprego tem sido menos uma impossibilidade técnica de interpretação do que uma má vontade da parte dos historiadores. Em particular, doutrinas e práticas adamitas sofreram com essa má vontade. Muito frequentemente encontramos uma atitude de respeitabilidade embaraçada e chocada quando o historiador lida com esse problema. Refere-se aos sectários adamitas como "entusiastas", "mentalmente perturbados", "fanáticos religiosos", "pessoas licenciosas", "radicais", etc. Tais caracterizações podem, em cada caso, ser muito verdadeiras; mas não é tarefa do historiador fazer-se de indignado quando sectários se entregam a práticas que, pelos padrões de moralidade social normal, seriam consideradas de exposição indecente; é sua tarefa interpretar o fenômeno como significativo na fé mística de um retorno ao estado paradisíaco. Encontramos, por exemplo, reportado que anabatistas em Amsterdão tiraram a roupa e correram nus pelas ruas, proclamando a cólera de Deus como iminente, e quando levados diante do magistrado, asseguraram-lhe: "Somos a verdade nua!" Tal conduta suicida num período da pior perseguição tem um toque psicopata, e o historiador pode ser movido pessoalmente à indignação ou à piedade; mas, primeiro de tudo, como humanista, ele deveria ter respeito suficiente pelas figuras trágicas, para entender-lhes a conduta como significativa do ponto de vista religioso; deveria lembrar as passagens em *De Divisione Naturae* onde Erígena interpreta a nudez no paraíso como a nudez na verdade, e deveria entender a nudez em público como a transfiguração do místico e com a restauração à perfeição adâmica. Então, também entenderá que tal conduta não é mais nem menos psicopata do que uma reunião de indivíduos que criam a paz mundial, "colocando fora da lei" a guerra, ou a conduta de sectários quiliastas que criam o mundo de luz pelo extermínio judicioso de grande número de homens que pertencem ao reino das trevas – seja Cromwell, na Irlanda, ou Hitler, em Auschwitz.

Temos de reconhecer, entretanto, que a reconstrução de significado, partindo de fontes secundárias, exigiria certo esforço de imaginação. A obra interpretativa seria grandemente facilitada se tivéssemos um quadro sistemático das ideias que subjazem os incidentes e pedaços de doutrina que chegaram até nós numa forma fragmentada. Por sorte, um descobrimento recente nos oferece precisamente tal visão integral, sistemática, que pode servir como uma chave para a compreensão de materiais isolados e espalhados.

O descobrimento vem da parte inesperada da história da arte, e abre uma visão para esse campo de ideia de uma riqueza que dificilmente se poderia ter esperado. Ademais, o descobrimento pertence à época um pouco anterior à entrada de Lutero na cena histórica, de tal modo que estamos agora em posição de apresentar um quadro bem preciso e pormenorizado do estado de ideias nos movimentos ocultos que vieram à superfície com tanta violência explosiva na Reforma. Estamos falando do estudo sobre Hieronymus Bosch feito por Wilhelm Fränger.[21] Contudo, antes de indicarmos os resultados principais do estudo de Fränger, descreveremos brevemente a cadeia de movimentos que são os portadores das ideias que aparecem nos quadros de Bosch.

b. Os ortliebianos

Os movimentos em questão são conhecidos historicamente como os Irmãos e Irmãs do Espírito Livre, ou como os *homines intelligentiae*. O estado das fontes não nos permite uma delimitação exata confiável dos grupos que deveriam ser incluídos. Além das doutrinas que são especificamente características de um Espírito Livre, alguns dos grupos parecem ter tido fortes afinidades com um culto de pobreza do tipo waldesiano. Por outro lado, o Espírito Livre penetrou mais ou menos amplamente nos grupos que não foram fundados originalmente como irmandades dessa crença. No entanto, com ressalvas e cuidado, não está em dúvida a linha histórica principal do movimento.

O movimento começou com uma seita na Renânia, em Estrasburgo, com o nome de seu fundador, os ortliebianos. Se o próprio Ortlieb não era amauriano, parece certo que os

---

[21] Wilhelm Fränger, *Hieronymus Bosch: Das Tausendjährige Reich: Grundzüge einer Auslegung*. Coburg, Winkler-Verlag, 1947. [Para um exame avaliador corrente das interpretações da obra de Bosch, incluindo uma análise de apreciação da perspectiva adamita, ver James Snyder, *Northern Renaissance Art: Painting, Sculpture, the Graphic Arts, from 1350 a 1575*. Nova York, Harry N. Abrams, 1985, p. 195-217.]

amaurianos tiveram um papel decisivo nas origens da seita. O pouco que sabemos do panteísmo de Amaury de Chartres e David de Dinant pode também ser discernido no movimento ortliebiano. Quanto ao mais, não sabemos mais sobre a doutrina do que se pode chamar as partes mais importantes de ideias típicas. A doutrina fundamental da seita dizia respeito à consubstancialidade de Deus e do homem. Cada homem, em princípio, é capaz de tornar-se substancialmente divino; e a união substancial com Deus é possível por um ato de vontade. Quando o homem alcança a união com Deus, entrou na liberdade do Espírito. Nesse estado, todas as limitações institucionais, regras legais e preceitos morais tornam-se não inválidas, mas sem sentido, porque a origem substancial da ordem, o próprio Espírito, opera no homem. Tal divinização é possível dentro do limite da vida humana. A ressurreição na morte torna-se sem sentido porque o homem é ressuscitado pela união substancial com Deus.

Obviamente, tal crença pode levar a conduta discordante da ordem da sociedade. Já que a terra é do Senhor, e já que o Senhor está substancialmente presente na ressurreição sectária, a terra é dele – o que, na prática, pode significar que o roubo da propriedade de outra pessoa é um ato de Deus. Já que a divinização se estende até ao corpo, a satisfação de paixões corporais é uma efusão de energia divina – que na prática pode significar licenciosidade sexual sem limites. Embora tais consequências não se sigam necessariamente, e, como regra, não estivessem presentes na geração dos fundadores, acusações contínuas desse tipo indicam que tais movimentos devem ter atraído um grupo considerável de "místicos" de variedade mais obstinada e mais dissoluta para quem a Liberdade de Espírito significava uma orgia de desordem.

Socialmente, a seita ortliebiana também mostra certas características importantes. A seita tinha graus de perfeição, variando de um noviciado a uma iniciação completa à liberdade espiritual. O ensinamento integral não era revelado aos noviços; eles tinham de submeter-se a um curso de educação gradual. Esse gradualismo cauteloso mostra a responsabilidade espiritual e a seriedade do movimento, ao menos em seus princípios e seus começos. Ademais, esse gradualismo permitiu aos graus mais baixos permanecer dentro da ortodoxia. A seita era socialmente uma organização fora da igreja, mas algo como uma ramificação. Os noviços permaneciam dentro da organização tradicional, sacramental, e apenas os de grau mais elevado de iluminação passaram para um *status* fora da igreja.

Essa gradação, em que o novo gnosticismo se afasta da ortodoxia, deve ser entendida historicamente como a inversão do gradualismo em que o gnosticismo dos primeiros séculos se moveu para um compromisso com a Cristandade. O gradualismo ortliebiano assemelha-se profundamente às distinções de *pneumatici, psychici* e *hylici*. Os *pneumatici* eram os santos da revelação gnóstica, inclinando-se para a Cristandade; no entanto, aos cristãos se permitia um *status* inferior como *psychici*. Os *psychici* precisavam do Cristo histórico para sua redenção, ao passo que os *pneumatici* valentinianos eram capazes de redenção por um *soter* (salvador) não histórico, celestial. Essa construção social peculiar de um núcleo de espirituais perfeitos, um tipo de diretorado que por sua hierarquia de graus espirituais alcança a sociedade das instituições dominantes, é uma forma fundamental com ricas possibilidades políticas. É o instrumento perfeito para uma sociedade secreta com o propósito de corroer as instituições existentes com um mínimo de perturbação superficial e, em consequência, com um mínimo de possibilidade de ser detectada. Os cordeiros no fundo da hierarquia não sabem o suficiente para trair quaisquer segredos; e, embora não se note em sua conduta externa diferença com os não membros, suas lealdades estão efetivamente empenhadas numa nova direção. É, em princípio, a forma social que nos é bem conhecida de nossa experiência com movimentos de massa modernos – com seus círculos internos de "líderes", "células", "organizações de fachada" e "companheiros de viagem". É uma forma social que se torna em desespero das instituições governantes por causa da intangibilidade e por causa da impossibilidade de descobrir, a não ser numa crise revolucionária, até onde chegaram avanços reais. À luz de nossas experiências contemporâneas, podemos entender talvez melhor que a exasperação de inquisidores não foi causada apenas por diferenças de doutrina.

c. Beguinismo – Eckhart

De fato, o caráter do movimento do Espírito Livre como um fermento que se torna ativo em vários grupos sociais é a causa das dificuldades em determinar-lhe a natureza verdadeira. O principal *locus* social do Espírito Livre é um movimento social que, em si mesmo, não tem nada que ver com o Espírito Livre, ou seja, o movimento dos Beguinos e Begardos. O beguinismo começou, tanto quanto sei, em 1180, em Liège, pela fundação, por Lambert le Bègue, de um convento de leigos para viúvas e moças solteiras. A ideia de um conventualismo para mulheres sem ligações familiares disseminou-se amplamente nas décadas e séculos seguintes e foi seguida de um movimento similar para homens, provavelmente começando por volta de 1220. Nesses movimentos tornam-se manifestas as necessidades sociais das cidades em crescimento, com seu isolamento dos indivíduos e o perigo de proletarização, que apenas pode ser protelado pela criação de um *status* institucionalizado especial que preservasse o autorrespeito e a dignidade humana de homens e mulheres socialmente isolados no deserto sem vizinhanças que eram as cidades de pequena escala na Idade Média. Religiosamente, tais conventos eram, em regra, relacionados com as ordens dominicana e franciscana. Membros dos conventos frequentemente eram das Ordens Terceiras; e no tempo da perseguição do begardismo por heresia, ordenava-se aos membros que se juntassem às Ordens Terceiras a fim de os submeter ao controle religioso institucional.

Esses poucos dados serão suficientes para mostrar as linhas de batalha complicadas dos movimentos nesse período. O beguinismo é fundamentalmente um movimento social, mas está, ao mesmo tempo, em busca de uma nova orientação religiosa. As ordens mendicantes podem oferecer orientação religiosa até certo ponto, mas sua liderança é insuficiente. No começo do século XIV os papéis foram, na verdade, invertidos: as ordens mendicantes declinaram notavelmente porque as pessoas preferiam juntar-se aos conventos de begardos e beguinos. A situação era tão embaraçosa que o grande luminar escolástico Duns Scot foi chamado a Colônia para conter a onda de religiosidade beguinista pela autoridade e poder de sua pregação – tarefa que permaneceu sem cumprimento por causa de sua morte súbita em 1308.

O episódio de Duns Scot, o grande franciscano, nos faz lembrar que a luta era complicada pela rivalidade entre franciscanos e dominicanos. As ordens mendicantes não apenas estavam em competição com o Espírito Livre pelas almas dos beguinos, mas estavam também em competição entre si pelo controle intelectual das universidades assim como pela influência no povo. A pregação das ordens mendicantes é um fator contribuinte importante na ascensão dos movimentos, à medida que fez nascer a consciência religiosa entre massas maiores do povo e, em particular, deixaram-nas conscientes de que a Cristandade não é um monopólio da hierarquia eclesiástica, mas pode ser mais bem representado, no que diz respeito ao povo, por organizações religiosas especiais. Quando a luta por controle das massas pelas ordens mendicantes mostrou sintomas sérios de falha no começo do século XIV, fez-se a tentativa política comum de uma ordem lançar à outra a responsabilidade pela desordem dos beguinos.

A oportunidade para a tentativa surgiu com a pessoa de Eckhart, o terceiro na grande sucessão dominicana de Alberto e Santo Tomás. O misticismo de Eckhart tem afinidades com o complexo geral de Pseudo-Dionísio e Erígena, e embora sua teologia nada tenha que ver diretamente com o Espírito Livre, o componente comum de especulação no fundamento da alma torna possível associações fáceis. A enumeração das proposições condenadas de Eckhart foi, na verdade, confundida por um tempo como um decreto contra o begardismo.

A campanha contra Eckhart foi conduzida pelos franciscanos, e quando seu sucesso completo foi frustrado pela morte de Eckhart, foi continuada até a condenação póstuma de 1329. A exigência franciscana de condenação das proposições de Eckhart tem a assinatura, entre outros, de Guilherme de Ockham. Essa luta dos franciscanos contra Eckhart tinha razões na medida em que o grande dominicano exercia uma influência imensa nos grupos populares pelos seus sermões, assim como pelo treinamento de uma geração mais jovem de pregadores. Não sabemos, é claro, o que teria acontecido se Eckhart tivesse vivido mais e se a continuação de sua obra não tivesse sido interrompida pela condenação; mas parece muito possível que, como São Francisco e São Domingos, um século antes, ele poderia ter-se tornado o fundador de um novo movimento religioso que teria satisfeito as necessidades populares de religiosidade, ao mesmo tempo que preservava o crescimento selvagem do seu descarrilamento em um misticismo ativista. Tal percurso, entretanto, exigiria absorver a religiosidade mística de Eckhart e de seus seguidores no cristianismo institucionalizado; exigiria conceder às suas organizações e teologia mística uma forma legítima do mesmo grau das ordens mais antigas e da teologia escolástica dos dominicanos e franciscanos. Tal percurso, como indicamos antes, evidentemente já não era possível, em particular para a Ordem Franciscana, que, nessa época, se estava livrando dos remanescentes de sua própria ala de Espirituais radicais. Como consequência, as massas com motivações religiosas foram deixadas sem o tipo de orientação espiritual que um homem como Eckhart poderia ter oferecido; e a desordem sectária foi vencida, momentaneamente, pelos julgamentos e execuções em massa pela Inquisição.

Quanto ao estado da doutrina no período crítico das perseguições no começo do século XIV, os documentos oficiais apresentam pouco mais do que o típico. Os decretos clementinos do Concílio de Viena (1311), na melhor das hipóteses, adicionaram alguns corolários. Os que vivem no estado de perfeição estão para além da regulamentação eclesiástica;

seria uma degradação descer das alturas da contemplação pura e estender-se em pensamentos dos sacramentos ou da paixão do Salvador. Tais acusações mais específicas indicam não mais do que a chegada do regime do Espírito. Uma carta do bispo de Estrasburgo de 1317 afirma como doutrina que "não há nem inferno nem purgatório como lugar". E que não há nenhum julgamento final, mas cada alma é julgada na sua morte; além disso, ninguém se perderá, mas os espíritos, mesmo dos judeus e dos sarracenos, retornarão a Deus. Tais trechos de doutrina indicariam que a interpretação simbolista da Escritura como a conhecemos de Erígena, assim como a *apokatastasis* de Orígenes, fazia parte do pensamento sectário.[22]

d. A Nona Rocha – *Estupor e explosão*

Há uma sentença na carta do bispo que merece maior atenção porque vai além do quadro convencional das doutrinas. "Eles se mantêm imóveis no cume da nona rocha, e ninguém se regozija nem lamenta; e se pudessem, por uma simples palavra, banir todas as desgraças humanas, não diriam a palavra."[23] As nove rochas simbolizam os nove passos pelos quais a pessoa espiritual ascende à sua união com Deus, no cume. A doutrina das nove rochas atravessa o movimento evidentemente desde o começo, por volta de 1200, e parece que existiu mais de um tratado desse nome antes do famoso *Livro das Nove Rochas*, de autoria incerta, no século XIV. Johann Lorenz von Mosheim fala de uma passagem de um tal tratado sobre as *Nove Rochas*, que atribui ao período anterior o qual é adequado para explicar o significado das acusações contidas na carta do bispo:

> Ademais o homem divino opera e engendra tudo o que a Divindade opera e engendra. Pois em Deus ele produziu e formou os céus e a terra. Ele é também o pai do mundo

---

[22] Sobre as fontes, ver Jones, *Studies in Mystical Religion*.
[23] Ibidem, p. 208.

eterno. Nem poderia Deus produzir nada sem este homem divino, que é, portanto, obrigado a submeter sua vontade em conformidade com a vontade de Deus, pois que tudo o que possa ser agradável à Deidade, pode ser também agradável a ele. Se, portanto, for da vontade de Deus que eu cometa um pecado, minha vontade será a mesma, e não devo nem sequer desejar abster-me do pecado. Esta é a contrição verdadeira. E embora um homem, que está bem e verdadeiramente unido a Deus, possa ter cometido mil pecados mortais, ele não deve nem sequer desejar não tê-los cometido; não, ele deve, ao contrário morrer mil mortes do que omitir um desses pecados mortais.[24]

Essa passagem é um bom exemplo do estado torturante das fontes. Ao lê-la, surgem numerosas associações da literatura gnóstica, mandaena e maniqueia. Vêm-nos à mente o *Protos Anthropos*, o Homem Primitivo, a Sophia Achamoth, o Horos valentiniano, e assim por diante. Um recurso às fontes, entretanto, mostrará que a concepção da passagem não pode ser identificada com nenhuma das doutrinas gnósticas à medida que são conhecidas. Há uma afinidade, na medida em que está presente a ideia geral de criação como a queda de um eão divino na matéria. A "influência" do gnosticismo pode ser fortemente sentida; a atmosfera de experiência religiosa é a mesma; mas a construção doutrinal é inteiramente nova. Temos de supor que há um pensador religioso de grande qualidade por trás da criação desse novo simbolismo. A concepção é a de um Demiurgo que produz um eão no sentido gnóstico, chamado Homem Divino, e esse eão é o instrumento pelo qual o Demiurgo cria o mundo. O próprio mundo é concebido dualisticamente, como contendo o bem e o mal. Aqui encontramos assonância com a concepção gnóstica da criação como a queda de uma substância de luz na *Heimarmene* da matéria.[25] Ademais, há um toque da própria *Heimarmene* platônica, à

---

[24] Johann Lorenz von Mosheim, *Ecclesiastical History*. Londres, 1803, cap. 3, p. 285.

[25] As concepções gnósticas do Demiurgo e *Heimarmene* são transformações dos símbolos platônicos no mito do *Estadista*.

medida que a estrutura dualista do mundo não é a vontade de Deus, mas um fado imposto no homem, uma condição sem a qual não poderia haver mundo de maneira nenhuma. Num certo sentido, o Homem Divino sem o qual a criação é impossível nos faz lembrar também da concepção de Erígena da criação do mundo pelo homem e do retorno do mundo a Deus pelo retorno em um homem.

Todas essas afinidades, entretanto, estão ligadas num novo todo mediante a ideia central de que o processo divino e o homem são partes da divindade envolvida nesse processo. Daí o homem encontrar sua realização quando ganha iluminação dessas funções divinas e consegue conformidade com a vontade criativa de Deus. Já que essa vontade de Deus quer a criação, incluindo suas trevas e mal, o homem tem de conformar-se com o sofrimento divino nas trevas da criação; não deve rebelar-se contra um fado que é o fado de Deus, mas deve cumprir sua obrigação de pecar. "Esta é a verdadeira contrição." Vemos emergir uma ideia gnóstica da existência trágica; a visão de carregar o ônus do mal com uma vontade positiva, a aceitação do sofrimento no pecado como a condição de existência criativa. Aqui, na Alta Idade Média, encontramos o *pathos* romântico de uma existência nietzschiana para além do bem e do mal. Não se deve forçar demasiado a interpretação de um fragmento isolado. Entretanto, essa passagem parece-nos conclusivamente indicar a região geral de experiências em que se origina a filosofia posterior de existência da variedade trágica; e parece também ser uma ligação importante na cadeia que liga a especulação moderna sobre o Super-homem desde Condorcet até Nietzsche, com a antiga especulação gnóstica do *Protos Anthropos*.

A doutrina do fragmento é a ideia central de um sistema de pensamento e prática. Sobre os pormenores desse sistema não conhecemos nada diretamente; mas podemos, ao menos, reconstruir certas implicações com a ajuda de outras dicas e fragmentos. Sobrou um sermão de Tauler que descreve a liberdade espiritual desse tipo de místicos. São caracterizados como faltos de qualquer atividade superior ou inferior, como um instrumento passivo que espera até que o mestre o empregue; existem sem vontade própria, pois isso seria obstáculo para a vontade de Deus em sua obra. A identificação com a vontade divina foi tão longe que se perde toda a distância objetificadora em relação a Deus. "Não pensam em Deus, nem O louvam." Querem ser livres de desejos e de amor, de obediência a qualquer autoridade e da prática da virtude. Pois à medida que o homem se esforça pela virtude, ainda não entrou na pobreza espiritual completa e liberdade. Estão para além da existência finita na virtude e na fé, pois chegaram à inocência máxima; em consequência não podem pecar e os padrões de ordem moral e legal não se aplicam a eles. Quando agem, seguem um impulso de suas naturezas em qualquer direção de tal maneira que a liberdade do espírito possa ser sem obstáculos.[26]

Ao ler a passagem das *Nove Rochas*, terá ocorrido ao leitor perguntar: quais são os princípios de ordem numa existência trágica para além do bem e do mal? Se o bem e o mal têm de sofrer na existência sem discriminação, como poderá um homem decidir numa situação concreta que curso de ação ele deve tomar? Se enfrentar a tentação de cometer um ato imoral, deveria ele cometê-lo ou deveria abster-se? E o que deveria fazer em princípio em sua vida se o *summum bonum* no sentido cristão é abolido como o ponto último de orientação? O sermão de Tauler dá a resposta a esse quebra-cabeças. A vida do místico não é uma vida de ação de maneira nenhuma, guiada pelo amor e pela razão; a vida do místico é transacionada numa tensão entre um estupor da aniquilação do mundo e explosões da "natureza" mística – que explosões certamente são intervenções no mundo mas não fazem parte do caráter da ação. Podemos agora entender a sentença na carta do bispo: "Se pudessem, por uma simples palavra, banir todas as desgraças humanas, não diriam

---

[26] O sermão de Tauler em Johann W. Preger, *Geschichte der deutschen Mystik im Mittelalter*. Leipzig, Dörflling e Frank, 1874-1893, cap. 3, p. 133. Ver também Jones, *Studies in Mystical Religion*, p. 209, sobre esse documento.

a palavra". O místico está "imóvel" no cume da rocha porque é "livre" de amor – ou seja, porque não participa da ordem da substância positiva no mundo.

Nossa análise preliminar da correlação entre ativismo e niilismo é agora confirmada pela redução dessa correlação com a tensão última entre o estupor místico e a explosão. Ademais, podemos agora complementar essa análise com alguns corolários. Primeiro, a tensão mística entre estupor e explosão é a consequência da aniquilação da existência humana no mundo. Por "existência no mundo" quer-se dizer a aceitação da existência humana em todas as suas dimensões de condições naturais, de razão e vida espiritual como o campo em que o homem encontra sua expressão finita. Por "aniquilação" quer-se significar a rejeição dos princípios (surgindo das condições naturais, razão, fé e amor) que governam a existência do homem na sociedade. Segundo, por essa aniquilação a ordem da ação é destruída. Quando um místico desse tipo se torna "ativo", o acontecimento tem o caráter da "explosão". A natureza desse fenômeno é algumas vezes obscurecida nos movimentos de massa modernos pelo fato de que a "explosão", quando ocorre, é, afinal de contas, uma irrupção na estrutura do mundo e tem de obedecer à racionalidade pragmática técnica da relação meios-fim se quiser atingir a estrutura da sociedade. Não é contradição que um movimento de massas místico se origine na desordem existencial e, ao mesmo tempo, mostre um grau soberbo de ordem pragmática na explosão.[27] Terceiro, temos de tocar aqui, pela primeira vez, em um dos problemas mais difíceis na interpretação do espiritualismo desse tipo, um problema que em várias ocasiões já causou dificuldades na terminologia: o paradoxo de um espiritualismo antiespiritual. O problema encontrará sua discussão mais completa em parte posterior deste estudo, no capítulo sobre

---

[27] Esse problema foi tratado por Max Weber sob o título de racionalidade "funcional" e "substancial". Foi depois desenvolvido por Karl Mannheim, em seu *Man and Society in an Age of Reconstruction*. Nova York, Harcourt, Brace and World, 1940; reimpressão 1997, parte I, cap. 5, "Clarification of the Various Meanings of the Word Rationality", e os capítulos subsequentes.

Schelling.[28] No momento, distingamos apenas o espiritualismo do "estupor" como uma perversão pneumopatológica do espiritualismo cristão que mantém a distância entre a finitude da criatura e o Além absoluto da realidade divina.

A retirada do mundo e a ascensão à inamovibilidade no cume não produzem uma união com uma substância divina; produzem, ao contrário, o fechamento do homem em sua finitude. Não produzem uma expansão no fundamento divino, mas o confinamento no ego. Esse problema foi formulado com maestria por um dos mais subtis diagnosticadores do niilismo romântico por ocasião de certo ramo da produção literária alemã por volta de 1800. Em seu *Vorschule der Ästhetik* [Elementos de Estética] sob o título de "niilistas poéticos", escreve Jean Paul:

> A arbitrariedade sem lei no espírito da época quer egoisticamente aniquilar o Mundo e o Todo de tal maneira que o espírito ganhará liberdade por despejar no nada e por rasgar, como penas, as ligaduras de seus ferimentos; e como consequência tem de falar desdenhosamente de seguir e estudar a natureza. Pois quando a história da época passa a assemelhar-se a um historiógrafo sem religião e país, então a arbitrariedade do egoísmo tem de afinal arremessar-se contra as leis duras e imperfeitas da realidade; preferirá evaporar-se no vácuo da fantasia onde não tem de seguir nenhumas leis, senão as particulares e pequenas de construção do verso. Quando numa época Deus se põe como o sol, então em breve o mundo também entrará nas trevas.[29]

e. Os Paracletos

Antes de tratarmos do objeto do estupor e da explosão em suas várias ramificações, lancemos um olhar para os líderes dos movimentos, para as encarnações do Espírito. As fontes são, de novo, escassas, e apenas surgem comparativamente

---

[28] Ver vol. VII, *The New Order and Last Orientation*.
[29] [Jean Paul, *Sämtliche Werke*. Weimar, H. Böhlaus Nachfolger, 1935, vol. xi, p. 22.]

tarde. Nesse exemplo, entretanto, o tardio das fontes pode indicar que o desenvolvimento da existência paraclética não alcançou sua plenitude antes do século XIV. São numerosas as forças formativas. Mais obviamente, o Paracleto Joanino exerceu sua influência, mas temos também de lembrar o reservatório largo e profundo do simbolismo gnóstico, assim como a tradição neoplatônica. Fränger chamou atenção especial para um fragmento pitagórico: "Há três tipos de seres dotados de razão (*logikos*), ou seja, Deus, o homem e os seres como Pitágoras".[30] O fragmento é muito sugestivo porque já tinha na Antiguidade determinado a ideia de uma existência mediadora entre Deus e o homem, como encontramos na ideia de Platão sobre os Filhos de Deus. Nos movimentos do Espírito Livre encontramos o problema similar da ascensão dos homens individuais para além da estatura humana numa espiritualidade mediadora que, na Idade Média e nos séculos protestantes, se torna articulada na autodesignação dos líderes dos movimentos através de vários símbolos mediadores. Como boa ilustração do que é possível na variedade mais desenfreada dos místicos pode servir o caso de Konrad Kannler, que foi julgado em Eichstädt, em 1381. Confessou ser o "Irmão de Cristo" assim como o "Novo Adão"; era, além disso, a "Imagem do Cordeiro Inocente", e nessa qualidade foi chamado a presidir ao Julgamento Final.[31] No século XV, temos o caso que se torna doutrinariamente mais preciso. Num julgamento em Kameryk, em 1411, o líder de uma seita, Aegidius Cantor, foi acusado de ter anunciado repetidamente: "Eu sou o Salvador dos homens; por mim eles verão a Cristo, assim como por Cristo eles veem o Pai".[32]

---

[30] O fragmento é mencionado em Fränger, *Hieronymus Bosch*, p. 129. De acordo com Eduard Zeller, *Die Philosophie der Griechen in ihrer geschischtlichen Entwicklung*. Leipzig, O. R. Reisland, 1920, cap. 1, p. 395, n. 4, o fragmento é dado em Jâmblico como narrado por Aristóteles.

[31] Fränger, *Hieronymus Bosch*, p. 34 e ss.

[32] As minutas do julgamento de Kameryk estão publicadas em Paul Frédéricq, *Corpus Documentorum Inquisitionis Haereticae Pravitatis Neelandicae*. Gent, J. Vuysteke, 1889, vol. I, n. 249. O caso é inteiramente discutido em Fränger, *Hieronymus Bosch*, p. 29-35.

As fontes começaram a jorrar mais ricamente com a Reforma. Há o caso de David Joris (ca. 1501-1556), o anabatista de Flandres que finalmente encontrou sua Nova Jerusalém na Basileia. Em sua interpretação da história, ele retomou o simbolismo dos três regimes como o conhecemos de Erígena e de Joaquim de Flora. É claro, estamos no momento no terceiro regime. O que é novo é que o Paracleto apareceu na pessoa dele. Deus revela-se nos três regimes através de Davi. No regime do Pai, Deus se revelou mais intensamente pelos Salmos de Davi; no regime do Filho, pelo descendente de Davi, ou seja, por Jesus; e no terceiro regime do Espírito, por Davi Joris. Cristo Jesus é substituído por Cristo Davi como o Salvador da humanidade. Ademais, no estilo de Joris encontramos reminiscências do *Protos Anthropos*, que agora é renovado no vaso do Espírito. Na primeira edição de seu *'T Wonder Boeck*, de 1542, há um desenho do "Homem Novo", assinado com suas iniciais e provavelmente com a intenção de seu retrato.

Um contemporâneo de Joris, e talvez influenciado por ele, foi Henrique Nicolau (Hendrik Niclaes, ca. 1501-ca. 1580), o fundador da Família do Amor. Nicolau assinava suas obras "H.N"., letras maiúsculas que poderiam representar seu nome assim como *Homo Novus*, o Homem Novo. Em seu *Evangelium Regni* anunciou as boas notícias do novo Reino. Deus se amerceara dos desolados e manifestara a sua verdade pela elevação de Henrique Nicolau. O instrumento do Senhor tinha estado morto sem o respirar da vida, mas ele foi feito vivo através de Cristo.[33] Cristo o ungiu com seu Ser divino. H.N é divinizado com Cristo, e Cristo se faz homem com H.N. Deus fez de H.N. um tabernáculo vivo, a sede de seu Cristo, de tal maneira que suas obras maravilhosas poderiam ser agora conhecidas nos últimos tempos. Sob a liderança de Nicolau, a *Familia Caritatis* foi organizada hierarquicamente. Os graus mais elevados eram mantidos por anciãos; e os anciãos pareciam ter sido

---

[33] A concepção de morte e vida remonta, como geralmente no movimento do Espírito Livre, a Romanos, 8,2: "A Lei do Espírito da vida em Cristo Jesus te libertou da lei do pecado e da morte", assim como Romanos, 8,14: "Todos os que são conduzidos pelo Espírito de Deus são filhos de Deus".

um tipo de *perfecti* em quem uma renovação tinha funcionado semelhantemente ao do próprio Nicolau. As cerimônias cristãs não poderiam ser administradas corretamente nem pelos leigos comuns com base num simples conhecimento das Escrituras nem por padres no sentido sacramental. Só poderiam ser administradas pelos *perfecti* que seguiram Cristo em sua morte e se tornaram renovados com ele numa nova vida. Apenas quando se tornarem a habitação e a forma do Deus vivente com seu Cristo é que o *logos* jorrará deles como águas vivas.[34]

Encontramos um Paracleto ainda no século XVII, na revolução puritana, entre os primeiros *quakers*, na pessoa de James Naylor (1618-1660). Seus partidários o denominavam "o Sol eterno da justiça; o Príncipe da paz; o filho único de Deus, o mais imaculado entre dez mil". Fez uma entrada na cidade de Bristol em 1655, à maneira de Cristo, num cavalo, já que parecia que eram escassos os asnos. Uma mulher conduzia-lhe a montaria e outras lançavam seus cachecóis e lenços diante dele, gritando: "Santo, santo, santo é o Senhor Deus das hostes: Hosana nas alturas; santo, santo, santo é o Senhor Deus de Israel". O novo Cristo foi preso e julgado por um comitê do Parlamento. Ele defendeu-se contra a acusação de blasfêmia, ao asseverar que as honras não eram tributadas a ele pessoalmente, mas a Cristo, que habitava nele. Não estava numa posição de recusar honras que outros, movidos pelo Senhor, estendiam a ele. "Se o pai os moveu para tributar essas honras a Cristo, não posso negar-lhes; se eles as deram a qualquer outro que não o Cristo, eu os renego".[35]

Os casos de Joris, Nicolau e Naylor mostram os elementos essenciais da existência paraclética, mas os próprios movimentos não tiveram importância pública em grande escala. A sociedade de Joris na Basileia foi conduzida tão

---

[34] Para as fontes concernentes a Joris e Nicolau, ver Jones, *Studies in Mystical Religion*, e as referências bibliográficas, em particular os capítulos "Os anabatistas" e "A Família do Amor".

[35] O caso é relatado em Daniel Neal, *The History of the Puritans*. Londres, W. Baynes and Son, 1822, 1837, cap. 4, p. 139-43.

discretamente que só chamou a atenção pública após a morte dele. A Família do Amor teve algum desenvolvimento na Inglaterra, mas foi suficientemente quietista para não despertar uma intervenção séria das autoridades; emergiu no século XVII nos começos do movimento *quaker*. Naylor parece ter sido uma figura isolada com alguns poucos seguidores. Voltemos, finalmente, ao caso em que uma existência paraclética foi capaz de estabelecer sua Nova Jerusalém como um poder público e envolver-se em guerra prolongada com as instituições, ou seja, o caso de Jan van Leyden e seu Reino de Münster (1534-1535). O caso é de importância para nós, não porque revele novos aspectos doutrinais, mas porque mostra a conduta e práticas de um místico ativista quando chega o teste crucial de traduzir um regime do Espírito em realidade histórica.

Jan van Leyden, como Joris, era um novo Davi. Foi coroado como Davi como o rei da Nova Sião; e seu reino minúsculo foi entendido como o núcleo que se expandiria até ao governo sobre todo o mundo. Jan era um jovem de grandes graças pessoais; ao tempo de sua morte, contava apenas 27 anos. Sabia como dominar o povo com a oratória, e era um excelente psicólogo político. Apelava às pessoas através da demonstração de luxo. Tinha duas grandes coroas de ouro: uma, real; outra, imperial; usava uma grande espada de ouro num cinto de ouro; aparecia em público com arautos e trombetas, cavalgando um cavalo branco; tinha uma guarda de cavalaria e uma guarda de infantaria que cercavam seu trono nas sessões públicas, e organizou uma corte vestida magnificamente. Toda essa parafernália ele a exibia numa cidade sitiada, no meio de um povo que estava, aos poucos, morrendo de fome e que quase não tinha propriedade pessoal. E o povo gostava. A diferença de grau, a exibição de luxo pelo grupo governante, a concentração mais intensa de poder ditatorial, que, em circunstâncias comuns, seria a causa de perturbação e revolta, tornaram-se traços tolerados e mesmo desejados se a nova ordem é tomada como o novo regime na luta entre as trevas e a luz.

Como sempre em tais casos, encontramos a mistura de desejos baixos com a realização de um estado paradisíaco. Quando, na organização poligâmica do Reino de Münster, com uma média de três mulheres para um homem, Jan van Leyden tomou para si o ônus de manter um harém de cerca de catorze mulheres, pode-se inferir dos pormenores do relato que ele não apenas era zeloso em obedecer às regras de seu reino, mas também cuidava de pôr de lado para si mesmo as filhas mais atraentes das melhores famílias. Entretanto, no todo, o esplendor era bem calculado para convencer o povo sensualmente da glória do reino. Tal convicção sensual da existência de uma realidade de poder é, claramente, necessária em todas as circunstâncias; seria um mau estadista se negligenciasse esse instrumento de estabilização de sua posição. O instrumento, entretanto, adquire importância específica na atmosfera do movimento quando a massa tem de ser convencida da existência de um reino de luz que a todo momento está em perigo de entrar em colapso sob o impacto rude da existência humana finita. Sob tais circunstâncias, a simbolização do poder adquire os traços de intoxicação sensual.

O movimento do Espírito Livre extinguiu-se pouco a pouco nos séculos XVI e XVII. No período de transição encontramos seus membros unindo-se a movimentos "respeitáveis" como os batistas ou os *quakers*. O desaparecimento do movimento nas formas que caracterizamos não significa, entretanto, que desapareceu o espírito que vive nesses movimentos. Devemos, ao contrário, falar de uma metamorfose do movimento de uma forma cristã para uma secularista. Essa é a metamorfose que na língua inglesa é indicada pelos significados da palavra *libertino*. O Espírito Livre transforma-se em libertinismo no duplo sentido do duplo pensamento e licenciosidade. O gnosticismo do Espírito Livre transforma-se em gnosticismo da Razão Iluminada. Os verdadeiros sucessores dos sectários do Espírito Livre não são as seitas cristãs "respeitáveis" que absorveram seus remanescentes de participação; são os vários agrupamentos deístas, unitários, arianos e, finalmente, ateus dos séculos XVII e XVIII. Quando olhamos para os sucessores dos *perfectii* que são divinizados com Cristo e dos quais o logos jorra como as águas viventes, temos de olhar na direção de Locke, em quem a razão se encarnou tão perfeitamente que sua mente pessoal se tornou o critério para a verdade da revelação. Quando olhamos para os sucessores dos Paracletos, temos de olhar para a direção do Super-homem secularista – ou seja, na direção de Condorcet e em particular de Comte, a figura apocalíptica do Terceiro Regime secularista. Será uma das nossas tarefas principais, nas partes posteriores deste estudo, mostrar pensadores especificamente "modernos", "cientificistas", mas reconhecíveis como místicos ativistas, como os propagadores de uma nova gnose anticristã, e como os predecessores do grande ser paraclético que, como Lênin e Hitler, desce à arena política e canaliza os movimentos de massa de longa preparação para a ação histórica destrutiva.

f. Hieronymus Bosch

A análise precedente é algo mais penetrante, espero, do que o tratamento dado ao movimento do Espírito Livre, mas ainda não vai além dos materiais convencionais. Todo um setor das doutrinas do movimento até hoje ignorado, embora, de vez em quando tenha entrado na discussão, ou seja, o setor de doutrinas adamitas e práticas do movimentos. Nas fontes, esse problema chega normalmente à nossa atenção através das expressões de horror e indignação diante da licenciosidade sexual nos círculos sectários, ou pelos incidentes curiosos que são relatados sem nenhuma tentativa a uma análise mais profunda. Tais incidentes são relatados através dos séculos de toda região em que o Espírito Livre se expandiu. Sabemos das dificuldades que Roger Williams teve com alguns adamitas em Rhode Island. Lemos de várias perturbações, atribuídas aos primeiros *quakers*, tais como: "Uma mulher veio até a capela de Whitehall, completamente nua, no meio de uma oração pública, estando presente o próprio lorde-protetor, a fim de protestar sobre isto ou aquilo".[36] Mencionamos a corrida dos anabatistas nus nas ruas de Amsterdã. Encontramos referências ocasionais que nos aproximam ao centro da matéria, tais como o relatório por Enea Silvio Piccolomini acerca dos Picardos Boêmios (Beghards) com um pastor que se denominava "Adão, Filho e Pai de Deus" e tinha a seu lado uma "Mãe de Deus", uma Sofia encarnada. E entre os Alumbrados de Toledo a Inquisição descobriu uma *mater* gnóstica, Francisca Hernandez, que mantinha relações eróticas com vários homens; um dos homens assegurou aos inquisidores no julgamento: "Não Páris, mas apenas o Paraíso poderia ensinar tal sabedoria".[37]

Um dos melhores relatos antigos da doutrina adamita no Espírito Livre é o dado por Mosheim. Em sua *Ecclesiastical History* fala dos "entusiastas miseráveis" que afirmavam que:

> Pela contemplação contínua era possível erradicar todos os instintos da natureza da mente do *nascido no céu*, e introduzir na alma certo estupor divino, e apatia santa, que eles consideravam como as grandes características da perfeição cristã. As pessoas que adotavam estes sentimentos ostentavam liberdades estranhas em consequência de sua pretensa santidade, e mostravam, ainda, por sua conduta, que tinham pouca consideração para com as aparências exteriores; pois celebravam assembleias secretas, estando completamente nus, e deitavam-se nas mesmas camas com suas irmãs espirituais, ou, indiscriminadamente, com outras mulheres, sem o menor escrúpulo nem hesitação. Esta violação chocante da decência era uma consequência de seu sistema pernicioso. Consideravam a decência e a modéstia como marcas de corrupção interna, como os caracteres de uma alma que ainda estava sob o domínio do espírito sensual, animal e lascivo, e que não se reunira, até então, com a natureza divina, seu centro e fonte. E consideravam, como numa distância fatal da

---

[36] Ibidem, cap. 4, p. 139.
[37] Fränger, *Hieronymus Bosch*, p. 27.

Deidade, tudo isso ou como sugestões carnais da natureza, ou eram penetrados de emoções ardentes à vista ou à aproximação de pessoas de sexo diferente, ou eram incapazes de subjugar e suprimir o fervor crescente de luxúria e intemperança.[38]

O relato, obviamente, é insatisfatório. Contudo, tornam-se visíveis os esboços. As doutrinas adamitas e as práticas têm algo que ver com o "retorno" da Queda para a união paradisíaca com Deus. O "estupor", assim como a retirada do Reino da existência finita, é também uma retirada para o estado de inocência pré-sexual. A nudez na comunidade é parte da prática mística em que se obtém a "imobilidade" no cume. Lembramo-nos da interpretação de Erígena da criação do homem original antes da divisão do sexo. O Adão original mantinha o espírito e a sensualidade em equilíbrio harmonioso através da sabedoria do Pai e do Logos divino. O "estupor" como descrito por Mosheim parece ser o retorno ao paraíso no sentido de uma existência antes da queda no sexo. Podemos agora entender a assim chamada licenciosidade, acerca da qual as fontes tão frequentemente reclamam, seja como um "descarrilamento" do estado paradisíaco pretendido, seja como uma "explosão" de energia divina que é a realização do estado paradisíaco. Qualquer que seja a interpretação correta no caso concreto, estamos diante de uma tentativa sistemática de uma espiritualização do corpo e de um culto de erotismo espiritual. Poderíamos observar problemas similares na "libertinagem" relacionada com o movimento averroísta latino, em particular no *Roman de la Rose*. E podemos considerar o espiritualismo adamita como parte do movimento geral e que a natureza é dotada de uma nova dignidade como uma parte significativa da criação de Deus.

Reconhecer a dignidade da natureza é uma coisa, elevar a natureza para além da criação até um paraíso pré-criacional é outra bem diferente. Temos de esperar que a tentativa da realização adamita levante os mesmos problemas da tentativa de transfigurar a história. Sobre esses problemas, à medida

---

[38] Mosheim, *Ecclesiastica History*, cap. 3, p. 283 ss.

que se manifestam em abortos, descarrilamentos, explosões, incidentes esquisitos e assim por diante, estamos amplamente informados sobre a metamorfose do misticismo adamita e sua expressão moderna em libertinismo, amor livre, colônias nudistas e assim por diante. Sabemos muito pouco, entretanto, da exitosa vida em comunidade das seitas adamitas – tão pouco, na verdade, que até muito recentemente era até incerto se esse componente frequentemente mencionado do movimento do Espírito Livre tinha atingido um desenvolvimento intelectual notável e uma prática comunitária correspondente. Quanto a essas questões agora temos certeza através da obra antes mencionada de Fränger sobre Hieronymus Bosch. Agora sabemos que o movimento adamita produziu um sistema magnífico de simbolismo místico, que seu desenvolvimento devia ter ocupado mentes de primeira ordem e que uma rica tradição tem de estar por trás do florescimento que podemos observar na obra do pintor holandês.

A obra em questão é um retábulo, um tríptico, preservado no Escorial. Na história da arte tem passado com o nome de *The Paradise of Lusts*;[39] Fränger considera errônea a interpretação que induziu o título e o renomeia para *O Milênio* (*Das Tausendjährige Reich*), e devemos segui-lo nessa nova designação. Quando o tríptico está aberto, o painel da esquerda mostra um "Jardim do Éden"; o painel da direita, uma representação do "Inferno". O painel central mostra uma continuação da paisagem do "Jardim do Éden" com sua criação de Adão e Eva, e essa paisagem central é povoada por um enxame de figuras de homens e mulheres nuas. No primeiro plano do painel central essas figuras nuas são organizadas em grupos menores, à primeira vista envolvidas em várias posições e práticas eróticas. O campo do meio é ocupado por um grupo organizado numa escala maior. No centro desse campo há um lago, cercado de um anel de relva. O lago é contornado por um desfile triunfante de figuras masculinas, montadas em

---

[39] Conhecido em português como *O Jardim das Delícias*, mas a tradução exata do original é *O Paraíso de Paixões*. (N. T.).

vários animais que simbolizam potência e fertilidade; no lago há grupos de mulheres banhistas, atraídas pelo espetáculo do desfile, na expectativa das coisas por vir.

É esse idílio erótico do painel central que causou o equívoco da obra como um "Paraíso de Paixões", representando várias perversões sexuais. E mesmo hoje, quando estamos de posse de uma interpretação que faz sentido, podemos entender por que o quadro permaneceu por séculos um quebra-cabeças. Afinal de contas, é um retábulo; ademais o "Jardim do Éden" e o "Inferno", assim como os painéis de fora, retratando a "Criação do Mundo", não deixam dúvida de que é uma obra de simbolismo cristão; e, contudo, não há esforço de imaginação que nos permita pensar que fosse possível a qualquer igreja cristã ortodoxa colocar o painel central em seu altar. A reflexão sobre essa incongruência e a consideração posterior de que uma obra custosa e laboriosa como essa só poderia ser feita por encomenda induziram Fränger a supor que a obra foi pintada para uma comunidade de culto esotérico. Com essa suposição, a obra teria de ser interpretada como simbolizando o sistema doutrinal do culto em questão. E tal interpretação, de fato, se mostrou possível.

Quanto à interpretação em si, temos de nos dar conta que dificilmente poderia oferecer novos elementos doutrinais. A interpretação foi possível porque uma riqueza de tais elementos e símbolos doutrinais, que já eram conhecidos dos contextos literários, pôde incidir sobre os pormenores do quadro de Bosch. A importância da obra de Fränger não está no descobrimento de pormenores, mas precisamente na prova de que esses pormenores, dos quais possuímos tantos fragmentos, não estavam flutuando em círculos sectários como massa comparativamente incoerente. Estavam integrados num sistema intelectual elaborado que deve ter sido desenvolvido e transmitido entre os *illuminati* numa tradição oral ou escrita. O próprio conteúdo torna mais provável que a obra tenha sido encomendada a fim de comemorar o casamento espiritual do líder de uma seita adamita do Espírito Livre.

E a perfeição sistemática do sistema simbólico no quadro força a suposição de que o próprio líder deu a Bosch informação completa quanto ao sistema e supervisionou a obra.

Para os pormenores do sistema, assim como para o argumento para o apoio da interpretação, o leitor deve recorrer à obra de Fränger. Vamos relacionar apenas as doutrinas principais. O sistema, como emerge dos quadros de Bosch, tem o caráter de uma amálgama de doutrinas joaquimitas e adamitas. Do complexo joaquimita provém a concepção de uma revelação divina no cosmos nas três fases do Pai, do Filho e do Espírito. Os dois painéis de fora do tríptico simbolizam a criação do mundo, de acordo com o Gênesis, como a obra do Pai. O painel interior da esquerda representa a criação de Adão e Eva por uma divindade jovem apolínea, que tem os traços tradicionais de Cristo. O painel central, o "Milênio", representa uma humanidade adamita espiritual em seu paraíso terrestre. A breve caracterização, todavia, mostra que a concepção joaquimita dos três reinos foi consideravelmente modificada pela influência de doutrinas gnósticas. Os três reinos já não são em concretude histórica a história pré-cristã do povo hebreu, o segundo regime, que começa com o nascimento de Cristo, durando até o presente, e um terceiro regime do Espírito, começando no presente. Tornaram-se eãos gnósticos simbolizando o destino espiritual do homem a qualquer tempo.

O reino do Pai tornou-se o eão de um Demiurgo que cria o cosmos físico através de sua "palavra".[40]

O regime de Cristo se tornou o eão de uma segunda figura divina, talvez a de um *Protos Anthropos*, ou Homem Divino, que cria o primeiro casal. Ele não é nem o Jeová do Gênesis que cria o homem, nem o Cristo histórico que redime o homem, mas um Deus mais jovem semelhante a Cristo que, por

---

[40] A "palavra" está pintada nos painéis exteriores: "*Ipse dixit et facta sunt – Ipse mandavit et creata sunt.*" [Ele disse e foram feitas as coisas – Ele mandou e as coisas foram criadas].

vários símbolos no quadro, é caracterizado como o princípio de criação animada com sua culminação no homem. Ademais, o simbolismo pictórico torna claro que o deus criador mais jovem não é o deus da "vida eterna", no sentido de "imortalidade"; ele é o deus da vida como uma recorrência eterna de nascimento e morte. O "jardim do Éden" representa-o como o originador da divisão sexual que determina o fluxo e ritmo da vida – um fluxo que não pode ser ultrapassado pela capitulação diante das forças de seu ritmo, mas apenas pela ascensão através de Eros ao Espírito. Daí o Deus mais jovem, semelhante a Cristo, e sua criação de Adão e Eva não ocuparem o centro do painel. O centro é ocupado por um *orbis*, um globo ocular, e a pupila preta em seu centro; e, a fim de não deixar dúvidas sobre o significado do símbolo, uma coruja está assentada na pupila. No centro do quadro, então, encontramos o símbolo da concentração. O fluxo da vida será transcendido pela Sofia (a coruja), pela concentração da visão do homem no fundamento da alma onde encontrará seu verdadeiro eu.[41]

A peça central do tríptico, o próprio "Milênio", desdobra a existência humana que foi preordenada no "Jardim do Éden". A pupila no foco é agora substituída pela Fonte da Vida. A própria força da vida, com o esplendor magnífico do desfile exuberante, pronto para celebrar o sacramento da vida, tornou-se dominante. A força do processo vital, entretanto, está apenas na raiz da existência humana; não lhe exaure o significado. O primeiro plano do quadro está repleto dos grupos de figuras nuas previamente mencionados, que, de acordo com a análise de Fränger, são reveladas como um tratado cuidadosamente pormenorizado sobre a *ars amandi* e *ars moriendi* [arte de amar e arte de morrer]. A sublimação da força da vida em casamento espiritual e um culto erótico da ternura é o verdadeiro problema da existência; e, quando se obtém o significado pela reunião espiritual dos sexos em uma humanidade,

---

[41] Para a interpretação do olho como órgão de concentração no fundamento da alma, ver Platão, *Alcibíades* I, 132-33. O símbolo do olho é introduzido, em *Alcibíades* I, por ocasião da interpretação de Sócrates do "Conhece-te a ti mesmo" délfico. Ver também Fränger, *Hieronymus Bosch*, p. 62.

então a arte do afastamento do mistério da existência entre o nascimento e a morte preparará a transição para o Além do fluxo da vida. Daí, o pano de fundo do "Milênio" estar repleto da simbolização da ressurreição e da ascensão.

O significado dos três eãos é levado à clareza total no lado direito do painel, o "Inferno". O Inferno de Bosch não é um local transcendental de tortura, mas o mundo empírico sob o domínio de forças elementares e paixões humanas. Embora o primeiro plano do "Milênio" seja um tratado da arte da vida, o "Inferno" é igualmente um vasto tratado pictórico sobre o aborto da existência. Podemos selecionar apenas algumas ilustrações da rica simbolização: o arranjo pragmático de elementos que explode nas cenas de guerra; a corrupção dos estados (monges, cavaleiros); as paixões que produzem desordem (o jogo, a prostituição, a cobiça); o "Inferno dos Músicos" com sua simbolização da harmonia que se perdeu; e, no centro, a simbolização da vaidade da vida e o *taedium vitae* resultante. O "Inferno", juntamente com os quadros dos três eãos, então se torna um tratamento doutrinal circular do destino do homem. A existência humana, se deixada às inclinações e paixões da vida, tornar-se-á um inferno de vaidade, desarmonia e desordem. A transfiguração desse inferno no milênio não pode ser obtida, entretanto, pela negação e supressão das inclinações e paixões; estas devem ser reconhecidas como a fonte da vida, como a necessidade cósmica elementar que levará o homem para além do fluxo da criação até ao fundamento divino através da submissão principal ao ritmo da vida e pela espiritualização da paixão no culto do erotismo.

O tríptico de Bosch é prova de que no movimento do Espírito Livre ocorreu um desenvolvimento e transformação livres quase inacreditáveis do cristianismo. Os símbolos da ortodoxia estão ainda presentes; mas são suplementados por uma rica cultura espiritual platônica, gnóstica, neoplatônica e neopitagórica. O movimento absorveu completamente a teologia mística de Dionísio Areopagita e Erígena, à medida que desapareceu o literalismo dos símbolos cristãos. Mesmo o historicismo da especulação joaquimita está dissolvido. A operação com os símbolos tornou-se um jogo livre do espírito, como na obra tardia de Platão; e o mito está entendido profundamente como o florescimento histórico da inconsciência sem nenhuma outra função do que a expressão sensual das experiências fundamentais da existência. Em particular, devemos estar conscientes da compreensão intensa da existência espiritualmente desorientada como o verdadeiro "inferno", uma intensidade que encontramos inteiramente desenvolvida apenas no século XVII na psicologia de Hobbes e Pascal. E devemos estar conscientes ainda mais da compreensão correspondente para a espiritualização da natureza e da função do erotismo – pois essa façanha do Espírito Livre quase não teve sequência importante. Como a cultura do erotismo espiritual se submergiu tão profundamente pode ser demonstrado pelo fato de que o tríptico de Bosch permaneceu incompreendido durante séculos, tão inteiramente incompreendido que o homem que pintou as paixões como o Inferno pôde ser tido na conta do homem que pintou um paraíso de paixões.

§ 11. *Imperium apolíneo*

Nossa pesquisa sobre o Espírito Livre deixa aberta uma questão. Falamos da tensão entre instituição e movimento, do caráter de tendência oculta do movimento até 1500, da explosão na Reforma e da secularização depois de 1700. Da continuidade não pode haver dúvida; a especulação sobre o Terceiro Reino nos séculos XVIII e XIX mostra a mesma estrutura formal da Idade Média; o problema da história transfigurada é o mesmo para Joaquim de Flora e Amaury de Chartres como para Comte e Marx. Contudo, permanece o problema da transição verdadeira da Cristandade sectária do Espírito Livre para a especulação secularista do iluminismo e positivismo. A natureza do problema pode ser ilustrada pelas seguintes reflexões. Até 1500 a tensão entre instituição e movimento não é apenas de estratificação social; não é simplesmente uma tensão entre uma estratificação social mais baixa e uma sociedade reinante; é também sobretudo uma tensão entre estratos intelectuais.

Na história da especulação adamita, uma linha aguda corre entre a especulação de sectários adamitas, de um lado, e o que podemos chamar a "grande" especulação adamita, do outro. A especulação sobre o Adão eterno, o primeiro e o segundo Adões, a *renovatio* do Adão caído é uma parte clássica da antropologia cristã. Santo Agostinho, Dionísio Areopagita, Erígena, Eckhart, Nicolau de Cusa e Jacob Boehme são os grandes nomes na exploração da *imago Dei* e seu destino. Nenhum desses grandes pensadores tinha que ver com o sectarismo adamita. Quando e como o tipo sectário de especulação intelectualmente secundária se tornou "respeitável" e penetrou o estrato mais alto do pensamento ocidental? A questão obviamente não tem resposta simples. Podemos mostrar a continuidade de forma entre a fase cristã do movimento e sua sequência secularista, mas dificilmente podemos falar de uma influência direta. Se enumerarmos os nomes de Voltaire, Diderot, d'Alembert, Marx e Hitler, e os confrontarmos com nomes como Ortlieb, Joris, Nicolau e Bosch, veremos que não se associam facilmente; falta um elo na cadeia que levaria de um a outro. Com os místicos medievais tardios estamos ainda num ambiente de doutrina cristã; com os enciclopedistas, positivistas e materialistas estamos num clima de ciência e orientação imanente do mundo. A forma de especulação é a mesma, mas expressa-se num meio diferente. Daí podermos afinar nossa pergunta: quando e onde ocorreu a amálgama entre a especulação do misticismo ativista e o meio de "intelectualismo" intramundano e de "ciência"?

a. A concepção de Burdach sobre a Renascença

A resposta a essa pergunta não está ainda sob a luz completa do conhecimento, mas ao menos não estamos tateando tanto no escuro como fazíamos há uma geração. A obra de Konrad Burdach estabeleceu o *locus* histórico da amálgama e iluminou o próprio processo com uma opulência de materiais, ao menos para o crucial século XIV. A resposta implica o abandono de nossa concepção tradicional da Renascença como uma nova época, inteiramente diferente, em conteúdo civilizacional e aspecto, da Idade Média. Não se trata de levar a data da Renascença para trás, de encontrar revivescências da Antiguidade clássica nos séculos XIII e mesmo XII; trata-se de traçar a continuidade substancial entre o espiritualismo cristão da alta Idade Média e o novo reino de façanhas humanistas, poéticas, artísticas e científicas que identificamos como a Renascença. Burdach caracteriza essa continuidade substancial, definindo o Humanismo e a Renascença como os herdeiros dos poderes imperiais moribundos. O que eles têm em comum com a igreja e o império é a "ideia de universalidade". Com a Renascença começa um "Terceiro Império" de um tipo não político "na esfera da imaginação, moralidade, e da arte da vida, determinando a natureza íntima do homem". "A este Terceiro Império, novo, inaugurado por Dante, Petrarca e Rienzo no reino do espírito, eu chamo apolíneo."[42]

De novo, aparece uma ideia do "Terceiro Império", mas dessa vez de um reino "apolíneo" de cultura do intelecto e da imaginação como contrastados com um Terceiro Reino do Espírito. Contudo, embora as duas ideias de Terceiro Reino (o Apolíneo e o Espiritual) tenham de ser cuidadosamente distinguidas, historicamente estão intimamente relacionadas entre si. A façanha da obra-prima de Burdach foi ter mostrado que, na Renascença italiana do século XIV, nas pessoas de Dante, Petrarca e Rienzo, se amalgamaram os dois ativismos do Reino do Espírito e do Reino Apolíneo, e que aqui temos o

---

[42] Konrad Burdach, *Reformation, Renaissance, Humanismus: Zwei Abhandlungen über die Grundlage moderner Bildung und Sprachkunst*. 2. ed., Berlim e Leipzig, Gebrüder Paetel, 1926; reimpressão Darmstadt, Wissenschaftliche Vuhges, 1978. O volume contém dois ensaios: "Sinn und Ursprung der Wort Renaissance und Reformation" (1910); e "Über den Ursprung des Humanismus" (1913). As citações são das p. 133 e 142.

locus histórico em que a especulação sobre o Terceiro Reino entrou na cultura secularista, intelectual e artística da civilização ocidental. Para os casos de Dante e Rienzo já vimos (na "Parte Três: *Sacrum Imperium*") que a especulação joaquimita sobre o *DUX* é uma parte essencial de seu pensamento político e ação.[43] Em nosso tratamento da Idade Média, contudo, confinamo-nos ao relato das consequências da especulação joaquimita e não entramos no problema do amálgama que nos ocupa no presente.

Temos de emendar uma parte da definição de Burdach. Burdach insiste no caráter "não político" do Terceiro Império.[44] Que a caracterização não pode passar sem emenda é óbvio se lembrarmos as ideias de Dante e Rienzo. De fato, tão logo chega à elaboração concreta do problema, o próprio Burdach introduz o elemento que caracteriza como política a ideia do novo reino. A origem do humanismo está "no despertar da consciência nacional italiana para a realidade de ser um poder autônomo e liderante na formação (*Bildung*) cultural europeia". A consciência de ser um poder liderante na formação cultural está intimamente associada à consciência do imperialismo romano. O imperador legítimo é senhor do Império; o Império pertence a Roma; daí ser romano o imperador. Nas ideias de Rienzo, em particular, o símbolo do Augusto romano tem um papel importante; e na *Monarchia*, de Dante, a ideia da monarquia romana universal é baseada na unidade universal e intelectual da humanidade. Podemos falar de um "misticismo nacional" da ideia romana, e de uma fé no matrimônio sagrado entre Roma e o principado do mundo.[45]

Diante de tais ilustrações da ideia dificilmente se pode afirmar que ela é "não política". Seria mais correto dizer que

---

[43] Ver vol. III, *The Later Middle Ages*.

[44] Burdach, *Reformation, Renaissance, Humanismus*, p. 133. A caracterização como não político é repetida em Burdach em *Rienzo und die geistige Wandlung seiner Zeit*, vol. II/1, *Vom Mittelalter zur Reformation*. Berlim, Weidmann, 1913-1928, p. 542.

[45] Burdach, *Reformation, Renaissance, Humanismus*, p. 133, 127; Burdach, *Rienzo*, p. 542.

aqui presenciamos as primeiras agitações da sociedade citadina italiana e de seus intelectuais que estão prontos para fornecer à ordem política uma nova legitimidade, temporal e espiritual, em lugar dos decadentes poderes imperial e eclesiástico. A situação intelectual, contudo, é obscurecida por alguns fatores. Os principais são a precocidade das agitações, assim como sua localização nas cidades-estados italianas. Ambos esses fatores causam a vaguidade e as vacilações das expressões políticas. De um lado, a forma política em que a ideia do *imperium* "apolíneo" tende a expressar-se é a do império romano universal. Vimos que essa tendência deu seu toque de "romantismo" às ideias de Dante da *monarchia*. No tribunato de Rienzo, de um lado, vimos a mudança de concepção política entre os níveis do *imperium Romanum*, o corpo místico italiano e a cidade-república romana. Já que a ideia de um intelecto imanente no mundo como o portador da ordem política podia ser estabilizada historicamente apenas no nível da "nação", e já que a cidade-estado era o fado da história política italiana até o Risorgimento, vemos os começos muito importantes de uma nova especulação política no ambiente intelectual da sociedade citadina diminuir aos poucos com Maquiavel e a esperança de uma unificação nacional italiana. A tarefa é retomada no ambiente transalpino pelos pensadores políticos da burguesia nacional na França e Inglaterra durante os séculos XVI e XVII.

Com Bodin na França, com Hobbes e Locke na Inglaterra, completa-se o rompimento com a igreja e os reinos dos estados feudais; o meio da especulação política do terceiro estado – ou seja, da "natureza" e "razão" – foi fixado; e a nação chegou ao nível em que a ordem política do novo Reino pode ser estabelecida. O rompimento da continuidade entre a especulação "burguesa" precoce nas cidades-estados italianas e sua renovação posterior nos Estados nacionais transalpinos causa obscuridade em relação à transição da especulação do misticismo ativista para a especulação do intelectualismo ativista. Na especulação política da Renascença italiana encontramos a ligação que pode ser encontrada apenas com dificuldade a norte dos Alpes.⁴⁶ No ambiente italiano vemos acontecer, na verdade, a amálgama entre o espiritualismo sectário medieval e a especulação sobre o Terceiro Reino intelectual. Aqui podemos estudar o processo em sua pureza, antes de o Terceiro Reino ter-se concretizado na nação. Quanto à relação com o movimento do Espírito Livre, podemos dizer que na especulação sobre o *imperium* "apolíneo" reconhecemos o movimento no nível do estrato intelectual superior da sociedade citadina medieval tardia.⁴⁷

b. Bonifácio VIII – O homo spiritualis

Da opulência de materiais que ilustram a mistura de espiritualismo cristão com a ideia de um novo reino que deve ser criado pela personalidade intelectual superior podemos selecionar apenas alguns exemplos notáveis. Começaremos com a nova opinião que foi dada por Bonifácio VIII à ideia cristã do *homo spiritualis*.

Na bula *Unam Sanctam* encontramos o argumento: "Quando um poder temporal se desvia, ele será julgado pelo poder espiritual; e quando um poder espiritual menor se desvia, pode ser julgado apenas por Deus, não pelo homem. Por isso o Apóstolo é testemunha quando diz: 'O homem espiritual, ao

---

⁴⁶ Não faltam, contudo, as ligações no norte dos Alpes. Para o caso inglês, o leitor deve consultar o vol. VI, *Revolution and the New Science*, cap. 4: "The English Quest for the Concrete", onde encontrará cuidadosamente traçada a transição do cristianismo-platônico para a ideia iluminada de Locke acerca da razão. Para o caso francês, ele deverá consultar o capítulo sobre Bodin no vol. V, *Religion and the Rise of Modernity*, e, para o caso alemão, o capítulo sobre Schelling no vol. VII, *The New Order and Last Orientation*.

⁴⁷ Para a interpretação da especulação política do século XIV italiano como uma *Bürgerphilosophie* (filosofia citadina) encontramo-nos de acordo com Alois Dempf, *Selbstkritik der Philosophie und vergleichende Philosophiegeschichte im Umriss*. Viena, Thomas Morus, 1947, p. 241 ss. Burdach pensa que o humanismo e a Renascença são movimentos "aristocratas" (Burdach, *Renaissance, Reformation, Humanismus*, p. 140 ss.) porque visam ao cultivo do mundo interior do indivíduo. Essa não é uma contradição com interpretação adotada no texto. Pode-se muito chamar cultivo da personalidade um ideal "aristocrático" contanto que seja claro que o cultivo da personalidade é o "aristocratismo" do terceiro estado.

contrário, julga a respeito de tudo e por ninguém é julgado'" (1 Coríntios 2,15). O argumento é de interesse por causa do emprego da citação da 1ª Epístola aos Coríntios. A sentença aparece originalmente no contexto de uma discussão da sabedoria (*Sophia*) de Deus. Esta sabedoria pode ser discutida apenas entre os *perfecti* (1 Coríntios 2,6) pois não é a sabedoria deste mundo (*aion*) nem de seus governantes; o que Deus preparou para os que o amam nunca entrou no coração do homem comum (1 Coríntios 2,9). O homem só pode entender o espírito do homem, ao passo que os que receberam o espírito de Deus podem penetrar tudo, e mesmo as profundezas de Deus (1 Coríntios 2,10). Daí termos de distinguir entre o homem natural e o homem espiritual (*psychikos, pneumatikos*) (1 Coríntios 2,14-15). O homem espiritual no sentido do cristão a quem o Espírito é revelado é o homem que pode julgar todas as coisas, mas não pode ser julgado por aqueles que não conhecem a mente de Deus (2,16). O significado da sentença da 1ª Epístola aos Coríntios pode ser sumariado: o *pneumatikos* não pode ser julgado pelo simples *psychikos*. Obviamente, esse não é o significado da sentença no argumento da *Unam Sanctam*. A bula emprega o termo *espiritual* equivocamente de tal maneira que se refira ao poder espiritual como distinto do poder temporal no corpo místico cristão. Para São Paulo cada Cristão é, em princípio, um *pneumatikos*, seja clérigo ou leigo, embora a bula arrogue a espiritualidade do homem para a ordem clerical, e, dentro dessa ordem, no mais alto grau, para o Sumo Pontífice. A artimanha não escapou aos seus contemporâneos. João de Paris insistia que o significado estava distorcido porque o *homo spiritualis* de São Paulo não obtém sua espiritualidade da *potestas spiritualis* que é própria do juiz eclesiástico.[48]

O argumento da bula, entretanto, não é apenas uma questão de equívoco, talvez com o propósito de obter vantagem política momentânea. Apresenta uma nova doutrina em que, na verdade, estão misturadas a espiritualidade sectária e uma vontade imperial de poder. O elemento sectário é revelado na distinção

---

[48] João de Paris, *De Potestate Regis et Papali*, cap. 18.

entre *pneumatici* e *psychici*. Na 1ª Epístola aos Coríntios a distinção significa apenas cristãos e não cristãos; a bula, contudo, não implica que os *psychici* não sejam cristãos; são cristãos, mas de um grau espiritual menor. Nem a bula identifica os dois tipos com a distinção entre almas eleitas e condenadas; os *pneumatici* não são a igreja invisível, nem os *psychici* pertencem à *civitas diaboli*. Ao contrário, os *homines spirituales* são muito visíveis à medida que constituem a hierarquia da igreja. A bula, na verdade, transfere os graus espirituais, como podemos encontrá-los numa seita gnóstica, a todo o corpo da Cristandade.

Em virtude dessa transferência a doutrina transcende a esfera do sectarismo. O alcance da comunidade é agora coincidente com o todo da civilização cristã. Os graus da hierarquia eclesiástica se tornam graus do *homines spirituales;* os poderes político-temporais do mundo ocidental se tornam graus do *psychici*. Toda a esfera de instituições estabelecidas (igreja, império, reinos nacionais) é reinterpretada como a articulação hierárquica de um *imperium* do Espírito. Por incrível que possa parecer, Bonifácio VIII fez uma tentativa de transformar as ordens espiritual e temporal da Cristandade medieval num império gnóstico. A tese é corroborada pela linguagem que os partidários do papa empregaram em seu zelo incauto. Em Arnold de Villanova encontramos até o toque paraclético na pergunta retórica: "Quem dos fiéis não saberia o que é sabido até pelos caldeus e bárbaros, que o Pontífice Romano é Cristo na terra (*Christus in terris)*?" Ele tem "a autoridade universal do poder plenário", pois ele apenas entre os pontífices é colocado como "a luz das nações e a lei dos povos de tal modo que o bem-estar (*salus*) seja garantido a todos até aos confins da terra".[49] Sobre as várias medidas durante o pontificado de Bonifácio VIII que indicam sua consciência imperial, o leitor deve consultar o estudo de Burdach.[50]

---

[49] Arnold de Villanova, *Tratactus de Tempore Adventus Antichristi* (1297-1305). O tratado está publicado em Heinrich Finke, *Aus den Tagen Bonifaz VIII*. Müster, Aschendorffschen Buchhandlung, 1902. As passagens citadas estão na p. clvii.

[50] Burdach, *Rienzo*, esp. p. 538 ss.

Como seus contemporâneos julgaram essa consciência pode ser deduzido do julgamento contra a memória do papa; a acusação baseou-se no fato de que o papa erigira suas estátuas nos portões da cidade e acima deles, ou seja, em lugares onde na Antiguidade eram colocados ídolos; e em muitas palavras acusou o papa da intenção de restaurar uma idolatria não cristã diante da majestade humana.[51]

c. Dante – Intelecto e graça

Em *Unam Sanctam* pudemos observar a tentativa de transformar a hierarquia eclesiástica estabelecida em classe governante de um império espiritual. Em *Convivio*, Dante evoca a ideia de um reino universal em que a ordem temporal é assegurada por um monarca mundial romano, ao passo que o grau mais alto na ordem espiritual é mantido por uma nobreza de *perfecti* que segue a autoridade do *Filosofo*, ou seja, de Aristóteles, "*il Maestro della nostra vita*" (*Convivio*, IV.4, 6 e 23). O imperador e o filósofo são as duas autoridades que têm de ser reconhecidas pelo homem a fim de assegurar a existência perfeita. O imperador oferece a segurança física da existência a todo ser humano, sem a qual a formação de uma existência perfeita é dificilmente possível; ao *maestro e Duca della regione umane* (IV.6) deve-se "fé e obediência", pois sem seu guiamento, a perfeição, mesmo de uma existência segura, não pode ser conseguida. Embora ambas as autoridades sejam de grau igual à medida que uma existência humana completa não pode ser conseguida sem uma ou outra, a ordem da razão ou intelecto, já que é a ordem de perfeição, está acima da ordem da simples necessidade. A ordem imperial sem autoridade filosófica não pode trazer nada, senão miséria para a humanidade; e a evocação de Dante é, de fato, um apelo à

---

[51] Para as fontes, ver ibidem, p. 211. Na análise no texto empreguei na maior parte das vezes materiais dados por Burdach; a análise em si, entretanto, é independente da de Burdach, embora não esteja em desacordo com ela. Ao caracterizar Bonifácio VIII, Burdach vale-se de termos como "super-homem espiritual" e "hierarca demoníaco". O leitor verá facilmente que tais caracterizações são imaginativamente corretas, mas teoreticamente insuficientes.

autoridade imperial de associar a autoridade filosófica a sua regra. Aconselha em nome da *Sabedoria*: "Ama a luz da Sabedoria, tu que foste estabelecido sobre os povos"; e interpreta a palavra como significando: "Liga a autoridade filosófica com a imperial a fim de governares bem e perfeitamente" (IV.6).

De novo, como em *Unam Sanctam*, estamos diante da tentativa de evocar um Reino espiritual na existência histórica; e, de novo, o método de realizar o reino é a criação de uma nova nobreza espiritual. A chave para a compreensão da concepção de Dante é sua transferência da ideia de nobreza da nobreza feudal do sangue para a nobreza intelectual da pessoa. Dante demora-se muito na concepção errada vulgar de que a nobreza tinha sua fonte nos casamentos, ligações familiares, castelos, posses e domínio territorial, embora, ao contrário, todas essas "aparências" têm sua fonte na nobreza (IV.8). E, em outra seção, critica severamente a suposição de que alguém seja nobre porque descende de uma raça nobre, embora, ao contrário, "Não a raça faz nobre a pessoa individual, mas as pessoas individuais enobrecem a raça" (IV.20). Surge, então, a questão concernente à natureza da Nobreza (*Nobiltà*) verdadeira. Dante responde à questão por um amálgama de espiritualismo cristão com intelectualismo aristotélico. Pela nobreza significa-se "a perfeição de sua natureza própria em cada ser". Sinônimo com "natureza própria", o termo *virtù propria* é empregado de tal modo que um ser seja "o mais perfeito" quando alcança sua *virtù propria*. O processo de perfeição só é em parte natural, de outra parte é devido a um ato de graça divina; e à fagulha seminal da graça Dante assina o termo *Nobiltà* em particular. Daí ser a *virtù* concebida por Dante como uma qualidade num homem em quem a nobreza e a paixão entram em tal mistura que predomina a nobreza (IV.16, 20).[52]

O homem do mais alto grau é, para Dante, o *perfectus* (IV. 16). Perfeição é a realização integral da natureza própria de um ser. O que então é a natureza própria do homem, e como pode

---

[52] Devo deixar o termo *virtù* não traduzido a fim de evitar os equívocos moralistas que poderiam ser causados pelo termo inglês "virtue" [virtude].

ser realizada? Os meios para conhecer e alcançar a natureza própria é o desejo. De acordo com Aristóteles, o desejo mais alto de todos os seres é o retorno à origem (*lo ritornare al suo Principio*). Com esse desejo, eles são dotados pela Natureza, e se o seguirem encontrarão e realizarão sua própria natureza verdadeira de onde brotaram. A natureza do homem, a origem a que ele deseja retornar, é Deus. "O Princípio e o Fabricante das almas"; Deus fez o homem à sua imagem e semelhança; a perfeição humana, portanto, consiste em realizar a *imago Dei* em que o homem se origina (IV.12). Vemos a metafísica aristotélica da enteléquia combinada com a especulação adamita na ideia do *perfectus* que realiza em sua existência o *Protos Anthropos* pela busca do *bios theoretikos* no sentido aristotélico.

A origem em Deus é comum a todos os homens; mas o retorno à origem não é dado a todos. De novo, como no caso de Bonifácio VIII, a distinção entre homens não diz respeito à salvação ou danação deles. O *perfectus* de Dante, não mais do que o *homo spiritualis* de Bonifácio, é a alma salva. O tópico do *Convivio* não é o destino transcendental da alma, mas a realização da *imago Dei* na existência temporal. Quanto a essa realização, os homens são diferentemente dotados e diferentemente exitosos. O desejo é o guia para Deus, mas o desejo pode também levar para o mau caminho. Os desejos humanos são diversificados, apontam em várias direções; o caminho para a origem não será encontrado imediatamente, mas apenas depois de muitos caminhos serem tentados e levarem a um impasse; a vida pode ser perdida na vastidão de desejos e não alcançar a *città* do repouso eterno (IV.12). Mesmo os que estão mais bem equipados pela natureza (*perfettamente naturati*) para encontrar o caminho correto dificilmente se desenredarão da vastidão antes de alcançar o ponto alto do arco da vida (IV.23).[53] O encontro do caminho,

---

[53] As explanações de *Convivio* IV.23 são empregadas na interpretação do verso que abre a *Divina Comédia* (*Nel mezzo del cammin di nostra vita,* etc). Se esses versos forem entendidos como uma data biográfica, a visão da *Divina Comédia* cairia no ano de 1300, o trigésimo quinto ano da vida de Dante. Para os 35 anos como o *punto summo* da vida, ver *Convivio* IV.23.

então, é o processo da própria vida. As paixões de juventude devem ser exauridas e a ambição do mundo deve ser experimentada como um impasse antes de os bens da alma intelectual, o equilíbrio da razão e da paixão na *virtù* poderem ser descobertos e obtidos na existência. Apenas os *intelletti sani*, contudo, alcançarão esse ponto de ordem interna; a multidão se frustrará pelas doenças da mente, tais como o orgulho da vida, a *superbia vitae* (*naturale jattanza*), a pusilanimidade e a frivolidade natural (IV.15). Apenas quando a alma está bem ordenada (*bene posta*) é que se torna o vaso que é disposto (*disposta*) para receber aquela "graça", aquela "coisa divina", aquele *seme di felicità*, ou *virtù intellettuale possibile*, que Dante chama nobreza (IV.20,21).

Quando a graça na nobreza desce na alma bem ordenada, então a *virtù* se tornará completamente desenvolvida. O intelecto prático desenvolverá a prudência, temperança, coragem e justiça na ação; e o intelecto mais alto, o especulativo, ascenderá à contemplação das "obras de Deus e da Natureza" (IV.22), e nele se revelarão os dons do Espírito.[54] Quando essa harmonia completa da *virtù propria* natural, da *virtù intellettuale* e do divino *seme di felicità* ocorre num homem, então ele se transforma "como se fosse outro Deus encarnado" (IV.21). A formulação fica muito perto da autodivinização sectária. Mas não é idêntica a ela. Dante preserva a distância da realidade transcendental. A beatitude mais alta seria a união com Deus, mas essa união não pode ser alcançada na vida. A beatitude na vida pode ser encontrada na forma imperfeita na vida ativa (*beatitudine imperfetta*); pode ser encontrada numa forma mais perfeita pela operação das virtudes intelectuais (*beatitudine quasi perfetta*); e ambas essas operações levam à beatitude mais alta – "que, entretanto, não pode existir aqui embaixo" (IV.22). O *perfectus* de Dante participa, então, do Espírito divino pela graça da nobreza, que desce até o intelecto

---

[54] Os dons do Espírito são enumerados por Dante como sete "de acordo com Isaías": sabedoria, justiça, temperança, fortaleza (de salvação), conhecimento, piedade e temor a Deus. Suponho que a enumeração seja uma referência a Isaías 33,5 ss.

e o informa, mas a beatitude em si permanece a *quasi perfetta* da operação especulativa.

O tópico de quase perfeição é continuado e desenvolvido na ideia de uma operação intelectual apolínea, no prólogo ao *Paradiso* e nos comentários sobre o prólogo na carta de Dante ao vigário-geral imperial Can Grande della Scala. O prólogo se abre falando da graça de participação na realidade transcendental. A Dante foi concedida a graça de uma "visão" que teve no paraíso, no terceiro céu, próximo da fonte da luz divina; e o que ele pôde absorver do reino sacro em sua mente será agora substância (*materia*) de seu poema. A narrativa de uma "visão", contudo, está repleta de complicações. Aquele que retorna não pode contar o que viu; nem se lembra do que viu, nem a língua humana é adequada para a narrativa. O "desejo último" do retorno à origem é realizado; mas quando nosso intelecto chega perto de seu desejo, submerge tão profundamente (*si profonda tanto*) no desejo "que é Deus", que não pode retornar com memória.[55] A visão é um ato de graça, provendo o intelecto com "substância", mas quando chega à expressão da substância na obra do intelecto, Dante está de volta à existência temporal, embora na existência do *perfectus* cuja *virtù* é enobrecida pelo *seme di felicità*.[56] O apelo à expressão feliz tem agora de ir para a *divina virtù* sob o símbolo de Apolo.[57] A *virtù* apolínea dará o poder de manifestar ao menos "a sombra do reino de bem-aventurança" de tal maneira que o poeta será capaz de coroar-se com os louros; e os louros serão merecidos pela "substância" assim como pela *virtù*.[58] O reino apolíneo dos *perfecti* que merecem os louros está claramente

---

[55] *Paradiso*, 1.4-9; *Carta ao Can Grande*, 28 (a numeração da carta está de acordo com a edição de E. Moore, *Tutte le opere di Dante Alighieri*. Oxford, Samperia Dell'Università, 1904).

[56] A teorização de Dante sobre a visão segue de perto a narrativa de São Paulo dessa visão em 2 Coríntios 12,2-4. Ver *Carta a Can Grande* para outras fontes, tais como Ricardo de São Vítor, Bernardo de Claraval, Santo Agostinho, Daniel e Ezequiel.

[57] *Paradiso*, 1.22.

[58] *Paradiso*, 1.26-27: "*e coronarmi allor di quelle foglie che la matera e tu me farai degno*".

circunscrito como o reino da *virtù* intelectual, que é informada pela substância da graça. O prólogo, finalmente, retorna ao tópico do *Convivio* – ou seja, o império universal com suas duas autoridades, de imperador e de filósofo. O reino dos *perfecti* em que a autoridade do intelecto filosófico é unida com o poder imperial, lamentavelmente, não é realidade. Os louros, símbolo do reino, só brotam raramente no triunfo do imperador ou do poeta (I.29); a época está perdida na vastidão da paixão humana; em culpa vergonhosa, que não sente o desejo mais elevado (I.30). Que o Deus délfico sinta a alegria de que ao menos um homem é sedento de sua fronde (I.31-33).

d. Conclusão

Com a evocação de Dante do *imperium* apolíneo, a transferência da especulação mística para o meio do intelecto temporal está, em princípio, completada. Na própria obra de Dante, assim como na literatura de sua época e das gerações seguintes, a ideia de uma humanidade espiritualmente renascida na história é apoiada por uma opulência de símbolos tais como a fênix, ascendendo de suas cinzas, uma renovação da humanidade através de um novo *lavacrum*, um novo batismo que, na verdade, foi feito por Rienzo, a renovação do homem pela vitória sobre o mundo e o velho Adão, e, acima de tudo, o símbolo cristão difundido do renascimento espiritual. Essa rica simbolização indica a amplitude do movimento, mas não acrescenta nada aos princípios desenvolvidos por Dante no *Convivio* e no prólogo do *Paradiso*.[59] Foi dado o passo fatal

---

[59] Para a riqueza de pormenores o leitor deverá consultar as obras de Burdach. As passagens-chave no Novo Testamento para a ideia da renascença podem ser encontradas em João 3,33 ss, e em Efésios 4,23 ss. Para o *Secol si rinova*, etc., de Dante, ver *Purgatorio*, 22.70. De interesse particular para a penetração da Cristandade por um novo espírito mundano é a passagem de Petrarca em *Rime* CCCLIX.49 ss: "*Vinsi il mondo e me stessa: il lauro segna / Triunfo, ond'io son degna, / Mercè di quel Signor che mi diè forza*" ["[Eu]... conquistei o mundo e a mim, o louro significa triunfo, do qual sou digno, graças ao Senhor que me deu força]. Petrarch, *Petrarch's Lyric Poems: The Rime Sparse and Other Lyrics*. Trad. e ed. Robert M. Durling. Cambridge, Harvard University Press, 1976, p. 558.
O *Vinsi il mondo* são as palavras de Cristo em João 16,33: "*ego vinci mundum*".

de estabelecer o reino do intelecto criativo na ciência e arte como um reino de graça divina; o reino da cultura é santificado como um reino de perfeição espiritual. Com o próprio Dante esse novo imanentismo de perfeição é ainda mantido em xeque pelo transcendentalismo da Cristandade; a perfeição dele do intelecto especulativo não é mais do que uma quase perfeição. Gerações futuras serão menos restringidas, e a quase perfeição do intelecto que é penetrado pela graça de Deus tornar-se-á a perfeição da razão que pode ser obtida progressivamente pela tentativa do homem. Os *perfecti* intelectuais do iluminismo e progresso assumem o papel de Deus quando estendem a graça a si mesmos; e já que em sua própria presença estão na presença de Deus, desaparece a diferença entre perfeição e quase perfeição. No século XVIII e na primeira metade do século XIX – ou seja, no período de Voltaire a Comte e Marx – é cândida essa húbris de autodivinização e autodotação com a graça; os portadores do processo estão apenas obscuramente conscientes, ou inconscientes de todo, das implicações e consequências do movimento que apresentam. É apenas na pessoa de Nietzsche que o processo alcança sua consciência trágica; ele experienciou completamente a paixão e o horror do homem que "estende a graça a si mesmo". A amálgama de graça com o intelecto especulativo num reino apolíneo de cultura, que começa com Dante, termina na tragédia do super-homem dionisíaco. Nesse sentido, podemos dizer, a Renascença termina com Nietzsche.[60]

---

[60] [Este capítulo foi traduzido para o alemão e publicado como *Das Volk Gottes: Sektenbewegungen und der Geist der Moderne* [O Povo de Deus: Movimentos Sectários e o Espírito da Modernidade]. Trad. Heike Kaltschmidt, ed. Peter J. Opitz. Munique, W. Fink Verlag, 1994.

QUINTA PARTE

A GRANDE CONFUSÃO

1. A GRANDE CONFUSÃO I:
LUTERO E CALVINO

Eu vou; e para onde, graças a Deus! Eu sei;
E surpreendo-me por sentir crescer tal tristeza.

Lutero

Em busca de um título para os dois capítulos que devem lidar com a Reforma e as teorias políticas que dela emergiram, chegamos à designação negativista do período como uma era de confusão; nenhuma caracterização positiva cobriria o vasto alcance de acontecimentos e ideias que foram motivados pelas Noventa e Cinco Teses de Lutero.[1] Especialmente no reino das ideias políticas, nenhum termo positivo manterá unida a corrente de literatura partidária que foi solta pela sublevação. A revolta do movimento de reforma foi acompanhada de ideias que evocavam e apoiavam o acontecimento e que lutavam contra ele; mas elas não se cristalizaram em sistemas de pensamento político. Se algo é característico da Reforma, é o fato de que não podemos ligar a ela o nome de nenhum grande pensador político.

---

[1] Sobre as dificuldades de caracterização, ver o admirável capítulo introdutório em Allen, *History of Political Thought*, p. 1-14.

Apenas na segunda metade do século XVI apareceu a figura de Bodin, elevando-se muito acima de todas as outras. Mas com ele estamos para além da literatura polemista propriamente dita; seu sistema de política de novo se baseia na tradição gelasiana dos dois poderes, o rei e o papa. Na literatura polemista, não encontramos nada senão a expressão de posições mantidas pelas personalidades liderantes na disputa. Nenhum dos pensadores se mantém por si mesmo como uma grande mente ordenadora; representam aspectos parciais de uma revolução que, como um todo, escapa deles todos. Daí ser impossível chegar a uma compreensão do período por um relato das várias teorias em seus próprios termos; primeiro, as questões da época têm de ser esclarecidas; somente quando tivermos obtido um quadro teórico de referência é que as posições partidárias podem ser classificadas apropriadamente.

Mesmo essa tarefa, contudo, pode ser diferida para o próximo capítulo; pois a Reforma, sem dúvida, tem um acontecimento focal, ou seja, a tempestade que foi levantada pelas Teses de Lutero. A Reforma não começa com uma teoria, política ou de outro gênero; começa com uma libertação de forças contidas e uma cristalização de questões que já estavam presentes antes de 1517. O curso que os acontecimentos tomaram não foi pretendido nem por Lutero nem por ninguém mais. Ao contrário, podemos dizer que o curso dos acontecimentos teria sido inteiramente diferente se o caráter e temperamento de Lutero não lhes tivessem dado o alimento e direção. A interação não intencional entre uma situação explosiva e a personalidade de Lutero marca o começo da Reforma e determina-lhe o curso posterior. Antes de podermos definir as questões teóricas que emergem dela, temos de chegar a alguma clareza em relação à situação e à personalidade que interagiu no embate. Devemos começar essa análise com algumas observações acerca do meio social que deu ressonância internacional a um acontecimento que, de outro modo, poderia ter malogrado como um acontecimento provinciano.

§ 1. Imprensa e público

Primeiro de tudo temos de considerar que a Reforma teve um aspecto técnico que dificilmente pode ser superestimado em sua importância – ou seja, o uso da imprensa. Desde meados do século XV, a arte de impressão estava-se espraiando rapidamente da Alemanha pelo sul, oeste e norte da Europa; ao tempo de Lutero, as cópias das obras literárias disponíveis tinham crescido de dezenas de milhares, em que os manuscritos tinham de ser contados, para dezenas de milhões de livros. A Reforma foi o primeiro movimento político e religioso de importância que, para sua propagação, pôde contar com a palavra impressa. A rapidez com que os reformadores podiam disseminar suas ideias, a intensidade de discussão, o número de disputadores, a rápida troca de críticas e contracríticas, e, acima de tudo, o tamanho da audiência que podia ser alcançada são impensáveis sem a imprensa. No ápice da atividade de Lutero, houve períodos quando todas as editoras alemãs estavam tão ocupadas em imprimir seus tratados, sermões e traduções da Bíblia que ele tinha quase um monopólio da publicação.

Tal emprego intenso da imprensa pressupõe um vasto público leitor. A esse respeito, de novo, temos de levar em conta um novo fator que se fez sentir exatamente ao mesmo tempo que as prensas se espalharam pela Europa, ou seja, a fundação de novas universidades. O desenvolvimento das universidades alemãs começou com a fundação de Heidelberg, em 1385; antes do meado do século XV tinham-se seguido Colônia (1388), Erfurt (1379/89), Leipzig (1409) e Rostock (1419); a essas podemos acrescentar as fundações de Praga (1347) e Viena (1364). Depois do meado do século XV temos uma nova onda de fundações: Greifswald (1456), Freiburg (1460), Basileia (1460), Ingolstadt (1459/72), Treves (1473), Mainz (1476), Tübingen (1477), Wittenberg (1502) e Frankfurt/Oder (1506). Faculdades, estudantes e alunos desses numerosos estabelecimentos constituíam em si mesmos um público leitor considerável, embora a rapidez de fundação indique a intensificação intelectual geral da sociedade. Ademais, novas instituições desse tipo têm de encontrar seu estilo e frequentemente são mais adequadas a responder ao espírito da época em que são criadas do que as universidades mais antigas, em que se transmite uma tradição por gerações de eruditos. A fundação recente de Wittenberg é em parte responsável pela reunião do trio Lutero, Melanchthon e Carlstadt. Ocasionalmente, ouvimos um historiador católico reclamando da falta de sabedoria em indicar para um professorado influente um homem de menos de trinta anos, como Lutero, cuja força espiritual e intelectual não gozava de maturidade. E Melanchthon, ao tempo de sua ordenação em 1518, tinha 21 anos de idade.

A importância revolucionária desse ambiente acadêmico recentemente criado pode talvez ser mais bem aferida se lançarmos um olhar na situação em outros países. Na Inglaterra e na Itália, com tradição acadêmica mais antiga, não foram fundadas novas universidades na segunda metade do século XV. Na França temos quatro fundações entre 1441 e 1464: Bordeaux, Valence, Nantes e Bourges; na Escócia, duas: Glasgow (1463) e Aberdeen (1494); no norte da Europa, duas: Uppsala (1477) e Copenhague (1479). O único país que mostra uma explosão nesse período, comparada com a da Alemanha, é a Espanha, com sete fundações entre 1450 e 1505: Barcelona, Saragoça, Palma, Siguenza, Alcalá, Valência e Sevilha. No caso espanhol, entretanto, esse crescimento súbito no número das instituições acadêmicas não teve os mesmos efeitos que na Alemanha. Certamente é sintomático do ímpeto de energia nacional que fez do século XVI o grande século da Espanha, mas a direção dos acontecimentos religiosos e políticos permaneceu nas mãos da Inquisição Espanhola (fundada em 1478), na coroa da Espanha (especialmente depois da Concordata de 1482), e mais tarde nas Ordens dominicana e jesuíta.

§ 2. O Cisma – A disputa de Leipzig

Os dados precedentes são para sugerir que na abertura do século XVI viera à tona um mundo de escritores, leitores, livros e disputa literária de uma coesão e rapidez até então inauditas na disseminação de ideias; e isso no novo campo de atividade literária da área alemã tinha-se tornado um fator particularmente potente. Esse novo campo de alta condutividade para ideias tem de ser pressuposto quando agora voltamos aos problemas que tinham adquirido uma agudeza perigosa em tal atmosfera de discussão intensa.

Os problemas, em si, como indicamos, não eram novos; e deve-se descartar especialmente a noção de que a igreja estava num estado particular de corrupção, ultrapassando tudo o que acontecera antes. Mas muitos acontecimentos, instituições e questões teoréticas que antes passavam incontestadas lançavam agora uma sombra pesada sob o brilho do exame histórico e crítico. Consideremos, como problema de importância central na Reforma, a divisão da igreja. O desenvolvimento de igrejas cismáticas e seitas normalmente é tido como a consequência mais decisiva da atividade de Lutero, criando problemas inteiramente novos na Cristandade. De fato, a sequência histórica é o reverso: o cisma vem primeiro, e Lutero fez dele um problema sem nenhuma intenção de criar outros cismas. Ao tempo de Lutero, a igreja estava dividida; de fato, tinha-se dividido nas igrejas ocidental e ortodoxa grega desde 1054, e essa divisão se fizera agudamente consciente, de novo, mediante o fracasso da reconciliação no Concílio de Florença em 1439. Ademais, a igreja ocidental tinha emergido das Guerras Hussitas com um cisma próprio através da existência continuada dos Irmãos Boêmios.

A questão do cisma se tornou tópica por ocasião da Disputa em Leipzig, em 1519, quando Eck sustentou que os cristãos gregos estavam condenados ao inferno porque a Igreja Ortodoxa Grega não reconhecia o sumo episcopado romano.

A questão tinha implicações locais porque, na expectativa das coisas por vir, o átrio ficou cheio de pessoas que, de um lado ou do outro, estavam interessadas no *status* dos Irmãos Boêmios. Lutero, em sua resposta, expressou-se em favor do destino celeste dos gregos. Aqui temos um exemplo típico da maneira em que questões dormentes chegam a um nível de consciência pública que impossibilita compromissos. A Disputa de Leipzig foi um acontecimento inteiramente desnecessário; quem lhe deu início foi Eck, que pretendia alguma publicidade para acelerar a carreira; Lutero respondeu à provocação porque seu temperamento não lhe permitiria ficar quieto; e o Eleitor da Saxônia, que poderia ter proibido Carlstadt e Lutero de envolver-se nesse debate perigoso, deixou-os prosseguir porque era um liberal que acreditava que a verdade escondida viria à luz pela liberdade de expressão.

O curso do debate levou inevitavelmente de uma coisa a outra. Era o papado uma instituição divina ou humana? Se era de instituição divina, então, na verdade, o que seria das igrejas orientais que não reconheciam e nunca tinham reconhecido a autoridade de Roma? Eram heréticos todos os orientais? Mas nesse caso estariam condenados todos os santos e padres dos gregos? Lutero perguntou se o papa tiraria do céu os grandes Basílio e Gregório Nazianzeno. Esse era um ponto difícil para Eck, que mostrou alguma boa vontade ao deixar apenas os homens gregos comuns irem para o inferno. Veio à luz uma verdade, de fato, embora nenhum dos disputantes fosse capaz de formulá-la explicitamente: a verdade de que o cristianismo como uma religião histórica se tornara diferenciado de acordo com áreas civilizacionais do Mediterrâneo, que a doutrina cristã é parcialmente um crescimento histórico refletindo as diferenças civilizacionais da humanidade, e que o problema da diferenciação histórica não pode ser estabelecido por declarações mútuas de ortodoxia e heresia. Santo Tomás insistira no grande princípio de que o desenvolvimento da doutrina cristã não acrescenta novos artigos de fé aos antigos, mas diferenciou núcleos menos diferenciados da doutrina. A sutileza de um novo Tomás teria sido necessária para lidar com a diferenciação desse núcleo, não apenas dentro da civilização ocidental, mas numa pluralidade de civilizações históricas.

O tópico dos gregos era muito escorregadio para Eck. Já que uma penetração intelectual séria no problema estava muito além de sua capacidade, assim como da de Lutero, caiu na armadilha do lugar-comum corrente da instituição divina ou humana do papado, que parecia ser o único instrumento doutrinal para lidar com a questão. Recuou até à igreja latina e começou a pressionar Lutero no ponto perigoso dos hussitas. O papado como uma instituição humana havia sido um princípio hussita (assim como tinha sido para Wycliffe e mesmo mais cedo, para os *Tratados de York*); isso foi condenado pelo Concílio de Constância. Lutero estava ao lado da heresia hussita e sustentava que um concílio, convocado apropriadamente, podia errar? Lutero contorceu-se: não tinha nada que ver com os hussitas, condenava-lhes o cisma, e não queria discutir tais questões com base em minutas da Inquisição, mas à luz das Escrituras. Mas Eck insistiu, e Lutero se sentiu compelido a dizer que alguns princípios de Huss, que tinham sido rejeitados no todo pelo concílio, eram evangélicos, e alguns podiam ser encontrados até em Santo Agostinho.

De novo, um problema, que não era tão novo, tinha-se tornado crucial; mas podia ser mantido abaixo do limiar de dissensões perigosas apenas caso não se falasse demasiado dele. Discutimos o problema do decisionismo na igreja em nosso capítulo sobre Guilherme de Ockham.[2] A realização institucional da *homonoia* cristã sempre foi exposta ao perigo de quebrar-se historicamente sob a pressão de uma civilização mutante e em estado de diferenciação. As guerras albigenses e o caso dos Espirituais franciscanos tinham ido fundo demais para obrigar uma discussão séria da questão de com quem ficaria o poder de decisão, em quem residiria o Espírito de Cristo, quando papas, concílio e outros grupos de

---

[2] Ver vol. III, *Latter Middle Ages,* cap. 18.

cristãos se arremessavam mutuamente acusações de heresia. A questão, é claro, é insolúvel; a unidade da igreja tem de assentar-se na boa vontade de compromisso e cooperação no Espírito de Cristo; se a liberdade espiritual de cooperação se atrofia a ponto de a unidade ter de assentar-se na decisão de uma de várias autoridades rivais entrincheiradas, o perigo de cisma está próximo. Os movimentos ingleses e boêmios de pré-Reforma tinham revelado a gravidade da situação. E o desempenho vergonhoso dos concílios no século XV não tinha certamente aumentado a convicção de ninguém de que os concílios não erravam – e isso precisamente numa época quando a igreja, mais do que nunca, precisava de uma instituição cuja autoridade decisória fosse aceita por todo mundo. Quanto a esse ponto específico da Disputa, podemos dizer que o argumento que tinha fervido desde Ockham alcançara o nível de uma luta entre autoridades rivais. Boa parte da literatura polêmica, como veremos, tem de ser entendida como literatura partidária na luta decisionista que em breve invadiria não apenas a Cristandade ocidental em geral, mas também as subdivisões nacionais.

§ 3. A historicidade dos símbolos – Igreja e transubstanciação

Das questões especiais no embate da Disputa ganhamos alguma iluminação sobre a natureza geral do problema que causou a grande ruptura religiosa. Podemos caracterizá-la como a crise do conteúdo histórico acumulado, mas intelectualmente indigesto, da Cristandade. O Espírito é absoluto; mas é histórica a simbolização de sua experiência e sua institucionalização na vida da comunidade humana. No curso da história, simbolizações que expressaram adequadamente a essência da Cristandade numa época podem tornar-se inadequadas numa nova época; a essência da Cristandade é matéria de reajuste permanente de sua expressão histórica. O problema é formidável dentro de uma civilização ao longo dos séculos; é ainda mais formidável, como indicamos, quando o reajuste tem de estender-se a uma pluralidade de civilizações históricas. O raio de eternidade que é a igreja é um raio na história; as expressões doutrinais do raio – que nos começos da igreja podem ter parecido tão eternas quanto o próprio raio – revelam sua relatividade à luz da história que flui pelas épocas.

A vítima mais importante do fracasso de lidar com a historicidade da Cristandade, como vimos, foi o símbolo da igreja desde seus começos. Para a igreja primitiva, o gênio de São Paulo tinha encontrado o grande compromisso com a história pela interpretação da civilização pagã e hebraica como revelações preludiantes da lei divina. No período da Cristandade romana, o problema de uma pluralidade de civilizações cristãs tinha sido resolvido, até certo ponto, pelas altercações dos primeiros concílios acerca da Cristologia; mas tornara-se visível a possibilidade de uma divisão entre o ocidente e várias cristandades orientais. Dentro da Cristandade ocidental, depois de Carlos Magno, a situação cismática poderia ser encoberta decentemente pelo provincianismo relativo do desenvolvimento ocidental. Mas esse período de dormência relativa do problema chegou a seu fim inevitável com o alargamento do horizonte histórico para o Oriente e as complicações domésticas do Ocidente. A evocação do sumo episcopado romano estava intimamente ligada à evocação indisputada do império ocidental. Com a desintegração da evocação imperial pelas mudanças internas e externas da cena histórica, a *Romanitas* do poder espiritual não podia permanecer um símbolo indisputado como se nada houvesse acontecido. Com a finalidade da ideia imperial, a finalidade, não da Cristandade, mas de sua forma eclesiástica romana se eclipsaria. Dentro da relativização histórica da ideia imperial, a *Romanitas* da Cristandade se tornaria um acidente histórico. E os líderes da igreja teriam de enfrentar a tarefa de espiritualizar a ideia da igreja universal de tal maneira que se tornaria independente do acidente romano. Se a Disputa de Leipzig mostrou algo, foi que já tinha passado o tempo de se jogar no inferno um cristão porque lhe acontecera de nascer nas proximidades de Constantinopla.[3]

Agora, terá notado o leitor, creio, que estamos no meio de uma discussão platônica de um mito que se torna historicamente falso, ao menos em parte, pelo lapso de tempo. Os mesmos princípios gerais que acabamos de aplicar ao símbolo da igreja devem ser aplicados a outras questões fervilhantes da Reforma. Tratemos por um momento do problema da transubstanciação. A fim de obter clareza de expressão, devemos empregar o termo de Tomás, *conversio*, para o mistério ritual da mudança do pão e vinho no corpo e sangue do Senhor. O mistério da conversão quase não era problema antes do século XII. Nessa época, entretanto, a aceitação cândida do mistério parece ter sido suficientemente perturbada pela vaga ascendente de civilização intelectual que fez da conversão um problema. Levantaram-se questões, pedindo uma "explicação" de uma conversão que deixasse o pão e o vinho inalterados externamente. O Quarto Concílio de Latrão, de 1215, estabeleceu a interpretação da conversão como transubstanciação, como uma mudança da substância que não atinge os acidentes. Essa também é a interpretação que Santo Tomás dá à conversão em sua *Summa Theologiae*. É nesse ponto bem anterior que temos de procurar pela origem do problema, não na época da Reforma, quando apenas se exacerbou o problema.

A conversão é originalmente, na Cristandade, um genuíno elemento mítico pré-cristão. Estamos bem informados acerca de sua origem pelo documento cristão mais antigo concernente à matéria, ou seja, a 1ª Epístola de São Paulo aos Coríntios, 3,11. Aqui assegura São Paulo aos Coríntios: "Com efeito, eu

---

[3] O conflito entre os elementos históricos num mito e a situação histórica mutante não é, naturalmente, própria da Cristandade. Encontramos o mesmo problema no nível histórico do Mito da Natureza na forma do conflito entre a ideia de um império cosmológico e o fato histórico da pluralidade de tais impérios. Os últimos cem anos ofereceram o espetáculo de uma grande civilização cosmológica, a chinesa, nos espasmos de transição de uma universalidade inquestionada de império para uma fase histórica cuja forma última não pode ainda ser conjeturada.

mesmo recebi do Senhor o que vos transmiti: na noite em que foi entregue, o Senhor Jesus tomou o pão e, depois de dar graças, partiu-o e disse: 'Isto é o meu corpo, que é para vós; fazei isto em memória de mim'. Do mesmo modo, após a ceia, também tomou o cálice, dizendo: 'Este cálice é a nova Aliança em meu sangue; todas as vezes que dele beberdes, fazei-o em memória de mim'".[4] São Paulo acrescenta algumas poucas afirmações de explicação a esse propósito a fim de que os que comem o pão e bebem o cálice proclamem a morte do Senhor até que ele volte; portanto, os que comem e bebem indignamente (*anaxios*) são culpados do corpo e do sangue do Senhor; o que come e bebe sem "discernir o corpo", come e bebe juízo (*krima*) para si mesmo. Para a fonte dessa interpretação, São Paulo invoca o próprio Senhor, e não os outros apóstolos. Insiste neste ponto: "Com efeito, eu vos faço saber, irmãos, que o evangelho por mim anunciado não é segundo o homem, pois eu não o recebi nem aprendi de algum homem, mas por revelação de Jesus Cristo" (Gálatas 1,11-12). Ele é muito pormenorizado no ponto: Deus o escolheu "desde o seio materno e me chamou" por sua graça – uma referência a Jeremias 1,5. Quando tinha recebido sua revelação, não foi para Jerusalém para visitar os companheiros de Jesus, mas se retirou na Arábia. Somente depois de seu retorno a Damasco e, então, somente depois de três anos é que ele passou duas semanas em Jerusalém com Pedro. E então de novo, depois de catorze anos, retornou a Jerusalém e informou os apóstolos acerca do evangelho que ele pregava aos gentios de acordo com sua revelação (Gálatas 1-2). Parece muito possível que em apenas uma dessas ocasiões os companheiros de Jesus souberam pela primeira vez do significado autêntico da Última Ceia. A história é reveladora não porque lance dúvidas sobre a confiabilidade dos Evangelhos sinóticos (como historiadores "críticos" um tanto precipitadamente pressupõem), mas porque mostra admiravelmente o crescimento interno da doutrina cristã do rito, que deve ter existido, para o *mythos* (no sentido clássico)

---

[4] Estou traduzindo do *Novum Testamentum Graece et Latine*, de Eberhard Nestle. 10. ed., Stuttgart, Privilegierte Wurttembergische Bibleanstalt, 1930.

que lhe interpreta o significado. Ademais, aponta para o interior arábico da Palestina como uma região geográfica de ritos sacrificais e mitos que podem ter emprestado seu simbolismo às formulações de São Paulo.

Relembramos as fontes principais da *conversio* a fim de estabelecer o exato nível teorético do problema. No que diz respeito a São Paulo, ele ainda viveu no "mito do povo" – se podemos empregar o termo platônico. Na narrativa em 1 Coríntios, 11, a conversão é realidade mítica; e a aproximação "indigna" da refeição sacrifical tem essas consequências tangíveis, fisiológicas, como enfermidades e doenças – das quais parece ter havido alguns incidentes entre os Coríntios (1 Coríntios 11,30). E um mito, como sabemos de Platão, não deve ser falsificado. Pode reter sua "verdade" apenas se o crente for sensível ao sabor da experiência que produziu o símbolo, apenas se o símbolo, anamnesicamente, despertar a experiência no crente.[5] Quando a conversão se torna uma proposição química, sua verdade se perdeu. Uma vez que o mito é destruído, sua verdade pode ser reconquistada, como em Platão, no nível do mito da alma que torna possível a compreensão anamnésica renovada dos simbolismos menos diferenciados. A zona de perigo para o mito está entre esses dois níveis na área do requinte iluminado.

Com esses esclarecimentos na mente, podemos agora caracterizar o problema com mais precisão. É teoreticamente proibido submeter um mistério ritual, como a conversão, a uma "interpretação" sob a ótica da metafísica aristotélica, como foi feito na doutrina da transubstanciação. Uma vez que esse caminho falacioso é tomado, é apenas questão de tempo e circunstância antes de os metafísicos indignados se rebelarem contra uma substância sem acidentes e acidentes sem substância. Teorias auxiliares aparecerão, como as de Durand, Ockham, e d'Ailly, que fazem a substância do pão coexistir com o corpo do Senhor – ou seja, as variantes da

---

[5] O termo grego de reminiscência em 1 Coríntios 11 é, de fato, *anamnesis*.

ideia de consubstanciação a que pertence a "presença real" de Lutero. Ou encontrar-se-ão fugas para a verborreia retórica como as de Calvino, ou para uma doutrina direta de simbolização comemorativa sem um mistério, como a de Zuínglio. As diferenças reais de dogma não são de nossa conta. Para nosso propósito de uma história das ideias, temos de perceber que terminara a época da fé elementar de São Paulo, embora estivesse para além das possibilidades intelectuais da época dos Reformadores igualar-se o espiritualismo sensível do *Crede et manducasti* [crê e terás comido] (talvez o ponto alto no desenvolvimento em direção a um nível platônico) com uma teoria adequada do mito. A *conversio* afundara ao nível de uma altercação pseudometafísica entre intelectuais que não dominavam a questão.

Contudo, a confusão é instrutiva à medida que podemos discernir nela as principais tendências conflitantes. Houve, primeiro, a tendência de retornar da especulação intelectual sobre os símbolos para sua aceitação elementar. Essa tendência pode ser discernida na insistência não especulativa de Lutero na "presença real"; a turvação e inconsistência de Lutero a esse respeito particular não deve ser julgada como um fracasso teórico, mas como uma suspensão entre uma teorização proibida e uma consciência de sua impropriedade. Há, em segundo lugar, uma consciência confusa de que o problema tem de ser empurrado em direção da espiritualização. Essa tendência de novo a encontramos em Lutero, mas é apenas uma fase transitória, por volta de 1520. Num sermão sobre *Das haupt-stuck des ewigen und neuen testamentes* etc. (1522) ele vai ao ponto de distinguir entre a "palavra" e o "signo". A "palavra" é a coisa importante, não o "signo"; "podemos passar sem o signo, mas não sem a palavra. Pois não pode haver fé sem a palavra divina". A comunhão real consiste na fortificação da fé pela palavra; e apenas em confirmação da fé deve o sacramento ser recebido; pois, de outro modo – e aqui Lutero é de novo estritamente paulino – sua recepção seria perigosa. Esse é provavelmente o extremo a que o "Crê e terás comido" agostiniano pode ser levado; mas a doutrina mal toca o problema do próprio sacramento. Uma terceira tendência, finalmente, é representada por Carlstadt, Zuínglio e Ecolampádio; é a tendência de seguir adiante partindo da destruição parcial do símbolo através da metafísica aristotélica até sua completa dissolução pela alegorização "liberal". Essa última tendência é de interesse especial para nós porque mostra que a destruição intelectualista dos símbolos, que é um movimento maciço, se tornou eficaz apenas no final do século XVII e começo do XVIII, mas tem uma ancestralidade que remonta para além da Reforma até aos arroubos metafísicos do período escolástico. A incompreensão intelectualista dos símbolos, a inclinação gnóstica para estender a operação do intelecto até ao reino da fé e do mito, começa, em problemas especiais, já no século XII; e entre os faltosos, encontramos, talvez inesperadamente, até mesmo Santo Tomás.

§ 4. As Noventa e Cinco Teses

Analisamos a situação teorética sob a ótica dos símbolos principais envolvidos na Reforma, na igreja e na transubstanciação. A análise terá mostrado por que estamos falando da época da reforma como a "grande confusão" e terá mostrado também por que razão, no contexto de uma história geral das ideias políticas, teria sido inútil continuar este tipo de análise para cada problema envolvido. Um aumento de exemplos não adicionaria nada à compreensão da situação. Daí devamos apontar sumariamente para alguns dos fatores que contribuíram para a explosão de 1517.

Acima de tudo temos de estar conscientes da ascensão no nível geral da sensibilidade espiritual nas massas mais amplas. No capítulo precedente, "O Povo de Deus", lidamos com a crise no começo do século XIV. A obra de pregação das ordens mendicantes tinha surtido efeito, e podemos falar de uma massa real de cristianização por volta de 1300, em particular na sociedade das cidades ascendentes. A grande onda de misticismo do século XIV teria exigido a maior habilidade dos estadistas eclesiásticos a fim de canalizar o movimento em formas institucionais. Essa habilidade estava faltando, e os místicos foram empurrados e descarrilaram em movimentos heréticos subterrâneos; é por isso que datamos o declínio da igreja em 1300. O movimento, embora mal administrado pelas autoridades eclesiásticas, contudo, não diminuíra. Os escritos dos místicos permaneciam conhecidos e eram espalhados até mais intensamente por volta do final do século XV, tais como as obras de Tauler. E o próprio Lutero publicou e prefaciou um dos melhores escritos místicos, o *Theologia Germanica* do anônimo de Frankfurt. Para mentes que tinham sido formadas pela religiosidade dos místicos, muitas das baixezas na prática da igreja, que em tempos mais crus poderiam passar sem levantar crítica, surgiam agora como um abuso intolerável, clamando por uma reforma imediata.

Entre as práticas desse tipo, talvez a mais perigosa fosse a exploração de indulgências, que na verdade motivou a tempestade de 1517. A prática de indulgências como tal era antiga na igreja. Servia como uma remissão da punição temporal que é imposta pela autoridade da igreja como um sinal visível de contrição verdadeira. Tais remissões de punições às vezes muito onerosas eram concedidas já no século VII; e a comutação em multas em dinheiro se conformava frequentemente com as regras de *Wergeld* como remissão para punições de acordo com a lei romana. O costume foi suplementado pela doutrina do *thesaurus meritorum*, primeiro desenvolvida por Alexandre de Hales no século XIII, que é a doutrina de uma acumulação de expiação "supérflua" através de santos no "Tesouro da Igreja". Até esse ponto, o sistema de indulgências não era mais do que uma concessão da igreja a um ambiente civilizacional que dificilmente poderia ter sido cristianizado nas massas amplas, caso mantivesse os rigores de punição da igreja inicial. O abuso começou com o equívoco popular em considerar as indulgências como uma remissão não apenas da punição temporal, mas também da culpa; e em particular com o equívoco das indulgências plenárias como uma remissão da culpa futura. Indulgências, especialmente quando provindas de Roma, podiam ser entendidas popularmente como bilhetes de entrada para o Céu. Embora não se possa dizer que esse equívoco fosse encorajado deliberadamente pelas autoridades eclesiásticas, certamente a igreja não tomou as medidas apropriadas para o contra-atacar com eficácia pública, ou mesmo para investigar se havia o encorajamento de equívocos pelos concessores de indulgências, os quais participavam dos lucros pecuniários da venda de tais indulgências. Do século XIV ao XVI, a exploração abusiva do equívoco tinha crescido, tornando-se um escândalo de proporções europeias, envolvendo grandes somas de dinheiro e interesses de autoridades.

O escândalo em si estava maduro. Foi agravado pelas circunstâncias que cercavam a venda de indulgências que levou aos acontecimentos de 1517 e dos anos seguintes. No que diz respeito ao papado, a venda de indulgências tinha-se tornado uma fonte importante de ganho regular assim como um método de coletas com propósitos especiais. Em 1510, Júlio II pusera à venda uma Indulgência do Jubileu, principalmente para cobrir o custo da nova igreja de São Pedro. A indulgência foi posta à venda para Magdeburg e Mainz em 1515. O comissário era Albrecht de Brandenburgo, um simoníaco notório, que mantinha, ao mesmo tempo, o arcebispado de Magdeburg e de Mainz, assim como o bispado de Halberstadt. Por um acordo secreto, os procedimentos da venda foram divididos meio a meio entre o tesouro papal e os Fugger – pois estes tinham de ser reembolsados das somas adiantadas a Albrecht para a compra dos seus bispados e pela dispensa especial que lhes permitia manter as três sés. Quão "secreto" foi esse acordo era difícil julgar, pois os agentes da Casa de Fugger acompanhavam os concessores de indulgências a fim de, no ato, dividir a entrada do dinheiro.

Nessa negociata de alta finança internacional, Lutero cometeu um erro crasso com suas Noventa e Cinco Teses, "Sobre o poder e eficácia das indulgências". Em forma e intenção as Teses (em latim) eram uma discussão acadêmica árida da questão teológica envolvida, em nada diferente de centenas de outras disputas numa universidade medieval. Quanto a seu conteúdo, entretanto, as Teses atingiam o ponto crítico. Pois Lutero insistia que uma indulgência pode apenas remir uma penalidade eclesiástica, não a punição de Deus; em particular, uma indulgência não pode remir a culpa; além disso, refere-se apenas aos vivos, não às almas do purgatório; e atacava o *thesaurus meritorum*, ao insistir que o verdadeiro tesouro de méritos é o Espírito.

As Teses imediatamente despertaram um amplo interesse. A Imprensa da Universidade de Wittenberg não conseguia providenciar cópias suficientemente depressa. Em duas semanas eram conhecidas por toda a Alemanha. Uma tradução alemã teve de ser feita. E, dentro de um mês, Lutero, para sua surpresa, era uma figura de âmbito europeu. A consequência prática foi que caíram notavelmente as vendas de indulgências. O arcebispo de Magdeburg, desapontado em sua expectativa financeira, reclamou a Roma; a Cúria ordenou ao geral dos Agostinianos que mantivesse calado seu monge; e então começou o problema. Pois se algo é característico da Reforma, é que ninguém conseguia ficar calado, ou podia ser mantido calado. Tetzel, dominicano responsável pela venda, não tinha nada melhor para fazer do que publicar contrateses; Eck escreveu um tratado contra Lutero; Lutero respondeu. Um dos inquisidores, Mazzolini, escreveu um tratado sobre o poder do papa contra Lutero. Os Agostinianos, em seu capítulo em Heidelberg, em 1518, discutiram a questão, e nem todos concordavam com seu irmão; e, é claro, o irmão teve de responder-lhes por escrito. Lutero, a fim se ser silenciado, recebeu citações para comparecer a Roma; isso trouxe a campo o eleitor da Saxônia, que considerava as citações uma afronta contra sua universidade e não queria pôr em risco a vida de seu famoso professor. Além disso, tinha sentimentos pessoais contra as indulgências no exemplo concreto porque os brandenburguenses tinham substituído os príncipes saxônicos nos arcebispados em questão; e, para começar, ele não permitira a venda da indulgência em seu território. Portanto, o Papa Leão X teve de revogar as citações, pois o eleitor da Saxônia não podia ser afrontado, considerando a eleição pendente de um novo imperador. Em vez disso, arranjou-se que Lutero deveria aparecer perante o Cardeal Caetano, legado papal na dieta de Augsburgo; a entrevista não foi muito boa, e a situação não melhorou quando Lutero publicou um relatório da tentativa de o silenciarem. A missão de paz subsequente do tesoureiro papal Von Miltitz quase foi um sucesso, porque Lutero prometeu ficar calado, a não ser que atacado; mas então o intrometido Eck começou a provocação que levou à Disputa de Leipzig de 1519, previamente discutida. A guerra de panfletos e sermões continuou até 1520, o ano que trouxe os escritos decisivos de Lutero, assim como a bula papal *Exsurge Domine* contra ele, e finalmente a queima da bula em dezembro de 1520. Num prazo de três anos, a questiúncula sobre indulgências tinha-se desenvolvido numa revolução nacional alemã contra Roma, e as posições dos oponentes tinham sido fixadas de tal maneira que era praticamente impossível uma retratação.

Nossa análise dos símbolos da igreja e da transubstanciação terá transmitido a impressão de que os problemas teoréticos envolvidos nessa luta eram muito intricados. Sob as circunstâncias mais favoráveis de descanso e paciência, uma fórmula adequada teria exigido tempo, trabalho duro e reconsiderações repetidas. Não precisamos desenvolver o ponto que atingiu a sequência dos acontecimentos e tratados que acabamos de examinar que dificilmente poderiam ter levado a outra coisa que não fossem argumentos mal-humorados, sentimentos de agressão e afirmações sentimentais com implicações inesperadas.

§ 5. O Apelo à Nobreza Cristã da Nação Alemã

Por volta de 1520, como indicamos, o ataque às indulgências abusivas tinha-se transformado numa revolta alemã. Seu caráter arrebatador encontrou expressão teorética no tratado de Lutero desse ano, dirigido "*An den christlichen*

Adel deutscher Nation von des christlichen Standes Besserung" [À nobreza cristã da Nação alemã para a melhoria do estado cristão]. O valor deste tratado como uma teoria de sociedade cristã dificilmente foi reconhecido em sua totalidade. É a afirmação mais abrangente da doutrina social de Lutero e do programa de reforma; é cuidadosamente organizado em uma introdução teórica seguida de uma lista de gravames, e finalmente por uma longa lista de sugestões para reforma, compreendendo 27 artigos com amplas subdivisões.

O título do tratado já em si está carregado de implicações revolucionárias. Refere-se à "melhoria do estado cristão" e então levanta a questão crucial concernente à natureza deste "estado". Lutero não dá uma definição formal; mas já nas primeiras páginas emergem distinções tais como "o estado leigo", o "estado espiritual" e o "estado cristão". O contexto mostra que o estado espiritual significa o clero, ao passo que o estado temporal significa a nobreza; o estado cristão, então, significa povo em geral à medida que não ocupa posições de autoridade, espiritual ou temporal. Essa multidão algo indefinível de cristãos simples recebe, contudo, certa cor mediante identificações importantes. Em primeiro lugar, de novo pelo contexto, o estado cristão é identificado com a "igreja"; e a nobreza cristã deve ajudar a "igreja", já que o clero parece não estar querendo fazê-lo. Deveria, talvez, em consequência, o "estado cristão" ser idêntico à Cristandade em geral? Na ocasião, como veremos, este significado está implicado. No primeiro plano, entretanto, está outra concepção que se funda na segunda identificação do "estado cristão" com uma nação. Lutero supõe a existência de uma pluralidade de "estados" na Cristandade, e esses "estados" são as nações, acima de tudo a nação alemã.[6] Lutero está prestes a formar a ideia de uma

---

[6] "Die Noth und Beschwerung, die alle Stände der Christenheit, zuvor Deutscheland druckt..." [Lamentavelmente, o manuscrito original não indica que texto alemão Voegelin está usando. Para um texto, ver *D. Martin Luthers Werke*, Kritische Gesamtausgabe. Weimar, H. Böhlau, 1883-, vol. 6, p. 381 e 404-69. A edição americana das *Obras de Lutero* foi publicada em 55 volumes pela Concordia Press (*Luther's Works*, St. Louis, 1955-) e Fortress Press (Philadelphia, 1957-). Os editores gerais são Jaroslav Pelikan (volumes 1-30)

Cristandade que é articulada em comunidades, chamadas "estados", a que ambos os termos, igreja e nação, se aplicarão. Vemos a ideia em formação, a qual mais tarde se desenvolveu na ideia de uma comunidade cristã na obra de Richard Hooker. Em virtude desses esclarecimentos preliminares, portanto, a "melhoria" do estado cristão pode ser estendida (1) a uma reforma de dogma, ritual e constituição da igreja universal, (2) a uma reforma da igreja nacional alemã, similar à autonomia do galicanismo e do anglicanismo, e (3) a reformas sociais e econômicas na cena nacional alemã.

A elaboração teórica das preliminares começa com o problema de uma sociedade cristã, ou seja, de uma sociedade em que cada um, incluindo as autoridades políticas, é cristão, em distinção das comunidades cristãs primitivas, que eram enclaves numa sociedade pagã com um governante pagão. Numa sociedade cristã, a distinção de poderes espirituais e temporais só pode referir-se ao ofício e à função; não pode determinar uma diferença de *status* espiritual. "Todos os cristãos são verdadeiramente do estado espiritual; e não há nenhuma outra diferença entre eles do que apenas o ofício [...] isso é assim porque temos um batismo, um evangelho e uma fé, e somos todos igualmente cristãos (Efésios 4,5). Pois o batismo, o evangelho e a fé tornam todos espirituais e um povo cristão." Em particular, "o poder temporal é batizado assim como o somos, e tem a mesma fé e evangelho"; daí "temos de deixar que seja padre e bispo, e contar seu ofício como um dos ofícios de que é parte e útil para a comunidade cristã".

O significado rigoroso dessa doutrina pode ser determinado apenas pelo emprego do que é apresentado por Lutero. Sob um aspecto implica uma reafirmação do princípio gelasiano da separação de poderes. As usurpações do poder espiritual

---

e Helmut T. Lehmann (volumes 31-55). O texto de Lutero, *Address to the Christian Nobility of the German Nation* está no volume 44 (1966). Trad. Charles M. Jacobs e rev. James Atkinson. Esse mesmo texto foi reimpresso por *The Babylonian Captivity of the Church* e *The Freedom of Christian in Martin Luther: Three Treatises*. 2. ed. revista. Filadélfia, Fortress Press, 1970, p. 7-112.]

devem ser reprimidas. "O poder temporal é ordenado por Deus para punir os malfeitores e proteger os pios; daí deva exercer seu ofício sem estorvos ao longo do corpo da Cristandade a quem quer que possa aplicar-se, seja ele papa, bispo, padre, monge ou freira"; as jurisdições especiais dos tribunais eclesiásticos têm de ser abolidas; os eclesiásticos e os religiosos devem submeter-se à jurisdição dos tribunais temporais. Sob um segundo aspecto, a doutrina insiste no *status* carismático da autoridade temporal. Lembramo-nos da oração de coroação de Hincmar de Rheims em que o ofício régio foi integrado na hierarquia dos ofícios carismáticos do corpo místico cristão; e lembramo-nos de que ao longo da Idade Média o ofício imperial tinha retido essa qualidade carismática. Lutero reafirma esse princípio: "O poder temporal tornou-se um membro do *corpus* cristão; e embora seu trabalho seja de uma natureza corporal, seu estado é espiritual". "Cristo não tem dois corpos, um temporal e outro espiritual. Há apenas uma cabeça; e ela tem um só corpo."

Até esse ponto a doutrina está em revolta contra o *status quo*; mas a tendência é no todo a de reforma conservadora. A doutrina se torna revolucionária pela expansão dos ofícios que são contados como espirituais no corpo cristão. Não apenas o governante tem um ofício carismático, mas também "o sapateiro, o ferreiro e o camponês"; todos eles têm "o ofício e a obra de sua arte e todos são iguais aos padres e bispos". E se alguém afirmasse que o ofício de governante está tão abaixo dos ofícios de pregadores e confessores, que sua jurisdição não pode estender-se aos eclesiásticos, então também os alfaiates, os pedreiros, os carpinteiros, os cozinheiros, os garçons, os camponeses e todos os artífices temporais deveriam ser considerados muito baixos para prover "papas, bispos, padres e monges com sapatos, vestimentas, casas, comida, bebida e dízimos".

A polêmica discursiva cristaliza-se em três princípios. O primeiro princípio é o sacerdócio geral de todos os cristãos. Quem quer que seja batizado já está com isso ordenado como "padre, bispo e papa; embora não convenha a todo mundo exercer o ofício". O segundo princípio é o da igualdade carismática de todas as funções no corpo cristão. Cada profissão, vocação, artífice e trabalhador manual é um ofício carismático no sentido paulino, assim como são os ofícios de bispos, professores e diáconos. O terceiro princípio assegura o grau de ofício: "Embora sejamos todos iguais como padres, ninguém deve avançar e incumbir-se de fazer (o que temos todos poder de fazer) sem nossa aprovação e eleição. Pois o que é comum, ninguém deve arrogar-se a si mesmo sem vontade e comando da comunidade". Este último princípio aplica-se especificamente ao ofício de clérigo, atacando o *character indelebilis*; não implica uma exigência de eleição e revogação do governador temporal.

Os três princípios, poderíamos dizer, têm de ser tomados como uma unidade; são o cerne estabilizador nas contradições e confusões das doutrinas de Lutero tomadas singularmente. A unidade desse cerne tem de ser levada em consideração especialmente a fim de entender o corolário mais enigmático do sacerdócio de cada cristão, ou seja, a autoridade de interpretar a Escritura. A teoria do "estado cristão" é imediatamente seguida pelo ataque ao *magisterium* da igreja e, em particular, à autoridade papal em matérias de fé. "Há, entre nós, cristãos pios que têm a fé correta, o espírito, a compreensão, a palavra e o significado de Cristo; por que alguém deveria rejeitar-lhes a palavra e entendimento e seguir o papa que não tem nem fé nem espírito?" Ao reconhecer a autoridade papal, contrairíamos a fé na igreja em fé num homem. Já que todos são sacerdotes "como não teríamos autoridade [*Macht*] para experimentar e julgar o que é certo e errado na fé? Onde estaria a palavra de Paulo em 1 Coríntios 2,15: um homem espiritual julga todas as coisas e não é julgado por ninguém?" Não devemos abandonar "Nossa liberdade de espírito" (2 Coríntios 3,17), e não ficar temerosos com os pronunciamentos papais; "devemos atravessar tudo o que eles podem ou não fazer, e obrigá-los a seguir o melhor entendimento e não o deles próprios".

Ao ler essas sentenças, parece quase inacreditável que um homem com treino intelectual considerável não se desse conta de que, para escapar da concentração procedimental da infalibilidade da igreja em sua cabeça monárquica, ele a dispersa entre os cristãos individuais, que de fato ele tornou cada cristão seu próprio papa infalível – com a consequência inevitável de abrir a anarquia de interpretações conflitantes.

Ademais, é igualmente incrível que um homem de conhecimento considerável de história eclesiástica e controvérsia não tenha visto as implicações de seu apelo à autoridade do *homo spiritualis* em 1 Coríntios 2,15. Pois esse tinha sido o mesmo apelo de Bonifácio VIII em apoio de suas exigências de autoridade sobre os simples *psychici*. Embora as frentes tenham mudado, a estrutura do ataque tem de ser inevitavelmente a mesma; o apelo para o *homo spiritualis* só tem razão apenas quando mais ninguém é com isso privado de seu *status* espiritual; embora no caso de Bonifácio VIII os leigos sofressem privação, é o papado que agora é privado de seu grau porque "não tem fé nem espírito". Os ataques de Lutero vão desde designar o papa como o Anticristo até xingamentos desbocados.[7] O apelo era perigoso o bastante quando a cabeça governante da igreja arrogava o grau para si mesmo; com a transferência do apelo da cabeça de uma instituição estabelecida para o homem da rua, a situação tendia inexoravelmente para um sectarismo gnóstico, despedaçando a organização da igreja.

E, finalmente, parece incrível que Lutero tenha ficado surpreso e horrorizado quando, logo no ano seguinte, em 1521, as consequências radicais de seus ensinamentos apareceram nos profetas inspirados de Zwickau e na atividade deles em Wittenberg. No que diz respeito aos princípios de hermenêutica, parece muito óbvio que "julgando a Escritura por nosso entendimento na fé" rebaixaria a Escritura para um segundo

---

[7] Os ataques têm certa qualidade do ponto de vista da arte de xingar. Tome-se a seguinte sentença: "E em vez de Cristo em Sua Igreja, ali se assenta o papa como o lodo na claraboia". O *connaisseur* da língua ficará fascinado (como quase sempre na leitura de Lutero); mas devemos concordar que essa linguagem não é uma contribuição para a unidade eclesiástica.

plano e elevaria a "fé", que serve como guia no entendimento, para o primeiro plano; que num segundo passo o logos que inspirou a Escritura fosse distinguido da palavra literária inspirada; e que, num terceiro passo, a posse imediata do logos permitia que o intérprete inspirado dispensasse de todo a Escritura. Os profetas de Zwickau eram homens que tinham dado o terceiro passo. Eles "falavam com Deus", e o conhecimento que tinham pela graça dele tornava desnecessário para eles estudar a Escritura ou, já agora, o que quer que fosse.

O estudante dos movimentos de massa modernos ficará interessado na facilidade com que, mesmo no século XVI, os "intelectuais" deixavam-se levar por coisas assim. Carlstadt, afinal de contas um professor experiente, explicava a seus alunos que era desnecessário o aprendizado acadêmico, que eles deviam voltar para casa e cultivar o solo a fim de comer o pão com o suor do rosto. O reitor da escola de gramática disse aos pais de seus alunos para levarem os filhos para casa, pois o aprendizado era desnecessário quando profetas tão distintos como Claus Storch estavam bem no meio deles e ofereciam livremente tudo o que valia a pena saber. Os alunos na verdade foram para casa, para aprender algum trabalho manual útil, em vez da sabedoria acadêmica supérflua; e os homens comuns, é claro, gostavam imenso quando Carlstadt os consultava sobre a interpretação de passagens difíceis da Escritura, porque todo mundo era sacerdote e professor.

Como foi possível esse pesadelo de tolice? A resposta não pode ser encontrada unicamente na doutrina de Lutero; tem de ser procurada em seu caráter e no conjunto de princípios que discutimos previamente. Por causa de seu anti-intelectualismo é que Lutero não anteviu a anarquia de interpretação bíblica que se seguiria à sua proclamação de que cada indivíduo era um intérprete autônomo. O ponto é de importância considerável para a compreensão da atitude dos primeiros reformadores assim como de humanistas como Erasmo. O retorno à Escritura como a base da doutrina cristã não foi visto por eles como um rompimento com a tradição e uma abertura para a arbitrariedade individual; foi visto como um rompimento com a arbitrariedade do aristotelismo e da escolástica e como o restabelecimento de uma tradição que não estava senão enterrada sob a interpretação obstinada das escolas. Lutero, como Erasmo, estava tão ocupado com seu ódio ao aristotelismo que ele considerou o rompimento com o edifício complicado da teologia escolástica como o retorno a um significado chão e simples de Cristandade com pouca oportunidade para dissensão. A fim de caracterizar essa atitude apropriadamente temos, ao contrário, de falar do antifilosofismo de Lutero (e de Erasmo). A qualificação desse anti-intelectualismo peculiar como antifilosofismo traz mais claramente à vista a linha que corre desde os primeiros reformadores até o antifilosofismo dos Paracletos do século XIX, ou seja, de Comte e Marx; e também nos faz lembrar do fato de que o termo *intelectual* muito frequentemente (de Erasmo até d'Alembert, Diderot e Voltaire) designa um tipo de pensador que odeia mais que tudo o trabalho sério e filosófico do intelecto.

Lutero expressou-se muito enfaticamente sobre essa questão. Uma seção alongada da *Comunicação* (art. 25) lida com "a reforma" das universidades e do sistema de escolas preparatórias. Sob a influência corruptora do papado, as universidades se tornaram *gymnasia Graecae gloriae* [ginásios de glória grega]; não ensinavam muita Escritura e doutrina cristã, pois eram reguladas "pelo mestre cego e pagão Aristóteles". Primeiro de tudo, o *De Anima*, e a *Física*, a *Metafísica* e a *Ética* de Aristóteles deveriam ser completamente eliminados, pois não continham nada de valor com relação às coisas naturais ou espirituais. "Além disso, de qualquer modo, ninguém entende a opinião dele [...] Digo que um oleiro sabe mais das coisas naturais do que está escrito nesses livros. Fere-me o coração que o vil pagão danado, soberbo, tenha levado para o mau caminho e enganado tão bons cristãos com seu falso ensinamento. Deus nos lançou essa praga por causa de nossos pecados." "Quando considero tal miséria, não posso deixar de sentir que o espírito mau inventou os estudos." E ninguém deve repreender Lutero por não saber do que está falando:

"Eu sei o que digo. Conheço Aristóteles tão bem como vós ou como os vossos iguais. Li-o e escutei-o, com mais compreensão do que Santo Tomás ou Scot. Posso dizer isso sem arrogância, e, se necessário, prová-lo". A *Lógica, Retórica e Poética* de Aristóteles deveriam ser mantidas para treinar as pessoas jovens na fala e na pregação. Além disso, dever-se-ia ensinar latim, grego, hebraico, as disciplinas matemáticas e história. As faculdades de direito deveriam eliminar todo direito canônico e direito romano. As faculdades de teologia deveriam começar seus cursos com as *Sentenças* e dedicar o estudo doutoral apropriado à Bíblia. Os padres deveriam ser lidos seletiva e restritivamente, e nunca deveriam ser mais do que uma introdução à Escritura. O próprio doutorado de teologia permaneceria sob todas as circunstâncias um problema precário; pois o papa, o imperador e as universidades podem fazer apenas doutores de arte, medicina, direito e *Sentenças*; os doutores de Sagradas Escrituras só podem ser feitos pelo Espírito vindo do Céu. Um ensinamento introdutório das Escrituras deveria ser cultivado em escolas preparatórias, e não apenas para os meninos, mas também, em especial, nas escolas de meninas; essas escolas preparatórias teriam a característica de instituições das quais apenas os melhores alunos deveriam progredir para as universidades. Essa política repararia o mal presente de todos serem enviados para a universidade; "pergunta-se apenas por números, e todo mundo quer ter um grau de doutor". "Tenho muito medo de que as altas escolas sejam grandes portões do inferno, a não ser que cultivem mais industriosamente as Escrituras Sagradas e imbuam os jovens com elas."

No antifilosofismo de Lutero podemos sentir o elemento de destruição civilizacional que discutimos como característica dos movimentos sectários no capítulo precedente. Temos de esclarecer esse problema um pouco mais. O elemento está presente em Lutero; é marcado tão fortemente que os movimentos de massa da Reforma – que culmina na Guerra Camponesa – poderiam legitimar-lhe as ideias e ações como elaborações e radicalizações consistentes da posição mais moderada de Lutero. Mas o próprio Lutero não descarrilou numa atitude sectária; ao contrário, opôs-se veementemente às derivações, chegando ao extremo de seu apelo ao massacre dos camponeses rebeldes. Essa atitude, que normalmente é tratada como um traço peculiar (e talvez uma fraqueza) no caráter de Lutero, é de suma importância para o historiador de ideias por causa de sua natureza típica. Embora problemas similares já tenham surgido nos movimentos da pré-Reforma, este é o primeiro grande exemplo de um pensador político que quer criar uma nova ordem social pela destruição parcial da ordem civilizacional existente e, depois, fica apavorado quando homens mais radicais levam a obra de destruição muito além dos limites que ele tinha estabelecido para si. É a atitude que em nosso tempo é exemplificada pelo famoso lema *"so haben wir es nicht gemeint"* [não foi isso que quisemos dizer]. No último capítulo de Comte o leitor encontrará uma discussão pormenorizada do caso mais interessante desse tipo no século XIX; e mais nuances do problema aparecerão na análise do descarrilamento de Nietzsche.[8] No século XX, com a aceleração súbita e rápida da destruição civilizacional, tornou-se muito comum que o homem que, até certo ponto, participa de um movimento de massa destrutivo, é ultrapassado pelos acontecimentos e se torna sua vítima. No caso da reação de Lutero contra o desenvolvimento radical, sua característica pode ser responsável pela sua explosão; mas muita atenção moralista à exortação de Lutero a atrocidades apenas obscurecerá a estrutura muito mais objetiva da situação – ou seja, a situação do homem que quer resolver problemas sociais e intelectuais complicados mediante uma destruição limitada.

No que diz respeito à história posterior do protestantismo, a destrutividade insensata de Lutero teve de ser combatida às pressas pela criação, da parte de Melanchthon, de uma escolástica protestante assim como pela recodificação, feita por Calvino, de uma doutrina cristã nas *Instituições*. Quanto a Lutero, a destrutividade verdadeira de sua atitude quase nunca

---

[8] Ver vol. VIII, *Crisis and the Apocalypse of Man*, cap. 3, sobre Comte, e vol. VII, *The New Order and Last Orientation*, parte 8, cap. 4, sobre Nietzsche.

ficou clara para ele, e certamente não em 1520. Sua rejeição da escolástica e sua advocacia da livre interpretação bíblica para cada cristão não lhe apareceu como a destruição de uma ordem intelectual da doutrina cristã laboriosamente obtida; e podia sentir-se honestamente surpreso e chocado pela irrupção de movimentos de massa violentos de natureza sectária, porque ele se sentia livre de todas as intenções de tornar-se um heresiarca sectário.

A fim de entender mais pormenorizadamente essa cegueira peculiar, temos de agora retornar ao núcleo de princípios que lhe inspiraram as ideias concernentes à melhoria do estado cristão. Desses princípios, está claro que Lutero tinha um problema positivo e uma tarefa à vista, os quais, em sua magnitude, toldavam a visão de incidentes e consequências. Essa tarefa, como vimos, não era simplesmente a reforma da igreja – como, sob a pressão do rótulo histórico tradicional do período, alguém poderia sentir-se inclinado a dizer. Seu problema principal era a criação de uma sociedade cristã nacional. Na verdade, essa sociedade nacional deveria ser um membro articulado da sociedade cristã universal; e já que essa sociedade universal encontrou sua expressão organizacional na igreja, e já que ele não tinha nenhuma intenção de abolir a igreja universal, a reforma da igreja no sentido convencional, para fazê-la compatível com as exigências de uma sociedade nacional melhorada, era tecnicamente de importância igual ao problema principal. Contudo, a reforma da sociedade nacional foi o centro de sua atenção; a experiência desse estado cristão nacional foi de uma realidade tão absorvente para ele que não pôde antecipar imaginativamente nem o dano que tal concentração poderia produzir no nível supranacional da igreja nem o perigo que ameaçaria o próprio estado nacional pela contração posterior do estado cristão nos movimentos sectários infranacionais.

Consideremos agora os pontos principais do próprio programa de reforma. As autoridades temporais deveriam proibir o pagamento de *annates* a Roma, prevenindo o roubo e o dano à nação alemã. Pela mesma razão, deveriam ser proibidas as indigitações de estrangeiros para benefícios alemães; tais indigitações privavam do salário devido os potenciais beneficiários alemães, e o povo alemão, de prelados nacionais sábios. A confirmação de bispos já não deve vir de Roma, mas – de acordo com as regras estabelecidas pelo Concílio de Niceia – dos dois bispados vizinhos ou do arcebispo. Causas temporais não deveriam ser encaminhadas a Roma, mas permanecer dentro da jurisdição de tribunais temporais nacionais. Nenhum feudo deveria ser tomado de Roma, e os *casus reservati* deveriam ser abolidos. Toda a autoridade papal sobre o imperador deveria ser rejeitada, com exceção da autoridade espiritual de pregar e absolver. O artigo 10 generaliza o princípio do estado nacional autônomo e estende-o especificamente aos feudos papais na Itália; ao papa se pede que "tire sua mão da sopa" e que desista de Nápoles, Sicília e dos estados papais. O artigo 12 toca no problema das indulgências e exige a abolição de peregrinações a Roma, em particular por ocasião de Jubileus. O pobre homem que se entrega a tais extravagâncias, na convicção errada de que está fazendo uma boa obra, deveria ser esclarecido de que é muito mais meritório cuidar da família e gastar o dinheiro com sua mulher e filhos. A única desculpa legítima para tais viagens é a curiosidade de ver países e cidades estrangeiras. Todos os pontos precedentes estão menos preocupados com uma reforma da igreja do que com a proteção da sociedade nacional contra a intervenção estrangeira e exploração financeira. Essa intenção das exigências é especificamente enfatizada pelo artigo 13, que recomenda a redução dos mosteiros mendicantes a 10% de seu número atual e a abolição, para os conventos restantes, de seus direitos de pregar e de confessar; pois parece mais como "se a Sé Romana tivesse aumentado esses exércitos para o sacerdócio secular e bispos, quando se cansam de sua tirania, não fossem fortes o bastante para começar uma reforma".

Embora os primeiros treze artigos contemplem uma autonomia aumentada do estado cristão nacional dentro do universal, os dez artigos seguintes (14-23) podem ser descritos como um ataque à excrescência abusiva da vida religiosa e como uma tentativa de reformar a prática religiosa por uma injeção de moralidade racional. É considerável o leque de problemas. Lutero começa o artigo 14 com uma discussão do celibato sacerdotal. A situação ideal seria a de que cada cidade selecionasse em seu meio "um cidadão pio e sábio", confiasse a ele o ofício pastoral e o deixasse ser casado ou não, à sua discrição, e deixasse que a mesma regra prevalecesse para sacerdotes e diáconos, pois poderia ser necessário auxiliá-lo na pregação e na administração dos sacramentos. Esta é a regra primitiva cristã "como permaneceu em vigor na Igreja Grega". Já que esse estado ideal não pode ser produzido da noite para o dia, Lutero então passa a um aconselhamento pormenorizado sobre a conveniência para uma transição. O artigo 15 lida com problemas de disciplina sexual que surgem nos mosteiros; o artigo 16, com os abusos ligados à dedicação das missas aos mortos; o artigo 17, com a abolição de abusos relacionados ao interdito e outras punições eclesiásticas. O artigo 18 exige a abolição de todos os feriados, exceto domingos, "pois por nosso mau uso desses feriados para comilanças, jogos, preguiças e vários pecados, encolerizamos Deus ainda mais nos feriados do que nos dias comuns". Mais importante, entretanto, é a consideração de que a abundância de feriados prejudica o homem comum à medida que ele perde um dia de trabalho e, além disso, consome mais e com tanto abandono que sua eficiência no trabalho é diminuída no dia seguinte. Que tais feriados sejam instituídos pelo papa não é válido como argumento. "O que prejudica o homem no corpo e alma é contra Deus"; e as autoridades seculares têm não apenas o direito de abolir tais feriados por suas ordens, mas até mesmo o dever cristão de fazê-lo. O artigo 19 exige a abolição de proibições e dispensas abusivas quanto aos casamentos entre primos de terceiro e quarto graus, assim como jejuns. Este último ponto parece ter sido um ponto doloroso para Lutero: "Em Roma eles brincam com os jejuns; primeiro ordenam que aqui comamos [*fressen*] gordura com a qual eles não engraxariam sequer os sapatos, e então nos vendem liberdades de comer manteiga".⁹ O artigo 20 ataca a exploração comercial de lugares de peregrinação e exige sua abolição, de novo porque destroem a vida religiosa que deve concentrar-se na paróquia. O artigo 21 ataca o mal de mendicância organizada e exige uma administração adequada dos pobres nas cidades. Os artigos 22 e 23 são parcialmente repetitivos, referindo novamente à dedicação das missas e a vários abusos de dispensa e indulgências – não esquecendo as *Butterbriefe*.

Os últimos quatro artigos (24-27) lidam com uma série de tópicos, cada um de grande importância política. Um deles, o artigo 25, sobre o aristotelismo e a reforma educacional, discutimos previamente. O artigo 24 lida com a questão boêmia. Lutero não quer pronunciar-se sobre a ortodoxia do ensinamento de Huss, embora não tenha encontrado nada de errôneo nele. O ponto é que Huss foi queimado em violação ao salvo-conduto garantido; os boêmios ficaram furiosos com razão, e não se deve pedir a eles que reconheçam a justiça que foi feita. Mesmo se Huss tivesse sido um herético, isso não era razão para queimá-lo, especialmente em violação ao salvo-conduto; além disso, como princípio geral, "os heréticos deveriam ser conquistados pela escrita, não pelo fogo, como fizeram os Padres". Com o reconhecimento de que se cometera um erro, será possível reunir os boêmios à igreja pelo estratagema de deixá-los eleger, de entre os seus, um arcebispo de Praga, que será confirmado por dois bispados vizinhos. Se o papa não concordar com tal procedimento, os boêmios deverão proceder da mesma maneira. "Se não puder ser de outro jeito, temos de dizer, essa eleição e confirmação pelo povo comum é ao menos tão boa quanto a confirmação tirânica." Quanto à questão Utraquista, não se devem pressionar os boêmios; deve-se deixá-los à vontade, tornando claro que qualquer tipo de comunhão é compatível com o cristianismo. Nem se deveria pressioná-los na questão da transubstanciação; contanto

---

⁹ As *Butterbriefe* [Cartas sobre manteiga] são uma reclamação algo penetrante nos escritos de Lutero nessa época. [As *Butterbriefe* são cartas de dispensa que permitem que se comam ovos e produtos lácteos nos dias de jejum. (*Três Tratados, 43*).]

que acreditem na presença do corpo do Senhor, deve-se deixar que acreditem, quanto ao mais, no que quiserem; "pois temos de tolerar muitas maneiras e variedades que não causem prejuízo à igreja".

O artigo 26 lida com o *status* do império. Este artigo contém algumas das mais importantes contribuições de Lutero a uma teoria da política e da história, antecipando em muitos aspectos a posição de Bodin em *Methodus*. O alvo de Lutero é a autoridade papal sobre o imperador, assentada no título da *translatio imperii* para o Ocidente. Os vários argumentos do artigo têm como seu denominador comum o reconhecimento da história profana como uma esfera autônoma em que a luta pelo poder leva a uma ordem política pela vontade de Deus; é defeso encobrir os acontecimentos nessa esfera com uma rede de ficções concernentes à transferência de poder e continuação do império romano. Roma esteve morta nos últimos mil anos; foi destruída pelos acontecimentos da Migração. Nenhum poder reside em Roma; estamos vivendo num mundo em que França, Espanha e Veneza tomaram o poder e território que antes eram de Roma. No Oriente, o império grego continuou a herança romana; mas mesmo ele está morto agora pelo advento dos turcos. A autoridade do papa no império ocidental não é, de fato, nada senão uma usurpação de autoridade da parte de um poder estrangeiro sobre a nação alemã. O realismo histórico é apoiado pelas reflexões sobre a ideia de *translatio*. Como matéria de fato histórico, o papado transferiu o título romano de Constantinopla para os francos. No que diz respeito ao aspecto legal, a transação não tem valor. O título não era do papa; não tinha nenhum direito de transferi-lo; a transferência foi um ato cheio de roubalheira cometido contra Constantinopla; o Império Ocidental, à medida que mantém a ficção de continuidade com Roma, está fundado num ato de violência e injustiça. Todavia, a existência do Império Ocidental na nação alemã é agora um fato histórico; e a atitude para com esse fato deveria ser determinada pelas seguintes considerações: os alemães não têm nenhuma razão de orgulhar-se de serem herdeiros e continuadores da grandeza que foi Roma. Um império é uma coisa pequena para o Senhor; e ele tem isso em tão pouca conta que algumas vezes o tira do justo e o dá a um salafrário: "Daí ninguém considerar uma grande coisa se sua porção for um império, especialmente se for um cristão". Aos olhos de Deus "é um presente surrado que ele dá frequentemente ao mais incompetente". Agora, no entanto, aconteceu; não é culpa de ninguém que o império seja responsável pela nação alemã e ela ter de ser governada justamente. De onde quer que venha um império, o Senhor quer que seja governado apropriadamente. Para esse propósito, o império tem de estar de fato sob a regra alemã; é uma situação impossível que os alemães devam ter o título, e o papa deva ter o país e as cidades.

O artigo 27, finalmente, lida com reformas na esfera "temporal" alemã propriamente dita. Há uma necessidade urgente de leis suntuárias a fim de pôr fim ao empobrecimento da nobreza e da burguesia (*Reiches Volk*); pela mesma razão as importações de alimentos de luxo de além-mar deveriam ser interrompidas. A "maior desgraça" da nação alemã, contudo, é o *Zinskauf* – o que hoje chamaríamos pagar a prazo com taxas de juros –, incluindo especialmente a compra de propriedades em litígio. Isso leva à condenação de financeiros, em particular dos Fuggers, que tinham uma queda para investir seu capital a taxas entre 20 a 100% de juros. "Pode ser divino e direito que durante a vida de um homem se acumule tal riqueza?" Além de recordar o mandamento bíblico de cultivar a terra com o suor do rosto, Lutero sugere que há ainda muitas terras não usadas que poderiam ser cultivadas para aumentar a subsistência do povo. Depois da nobreza, da burguesia e dos financeiros, é a vez do homem comum. Os alemães são conhecidos internacionalmente por sua glutonice e bebedeira. Isso em si é um vício, e, além disso, pouco econômico. Pior, no entanto, é o efeito no nível geral de moralidade; o envolvimento disseminado em assassínio, adultério, roubo e sacrilégio oferece oportunidade ampla para a reforma da autoridade secular. E, finalmente, é indicado reformar a legislação para acabar com os bordéis.

Analisamos estiradamente o *Apelo* e suas implicações porque de todos os escritos de Lutero ele tem o alcance mais vasto e mostra o contexto em que os problemas individuais têm de ser colocados. Revela as peculiaridades da personalidade de Lutero assim como a amplitude de seu pensamento; é muito adequado para romper a incrustação de lugares comuns que impedem uma compreensão precisa da "Era da Reforma". O mais sério desses obstáculos, como indicamos, é a suposição convencional da "igreja" como o objeto da reforma. A Reforma de fato levou a uma divisão da igreja; mas não devemos projetar esse resultado nos começos do movimento. Lutero é historicamente o criador do Protestantismo; mas Lutero não era protestante. Era católico, e o objeto de sua reforma era o "estado cristão"; a reforma da igreja foi incidental em seu programa porque a organização eclesiástica era parte do estado cristão. Em seus escritos o termo *reforma* aplica-se tanto a uma redução das taxas de juro dos Fuggers ou a leis suntuárias, quanto à venda de indulgências ou o fluxo de *annates* para Roma. Quando, além disso, examinamos os tópicos em que ele toca – indo do *status* internacional do reino de Nápoles até o aumento da eficiência de trabalho pela abolição de feriados – temos de dizer que a reforma que Lutero tinha em mente era uma sublevação civilizacional de escala europeia. Um programa desse tipo não pode ser realizado em alguns anos por mudança pacífica; levará séculos e um número considerável de guerras e revoluções. Daí, o *Apelo* torna-se de interesse sob vários aspectos: primeiro, como um catálogo formidável dos males do tempo; segundo – à medida que é um apelo verdadeiro a autoridades políticas para começar essa reforma impossível –, como provavelmente a maior peça de dano político já maquinada por um homem, com exceção do *Manifesto Comunista*; e, terceiro, por ambas as razões precedentes, como a manifestação de uma personalidade extraordinária. Acerca da personalidade de Lutero, temos para dizer mais na próxima seção deste capítulo; mas como a base para discussão futura, devemos tentar definir os traços que aparecem no *Apelo*.

O que atinge o leitor do tratado, acima de tudo, é a força de Lutero, no sentido de uma força vital que passa irresistivelmente a ceifadora pela cena histórica; o tom de autoridade que ressuma das páginas é primeiramente a autoridade de uma força bruta. Um autor protestante, como Reinhold Seeberg, fala da qualidade demoníaca dessa força colossal que não é dado ao homem julgar. Concordamos com Seeber, ao reconhecermos a força; não renunciaremos à nossa prerrogativa humana de julgar. Essa força dá volume e força às palavras e ações de Lutero, e as qualidades de desafio e coragem intrépida que se ligam a essa força fizeram dele uma causa formidável na história; mas essa força é intelectual, moral e espiritualmente neutra. Faz Lutero eficaz quando está certo; mas o faz igualmente eficaz quando está errado.

Essa força em si não seria mais do que uma curiosidade; alcança o nível de relevância histórica pelo fato de que foi libertada. Estamos chegando mais perto do problema mais intricado da libertação, da eclosão em Lutero, que nos ocupará na próxima seção. De momento, insistamos apenas no fato de que com Lutero entrou em cena no Ocidente o indivíduo que opõe sua força ao mundo. Podemos falar de uma cisão do estado histórico de uma sociedade no mundo da comunidade que vive em seu fluxo de tradição e no indivíduo que preenche sozinho o contramundo. A peculiaridade desse tipo novo se tornará mais clara com algumas comparações. Se compararmos Lutero aos homens de 1516 – ou seja, Maquiavel, Erasmo e More – ficamos abismados com a modéstia deste trio, a outro respeito não perigoso. Todos os três, como Lutero, estavam em revolta contra os males do tempo; mas o que é o *contemptus vulgi* e a efervescência intelectual de Maquiavel, o que é o ascetismo humanista e a pleonexia de Erasmo, o que é a ironia cheia de jogos e a amargura diplomática de More, o que é, em todos os três casos, essa revolta literária, meio esperançosa e meio desencantada, em comparação com o apelo irado por seções para a ação direta aqui e agora? Ou, se compararmos Lutero com uma figura do mesmo ou maior alcance, como Dante, quão humanamente modesta é a transformação desse julgamento irado e condenação do mundo numa obra de arte, comparada com a vontade de Lutero em pôr em prática seu julgamento pela reforma. E de novo, se compararmos Lutero com os espiritualistas sectários e Paracletos da Idade Média e seu tempo, quão modestos são até mesmos esses vasos do Senhor, confiando como estão em seu poder de transfigurar o mundo no Espírito que está encarnado neles, comparados com Lutero que não quer transfigurar o mundo pelo Espírito, mas reformá-lo pela vontade. O espetáculo desse homem sozinho, inclinando o curso de uma grande civilização pelo impacto de sua força individual, nunca foi igualado em sua grandeza dramática.

O reconhecimento dessas qualidades dramáticas do embate não deve enganar-nos, todavia, confundindo força com grandeza. Já não estamos vivendo num século XIX liberal onde a admiração foi estendida à exibição exitosa de força por si mesma. Experiências de nosso tempo fizeram-nos ver que catástrofes podem seguir-se quando o acidente de um indivíduo com suas limitações – como o de Marx ou Hitler – é elevado numa lei para a humanidade. A autoimposição de Lutero em sua época criou um estilo de ação na civilização ocidental, produzindo tanto prejuízo em seu despertar, mesmo na melhor das hipóteses, que temos de considerá-la um fator novo na dinâmica da revolução ocidental. Entretanto, precisamente porque a libertação de tal força é uma revolução, não pode ser liberada sob todas as circunstâncias, mesmo se a força e a vontade de liberá-la estiver presente. A libertação só pode ser eficaz no contexto de uma situação revolucionária; a fim de ser eficaz, a libertação tem de descarregar uma resposta da massa. Esse é o ponto que é também desconsiderado muito voluntariamente pelos maiores autores católicos quando falam de Lutero. Têm um olho aguçado para a desordem espiritual que faz um homem experienciar a tradição do espírito e do intelecto como algo externo e hostil à sua consciência individual. Mas não estão inclinados a ver que a desordem não é capaz de desenvolver os grandes sintomas de Lutero, e que sua manifestação não pode despertar a resposta social que despertou, a não ser que a realização social da tradição pelas instituições e pessoas se tenha tornado tão seriamente defeituosa que, para uma proporção relevante de pessoas em questão, passou a representar os defeitos em vez da tradição. A influência formativa da tradição deve ter-se tornado tão fraca – pelos defeitos das instituições que deveriam manter essa influência – que numerosos seres humanos se experienciaram a si mesmos como "indivíduos", e não como membros do corpo místico da tradição. O aparecimento do "grande indivíduo" não causa a revolução, é em si o sintoma de um colapso que pode precisar apenas de uma ocasião conveniente para manifestar-se na revolução. Dessa regra geral não podemos fazer exceção para o caso da igreja.

Lutero era um indivíduo forte; mas a força, como tal, conforme dissemos, é neutra. Quais eram as qualidades de intelecto e caráter que deram as cores positivas e negativas à libertação de sua força – ao menos tal como apareceram no *Apelo*? Consideremos primeiro o aspecto negativo. Tratamos do antifilosofismo de Lutero, de sua atitude não imaginativa em relação ao problema da interpretação bíblica por todos e de sua quase inacreditável falta de sabedoria em seu apelo à autoridade do *homo spiritualis*. Ao julgarmos esses exemplos, podemos dizer que Lutero não possuía os poderes de intelecto que permitiam a um homem apanhar a essência de uma problema; que lhe faltava singularmente iluminação e imaginação. Essa deficiência, que pragmaticamente foi talvez a causa mais importante da destrutividade de Lutero, é, contudo, realçada pelas qualidades positivas que exigem admiração. Embora o leitor do *Apelo* hesite em dizer que aqui está falando um grande estadista, certamente reconhecerá que está ouvindo um observador de primeira ordem e de talento administrativo. Com exceção de uma reforma constitucional do império, não há muita coisa que escapasse à atenção de Lutero.

Tinha um olhar aguçado para os problemas que atormentavam o povo; tinha um conhecimento abrangente e pormenorizado dos males que clamavam por reforma; tinha uma moralidade frugal racional e queria melhorar a cota do homem comum pela melhoria de sua capacidade de autoajuda; tinha não só responsabilidade social, mas amava sinceramente o povo – embora não fosse sentimental e tivesse o cinismo cristão saudável que sempre sabe que besta o homem comum pode ser se não ficares de olho nele. Embora não tenha alcançado o nível de um estadista nacional, certamente aproximou-se disso pelas suas grandes qualidades como reformador administrativo nacional. Dele são os talentos que alguém gostaria de ver num membro influente do gabinete de um estado social-democrático.

§ 6. Justificação pela fé

Falamos da força de Lutero e de sua libertação, e enfatizamos seus talentos administrativos extraordinários. Muito obviamente, no entanto, o impacto de Lutero em sua época não pode ser explicado apenas sob a ótica de sua percepção incomum dos males sociais e suas sugestões de reforma. Sua natureza era forte; mas era ainda mais distinta pela riqueza e uma habilidade de expressão diversificada. Além de ser um administrador de primeira plana em negócios de sua Ordem Agostiniana, Lutero era um professor ativo e influente na Universidade de Wittenberg, um político eclesiástico muito ocupado, um comentador prolífico das Escrituras, e o tradutor da Bíblia para o alemão. Foi um dos grandes mestres da língua de todos os tempos. Sua tradução da Bíblia foi essencial para a disseminação da cristandade evangélica ao oferecer a base textual, mas ainda mais como uma façanha linguística monumental; Lutero, com sua tradução, praticamente criou a língua alemã comum que ia superar as diferenciações dialéticas, e dominava à perfeição tal instrumento – a leitura de suas obras é linguisticamente uma alegria, mesmo onde a violência de seu ataque desce ao estercorário. Ademais, como escritor e orador, Lutero foi prolífico ao infinito: uma corrente de panfletos jorrou nos anos críticos depois de 1517, seus sermões enchem volumes, suas conversas de mesa são ainda um clássico familiar, e sua imensa correspondência preservada mostra-o como um excelente missivista. Apresentava uma sensibilidade espantosa pela natureza e pelos animais; e era um músico e poeta de muitos talentos. Com o último talento mencionado, tocamos num traço da natureza de Lutero que lhe determina de maneira penetrante o modo de expressão. Podemos chamar de lirismo esse traço, e podemos falar de seu modo de expressão como caracterizado pela irritabilidade e necessidade de "jorrar" o estado de ânimo produzido no momento. A instantaneidade lírica liga-se a praticamente a toda a sua obra escrita; restrição sob estimulação, concentração intelectual e elaboração sistemática parecem ter sido incompatíveis com seu temperamento. Essa pressão constante tem de ser levada em consideração ao se julgarem as inconsistências de pensamento de Lutero; não indicam necessariamente mudanças em sua posição, mas provêm do lirismo de expressão. Se sob tais circunstâncias seu pensamento não é mais fluido do que na verdade é, devemos, finalmente, procurar a fonte de tal constância no estado de espírito que governava com intensidade permanente a esfera central de sua vida – ou seja, o estado de espírito de sua religiosidade. Esse estado de ânimo pode ser descrito como uma ansiedade profunda e incerteza de salvação; a ansiedade poderia ser sobreposta pela confiança exuberante da justificação pela fé, mas nunca cessava de lançar uma sombra de melancolia sobre a vida de Lutero; esse é o estado de ânimo complexo, mas permanente, que ele apanhou num dístico tocante:

> Eu vou; e para onde, graças a Deus! Eu sei;
> E surpreendo-me por sentir crescer tal tristeza.

O estado de ânimo de ansiedade de Lutero expressava-se na doutrina de justificação apenas pela fé (*sola fide*). A doutrina é de interesse para nós porque é o ponto central da antropologia filosófica de Lutero, e porque sua ideia de homem, a seu turno, determinou-lhe as ideias concernentes à realidade social e política. A formulação apontada de uma justificação "apenas" pela fé é polêmica; implica um ataque em duas direções. Primeiro, ataca a doutrina da justificação pelas boas obras; e, segundo, ataca a elaboração escolástica do problema da fé na doutrina da *fides caritate formata*. A primeira dessas linhas de ataque atraiu mais a atenção da parte dos historiadores do que a segunda; mas a segunda é a mais importante, tanto histórica quanto sistematicamente, e, por isso, vamos lidar primeiro com ela.

O alvo do ataque de Lutero é uma das façanhas mais sutis na cultura escolástica da vida espiritual. Descreveremos a doutrina da *fides caritate formata* de acordo com a forma que ela recebeu na *Summa contra gentiles* de Santo Tomás. Santo Tomás põe a essência da fé na *amicitia* [amizade], a amizade entre Deus e o homem. A verdadeira fé tem um componente intelectual à medida que uma aderência voluntária e terna é impossível sem a apreensão intelectual da visão beatífica como o *summum bonum*, como o fim em direção ao qual a vida do homem está orientada; a apreensão intelectual, contudo, precisa de conclusão pela aderência volitiva do amor "pois por meio de sua vontade o homem como que descansa no que apreendeu pelo intelecto".[10] É mútua a relação de *amicitia*; não pode ser forçada por um elã de paixão humana, mas pressupõe o amor de Deus para com o homem, um ato de graça pelo qual a natureza do homem é elevada por uma *forma* sobrenatural. A orientação terna do homem para Deus é possível apenas quando a fé do homem é formada pelo amor anterior de Deus para com o homem. Por uma transferência analógica engenhosa da *forma* aristotélica, Santo Tomás criou um instrumento linguístico para designar o componente de formação sobrenatural na experiência de fé – ou seja, a penetração da pessoa, pela infusão de graça, com o amor de Deus como o centro espiritualmente orientador de existência. A fé formada pelo amor, então, é a realidade da orientação terna da existência em direção a Deus.

---

[10] Santo Tomás, *Summa contra gentiles*, cp. 116.

Enfatizemos que neste estudo não estamos preocupados com questões teológicas. A doutrina da *fides caritate formata* é relevante para nós como uma análise diferenciadora da experiência da fé; independente de seus méritos teológicos, é uma obra-prima de construção de tipo empírico. Santo Tomás descreveu o tipo de fé completa, "vivente"; e por meio de sua descrição cuidadosa, foi capaz de distinguir uma variedade de tipos "deficientes". A fé, por exemplo, pode estar "morta" se não for mais do que uma orientação intelectual, quiçá muito intensamente experienciada, falta de formação pelo amor; a fé pode, além disso, aparecer numa ampla variedade de pseudotipos de recrudescimentos da natureza humana sem a graça; em particular, a fé pode assumir a forma de uma emoção utilitária, voltando o homem para Deus, por medo de consequências. Ademais, de novo de um ponto de vista estritamente empírico, em seu tipo completo Santo Tomás obtve a expressão mais perfeita de uma cultura de vida espiritual peculiarmente ocidental, distinta da helênica. O Eros platônico é um movimento unilateral da alma em direção a um *realissimum* que jaz em sua perfeição. O *realissimum* platônico é o centro orientador à medida que atrai o desejo espiritual do homem; o desejo pode encontrar sua realização na Ideia, e a alma pode experienciar uma transformação pela reordenação de acordo com o *paradigma;* mas a participação platônica não é a relação mútua da *amicitia* cristã. Na cultura helênica da vida espiritual o homem pode alcançar a divindade; mas Deus não se inclinou em graça e não aceitou o homem em sua amizade. Não há nenhum paralelo na civilização helênica para a passagem em 1 João 4: "Aquele que não ama, não conheceu a Deus, porque Deus é amor... Nós o amamos porque primeiro ele nos amou". O desenvolvimento dessas experiências da cristandade joanina (que, é minha impressão, estavam mais próximas de Santo Tomás) na doutrina da *fides caritate formata*, e a amplificação desse núcleo doutrinal numa filosofia grandiosa e sistemática do homem e da sociedade, é o clímax medieval da interpenetração da Cristandade com o corpo de uma civilização histórica. Aqui talvez estejamos tocando a *raison d'être* histórica do Ocidente, e certamente tocamos o padrão empírico pelo qual o curso posterior da história intelectual ocidental terá de ser medido. Esse curso posterior, como veremos, tem como seu tema principal a desintegração do núcleo doutrinal da *amicitia* entre Deus e o homem. No século XIX, em Comte e Marx, esse processo de desintegração alcança seu final formal na contraformulação doutrinal da revolta contra Deus como a base da ordem da sociedade, imanente do mundo; o dogma da autossalvação humana, em fechamento hermético contra a realidade transcendental, marca um fim da história civilizacional ocidental para além da qual, no momento, nada é visível, senão a frialdade do aprisionamento na natureza humana sem a graça.

Essas reflexões dão-nos a perspectiva para a importância da doutrina de Lutero de justificação pela fé na história das ideias políticas. A doutrina da *sola fides* é o primeiro ataque deliberado à doutrina de *amicitia*. Tornou-se socialmente eficaz, com consequências revolucionárias para toda a civilização ocidental, à medida que começou o processo de desintegração espiritual cujas consequências testemunhamos, em nosso tempo, em escala escatológica. As referências a essa doutrina fundamental alcançam todas as obras de Lutero, desde as primeiras, que precedem 1517, até as últimas; para nosso propósito vamos restringir-nos principalmente ao tratado *Von der Freiheit eines Christenmenschen* [Da liberdade de um cristão] de 1520, porque contém o relato mais compacto da própria doutrina assim como de suas implicações sociais.[11]

O tratado abre com uma antinomia que define seu problema: "Um cristão é senhor sobre todas as coisas, e não sujeito a ninguém". "Um cristão é o servo [*dienstbarer Knecht*] de todas as coisas, e sujeito a todos." A antinomia determina a

---

[11] [Ver *Werke*, 7, 20-38. O manuscrito original de novo não indica que texto alemão Voegelin está usando. Um texto em inglês desse tratado, traduzido por W. A. Lambert e verificado por Harold J. Grimm, pode ser encontrado em *Luther's Works*, vol. 31, Filadélfia, 1957, p. 333-77. Foi reimpresso em *Three Treatises*, p. 265-316, e em *Martin Luther's Basic Theological Writings*. Ed. Timothy F. Lull. Minneapolis, Augsburg Fortress, 1989, p. 585-629.]

organização do tratado em duas partes: a primeira lida com a libertação da alma cristã da natureza, pela fé; a segunda parte lida com a subserviência do homem cristão à condição de sua existência corporal e social. Devemos seguir o problema de Lutero nessa ordem.

O cristão liberta-se da corrupção de sua natureza pela fé. A base bíblica para a doutrina é Romanos 1,17: "O justo porém vive apenas da fé". A tradução de Lutero que acabamos de citar acrescenta o "apenas" ao *justus autem ex fide vivit* paulino, apontando com isso o ataque às duas posições antes mencionadas. A elaboração subsequente da doutrina é praticamente uma traição autobiográfica de sua origem. Como podemos dizer, pergunta Lutero, que apenas a fé justifica, considerando os mandamentos bíblicos de que o homem tem de obedecer a fim de ser justo perante Deus? A fim de manter a doutrina, temos de entender a Bíblia como dividida em duas partes, as leis do Velho e as promessas do Novo Testamento. As leis nos ordenam a praticar "várias boas obras"; mas o simples ordenar não as obtém. Ensinam-nos o que fazer; mas não nos dão a força de fazê-lo. Daí, a enumeração dos mandamentos tem de ser tomada como tendo o propósito de fazer o homem consciente de sua fraqueza, de sua inabilidade de realizá-los. O mandamento para não ser invejoso é a "prova" de que somos todos pecadores, pois nenhum homem pode existir sem concupiscência "faça ele o que quiser". Ao medir seu desempenho pelo mandamento, o homem aprende a perder a confiança em si mesmo e a procurar por ajuda em outro lugar; quando entendeu seu próprio fracasso, experimentará ansiedade e medo da danação; sentir-se-á humilde e aniquilado, pois não pode encontrar nada em si que faria dele justo, e, finalmente, ele se desesperará.

Quando o homem desceu até o estado de desespero, está pronto para receber a promessa: "Se queres livrar-te de tua paixão má e do pecado [...] crê em Cristo, em quem te prometo toda graça, justiça, paz e liberdade; crê, e terás; não creias, e não terás". Essa promessa é a palavra revelada de Deus;

e a palavra de Deus é "santa, verdadeira, justa, pacífica, livre e cheia de bondade". O que adere a ela com fé verdadeira unirá assim sua alma com a da palavra. Nesse ato de fé, a "virtude da palavra" (*alle Tugend des Worts*) torna-se propriedade da alma. "Como é a palavra, assim se tornará a alma através dela." Tudo o que o cristão precisa é de sua fé. O cumprimento dos mandamentos não é necessário para o justo; ao libertar o homem dos mandamentos, a fé liberta o homem das consequências do cumprimento impossível. Pela fé apenas, a alma torna-se um corpo com Cristo; a santidade e justiça de Cristo se tornam a propriedade da alma, ao passo que o vício e o pecado da alma são aliviados de Cristo.

A exposição da doutrina mostra de maneira muito transparente as fases da luta de Lutero como são atestadas pelas outras fontes: a tentativa de obedecer à lei, o fracasso do perfeccionista que não entende o problema do pecado, o desespero e medo da danação, a ansiedade completa de aniquilação, seguida pela grande revelação de que a natureza humana é irreparavelmente corrupta e que a salvação pode vir apenas pelo alívio desse pecado em Cristo pela fé. A exposição que soa otimista encobre uma tragédia espiritual; pois a troca de propriedades no casamento místico da alma com Cristo significa precisamente o que diz. O alívio do pecado pela fé não é mais do que uma convicção vívida de salvação, mitigando o desespero da alma; não redime a própria natureza caída nem levanta o homem pela impressão de graça na *amicitia* com Deus. Lutero expressou esse resultado de maneira pungentíssima na famosa carta a Melanchton, de 1º de agosto de 1521: "Sê um pecador, e peca fortemente, mas ainda mais fortemente tem fé e alegria em Cristo que é o conquistador do pecado, da morte e do mundo. De pecar nós temos, já que estamos nesse estado; esta vida não é o lugar onde habita a justiça, mas esperamos, diz Pedro, novos céus e uma nova terra em que habita a justiça". O *pecca fortiter* dessa carta certamente não é para significar um convite à licenciosidade; expressa apenas a aceitação da natureza não redimida. Mas a garantia subsequente de salvação pela fé, "mesmo se fornicarmos e matarmos milhares de vezes num dia", dá-nos uma prelibação do que estava para vir de tal "fé".[12]

Nas formulações de Lutero podemos sentir o pano de fundo da religiosidade sectária que iria dar uma eficácia histórica formidável aos seus ensinamentos. A virtude da palavra pela fé se torna a virtude da alma; Cristo habita na alma e a alma está salva, por mais que o homem empírico peque. Em tais pontos, há pouca diferença entre Lutero e um sectário quiliástico que é transfigurado pela habitação interior do espírito; a linha do descarrilamento que vai para as variantes quiliásticas de protestantismo está plenamente visível. O próprio Lutero, entretanto, não a seguiu. Permaneceu firmemente ortodoxo no ponto que os novos céus e a nova terra estão além desta vida; não haveria nunca um paraíso terrestre na história. Podia afirmar sua posição porque tinha separado radicalmente a vida da alma da vida do homem natural. Nada que o homem faz em sua esfera natural pode atingir a salvação da alma, positiva ou negativamente, embora a justificação pela fé diga respeito apenas à alma, sem atingir o velho Adão. Esse era o significado da antinomia que abriu o tratado *Von der Freiheit* [Da Liberdade do Cristão]; e agora temos de regressar à segunda parte da antinomia, que diz respeito aos problemas da esfera natural.

A alma é justificada apenas pela fé; nenhumas obras, por melhores que sejam, podem contribuir para sua justiça. Lutero tem agora um seguro contra uma interpretação dessa doutrina como uma permissão de indiferenciação moral ou mesmo de licenciosidade. De suas premissas, isso dificilmente se pode fazer com conclusão teorética. Daí não podermos fazer

---

[12] A cor peculiar de sentimento na fé de Lutero pode ser mais bem discernida em sua descrição da relação do homem com Deus como uma relação de "honra". A fé na promessa de Deus é um ato de confiança. Se "confiares num homem, confias nele porque consideras que ele seja justo, verdadeiro; e esta é a maior honra que um homem pode estender a outro". E quando Deus vê a alma honrando-o pela fé, "Ele a honrará em retorno, e considerará que ela é justa e verdadeira, o que, na verdade, ela é por tal fé". A *amicitia* transformou-se em algo que se aproxima perigosamente da confiança mútua entre burgueses respeitáveis.

mais do que registrar suas declarações de intenção principais. Primeiro de tudo, o homem "permanece nesta vida corporal na terra, e ele tem de governar seu corpo e ter comércio com outras pessoas". "É aí onde começa o trabalho." Não há nenhuma vida ociosa nem paixão; os mandamentos de Deus têm de ser obedecidos à medida que a fraqueza da carne o permita; indica-se uma ascese razoável; e a rotina do trabalho diário tem de ser cumprida – tudo isso com a compreensão de que o homem não se torna justo pela obra. Mas qual deve ser o motivo para tal conduta? Lutero está agora obrigado, em segundo lugar, a reintroduzir algo como um amor de Deus. O justo viverá justamente, de acordo com os mandamentos, por causa do amor por Deus, que o salvou. Esse amor de Deus, entretanto, *segue* a justificação pela fé; de maneira nenhuma deve ser confundido com o amor na *amicitia* entre Deus e o homem. Lutero é muito insistente no ponto do amor de Deus como uma "espécie de gratidão", subsequente à fé e à justificação.[13] Um terceiro componente no esforço de Lutero é dado por um bocado de especulação adamita. "Por sua fé o homem foi restaurado ao Paraíso e foi criado de novo; não precisa de palavras para se tornar justo." O Paraíso, entretanto, não é um lugar para preguiçosos; em Gênesis 2,15, lemos: "Tomou pois o Senhor Deus ao homem e pô-lo no paraíso das delícias, para ele o cultivar e guardar". Como Adão, o homem é ordenado por Deus a fazer algum cultivo no paraíso em que entrou por sua fé. Em particular, e em quarto lugar, o homem agora tem obrigações sociais. Não vive em seu corpo sozinho, mas entre seus companheiros. Daí sua obra "tem de servir e ser útil a outras pessoas; não deve planejar senão para as necessidades dos outros". "Cada homem tem o bastante para si com sua fé;

---

[13] Em seu *Comentário aos Gálatas* (1531), Lutero fala da redenção por Cristo e continua: "*Hoc sola fides apprehendit, non caritas, quae quidem fidem sequi debet, sed ut gratitudo quaedam*" [Apenas a fé apreende isto, não o amor, que, na verdade, segue a fé, mas como se fosse certo tipo de gratidão]. "In Gat.", 1535 (1531), em *Werke*, XL, P. I (241) 18-21; texto integral citado em Jacques Maritain, *Trois réformateurs: Luther –Descartes –Rousseau*. Paris, Plon, 1939, p. 285. Para uma coleção ampla de mais pronunciamentos de Lutero sobre essa questão, ver ibidem, p. 283 ss.

e isso deixa para ele todo seu trabalho e vida para servir a seus próximos em amor livre." "Vê, desta maneira os bens de Deus têm de sair de um para outro, e então tornar-se comuns." E em conclusão: "Um cristão não vive para si mesmo, mas em Cristo e com seu próximo: em Cristo pela fé; com seu próximo pelo amor. Pela fé ele se eleva acima de si mesmo para Deus; de Deus ele então desce abaixo de si mesmo pelo amor, e então permanece para sempre em Deus e no amor divino".

As sugestões de Lutero quanto à esfera natural da existência humana dificilmente podem ser chamadas de uma teoria ou doutrina; são uma reunião de argumentos, pretendendo monopolizar o lapso entre a licenciosidade que poderia ser o efeito psicológico muito fácil da justificação *sola fides*. Além disso, é necessário traçar as implicações e consequências dessa nova antropologia filosófica. A incisão profunda na natureza do homem entre sua alma e sua existência corporal torna os membros da dicotomia altamente móveis um contra o outro. Não apenas tem a dicotomia, como um todo, uma carreira própria no assim chamado período clássico da filosofia moderna, de Descartes a Kant; mas podemos também observar o desenvolvimento da alma justa de Lutero em direção a uma moralidade que abstrai das condições de existência assim como do desenvolvimento de sua natureza corrupta em direção a uma psicologia de motivos sem orientação para o *summum bonum*. Em tais desenvolvimentos reconhecemos os efeitos gerais da fé de Lutero na história posterior da civilização ocidental que nos ocupará amplamente. Deixando de lado essas consequências gerais no momento, gostaríamos de enfatizar um resultado da bisecção de Lutero no nível dos movimentos políticos, ao qual, tanto quanto posso ver, jamais se deu a devida atenção. Vimos como a insistência na natureza irremediavelmente corrupta salvou o próprio Lutero de seu descarrilamento em políticas quiliásticas. A justificação pela fé estende-se apenas à alma; o homem e a sociedade não podem ser transfigurados num reino espiritual na história. Tal realismo em si é muito admirável; mas poderia, e o fez, levar a um descarrilamento bem diferente no século XIX, quando a primeira parte da doutrina, a justificação pela fé, veio abaixo com a queda do protestantismo na Alemanha. Permaneceu o realismo luterano de compreender a natureza corrupta como uma característica do eão da história – mas o que devem fazer homens para quem a justificação pela fé era inacreditável? Nesse ponto ocorreu o amálgama de realismo luterano com o quiliasmo dos movimentos sectários em Marx. O mundo estava corrupto para além da salvação; um reino de liberdade não poderia ser estabelecido nem como a liberdade cristã da alma, perfectível no além, nem como a transfiguração sectária da história pela habitação do espírito no homem. Já que o reino da liberdade tinha, no entanto, de existir, encontrou-se a solução na justificação do homem e da sociedade *sola revolutione*. Para os pormenores desse problema o leitor deve consultar o capítulo sobre Marx.[14]

Sem preocupação com consistência teorética, contudo, Lutero recobriu sua doutrina de natureza não redimida com uma ideia de um paraíso terrestre que é peculiarmente sua. Conseguiu tal milagre através de sua doutrina de boas obras – que em si mesma é algo desconcertante. Vimos que na superfície da polêmica de Lutero o princípio da *sola fide* ataca a justificação pelas boas obras. O ataque é desconcertante porque nenhum pensador cristão jamais defendeu tal doutrina. Podemos supor que no tempo de Lutero, assim como em qualquer tempo, havia muitos cristãos que consideravam sua Cristandade perfeita quando viviam de acordo com certos padrões de conduta. Mas como a observação de tal Cristandade externalizada, mesmo quando é disseminada, poderia induzir um

---

[14] Ver vol. VIII, *Crisis and the Apocalypse of Man*. [Uma parte desse material sobre Marx já foi publicada em Eric Voegelin, *From Enlightenment to Revolution*. Ed. John H. Hallowell. Durham, Duke University Press, 1975, ver especialmente os Capítulos 10-11. Neste texto (p. 283), escreve Voegelin: "Há, na verdade, uma linha inteligível partindo da destruição que Lutero causou na autoridade eclesiástica, passando pela destruição de símbolos dogmáticos na geração de Strauss, Bruno Bauer e Feuerbach, até a destruição de todos os deuses, ou seja, de toda a ordem autorizada, em Marx. Embora fosse incorreto dizer que o caminho do Protestantismo leva necessariamente de Lutero a Hegel e Marx, é verdade que o marxismo é o produto final da desintegração em um ramo do protestantismo liberal alemão".]

homem, que, afinal de contas, tinha algum treino teológico, a atribuir à igreja uma doutrina de justificação pelas boas obras ainda é fundamentalmente um enigma. Ademais, é muito intrigante que no ambiente monástico e acadêmico de Lutero ninguém tenha apresentado uma resistência séria e anulado essa tolice. Embora a situação que possibilitou a política de Lutero permaneça por enquanto inexplicada, podemos, no entanto, formar uma opinião quanto à motivação mais profunda do ataque. Torna-se aparente numa passagem do comentário aos Gálatas, em que Lutero insiste que na justificação "Não há nenhuma obra da lei, nenhum amor".[15] Lutero, assim parece, considerava o amor a Deus uma obra da lei; seu ataque às boas obras, então, seria no fundo um ataque sinuoso à *fides caritate formata*. "Se nossa fé é formada pelo amor, então Deus levaria em consideração nossas obras."[16] A motivação última por trás desse barulho enigmático acerca de boas obras parece ter sido a intenção de fazer do amor um princípio constitutivo de uma ordem social imanente no mundo.

Essa suposição nasce das formulações de *Von der Freiheit*, assim como do tratado *Das Boas Obras*. A conclusão de *Von der Freiheit* era a doutrina: "A fé é para Deus; o amor, para o vizinho". O amor é o princípio que cria a comunidade de cristãos em seu lado natural. Pelo amor todas as obras se tornam boas; e toda a esfera de relações sociais é uma esfera de boas obras, porque o justo não pode fazer nenhuma obra que

---

[15] Na justificação *"certe nullum est opus legis, nulla dilectio, sed longe alia justitia et novus quidem mundus extra et supra legem"* [certamente nada é obra da lei, nem é amor, mas muito distintamente outra forma de justiça e mesmo um novo mundo para além e acima da lei]. Martin Luther, "In Galat.". In: *Werke*, vol. 40, P.I, 229, p. 30-32, citado por Maritain, op. cit., 284. Ver também outras passagens citadas na mesma página, em particular: *"Si fide formatur a caritate, igitur opera praecipium illud sunt, quod respicit Deus: si autem opera, ergo nos ipsi"* [Se a fé é formada pela caridade, então as obras são especialmente aquele tipo de coisa que Deus respeita; se, no entanto, são obras, então são nossas [próprias obras que Deus respeita] Martin Luther, *Opera Exegetica Latina*, III, 302 (1538), em *Werke*, vol. 42 (565), p. 5-8, citado em Maritain, op. cit, p. 284, n.1.

[16] Ver a nota precedente. A passagem ocorre em *Opera Exegetica Latina*, em *Werke*, vol. 42 (565).

não seja uma boa obra. Na fé do justo "todas as obras se tornam iguais, e uma é como a outra; caem todas as distinções entre obras, sejam elas grandes, pequenas, longas, poucas ou muitas. Pois as obras são aceitáveis não por si mesmas, mas por causa da fé que, sozinha, atua e vive em cada obra e toda obra sem distinção".[17] "Obras boas, justas, nunca tornam um homem bom e justo; o homem bom e justo faz as obras boas e justas. Obras ruins nunca tornam um homem mau; o homem mau faz as obras más."[18]

Se uma obra é boa ou má não pode ser decidido por padrões de ética; depende da justificação ou não justificação do homem apenas pela fé. "A pessoa tem de ser justa perante todas as obras boas; e as obras boas seguem e vão adiante partindo da pessoa boa e justa."[19] "Se um homem não acredita e não é cristão, todas as suas obras são de nenhum valor; são um pecado vão, tolo, punível e danável."[20] Mas se está justificado pela fé, então todas as suas ações, sem exceção, são transfiguradas em boas obras. A sociedade dos sacerdotes e reis justificados em Cristo, em sua existência natural, realiza um reino de obra de amor transfigurada. Essa obra é a obrigação da existência terrena para o justo; não há nada mais que ele tenha de fazer. Nessa forma, a doutrina das boas obras apoia a ideia de Lutero do "estado cristão". Todas as ocupações humanas, desde a mais elevada até à inferior, têm seu grau na ordem carismática de uma sociedade cristã; e elas podem ter esse grau porque são igualmente transfiguradas pelo amor que se tornou imanente no mundo. Essa é a doutrina que, especialmente depois de sua intensificação por Calvino, se tornou a grande força orientadora das sociedades protestantes em sua realização do paraíso progressivo. A fim de distinguir essa ideia particularmente luterana e calvinista de um paraíso terrestre de outras ideias

---

[17] Martin Luther, *Treatise on Good Works*. In: *Works of Martin Luther*, vol. 1. Philadelphia, A. J. Holman, 1915, p. 190.
[18] Lutero, *Von der Freiheit*, ponto 23 (ver n. 11 anterior).
[19] Ibidem, ponto 23.
[20] Ibidem, ponto 22.

quiliastas e revolucionárias, falaremos dela como de uma "escatologia respeitável". Em conclusão, notemos os descarrilamentos óbvios a que está exposta a ideia central de Lutero. Com a atrofia da fé, a ideia degenerará na prática agressiva e utilitária da sociedade de bem-estar sem cultura do intelecto nem do espírito, que tão bem conhecemos. E teoreticamente, a conexão tênue com a tradição cristã pode ser abandonada totalmente, e o amor imanente do mundo de Lutero se tornará o altruísmo de Comte e de seus sucessores positivistas.

Ao ler atentamente esse relato da doutrina de Lutero acerca de uma sociedade cristã, o leitor ter-se-á perguntado: e o que foi feito da ética? Se concedermos que o justo pode fazer apenas boas obras (embora seja difícil engolir isso), não é um pouco temerário dizer que as obras más não fazem o homem mau? E mesmo se concedermos que apenas os cristãos de fé luterana estão salvos (embora, é claro, esteja danado um homem que ama Deus não por gratidão, mas num ato de resposta ao toque de sua graça) e que toda a glória que foi a Grécia não leva a parte alguma, senão ao inferno – ainda assim, não houve virtude de maneira alguma nos pagãos? Santo Agostinho era mais tolerante e concedia aos romanos ao menos a honra perante Deus que o Salvador aparecesse no império deles. E mesmo de um ponto de vista paulino: o que foi feito da revelação de Deus aos pagãos pela lei da natureza? O leitor fará em vão suas perguntas. Lutero estava fundamentalmente preocupado com nada mais do que a promulgação de sua experiência pessoal peculiar e sua imposição como uma ordem de existência na humanidade em geral. Começa a abeirar-se a sombra de obscurantismo egoísta, essa força mais forte do mundo moderno. Todo o reino de problemas que deve ser encontrado na *Ética* de Aristóteles (*der schalkichte Heide* [o pagão malandro]) ou nas *quaestiones* sobre a lei na *Summa* de Santo Tomás não existe para Lutero. Ele simplesmente afirmava que "todo mundo pode notar e dizer a si mesmo quando faz o que é bom e o que não é bom; pois se ele encontra seu coração confiante de que agrada a Deus, a obra é boa, mesmo se fosse uma coisa tão pequena como apanhar uma palha.

Se está ausente a confiança, ou se ele duvida, a obra não é boa".[21] A decisão do coração resolve todas as complicações e conflitos de valores. No "coração" de Lutero vemos realizada a "consciência" de Kant. Para Lutero, entretanto, assim como para Kant, a ética da consciência poderia na prática ser preenchida com a aceitação das convenções éticas e da ordem concreta da sociedade. Com Kant, o imperativo categórico produziu muito respeitavelmente a ideia concreta de uma comunidade de donos de casa com *status* econômico independente. E o coração de Lutero revelou-lhe como desejável uma sociedade economicamente simples; o coração é claro no ponto de que grandes mercadores e financeiros como os Fugger devem ser refreados, e que juros a taxas de 20% são algo de não cristão.

§ 7. *Reflexões posteriores*

O ano de 1520 marcou o ponto alto no desenvolvimento doutrinal de Lutero. No ano seguinte as complicações práticas começaram a forçá-lo em corolários, modificações e emendas que, no todo, culminaram num colapso de sua posição de 1520. Não há nenhuma intenção de traçar essa história miserável em pormenor; mal pertence a uma história das ideias políticas, mas já é de fato parte da cadeia de acontecimentos catastróficos que culminaram na Guerra dos Trinta Anos. Devemos restringir a nossa análise desse resultado complicado e melancólico ao tratado *Von weltlicher Oberkeit, wie man ihr Gehorsam schuldig sei* [Da Autoridade Temporal, até Onde o Homem Deve Obediência], de 1523.[22]

Os historiadores de ideias políticas normalmente dão especial atenção a esse tratado porque supostamente contém a

---

[21] Martin Luther, *On Good Works*, p. 189.
[22] [Ver Luther, *Werke*, vol. 11 (229), p. 245-80. O manuscrito original, de novo, não indica que texto Voegelin está usando. Para uma versão em inglês desse texto, ver Luther, *Luther's Works*, vol. 45 (1962), 81-129, e Lull (ed.), *Martin Luther's Basic Theological Writings*, p. 655-703.]

exposição mais pormenorizada de Lutero sobre suas ideias concernentes à autoridade governamental, ou, como é frequentemente chamado, de sua "teoria do Estado". Em nossa opinião, essa visão está ao menos distorcida, se não inteiramente errada. Lutero não tinha nenhuma teoria do Estado, e não poderia ter uma, porque o termo *estado* ainda não era parte do vocabulário ocidental; e porque o próprio estado, no sentido de uma organização de um povo, secular, imanente no mundo e absoluta, ainda estava muito no começo. O tratado, como indica o título, lida com a autoridade temporal no sentido medieval; e mesmo essa formulação, como veremos, não é muito exata porque nesse estágio Lutero estava inclinado a negar o *status* carismático da autoridade temporal que ele tinha permitido nos tratados de 1520; nessa época, a autoridade temporal tinha-se movido de volta para o *status* dos poderes pagãos que existem, como encontramos nas Epístolas de São Paulo. Mas mesmo se fizermos todas essas correções, ainda seria incorreto dizer que o tratado contém o pronunciamento mais explícito de Lutero sobre a teoria da autoridade temporal, pois o ponto é que ele tinha tal teoria de autoridade temporal em 1520 e uma inteiramente diferente em 1523. A teoria de 1523 tem de ser colocada no pano de fundo dos tratados anteriores, pois só assim podemos reconhecer a mudança nas ideias de Lutero como seu colapso e podemos interpretá-lo como a consequência de suas ações condenáveis de 1520.

A ocasião para o tratado *Von weltlicher Oberkeit* [Da Autoridade Temporal] era um ato de censura. Em alguns territórios alemães – Lutero menciona especificamente Meissen, Mark e Bavária – sua tradução do Novo Testamento foi proibida, e pessoas que tinham cópias foram ordenadas a entregá-las às autoridades públicas. Lutero aconselhou seus leitores a desobedecer à lei e a sofrer as consequências como mártires cristãos. A fim de apoiar seu conselho, explicou a instituição divina da autoridade temporal, a obrigação de submissão a ela, a extensão e limites da jurisdição temporal, e a obrigação do cristão de desobedecer quando a autoridade temporal transgride sua esfera legítima.

A doutrina de 1523 tem um ponto de contato com a doutrina do *Apelo* de 1520, à medida que em ambos os casos a própria posição de Lutero se funda em Romanos 13,1 e versículos seguintes: "Todo o homem esteja sujeito aos poderes superiores: porque não há poder que não venha de Deus: e os que há, esses foram por Deus ordenados. Aquele pois que resiste à potestade, resiste à ordenação de Deus: e os que lhe resistem, a si mesmos trazem a condenação: porque os príncipes não são para temer quando se faz o que é bom, mas quando se faz o que é mau. Queres tu pois não temer a potestade? Obra bem! E terás louvor dela mesma: porque o príncipe é o ministro de Deus para bem teu. Mas se obrares mal, teme: porque não é debalde que ele traz a espada". A fim de entender o que aconteceu com essa passagem sob o mau trato interpretativo dos períodos posteriores, e em particular nas mãos de Lutero, tenhamos em conta que a carta é dirigida à comunidade cristã romana, que as autoridades governamentais a quem ela se refere são pagãs e que os membros da comunidade são algumas poucas pessoas (como transparece do contexto da carta) que são culpadas de todos os tipos de inclinações desagradáveis e atos e que a ameaça da autoridade governamental será, na opinião de São Paulo, boa para elas.

No *Apelo* de 1520, Lutero usou o conselho paulino no contexto de sua ideia do "estado cristão. "O "magistrado" já não era pagão, mas cristão; e, continuando a tradição medieval, a função governamental tinha-se tornado as funções carismáticas no *corpus mysticum*. Além disso, a comunidade cristã já não era um enclave numa sociedade não cristã, mas o Estado era idêntico a toda a nação. Daí um desenvolvimento desse Estado cristão poderia dispensar os serviços de um sacerdócio universal de má vontade, com sua cabeça em Roma; sob o princípio do sacerdócio de leigos, todo mundo era sacerdote e bispo, e Lutero podia apelar para a "nobreza cristã" para tomar a obra de reforma como um ato de autogoverno do "Estado cristão" nacional. Agora, três anos depois, tudo isso tinha mudado; estamos de volta aos tempos da Cristandade inicial. O governante de novo é um magistrado não cristão que persegue tiranicamente os cristãos exigindo a entrega da tradução de Lutero; e os cristãos são de novo uma minoria disposta em ordem de batalha num mar pagão. O que aconteceu para que tais resultados violentos se produzissem?

A pergunta levanta problemas que assaltarão todo o curso da história política e intelectual ocidental futura; pois nos anos subsequentes a 1520 podemos observar na crueldade de seu começo os efeitos de longo alcance da atividade de Lutero. A mudança em sua posição é a consequência imediata de sua destruição da autoridade espiritual institucionalizada. As ideias de 1520 poderiam ter a aparência de "reforma", contanto que permanecesse a "nobreza cristã", dotada do carisma do sacerdócio, para preencher o lugar de uma autoridade cristã pública de tal maneira que a destruição verdadeira da ordem espiritual e pública não se tornasse tão visível. Em 1523 essa fachada ruiu; Lutero, como um indivíduo privado, foi forçado à posição de autoridade espiritual contra um poder temporal que agora se tinha tornado não cristão. Em três anos, a individualização e privatização da existência religiosa tinha destruído tanto os poderes espirituais quanto os poderes temporais carismáticos do equilíbrio gelasiano medieval. O fiel já tinha de confiar na Bíblia contra a autoridade da igreja e de seus concílios, e agora Lutero tinha de aconselhá-los a confiar nela também contra os príncipes. O poder espiritual tinha-se metamorfoseado no Anticristo, o poder temporal no tirano pagão – e entre eles o cristão individual era deixado a viver pela Escritura e sua consciência. Não é necessário dizer, a situação era existencialmente insuportável; a ordem da comunidade de algum tipo tinha de ser restaurada; mas levou um século e meio de guerras sangrentas antes de a estabilização temporária sequer poder obter, pelos vários compromissos, entre a pluralidade dos Estados seculares e a pluralidade de igrejas que emergiram do naufrágio. Em nosso estudo de Maquiavel indicamos o significado do ano de 1494, com sua invasão da Itália, como a abertura formal do período moderno de *pleonexia* em escala nacional; gostaríamos de enfatizar o significado do ano de 1523 como o término formal da Idade

Média pela destruição dos símbolos da ordem pública cristã ocidental pela húbris de um indivíduo privado.

Como os instrumentos conceptuais para sua destruição, Lutero usou os termos agostinianos de *civitas Dei* e *civitas terrena* (*Reich Gottes, Reich der Welt*). Todos os homens pertencem ou a um ou a outro. Os membros fiéis são membros do reino de Deus, sob Cristo, seu rei e senhor; todos os outros, que são a grande maioria, pertencem ao reino do mundo. Os membros do reino de Deus não precisam da "espada nem da lei temporal". "E, se todos fossem cristãos corretos, ou seja, fiéis corretos, nenhum príncipe, nem rei, nem senhor, nem espada nem lei seria necessário ou útil." "Já que eles têm o espírito santo em seus corações", não há nenhum conflito que exija o estabelecimento pela autoridade temporal. Esses cristãos, entretanto, são muito poucos. Daí Deus ter criado outro regimento para os não cristãos "fora do Estado cristão e reino de Deus" – ou seja, o reino do mundo com sua espada que prevenirá e punirá os maus atos. Embora os dois mundos e seus regimentos, em sua natureza, estejam estritamente separados, estão misturados na realidade social. Os poucos cristãos vivem juntos com a vasta massa de não cristãos em uma sociedade. Os cristãos com sua ética de não resistência não teriam tido chance de sobreviver a não ser que o mal dos não cristãos fosse restringido pela autoridade governamental; e os não cristãos não poderiam ter existido de maneira alguma sem uma ordem imposta pela força. Daí o regimento temporal ter a função utilitária de assegurar "corpo e propriedade, e todas as coisas externas nesta terra", a cristãos e não cristãos igualmente.

Da estrutura dualista da humanidade na sociedade derivam as regras da conduta cristã com relação ao poder da espada. Em primeiro lugar, não há nenhum poder da espada entre cristãos porque não há nenhuma necessidade dela; os cristãos vivem em paz, sem violência, sob Cristo. Segundo, embora um cristão não deva usar a espada por si mesmo, deve submeter-se à autoridade temporal escrupulosamente por caridade. O poder da espada é de utilidade fundamental a seus companheiros; ele tem de reconhecê-la e respeitá-la e não entregar-se a ideias selvagens e falar de Cristo como o único senhor a quem deve obediência, porque com tal conduta ele colocaria em perigo a estabilidade de governo e a segurança de seus companheiros. Apoiar a autoridade temporal é uma obra de amor, tal como ajudar o doente e o faminto. Precisamente porque o cristão não precisa da espada e da lei temporais, "ele deve servir os que ainda não ascenderam tão alto como ele, e por isso ainda precisam dela". E terceiro, o cristão está na obrigação, pelas mesmas razões de amor, de empunhar a espada ele mesmo se a situação o exigir. É uma obra que é útil para o mundo. "Daí, quando vês que há necessidade de um executor, policial, juiz, senhor ou príncipe, e estás preparado para a função, deves oferecer-te para ela, para que o poder necessário não seja desprezado, enfraquecido ou pereça." "Então ambas as coisas se combinam muito bem: satisfazes as exigências do reino de Deus e do reino de mundo, externa e internamente; sofres o mal e injustiça, e ao mesmo tempo punes o mal e a injustiça; não resistes ao mal, e ao mesmo tempo resistes a ele." "Pois o amor passa por tudo e sobre tudo, e olha apenas para o que é útil para teu semelhante."

Lamentavelmente as duas coisas não se combinaram muito bem. O perigo da interpretação provém do emprego errado que Lutero faz das ideias agostinianas. Na especulação de Santo Agostinho, a *civitas Dei* e *civitas terrena* são os reinos de história transcendental. Na história empírica, sacra e profana, as instituições tangíveis são a igreja e o império. A igreja é representante da *civitas Dei*, mas não é idêntica a ela; apenas parte de seu estatuto pertence à *civitas Dei*; outra parte, talvez a maior, pertence à *civitas terrena*. O ponto é que a salvação e a danação últimas são conhecidas apenas de Deus; não há nenhuns critérios empíricos para distinguir entre a alma salva e a danada; o núcleo da *civitas Dei* é "invisível". Quando Lutero emprega os termos agostinianos, regressa a algo como o significado ticoniano deles. A ideia agostiniana da igreja é destruída pelo princípio de justificação *sola fides*; a Cristandade se torna uma questão de comprar um livro e usá-lo de acordo com a interpretação de Lutero; se seguires as instruções e confiares em Deus, estás salvo, de outro modo, não. O unilateralismo da fé de Lutero frutificou ao tornar empiricamente experienciável a justificação; a *civitas Dei* torna-se visível empiricamente na consciência do justo. Esse é o ponto onde começa o problema – pois a consciência de ser um cristão justo não é tão difícil de obter; e o que devemos fazer quando indivíduos cuja ação obviamente precisa de algum freio nos dizem que são cristãos justos e que o poder da espada não deve ser usado contra eles, quando estamos, talvez, diante de um movimento de massa de cristãos justos que exigem que a autoridade governamental seja totalmente abolida porque todo mundo está empiricamente na *civitas Dei*? Lutero estava aflito com essa pergunta. Viu muito bem que "homens maus, sob o nome cristão, empregariam mal a liberdade evangélica; entregar-se-iam a patifarias e diriam que são cristãos e não sujeitos à lei ou à espada – como agora alguns estão desvairando". Sua solução para esse apuro é a distinção entre os verdadeiros cristãos da *Reich Gottes* e os outros – "pois o mundo e a massa são e serão não cristãos mesmo que sejam batizados e se chamem cristãos". Para essa massa, a autoridade temporal oferecerá um freio. Então somos jogados de volta ao governo. Mas e se o governo não empregar seus poderes apropriadamente e, em vez de frear os não cristãos, interferir nos cristãos por lerem a Bíblia deles? Então o cristão justo tem de resistir – e então somos jogados de volta de novo na consciência individual, que diz a todo mundo se ele é ou não um cristão justo.

Obviamente não há nenhuma maneira de sair dessa confusão. Quando a ordem da tradição e das instituições é destruída, quando a ordem é posta à mercê decisionista da consciência individual, descemos ao nível da guerra de todos contra todos. Uma suspensão temporária de tal anarquia pode vir apenas pela formação de novas ordens de comunidade em que a tradição é em parte recapturada e, com força socialmente ativa, imposta como uma ordem pública objetiva sobre consciências rebeldes. Essa é a situação da qual emergiu a nova ordem de necessidade, o Estado secular, com a *raison d'état* como sua regra de conduta, embora as igrejas tenham de aceitar uma regulamentação monopolista ou pluralista de seu *status*, de acordo com o interesse do Estado. No momento de Lutero, entretanto, estamos no começo da grande desordem através da rebelião evangélica. A liberdade do cristão poderia encontrar a interpretação que na verdade encontrou nos Doze Artigos dos camponeses revoltosos de 1525; no artigo III, exigiam os camponeses: "Tem sido o costume até agora de os homens nos manterem como propriedade deles; e isso é lamentável, observando-se que Cristo nos redimiu e comprou a todos com o derramamento de Seu precioso sangue, aos pequenos e aos grandes, não excetuando ninguém. Portanto, concorda com a Escritura que sejamos livres e será assim". Aqui temos o homem comum interpretando as Escrituras de acordo com o entendimento de sua fé. E o que respondeu Lutero?

> Isso é fazer da liberdade cristã uma coisa completamente carnal. Abraão e outros patriarcas e profetas não tiveram escravos? Lede o que São Paulo ensina sobre os servos, que, na sua época, eram todos escravos. Portanto, o Artigo é totalmente contrário ao Evangelho. É um roubo pelo qual cada um toma de seu senhor o corpo que se tornou propriedade de seu senhor. Pois o escravo pode ser cristão e ter a liberdade cristã, da mesma maneira que um prisioneiro ou um doente é cristão, e no entanto, não é livre. Este Artigo tornaria todos os homens iguais, e transformaria o reino espiritual de Cristo num reino externo e temporal; e isso é impossível, pois um reino temporal não pode manter-se a não ser que haja nele uma desigualdade de pessoas, de tal maneira que algumas são livres, algumas presas, algumas senhores, algumas súditos, etc.[23]

Os camponeses, seguindo a interpretação que deram à Escritura e aos próprios "corações", deram o passo em direção à revolução, pela violência. Esse foi o fim da ilusão de uma

---

[23] Martin Luther, *Admonition to Peace: A Reply to the Twelve Articles of the Peasants in Swabia*. In: *Works of Martin Luther*, 4, p. 240.

reforma pela conversa. No *Von weltlicher Oberkeit*, Lutero já tinha aconselhado que a heresia não poderia ser prevenida pela violência. "A heresia é uma coisa espiritual; não podes cortá-la com ferro, queimá-la com ferro ou afogá-la na água." Cabe aos bispos lutar contra a heresia, pelo ensinamento. Mas o que se deveria fazer quando os camponeses heréticos não ouviam Lutero, seu professor episcopal, em 1525, quando pegaram em armas contra os senhores a quem esse mesmo professor tinha caracterizado dois anos antes como "normalmente os maiores tolos e velhacos desta terra"? A reforma se tornara um pântano sangrento; e Lutero deixou-se afundar nele com sua famosa exortação aos tolos e velhacos para massacrar os heréticos.

Lutero viveu ainda mais vinte anos; mas em 1525, podemos dizer, estava acabado. A revolta destrutiva de 1520 levara o caminho da lógica imanente para a anarquia do banho de sangue. Esses cinco anos são de importância prototípica para a compreensão de toda a história ocidental de política e de ideias posterior até os dias de hoje. Enfatizemos de novo que, numa avaliação crítica das ideias de Lutero, não podemos permitir-nos ser impressionados pelo resultado espetacular do cisma protestante; pois esse cisma não foi mais intenção de Lutero do que de qualquer das outras consequências que floresceram de sua atividade durante os séculos. A importância prototípica desses anos não deve ser buscada em nada mais senão nas ideias que o próprio Lutero articulou. Essas ideias que vieram a determinar o curso da crise ocidental foram as seguintes:

(1) Lutero atacou e destruiu o núcleo da cultura espiritual cristã pelo seu ataque à doutrina da *fides caritate formata*. Pelo princípio *sola fides*, a fé transformou-se num ato unilateral numa revelação externalizada codificada nas Escrituras. Por essa metamorfose, a fé perdeu a intimidade tremente de uma formação do homem sob o toque da graça, precariamente em perigo de ser confiscado pelas tentações de confiança otimista e orgulho da justificação. Em vez disso, ela se tornou (embora

isso muito provavelmente não fosse intenção de Lutero) uma consciência empírica de justificação pela fé que não atingiu a substância do homem. Já discutimos as consequências dessa cisão da natureza humana.

(2) Lutero teve uma quota pesada na destruição da cultura intelectual ocidental através de seu ataque à escolástica aristotélica e à obra diabólica da cultura em geral. Embora ele não esteja sozinho a esse respeito, e humanistas como Erasmo tenham ao menos uma responsabilidade tão grande quanto a de Lutero, a autoridade deste como "reformador" não deve ser minimizada ao criar a atmosfera de ignorância legítima com relação à façanha da alta civilização ocidental no século XIII. Se o esplendor da Idade Média se tornou obscuro pela ignorância criminosa e obscurantismo dos modernos, a influência de Lutero tem de sempre ser contabilizada como uma das maiores causas. Os efeitos da ignorância foram mais notáveis com relação à compreensão do próprio Lutero e seu lugar na história das ideias ocidentais. A falsificação hagiográfica da vida de Lutero, e das causas e circunstâncias da Reforma, foi rompida apenas em 1904 pelo ataque cruel, mas em substância, inegável, de Heinrich Denifle. Além desse caso especial, o antifilosofismo de Lutero, como o de Erasmo, tornou-se prototípico; criou o padrão que encontramos agravado no obscurantismo dos filósofos iluministas e na ignorância agressiva de nossos intelectuais liberais, fascistas e marxistas contemporâneos.

(3) Pela sua justificação *sola fides*, Lutero destruiu o equilíbrio da existência humana. Sua ideia do paraíso de trabalho amoroso mudou as ênfases de existência da *vita contemplativa* para a ideia de realização humana última pela obra útil e "serviço". O homem confia em Deus; quando essa conta é acertada, ele pode voltar-se e ir cuidar violentamente de seus negócios. Hoje experienciamos os resultados mortais dessa mudança de ênfase; a atrofia da cultura intelectual e espiritual deixou uma civilização que é excelente no pragmatismo utilitarista num estado de paralisia sob a ameaça do movimento de massa quiliástico moderno.

(4) Em conclusão, toquemos na questão do próprio Lutero como uma personalidade prototípica. Há muita temeridade em nosso tempo acerca de Lutero como um alemão típico; as virtudes e vícios do "caráter alemão" supostamente são reveladas mais conspicuamente nele. Essa afirmação, como sugerimos, é temerária. Se lembrarmos os grandes alemães dos séculos anteriores a Lutero – homens como Alberto Magno, Eckhart, Tauler, o Franfkfurteano, Nicolau de Cusa – e se os consideramos como representantes do "tipo alemão", então Lutero era quase tão não alemão quanto qualquer outra pessoa podia ser. A relação teria de ser invertida; Lutero, pela eficácia histórica, criou um traço prototípico que teria efeitos formativos nos séculos posteriores. O traço de personalidade que estamos inclinados a considerar mais importante é a revolta obstinada contra a ordem tradicional de qualquer tipo e a necessidade demoníaca de impor seus traços idiossincráticos sobre outras pessoas, como uma regra geral. Esse traço, no entanto, embora se desenvolvendo com virulência peculiar sob condições sociais alemãs, não é especificamente alemão, mas pode ser encontrado internacionalmente; pode ser encontrado em particular no movimento que podemos chamar a segunda e secular fase da Reforma, ou seja, entre os intelectuais do iluminismo e seus seguidores; entre os homens que mostram esse traço mais intensamente devemos contar figuras tão variadas como Voltaire, Condorcet, Marx e Hitler.

§ 8. Calvino e a predestinação

A justificação "apenas pela fé" de Lutero levou à destruição das ordens tradicionais, tanto espiritual como temporal. A redução da existência a uma certeza empírica de salvação na consciência de indivíduos dispersos parecia ser um impasse. O caminho de volta à continuidade das ordens históricas tinha de ser encontrado. Antes, porém, de examinarmos as ideias concernentes à luta pela restauração, temos de estudar a forma que assumiu o problema de Lutero nas mãos de Calvino, ao combinar-se com a doutrina da predestinação. Essa combinação não apenas lança uma nova luz no impasse criado por Lutero; também se tornou eficaz, por um *tour de force*, no estabelecimento de novas ordens públicas, especialmente na Inglaterra e em suas colônias americanas.

Sobre a doutrina da predestinação como tal, não há muito que dizer. No Novo Testamento frequentemente encontramos expressa a ideia de que todos os homens são pecadores pelo Pecado Original e que, por razões inescrutáveis, Deus elegeu alguns deles para a salvação enquanto envia para a danação a grande massa, que não é pior do que os eleitos. Deixando de lado requintes teológicos como as variantes supralapsariana e infralapsariana,[24] a doutrina é clara e simples; é parte do sistema ortodoxo antes da Reforma, e tanto Lutero como Calvino a aceitam. A eficácia peculiar que a predestinação teve nas sociedades calvinistas não tem nada que ver com o conteúdo da doutrina; provém do emprego que Calvino lhe deu diante do impasse antes discutido.[25]

Que emprego deu Calvino à doutrina? A resposta a essa pergunta encontra dificuldades sérias porque a imagem hagiográfica de Calvino é ainda a convencionalmente aceita; ainda não apareceu nenhum Denifle para despedaçar os pés de barro do ídolo. O presente estudo não é o lugar apropriado para levar adiante, com minúcia e entusiasmo, essa operação

---

[24] Supralapsário: aquele que sustenta haver Deus predestinado os homens para a salvação ou a danação antes de ter decretado a queda de Adão. Cp. Infralapsário, sectário do infralapsarismo, doutrina herética que sustenta que Deus, depois do pecado de Adão e Eva, condenou antecipadamente certo número de homens, os quais não têm por isso meios de se salvarem (Caldas Aulete, *Dicionário Contemporâneo da Língua Portuguesa*. Versão eletrônica disponível em www.caldasaulete.com.br). (N. T.)

[25] Sobre a eficácia geral da doutrina na formação das atitudes social e econômica, ver a literatura imensa na esteira do *Die protestantische Ethik und der Geist des Kapitalismus* e *Die protestantischen Sekten und der Geist des Kapitalismus*, ambos em Max Weber, *Gesammelte Aufsätze zur Religionssoziologie*, vol. 1, Tübingen, Mohr, 1920, reimpressão J.C. B. Mohr [Paul Siebeck], 1998. [Ambos os ensaios citados estão em Max Weber, *The Protestant Ethic and the Spirit of Capitalism*. Trad. Talcott Parsons. Nova York, Charles Scribner's Sons, 1958.]

de despedaçamento. Temos de restringir-nos a correções do quadro tradicional à medida que elas tenham um apoio direto no tratamento que Calvino dá à predestinação. A primeira dessas correções tem de ser aplicada à avaliação costumeira das *Instituições da Religião Cristã* como a grande apresentação sistemática da teologia reformada. A doutrina da predestinação é desenvolvida nas *Instituições* e não podemos chegar a uma compreensão da doutrina a não ser que entendamos o caráter geral da obra.

As *Instituições* não são, falando apropriadamente, um livro, mas um trabalho em curso. Foram publicadas primeiramente em 1536, em latim, como *Christianae Religionis Institutio*. Deviam ser, como a "Carta ao leitor" indica, um guia a um entendimento mais rápido e eficaz da doutrina cristã, baseada nas Escrituras para cristãos evangélicos; o próprio Calvino surgia no papel do professor carismaticamente dotado, cujo dever era apresentar o serviço às mentes mais simples. Embora a "Carta ao leitor" enfatize o caráter da obra como uma *summa*, a "Carta ao Rei" enfatiza o caráter de uma defesa e confissão da doutrina cristã evangélica. Desses começos a obra cresceu, até chegar à edição consideravelmente aumentada de 1539 (em latim) e de 1541 (em francês), organizada em dezessete capítulos. Nessa forma, e especialmente na tradução francesa de 1541, a obra se tornou o clássico do novo credo. Os aumentos posteriores e revisões finalmente culminaram na edição de 1559 (em latim) e 1561 (em francês) em que o assunto foi organizado em quatro partes (Pai, Filho, Espírito, Igreja) de acordo com as divisões do Credo Apostólico.

A doutrina da predestinação revela gradualmente sua função no curso dessa história literária. Na primeira edição de 1536, a doutrina não tinha lugar notável. Na edição de 1539/1541 é desenvolvida largamente no Capítulo VIII; mas ao menos dentro desse capítulo é ainda conjugada de maneira tradicional com a matéria da Providência. Que algo novo estava-se fermentando podemos concluir, entretanto, do fato de que o capítulo sobre a predestinação e providência teve seu lugar depois dos capítulos sobre a fé, e não onde pertenceria de acordo com as exigências sistemáticas, como uma sequência ao primeiro capítulo sobre o conhecimento de Deus. Finalmente, a edição de 1559/1561 mostra todo o significado da doutrina. A matéria da providência foi movida para a Parte I (sobre Deus) a que pertence, embora o tratamento estendido da predestinação tenha sido rasgado desse contexto e agora colocado na Parte III (sobre o Espírito) subsequente ao tratamento da justificação pela fé. Apenas esta última edição tem a função da predestinação inteiramente desenvolvida; e a chave mais importante para sua compreensão é seu lugar curioso num contexto que podemos caracterizar como da "cura das almas". Nossa análise será baseada nessa organização final da doutrina.

As preliminares literárias indicam que a função da doutrina deve ser encontrada não em seu conteúdo, mas em seu lugar sistemático. Essa reflexão traz-nos de volta ao caráter geral das *Instituições* de Calvino. Uma parte muito importante da avaliação convencional da obra é inteiramente justificada. É uma façanha literária de primeira ordem por sua clareza de organização e sua lucidez de argumento. Calvino era um mestre da língua; especialmente a tradução de 1541 é um marco no desenvolvimento da língua francesa e do estilo de prosa, comparável em importância apenas à obra de Rabelais. Não poderia receber um elogio maior do que o cumprimento admirador de Bossuet de que Calvino escrevia como os melhores mestres do próprio século do bispo. Para além de todas as divisões de religião, as *Instituições* são um patrimônio literário da nação francesa. Ademais, a obra é esmagadoramente impressionante como a façanha de um gênio precoce. Quando Calvino a concebeu e escreveu, tinha 25 anos; as edições posteriores aumentaram pela adição e reorganização, mas muito pouca revisão do texto original; a concepção e as ideias fundamentais (com a exceção da predestinação) estavam lá desde o começo. E, finalmente, nenhuma exceção pode ser feita ao julgamento de que é um compêndio magistral de doutrina evangélica, sem rival. Pela intensidade da experiência religiosa, pelo engenho e erudição, pela clareza da exposição e façanha literária, e pela clareza intelectual em relação aos problemas sobre os quais Calvino queria ser claro, ele foi um homem de qualidades invulgares.

Para além desse ponto, nosso julgamento tem de seguir um caminho menos convencional. As *Instituições* são consideradas o grande sistema de teologia evangélica, e Calvino um grande pensador sistemático; as *Instituições* são louvadas não apenas por seus méritos literários, sua clareza de exposição e sua abrangência ordenada; é também louvada como a obra de um grande intelecto, como um sistema teológico conclusivo e coerente. A esse julgamento temos de opor uma contradição categórica: elas não são nada disso. E ainda mais, temos de insistir que esse julgamento é anacrônico no sentido de que desconsidera a situação intelectual na primeira metade do século XVI. Uma obra com as intenções superficiais das *Instituições* tem duas possibilidades de obter grandeza intelectual – nenhuma das quais poderia ser obtida por seu autor. Em primeiro lugar, Calvino poderia ter feito sua própria declaração de intenções seriamente, ou seja, poderia ter tentado uma exposição da doutrina cristã com base no Novo Testamento. Essa tentativa teria revelado a estrutura histórica do Novo Testamento; teria revelado que nenhuma doutrina cristã inequívoca pode ser extraída do texto; que a Cristandade dos Evangelhos sinóticos, do Evangelho de São João, das Epístolas de São Paulo e da Epístola aos Hebreus (para mencionar apenas quatro linhas principais) representa variantes que não podem ser organizadas numa doutrina sistemática sem contradições. Por causa do estado da filologia e do conhecimento histórico, toda essa série de problemas está além do horizonte do tempo. Calvino estava convencido de que as Escrituras, se interpretadas honestamente, poderiam oferecer apenas uma única doutrina. Portanto, sua erudição bíblica tão louvada significa apenas que ele tinha uma passagem na ponta dos dedos quando queria provar um ponto, embora a mesma ponta dos dedos fosse judiciosamente insensível quando as passagens não calhavam. A segunda possibilidade de façanha intelectual está para Calvino no caminho da grande tradição, ou seja, a harmonização da fé com a razão. Desde Filo, o Hebreu, e Clemente de Alexandria, o problema da teologia "sistemática" tinha sido a interpenetração do dogma com a metafísica: como podem as fontes sagradas ser interpretadas de tal maneira que a verdade religiosa se torne compatível com os resultados de especulações filosóficas autônomas? O que é "sistemático" acerca de um sistema doutrinal como o de Tomás de Aquino não é a doutrina que pertence aos mistérios da fé, mas à sua metafísica – e a metafísica não é "cristã", mas substancialmente aristotélica. Essa segunda possibilidade, contudo, estava fechada a Calvino, assim como a primeira. Pois a Reforma não era uma revolta apenas contra a Igreja; era também, como vimos, uma revolta contra a ordem intelectual. Embora Calvino tenha mais fundamentos filosóficos (especialmente em estoicismo) do que Lutero, estava em revolta contra a "escolástica", assim como seu predecessor; e isso significava ser contra a única metafísica que estava à disposição se quisesse ser "sistemático". Pelo pano de fundo inevitavelmente patrístico e escolástico, as *Instituições* estão pesadamente carregadas de fragmentos de uma tradição filosófica, mas Calvino não tinha nenhum "sistema" próprio que tivesse dado coerência à sua teologia.

Embora as *Instituições* não tenham a coerência de um sistema, não é, todavia, uma enciclopédia de doutrinas. O argumento de toda a obra tem uma unidade inteligível de significação. Podemos provisoriamente caracterizar essa unidade como uma defesa que um advogado faz de uma causa. A força das *Instituições* está em sua concentração de argumento sobre a realização de um propósito prático; e este propósito podemos descrevê-lo como uma tentativa de superar o impasse de Lutero de 1525. A desintegração da ordem tinha levado a *civitas Dei* luterana – os "remanescentes", como Calvino a chama – dos fiéis verdadeiros à dispersão no deserto dos réprobos. O que deveria ser feito desses remanescentes, e poder-se-ia fazer algo deles? E teriam eles de permanecer indivíduos isolados em vida comunitária e instituições? Ou havia o bastante deles para formar pequenas comunidades locais? Deveriam eles retirar-se do corpo principal da Cristandade e ser afastados em existência sectária fora da grande igreja? Nenhuma dessas soluções interessava a Calvino. Ele queria fazer algo que, ouvido pela primeira vez, pode soar fantástico. Ele aceitou a ideia de Lutero acerca dos remanescentes e, então, divisou um plano para transformar os remanescentes na classe governante de uma Igreja universal que suplantaria a Igreja Católica. Esse plano é o tópico pragmático das *Instituições*; e o argumento doutrinal, especialmente a doutrina da predestinação, serve à sua realização. As *Instituições*, podemos dizer, são principalmente um tratado político; e à medida que sugere uma solução para a situação precária do momento, é eminentemente um *livre de circonstance*. Esse caráter da obra é obscurecido pela escala da empresa. Sob o aspecto meramente físico, não estamos acostumados a pensar num tratado de mais de 1.200 páginas como um *livre de circonstance*. Ademais, o tamanho físico da obra é capaz de obscurecer seu propósito; não que Calvino tentasse escondê-lo, mas ele não o explicitou numa passagem citável e conveniente, e dificilmente se pode asseverar isso sem uma leitura analítica cuidadosa de toda a obra. A "circunstância" que deu motivo à obra, além disso, não era um acontecimento menor, mas uma catástrofe civilizacional e a sugestão de que o acontecimento estimulado não era menos do que o plano de fundação de uma nova Igreja universal. Finalmente, o propósito é obscurecido pela matéria "teológica" da obra à medida que em nosso ambiente secularizado não estamos acostumados a ler um capítulo sobre a natureza dos sacramentos com um olho nas intenções políticas do autor. Esses vários traços, porém, apenas obscurecem o caráter da obra; não a atingem.[26]

As *Instituições* são uma obra de política pragmática. Vamos agora tratar de seu problema mais de perto, pela distinção

---

[26] [Ver também a avaliação negativa que Voegelin faz em continuação a Calvino, em Eric Voegelin, *The New Science of Politics: An Introduction*. Chicago, University of Chicago Press, 1952; reimpressão 1987, p. 139, onde acusa Calvino de desenvolver o "primeiro Alcorão gnóstico deliberadamente criado".]

entre os materiais da operação de Calvino e seu *modus operandi*. No que diz respeito aos materiais, a obra é um compêndio de doutrina cristã na esteira dos movimentos criados por Lutero. Sob esse aspecto, contém pouco que seja surpreendente; as *Instituições* são famosas pela abrangência de sua codificação, não por sua originalidade. No entanto, entre o fiasco de Lutero e a concepção de Calvino uma década tinha passado. Sobre muitos debates já se tinha assentado o pó; os argumentos dos oponentes eram conhecidos, assim como a fraqueza de seu próprio lado; os perigos de descarrilamento em movimentos quiliásticos e revoluções sociais tinham impresso a si mesmos através dos acontecimentos sangrentos; formulações incautas do primeiro zelo podiam agora ser emendadas; e, acima de tudo, o gotejar do movimento evangélico em uma infinidade de cismas tinha-se tornado uma perspectiva dolorosa. Embora as *Instituições* não sejam originais na doutrina, estão permeadas por uma atmosfera intensa de circunspecção diplomática em sua apresentação.

O cerne dos materiais reunidos é a justificação *sola fide* de Lutero. A posição central da doutrina é enfatizada à medida que Calvino a emprega para sua definição de "verdadeira Igreja".[27] As doutrinas que a apoiam são aguçadas. A *fides caritate formata* é excluída, declarando-se que o amor de Deus é um mandamento da lei, com referência a Mateus 22. Sob pressão do debate interveniente, a oposição à justificação pelas obras tem agora de declarar-se mais claramente como oposição ao sistema sacramental da igreja, especialmente ao sacramento da penitência. Os mandamentos da lei ainda têm a função de levantar da imperfeição a consciência; mas como um temor e terror aos pecados são agora suplementados pela doutrina da predestinação. A experiência da verdadeira fé é agora mais caracteristicamente definida como um "conhecimento certo e contínuo da benevolência divina para conosco, que, sendo fundada na verdade da promessa gratuita em Cristo, é revelada tanto a nossas mentes quanto

---

[27] *Instituições*, IV.ii.1.

confirmada a nossos corações, pelo Espírito Santo".[28] O aparecimento de místicos quiliásticos tornou necessário definir cuidadosamente a regeneração pela fé como uma transformação que não restaura a inocência adâmica, mas deixa as cicatrizes do Pecado Original; a regeneração dá poder para resistir às inclinações pecaminosas, mas não as destrói. Essa nova precisão também corrige a incisão aguda que Lutero fizera entre a alma e a natureza; depois da regeneração, não há mais *pecca fortiter* para Calvino; uma das marcas da verdadeira fé é a *perseverantia* na resistência contra o pecado. Com relação ao problema do pecado, Calvino está, no todo, de novo mais próximo da posição católica. Dos sacramentos, ele aceita o batismo e a Ceia do Senhor, como instituídos pelas Escrituras, mas rejeita os outros como adições humanas.

Tais são os materiais doutrinais; mas o catálogo é informação morta se não virmos Calvino operando com esses materiais. O problema da operação provém da situação intelectual previamente discutida. A *raison d'être* oficial do movimento evangélico é a fundação da doutrina cristã nas Escrituras e nada mais, senão as Escrituras. De fato, a fundação de um sistema inequívoco de doutrina sobre as Escrituras, como sabemos, é impossível. Calvino pode chegar a decisões com relação à verdadeira doutrina apenas ao relacionar os textos bíblicos, primeiro, com as intenções doutrinais que emergiram desde Lutero e, segundo, com a mira em direção ao ponto em que ele quer que elas convirjam. Em alguns exemplos, tal relação entre passagens bíblicas e as intenções de Calvino realmente existe; em outros exemplos, não; mas se existe ou não, tem de ser mostrado que existe. Já que Calvino é um advogado maravilhoso, o resultado é muito divertido – ou ao menos seria se houvesse o mais débil toque de humor ou de patifaria no

---

[28] *Instituições*, III.ii.7.; todas as citações são da tradução de John Allen (Londres, Walker, 1813; ligeiramente revistas por Joseph Peterson Engles em 1841; última edição americana, Filadélfia, Westminster, 1936). Traduções mais recentes: John Calvin, *Institutes of the Christian Religion*, 2 volumes, Library of Christian Classics, 20-21, ed. John T. McNeill, trad. Ford Lewis Battles. Filadélfia, Westminster Press, 1960.

homem; a nosso pesar, entretanto, não podemos lançar a menor sombra de dúvida sobre a completa seriedade e boa-fé de Calvino. Todavia, há comédia objetiva suficiente na empresa para apresentar um capítulo depois de outro de entretenimento inegável para o *connaisseur* de truques sujos na discussão.

Há navegação serena em matérias tais como predestinação, para a qual, na verdade, há a pletora de passagens assim do Velho como do Novo Testamento em apoio da doutrina; e há ocasião para um bom espetáculo de indignação quando chega a instituições, tais como o sacramento e a penitência, que surgiram no curso do tempo e podem apenas por inferência e elaboração históricas ser relacionadas à forma mais antiga de Cristandade. A continuação é mais acidentada com a justificação *sola fide*; lamentavelmente o "apenas" não estava no texto e o inimigo tinha tirado o melhor partido disso. Agora o aparato de discussão do contexto é aplicado com habilidade considerável, e no final apenas um inimigo diabólico da fé pode duvidar de que o "apenas" está tão obviamente inferido que somente a obviedade da inferência impediu São Paulo de pronunciar explicitamente a palavra. Mas Calvino está nos seus melhores dias quando não tem nenhuma base bíblica, como no caso do batismo do infante. Insiste nisso por várias razões, mas especialmente porque os anabatistas atrozes não o querem. Lamentavelmente o batismo do infante é um dos acréscimos históricos que em outros casos ele rejeita. Mas Cristo não disse que se deve deixar ir a ele as crianças? Deste dizer, Calvino deduz a necessidade do batismo do infante; e ele desenvolve até o ponto em que "ir" não significa apenas os pequeninos que realmente podem "ir" até Jesus, pelos próprios pés, mas também os infantes cuja "ida" tem a forma passiva de serem levados nos braços de suas mães.

Lidamos por um instante com o método de argumentação de Calvino, porque ele revela muito convincentemente a falência intelectual da época. O livro, como dissemos, tem seu valor de entretenimento se for lido com distanciamento; mas tão logo alguém tenha interesse no tipo de mente que é capaz de um esforço sustentado de produzir com convicção mais de mil páginas disso, é atemorizante a experiência. Sentimos vontade de poder sem consciência intelectual; e por trás das *Instituições* de Calvino começa a desenhar-se o Calvino de Genebra – o Calvino que aplica sua disciplina pela organização de espiões e informantes sobre pecadinhos; que invade as casas em busca de provas; que extorque confissões falsas no ecúleo; que chantageia cidadãos, com ameaças de denúncias, para contribuírem financeiramente; que envia comunicações de pessoas como Servetus à Inquisição; que manda queimar Servetus quando este procura asilo em Genebra; que emprega tribunais para assassínios legais baseados em acusações inventadas; que torna Genebra uma cidade "limpa" pela matança ou exílio de quem quer que não vivesse de acordo com as expectativas.[29]

---

[29] Já que essa é a época das estatísticas, posso citar de Preserved Smith, *The Age of the Reformation*. Nova York, H. Holt, 1920, p. 171: "Durante os anos de 1542-6, houve, nesta cidadezinha de 16.000 habitantes, não menos do que cinquenta e oito execuções e setenta e seis banimentos". A fim de entender o significado desses números, considerando os costumes da época, devemos notar que num período de tempo comparável, 1553-1558, sob o reinado de Maria Tudor, estão documentadas 290 execuções no curso da perseguição religiosa, numa Inglaterra de aproximadamente 3,5 milhões de habitantes (Smith, *Age of Reformation*, op. cit., p. 323). Um cálculo simples mostrará que – *per capita* de população no sentido mais literal – Calvino era cerca de 43 vezes mais mortífero do que Maria Sangrenta. O desempenho, é claro, é menor do que o de Alva na Holanda; ainda assim, não devemos menosprezar o registro: Calvino era um caráter assassino completamente repugnante.
[Este quadro áspero de Calvino deve ser equilibrado por uma perspectiva alternativa que está emergindo na presente pesquisa sobre a Reforma. Por exemplo, Alister E. McGrath, em sua pesquisa sobre as lendas e estereótipos sobre Calvino, argumenta que desde o tempo do retorno de Calvino a Genebra até sua morte, aconteceu ali apenas uma execução por motivos religiosos (o caso infame de Michael Servetus), e que Calvino pediu aos oficiais da cidade que decapitassem em vez de queimar a vítima, pois o primeiro meio de execução era mais piedoso. Calvino, lamentavelmente, não prevaleceu nesse exemplo. Além disso, a autoridade de Calvino em Genebra era apenas indireta, tomando a forma de uma influência moral, na melhor das hipóteses. Ele não foi nunca um membro governante do concelho (na época do caso Servetus, o concelho era até mesmo contrário à influência de Calvino), e de fato não poderia ter sido membro no corpo governante mais alto, pois apenas cidadãos de Genebra (os nascidos em Genebra como cidadãos) é que podiam fazê-lo. Segundo o julgamento de McGrath, a "imagem de Calvino como o 'ditador de Genebra' não tem nenhuma relação com os fatos conhecidos da história [...] O concelho da cidade não tinha nenhuma intenção de renunciar em favor de ninguém aos direitos e privilégios arduamente obtidos,

A profunda amoralidade na legitimação argumentativa da doutrina transforma-se em prática de insensibilidade moral no emprego ditatorial que Calvino faz de meios indizíveis para a realização dos fins teocráticos. Os frutos do antifilosofismo começam a aparecer: não se pode remover da existência a ordem do intelecto sem também desordenar moralmente a existência.

Diante da versatilidade argumentativa de Calvino, seria fútil procurar um significado intrínseco de seu corpo de doutrina. A operação argumentativa é uma tela que cobre o propósito pragmático. O propósito, como dissemos, é a fundação de uma nova Igreja universal com Calvino no papel não de um sucessor de São Pedro, mas de um novo São Pedro ele mesmo.[30] A fim de ter uma Igreja que é apenas tão boa como a Romana, ele precisa de várias coisas. Primeiro de tudo, precisa de alguns sacramentos. Se a justificação *sola fide* fosse tomada seriamente, o reino de Deus consistiria em cristãos únicos, cada qual justificado por sua fé; alguma coerência organizacional solta poderia talvez ser assegurada pela função de ensino feita por pessoas distintas carismaticamente; mas o perigo seria agudo de um número crescente de heréticos que são arrogantes o bastante para acreditar que podem dispensar um professor; e onde então

---

muito menos a um de seus empregados – um estrangeiro sem direitos de voto, a quem podiam mandar embora e expelir da cidade segundo lhes parecesse [...] Que a autoridade de Calvino em matérias cívicas era puramente pessoal e moral no caráter era demonstrado pelas dificuldades que seus sucessores enfrentaram depois de sua morte" (Alister E. McGrath, *A life of John Calvin: A Study in the Shaping of Western Culture*. Oxford, Basil Blackwell, 1990, p. 109; ver Capítulo 6 em sua íntegra). Também ver Basil Hall, "The Calvin Legend". In: *John Calvin, Centenary Studies in Reformation Theology 1*. G. E. Duffield (ed.). Appleford, Sutton Courtenay, 1967, p. 1-18.]

[30] Em *Instituições* IV.iii.4, Calvino reflete sobre os ofícios dos apóstolos e evangelistas como ofícios extraordinários, no tempo de fundação; não tinham lugar em "Igrejas bem constituídas". Então continua ele: "Embora eu não negue que mesmo desde aquele período Deus algumas vezes levantou apóstolos, ou evangelistas, em seus lugares, como fez em nosso próprio tempo. Pois houve uma necessidade de tais pessoas recuperaram a Igreja da defecção do Anticristo". A função apostólica é assegurada para ele; ao mesmo tempo é barrada aos outros, uma vez que ele tenha constituído a verdadeira igreja.

ficaria o campo de atividade de Calvino? Daí ser a salvação possível apenas pelo fato de ser membro da organização e pela submissão a sua disciplina; e as formalidades desse ser membro são os sacramentos do batismo e da última Ceia; excomunhão significa danação. Mas se o ser membro da organização sacramental é necessário para a salvação, o que é feito da justificação apenas pela fé? Este é o problema delicado de que trata Calvino nos capítulos fascinantes sobre os sacramentos; consegue a proeza de provar, primeiro, que os sacramentos não medeiam a graça e que de maneira nenhuma tocam a exclusividade da justificação pela fé, e, segundo, que ninguém, a menos que tenha tido uma oportunidade de pertencer à igreja, pode ser justificado pela fé a não ser que entre na igreja. A obscuridade da doutrina de Calvino sobre os sacramentos é bem conhecida, e nessa ocasião ele chega até a reconhecer que nem tudo é claro; a causa da obscuridade, no entanto, não é uma falha súbita nos poderes de argumentação de Calvino, mas a impossibilidade genuína de construir uma doutrina que satisfaça, ao mesmo tempo, ambas as exigências. Contudo, a despeito da tortuosidade, esse corpo de argumento contém páginas valiosas onde Calvino exibe sua sabedoria de homem de igreja prático que sabe que os ritos e as instituições "são da maior utilidade para o alimento e apoio de nossa fé".

A fim de ter sua igreja universal, Calvino, em segundo lugar, tem de mostrar que a velha igreja não é apenas corrupta, mas, de fato, não é igreja de modo algum; de outro modo, seria pressionado à posição de sectário e cismático e não poderia reivindicar catolicidade para sua fundação; além disso, tinha ainda de fazer entender a outros apóstolos, que poderiam ter ideias, que a igreja dele é tão boa que ninguém tem razão de entregar-se a fundações rivais. Em ambos os aspectos Calvino ultrapassa a si mesmo. Apropriadamente, vem primeiro a verdadeira igreja. Ninguém deve separar-se dela sob o pretexto de que ainda não está tão puro e que os eleitos devem formar suas próprias comunidades fora da grande igreja.

Embora esta tentação algumas vezes surja mesmo para homens bons, por um zelo inconsiderado pela justiça, no entanto, devemos geralmente achar que a severidade excessiva se deve mais ao orgulho e arrogância, e opiniões falsas que outras pessoas têm de sua própria santidade superior do que a uma verdadeira santidade, e uma preocupação real por seus interesses. Esses, portanto, que são mais ousados em promover uma separação da igreja, e agem como se fossem portadores-padrões na revolta, não têm, em geral, nenhum outro motivo do que o de fazer uma exibição ostentosa de sua própria excelência superior, e desprezo de todos os outros,

e assim por diante com essa disposição.[31]

Contanto que a igreja preserve seus fundamentos, "tais como o de que há um Deus; que Cristo é Deus e o Filho de Deus; que nossa salvação depende da misericórdia de Deus, e assim por diante",[32] é frívola a separação por causa de desentendimentos sobre pormenores. Quando o leitor chega ao fim da exortação, ele se pergunta como alguém poderia querer separar-se da igreja, e especialmente como o próprio Calvino pôde separar-se da Igreja Católica. Mas então vem a acusação contra a Igreja Romana. "Em vez do ministério do trabalho, reina um governo corrupto, composto de falsidades, pelo qual a luz pura é suprimida ou extinta. Um sacrilégio execrável foi substituído pela ceia do Senhor. A adoração de Deus é deformada por uma massa numerosa e intolerável de superstições. A doutrina, sem a qual a Cristandade não pode existir, foi inteiramente esquecida ou explodiu. As assembleias tornaram-se escolas de idolatria e impiedade. Portanto, ao nos retirarmos da participação perniciosa, não há nenhum perigo de nos separarmos da Igreja de Cristo."[33] E assim por diante, com pormenores. Essa corrupção não é de data recente; mas parece que Calvino quer incluir nela todo o período desde a Migração até o presente. Quando o leitor alcançou o fim dessa parte

---

[31] *Instituições*, IV.i.16.
[32] *Instituições*, IV.i.12.
[33] *Instituições*, IV.ii.2.

do argumento, ele se pergunta como alguém poderia ter sido tão mal orientado para pertencer a essa instituição sórdida.[34]

Agora Calvino retomou os fiéis do isolamento em que estavam e os reuniu numa comunidade, com coerência organizacional pelo ensinamento e administração de sacramentos; assegurou a universalidade para a organização, ao privar a grande rival histórica, a Igreja Romana, da qualidade de uma Igreja de Cristo, e tornou claro que não é permissível nenhuma outra separação. Mas isso ainda o deixa apenas com uma igreja dos remanescentes. Calvino, no entanto, quer mais; não quer uma igreja que seria apenas

---

[34] Em seu argumento, Calvino concede um papel importante à Igreja Grega. Quando os "Romanistas" o acusam de quebrar a sucessão apostólica, e argumentam que apenas uma igreja nessa sucessão pode ser a verdadeira, ele gostaria de saber por que então a Igreja Grega deve ser considerada cismática quando pelo consenso a sucessão apostólica não foi nunca interrompida. A sucessão apostólica, então, evidentemente não faz uma verdadeira igreja. Os gregos são considerados cismáticos porque se revoltaram contra a sé apostólica; o que se deveria dizer então de uma igreja que se revoltou contra Cristo? "Segue-se, portanto, que sua alegação de sucessão ininterrupta é uma pretensão vã, a não ser que a verdade de Cristo, que foi transmitida desde os padres, seja permanentemente mantida pura e incorrupta pela sua posteridade." Vimos previamente como o cisma grego atingiu a Disputa de Leipzig. É minha impressão que o papel do exemplo grego é algo subestimado por historiadores recentes como uma influência no desenvolvimento cismático que a Reforma tomou. O problema é mais do que de importância passageira porque a conexão entre o cisma grego e a Reforma não foi esquecida em outras partes do mundo. No século XIX, o problema do cisma influenciou fortemente a formação da consciência nacional russa assim como a ideia russa da corrupção do Ocidente que foi herdada pelo movimento comunista. Alexei Chomiakow, nos anos de 1850, interpretou a Reforma como a consequência do cisma pelo qual a Igreja Romana se separou da verdadeira igreja que é preservada na Ortodoxia. De acordo com ele, a unidade doutrinal da igreja não está na ciência ou convenção, mas na "lei do amor mútuo e na oração" e na graça divina. Essa lei de amor mútuo foi quebrada quando a Igreja Romana em sua jurisdição introduziu o *"filioque"* no Credo por um concelho "provinciano". O espírito do protestantismo e separatismo, em violação da regra de amor fraterno, já está presente no começo da história cristã ocidental; na Reforma, a Igreja Romana colheu-lhe o fruto; e o racionalismo não fraterno e o individualismo do Ocidente, em geral, desintegraram agora a civilização europeia tão completamente que a salvação só pode vir agora por um retorno à verdade, ou seja, a igreja (ortodoxa). Ver sobre essa questão Alexander von Schelting, *Russland und Europa in Russischen Geschichtsdenken*. Bern, A. Francke, 1948, esp. III.2, "Chomiakow's Lehre von der wahren Kirche und sein 'Anathema' an die abendländischen Glaubensgemeinschaften". Ver Aleksej Chomjakov, *L'Église et le Protestantisme au point de vue de l'Église Orthodoxe*. Lausanne, 1872.

a organização monopolista de cristãos fiéis, quer uma igreja universal no sentido de que cada ser humano na civilização cristã ocidental é membro, seja o indivíduo justificado ou não pela fé. Ele não quer uma igreja monopolista dos eleitos; quer uma igreja universal que abranja também os réprobos. Esse é o problema supremo de Calvino na situação histórica. É um problema com uma face psicológica dupla: como pode ele persuadir os réprobos, que poderiam estar inclinados a ser alegres pecadores, a ir para a igreja e submetê-los à disciplina, e como poderia persuadir seus eleitos a tolerar a companhia dos queimados do inferno? O problema tinha sido criado pela justificação *sola fide* de Lutero, empurrando a experiência de fé ao ponto onde se torna uma consciência empírica de uma confiança do homem nas promessas de Deus; e foi agravado pelo próprio Calvino, pelo seu "segundo grau de eleição" com sua "chamada especial" que assegura ao eleito o seu *status*. "Nos eleitos, consideramos o chamado como uma prova da eleição, e a justificação como outro sinal de sua manifestação, até que eles cheguem em glória, o que constitui a conclusão."[35] Os remanescentes consistem em pessoas que não apenas são eleitas para a salvação, mas também sabem que o são. É inevitável o efeito psicológico de tal doutrina. De um lado, os cristãos que receberam o chamado são empurrados para a posição de saber de sua salvação; de outro lado, os que não receberam tal chamado são libertados para a irresponsabilidade de conduta porque nada pode salvá-los da danação. O problema da predestinação (que não tem importância prática na Cristandade Católica) foi atualizado pela emergência de indivíduos que, por seu chamado especial, penetraram no conhecimento do decreto de Deus sobre a salvação. Calvino compreendeu a explosividade dessa questão. Não podia desistir da *certidudo salutis* [certeza da salvação] na consciência da fé; e, portanto, deu deliberadamente o próximo passo, ao tornar a doutrina da predestinação como parte da doutrina da fé.

---

[35] *Instituições,* III, xxi, esp. 6-7.

Se aceitarmos a premissa do problema, somos obrigados a admirar a habilidade de Calvino no seu tratamento. Na natureza do caso, ele tem de usar a doutrina, acima de tudo, para colocar um abafador nos justos que querem formar comunidades pequenas de santos. Contra eles defende:

> Não estamos mandando aqui que se distinga o réprobo do eleito, o que não é de nossa alçada, mas de Deus apenas; exige-se de nós que asseguremos em nossas mentes que todos os que pela misericórdia de Deus, o Pai, pela influência eficaz do Espírito Santo, obtiveram a participação de Cristo, são separados como propriedade peculiar e porção de Deus e que, sendo numerado entre eles, somos participantes de tal graça.[36]

Na história, só pode existir a igreja visível, que inclui os réprobos assim como os eleitos; "temos de deixar apenas a Deus o conhecimento de sua Igreja, cuja fundação é sua eleição eterna".[37] Os eleitos que receberam o chamado devem preocupar-se consigo mesmos e não bisbilhotar o *status* de seu vizinho, pois isso seria uma tentativa de intrometer-se nos segredos inescrutáveis de Deus. Embora, então, os eleitos tenham de tolerar os réprobos, os réprobos não podem tampouco abandonar os eleitos. Pois se os que receberam o chamado souberem que estão enumerados entre os eleitos, ninguém que não recebeu o chamado pode saber se é eleito ou réprobo. O chamado não tem data fixada na vida humana; e o registro mais formidável de pecados não pode dar a ninguém a certeza de que seu chamado não virá amanhã. Por isso, aqueles que ainda não receberam esse chamado não podem resignar-se à reprovação e não se preocupar, mas têm de gastar seus dias em expectativa tremente da iluminação e fazer o que podem para não chamarem sobre si a cólera de Deus.

São claros, então, os princípios que mantêm os eleitos e os réprobos juntos na igreja visível. Mas permanecem convincentes apenas se não se fala muito sobre eles. Diante das

---

[36] *Instituições*, IV.i.3.
[37] *Instituições*, IV.i.2.

inúmeras dúvidas, Calvino achou necessário descer casuisticamente aos pormenores; e nessas ocasiões o sistema começa a chiar. Há, por exemplo, os "suínos" que dizem não importar o que faz um homem, já que seu fado está preordenado. Calvino está pronto com sua resposta de que o chamado tem o efeito de santificação da vida e que a conduta imoral é prova da reprovação. Por outro lado, a conduta imoral não é prova de reprovação, pois a santificação vem apenas na esteira do chamado, e mesmo os eleitos não nascem com seu chamado. E o que deve ser feito com os que simplesmente não agem na suposição de que possivelmente são eleitos e devem conduzir-se de acordo? Calvino pode apenas assegurar-lhes que eles "Não cessam de provocar a cólera divina contra eles por transgressão contínua"[38] – embora não seja muito claro o que a cólera poderia fazer para além da danação. E então, "acontece diariamente que os que parecem pertencer a Cristo esmorecem de novo diante Dele, e afundam na ruína". Isso parece pôr em perigo a *certitudo salutis* na consciência dos eleitos. Explica Calvino: "Não disputo que tenham sinais de chamado similares aos dos eleitos; mas estou longe de admitir que possuam essa certeza segura da eleição que mando aos fiéis que procuram pela palavra do Evangelho [...] Que tais exemplos não nos movam de uma confiança tranquila na promessa de Nosso Senhor".[39] A experiência do chamado, então, pode ser enganadora; e que foi uma decepção aparece apenas por ocasião do "esmorecimento" – como então alguém pode estar realmente certo da eleição, e não pode acontecer de a própria tranquilidade ser enganadora? E pior de tudo: Deus, com seu chamado especial, "na maior parte das vezes favorece apenas o fiel"; "no entanto, algumas vezes ele a comunica àqueles a quem ele ilumina por um tempo, e, depois, abandona, por causa da ingratidão deles. E os fere com cegueira maior".[40] Quais são as implicações desse caso? Diverte-se

---

[38] *Instituições*, III.xxiii.12.

[39] *Instituições*, III.xxiiv.7.

[40] *Instituições*, III.xxiv.8. Esta passagem interessante já aparece na *Institution*

Deus algumas vezes, assegurando ao homem a salvação e depois o abandona, caçoando dele? Ou muda Deus seus decretos quando o homem não responde à certeza de salvação com uma conduta exemplar? Devemos, talvez, assumir uma justificação por obras – com uma crueza que nenhum pensador cristão nunca antes exibiu?[41] As *Instituições* não oferecem respostas a essas perguntas. Podemos apenas dizer que Calvino pretende claramente empregar a doutrina da predestinação como um instrumento para manter os eleitos junto com os réprobos em uma igreja universal. Mas parece também que um estudo mais próximo das variedades da experiência espiritual levaria a resultados que poderiam pôr em perigo a certeza de eleição pelo chamado.

Seguimos Calvino em sua doutrina da predestinação em seus próprios termos; o problema emergiu para ele experiencialmente da *certitudo salutis* dos eleitos, da certeza da eleição predestinada pela experiência de vocação. Os decretos providenciais de Deus, desconhecidos ao homem exceto à medida que são revelados, são seduzidos na consciência no momento do "chamado". Calvino luta contra a tentativa de tornar visível a Igreja invisível; mas ele é seduzido pelo problema da predestinação, entretanto, porque também quer um toque de visibilidade. Abrindo caminho a essa construção – que parece ter sido imposta mais pela situação histórica do que por uma experiência pessoal – deixa Deus crescer para as proporções formidáveis do déspota que, a seu prazer, mostra misericórdia com uns poucos, enquanto ordena a execução justa de danação para a massa, a fim de mostrar a majestade de sua onipotência e justiça. É a interpretação que, sedimentada na Confissão de Westminster de 1647, levou ao comentário

---

de 1541. Ver Jean Calvin, *Institution de la Religion Chrestienne*. Ed. Jaques Pannier. Paris, Société les Belles Lettres, 1939, 3, p. 95.

[41] Ver Santo Tomás, *Summa Theologiae*. Pt. I, q. 23, art. 5: "*Nullus ergo fuit ita insanae mentis, qui diceret merita esse causam divinae praedestinationis ex parte actus praedestinantis*" [Pois não houve nunca ninguém de mente tão insana que dissesse que os méritos são a causa da divina predestinação da parte do ato do predestinador. Trad. dos Padres da Província Dominicana Inglesa]. Nova York, Benziger Brothers, 1947-1948, 1, p. 129.

famoso de Milton de que tal Deus não lhe merecia o respeito, mesmo se tivesse de ir para o inferno por causa disso. Levado por seu valor nominal, essa interpretação doutrinal é normalmente chamada o "teocentrismo" de Calvino; experiencialmente, contudo, seu teocentrismo dogmático é algo que podemos talvez chamar "eleitocentrismo" de Calvino, a tentativa de uma imanentização de um Deus transcendental, pregando-o em suas promessas na experiência do "chamado". A fixação precisa do ponto em que a doutrina de Calvino descarrilou para a interpretação relativa à predestinação nos permitirá agora caracterizar a questão teorética envolvida.

A doutrina de Calvino de predestinação é uma interpretação falaciosa na medida em que desconsidera certas regras fundamentais de teologia fundamental. Já indicamos que Calvino não tinha nenhum "sistema" e que a chave para compreender a predestinação está na má colocação da doutrina no contexto da fé. Devemos agora explicar brevemente a natureza dessa má colocação à luz da teoria dos símbolos, segundo Tomás e Platão. A doutrina da predestinação é parte da teologia no sentido mais estreito de uma teoria da natureza e atributos de Deus. Envolve proposições como "Deus elege alguns homens para salvação" e "Deus reprova homens". Proposições desse tipo combinam um sujeito transcendental (Deus) com predicados tomados da experiência imanente do mundo; as proposições que resultam dessa combinação não são proposições na ciência empírica; são símbolos. Os predicados em tais proposições não devem ser tomados no sentido que têm num contexto imanente do mundo (como se, por exemplo, eleger fosse predicado de um homem); eles têm de ser tomados analogicamente. Daí seja defeso teoreticamente introduzir tais símbolos como argumentos na discussão da experiência de fé; em particular, é defeso introduzir o elemento de necessidade relativa à predestinação. A necessidade, ou inelutabilidade dos decretos de Deus, surge especulativamente do problema da eternidade de Deus; porque Deus está fora do tempo, tudo o que ocorre no tempo está em presença eterna para ele; ele "sabe antecipadamente" o que vai acontecer porque para ele não é o futuro, mas sua presença; e à medida que ele é a *prima causa*, tudo o que acontece na distensão do tempo acontece por necessidade em sua causação eterna. "Scientia Dei est causa rerum" [a ciência de Deus é causa das coisas].[42] Essas especulações com relação a Deus, contudo, de maneira nenhuma atingem a estrutura da realidade como experienciada pelo homem. A necessidade especulativa de Deus não abole nem a contingência experienciada na natureza nem o livre-arbítrio experienciado no homem. A falácia de Calvino, então, pode ser definida como uma má interpretação de símbolos especulativos, pelos quais os teólogos tentam descrever analogicamente a relação do mundo com seu fundamento criativo, como proposições em *oratio directa* que se referem a um conteúdo de experiência humana imanente no mundo. A inclinação psicológica de entregar-se a falácias pode ter sido engendrada no caso de Calvino pela intensidade de uma experiência religiosa em que a vontade própria é obscurecida sob a irrupção de força transcendental, sob o impacto dessa experiência, seja ela de Lutero ou de Santo Agostinho; o *liberum arbitrium* é apto a aparecer como *servum*; a regeneração pela graça pode bater tão irresistivelmente que nenhuma liberdade humana parece permanecer. Mas o homem é ainda homem, e não uma essência perfeita. A discussão casuística de Calvino mostra que há surpresas reservadas para o homem que irrefletidamente supõe que a graça de Deus é uma causa empírica com efeitos garantidos. A explicação psicológica, no entanto, não abole a estrutura teórica objetiva do problema. Na doutrina de Calvino da predestinação estamos de novo diante das consequências do antifilosofismo; a confusão da época é parcialmente devida ao colapso da ordem do intelecto. E, pela efetividade de Calvino como um fundador religioso, sua desordem intelectual tornou-se até hoje a herança em amplos setores da sociedade ocidental.

Até este ponto lidamos com os aspectos da personalidade e ideias de Calvino que o deixaram aparecer a uma luz não

---

[42] *Summa Theologiae*, Pt. I, q. 14, art. 8.

muito agradável. Em conclusão, temos de considerar as circunstâncias atenuantes, no sentido mais literal das circunstâncias históricas que pressionaram Calvino adiante em seu caminho. Uma revolução, se podemos repetir ainda uma vez, não é feita pelos revolucionários; ela deflagra numa sociedade que está carregada; a culpa está primordialmente nas classes dominantes das instituições estabelecidas, não nos revolucionários que são o produto de uma situação mal dirigida pelas autoridades responsáveis. No caso de Lutero, apontamos para a situação desconcertante de um homem que, tendo recebido treino teológico, pudesse atacar uma doutrina de justificação mediante obras que não existiam; no caso de Calvino temos de nos perguntar como foi possível que o autor de um tratado volumoso sobre matérias teológicas não tivesse, aparentemente, entendido a *analogia entis*.

No pano de fundo de tais desconcertos temos de supor uma decadência de instituições, comparável com o colapso de instituições acadêmicas em nosso tempo. Quando, hoje, um aluno exposto a uma dose de propaganda política se torna marxista, uma das razões para sua linha de ação tem de ser buscada no fato de que no mundo acadêmico ele não encontrará um professor em mil que tenha conhecimento filosófico suficiente para responder às suas perguntas, para explicar-lhe por que as ideias de Marx são falaciosas, e fazer isso com tal competência óbvia que um jovem alerta vital e intelectualmente ficará impressionado e passará a pensar. O antifilosofismo não se originou com Lutero e Calvino; já o encontramos da mesma maneira em Erasmo. É um fato no ambiente do qual Lutero e Calvino emergiram, embora eles certamente o tenham amplificado e o tornado socialmente mais eficaz; e esse colapso intelectual é parte da desintegração institucional geral que já exerceu seus efeitos traumáticos em Maquiavel. Não temos nenhuma razão para duvidar da sinceridade autobiográfica de Calvino numa passagem como a seguinte: "portanto, embora a desolação melancólica que nos cerca pareça proclamar que não restou nada da igreja, lembremo-nos que a morte de Cristo é fecunda, e que Deus preserva maravilhosamente sua igreja como se ela estivesse em lugares de esconderijo; de acordo com o que disse a Elias: 'Reservei para mim sete mil homens, que não dobraram os joelhos a Baal'".[43] Nessa passagem tocamos o que consideramos a motivação mais profunda na resolução violenta de estabelecer uma nova igreja universal; sua experiência de crise, sua consciência epocal, sua convicção de que o momento histórico exige uma *translatio ecclesiae* [transferência da igreja]. Os eleitos são chamados não só para a salvação, mas também para uma fundação eclesiástica histórica. Para além de todos os problemas de experiência religiosa pessoal, e de interpretação teorética, a doutrina da predestinação tem a sua função na filosofia da história de Calvino.

Calvino desdobra a perspectiva histórica em seu comentário sobre a prece: "Que venha o Reino de Deus". O reino será estabelecido, primeiro, nos corações dos eleitos. "Já que a palavra Divina se assemelha a um cetro real, somos ordenados a rezar que ele subjugará os corações e mentes de todos os homens a uma obediência voluntária a esse reino." Quando essa parte da tarefa é cumprida pela inspiração do Espírito, então "é nosso dever descer até o ímpio, pelo qual a autoridade dele é resistida com a perseverança da obstinação e da fúria do desespero". "Deve ser o objeto de nossas vontades diárias que Deus colecione igrejas para si de todos os países, que lhes aumente o número, e as enriqueça com dons, e estabeleça uma ordem legítima entre elas." Esse é, discretamente formulado, o programa de Calvino de uma federação universal das novas igrejas regionais evangélicas sob a hegemonia de Genebra. Mas então nossa prece tem de continuar, pedindo que "Ele derrube todos os inimigos da doutrina e religião puras, que Ele lhes confunda os conselhos, e lhes derrote os atentados" – uma prece que dificilmente pode ser realizada sem alguém lutar com outro alguém. E, finalmente, a prece desenvolve algo como a ideia liberal posterior de "revolução permanente": "De onde se evidencia que o desejo de um progresso diário não é

---

[43] *Instituições*, IV.i.2.

imposto em vão sobre nós; porque os negócios humanos não estão nunca numa situação tão feliz que toda a conspurcação de pecado seja removida, e a pureza possa ser vista em sua inteira perfeição".[44]

O remanescente dos eleitos, então, não é um grupo estático historicamente; é altamente ativo, e não apenas pela prece; vê que a igreja está ricamente dotada e bem organizada, e não aborrece de maneira nenhuma o emprego de armas para contribuir para o progresso do reino de Deus. É, naturalmente, o Senhor que toma conta do engrandecimento de seu povo pelos meios militares; mas ele emprega instrumentos humanos para o propósito. E protege seu povo não apenas com as batalhas em que um rei sem deus, opressivo, derrota em batalha o outro, em benefício do eleito; ele algumas vezes também "levanta alguns de seus servos como vingadores públicos, e arma-os com sua comissão de punir a dominação injusta, e a expulsar de suas calamidades perturbadoras um povo que foi injustamente oprimido", assim como Moisés quebrou a tirania de Faraó. Essa reflexão levanta certos problemas, pois o cristão deve obediência aos magistrados, por mais opressiva que seja a lei deles. Assim como Lutero, Calvino permite apenas resistência passiva às ordens que violam a lei de Deus, e o subsequente sofrimento de martírio; mas, ao contrário de Lutero, e muito como Maquiavel, contempla a possibilidade do profeta armado.

Tais profetas, "quando chamados para desempenharem tais atos pela comissão legítima de Deus, de pegar em armas contra reis, não foram acuados da menor violação dessa majestade que de que os reis são investidos por ordem de Deus;

---

[44] *Instituições*, III.xx.42. Estamos seguindo a edição de 1559/61. A perspectiva histórica desenvolveu-se gradualmente. Na edição de 1539/41, as reflexões sobre a "Segunda Petição" são muito mais breves. Há a distinção ali entre os reinos de Deus e do diabo, assim como a ideia de um avanço progressivo do reino de Deus a expensas do reino dos réprobos; mas as formulações não têm a precisão pragmática da edição posterior. Não há nenhumas implicações de guerra, nenhumas sugestões de uma federação eclesiástica universal. A atmosfera é, ao contrário, de uma luta espiritual com conotações maniqueias. Ver *Institution*, 3, p. 179 ss.

mas ao serem armados com a autoridade do céu, eles puniram um poder inferior através de um superior, pois é direito dos reis punir seus oficiais inferiores".[45] Entretanto, o profeta armado será uma figura em emergência. Como agente protetor mais permanente para o povo de Deus, Calvino contempla os órgãos representativos do governo nas cidades ocidentais. Os reis são limitados pelos estados do reino; os Estados (Calvino menciona especificamente o francês) não têm apenas o direito, mas o dever de resistir ativamente a um rei opressivo – embora Calvino cautelosamente não especifique até onde pode ir a resistência. "Estou tão longe de proibir [os Estados] na descarga de seu dever de se oporem à violência ou crueldade de reis, que afirmo que se eles forem coniventes com os reis em sua opressão do povo, tal leniência envolverá a perfídia mais nefanda, porque eles traem fraudulentamente a liberdade do povo, da qual sabem que foram escolhidos como protetores pela ordenação de Deus."[46] E, finalmente, mencionemos a ideia de Calvino de alianças entre príncipes. "Por alianças quero dizer confederações que são feitas entre príncipes vizinhos, de tal maneira que, se surgir alguma perturbação em seus territórios, eles prestarão uns aos outros assistência mútua, e unirão sua força para a resistência comum dos inimigos comuns da humanidade."[47] Com exceção de tiranicídio por indivíduos privados, encontramos em Calvino o arsenal ideológico completo das guerras de religião – que estavam, quanto ao mais, em marcha por volta de 1560. Há o profeta armado, prefigurando Cromwell; há os Estados que se revoltam contra o rei em nome da religião; há as alianças que providenciam para que as guerras se tornem propriamente internacionais; e há o toque venenoso que estigmatiza o oponente como "o inimigo comum da humanidade".[48]

---

[45] *Instituições*, IV.xx.30. As mesmas passagens já podiam ser encontradas na edição de 1539/41; ver *Institution*, 4, p. 237 ss.

[46] *Instituições*, IV.xx.31. Também *Institution*, 4, p. 238 ss.

[47] *Instituições*, IV.xx.12. Ver também *Institution*, 4, p. 214.

[48] O inimigo comum da humanidade de Calvino está ainda entre nós na ideologia contemporânea secularizada em apoio da perseguição internacional de criminosos de guerra.

Tudo isso é possível apenas numa sociedade em desintegração, onde as espécies humanas mais vitais tomam as coisas nas mãos e onde os núcleos de uma nova ordem são formados em torno de homens dotados de carisma de liderança. A imanentização de Calvino da predestinação na consciência dos eleitos é o que hoje chamaríamos a teoria de uma nova elite. A consciência do problema da elite torna-se inevitavelmente realçada em épocas de desordem, e com igual inevitabilidade surge o problema da transferência de autoridade que conhecemos tão bem do *Górgias*, de Platão. A luta por uma nova igreja universal não é mais do que a luta pela nova elite e sua autoridade. Certamente ninguém compararia Calvino com Platão, quanto ao grau e substância de personalidade; mas seu problema é o mesmo, e sua experiência de crise não é menos intensa do que a de Platão. Em tempos de crise – se podemos empregar essa metáfora – a Igreja invisível adquire um grau de visibilidade; há a separação de caminhos, e torna-se muito visível quem segue um e quem o outro; em tais situações onde se torna historicamente manifesto quem é o réprobo, o problema da eleição e reprovação muda do decreto inescrutável de Deus para a experiência inequívoca do homem. Ao teorizar sobre a nova elite, Calvino podia empregar os símbolos do Novo Testamento porque eles tinham surgido de uma situação similar em que decisões eram impostas em homens, e onde a conduta se tornava um teste de verdadeira *metanoia*.

Calvino estava bem a par desse problema. Como um empirista perspicaz, tinha um bom olho para as qualidades carismáticas que formam o núcleo da nova ordem em cada posição social; e sabia que seus eleitos predestinados eram uma variedade de um tipo mais geral. Em sua discussão das faculdades naturais do homem, descobre que eles se superam na política civil, economia doméstica e todas as artes mecânicas e ciências liberais; e ele concede que Deus dotou os pagãos esplendidamente a esse respeito; nenhum cristão deveria recusar-se a aprender deles porque isso seria um insulto aos dons de Deus. E, então, continua: "mas embora alguns se superem na penetração, outros possuem julgamento superior, e outros têm uma aptidão maior para aprender esta ou aquela arte, nesta variedade Deus nos exibe sua bondade, de tal modo que nenhum homem deve arrogar a si mesmo o que procede meramente da liberalidade divina. Pois daí vem que um é mais excelente do que outro, a não ser que se exalte em nossa natureza comum a bondade especial de Deus, a qual, na preterição de muitos, proclama que não está obrigada a ninguém?"[49] O leitor observará que, na última sentença, Calvino aplica à gama de carismas naturais o mesmo tipo de argumento que aplica à arbitrariedade de Deus em dar a alguns a misericórdia de sua eleição, enquanto reprova o resto por sua glória maior. Nada é mérito do homem; podemos apenas ser gratos pelas qualidades não merecidas, e Calvino chega ao ponto de dizer: "A esta gratidão o próprio Autor da natureza nos incita, por sua criação de idiotas, em que representa o estado da alma humana, sem a iluminação dele, a qual, embora natural a todos, é, no entanto, um dom gratuito de sua beneficência para cada indivíduo".[50] A teoria geral é então seguida por uma série de exemplos do Antigo Testamento concernentes aos líderes carismáticos sob orientação divina direta; e uma vez Calvino chega até a condescender com Homero, em cujas palavras "diz-se que os homens se superam em habilidades, não apenas como Júpiter as distribuiu a cada um, mas de acordo como ele guia de dia para dia".[51]

Através de Calvino, a historicidade da Cristandade torna-se um fator decisivo na dinâmica da crise ocidental. A situação escatológica da Cristandade inicial é revivida e agravada pela injeção da ideia israelita do povo escolhido. Na Cristandade apocalíptica medieval toda a humanidade ocidental estava no rebanho da grande sociedade sob a cabeça sagrada do papa e do imperador; a humanidade não ocidental está suficientemente remota para não perturbar esse sentido de fraternidade universal em Cristo. Agora estamos de novo numa situação

---
[49] *Instituições*, II.ii.17.
[50] *Instituições*, II.ii.14.
[51] *Instituições*, II.ii.17.

em que "um número pequeno e desprezível está oculto entre uma vasta multidão, e alguns grãos de trigo estão cobertos com um monte de palha".[52] Ficamos a par novamente de que "antes do advento de Cristo, passaram-se cerca de quatro mil anos em que o Senhor ocultou a todos os gentios a luz da doutrina".[53] E somos lembrados da danação não merecida dos gentios, não para nos fazer refletir sobre esse aspecto da Cristandade, mas para encorajar os irmãos, que podem ter escrúpulos, em tomar a sua eleição com o coração robusto e não preocupar-se com seus companheiros, que vão para o inferno. "Atormentar-se-á em vão o que procurar por qualquer dessas causas para além do conselho secreto e inescrutável de Deus."[54] A própria civilização ocidental é agora dilacerada na elite do Senhor cuja marcha é o significado da história, embora o resto tenha de submeter-se, se necessário, pela força. Essa nova concepção da elite espiritual, que se mostrará na imanência da história, deixou sua marca indelével no rumo posterior da história política ocidental. Na época de Calvino, a elite era um grupo de eleitos predestinários; com o exaurimento da luta protestante e o descrédito das elites religiosas, o grupo tornou-se secularizado nos intelectuais iluminados do século XVIII; depois da Revolução Francesa começaram as tentativas sistemáticas de criar novas elites intramundanas, com a tentativa prototípica de Comte, que tem muitos traços em comum com Calvino; e por volta do meado do século XIX, ergueram-se os novos movimentos de elite de que resultaram as igrejas totalitárias de nosso tempo.

---

[52] *Instituições*, IV.i.2.
[53] *Instituições*, III.xxiv.12.
[54] *Instituições*, III.xxiv.12.

ÍNDICE REMISSIVO

A

Ab urbe condita, 71
Abraão, 199, 313
"Absorção", 20
Accolti, Benedetto de', 49
Achillini, Alessandro, 108
Adão, 225, 232-33, 236, 300
África, 52
Agátocles, 67, 92, 99
Agostinho, Santo, 52, 101, 126, 131, 239, 250n56, 261, 267, 305, 310-12, 337
Agostinianos, 271, 310
Ailly, Pierre d', 266
Aion (mundo), 244
Aisthesis (sensualidade), 190
Akenaton, 158
Alamanni, Luigi di Tommaso, 72
Alamannis, 72
Albertistas, 113
Alberto Magno, 112-13, 161, 183, 316
Albi, Sínodo de, 187
Albigenses, 160, 186, 187-89, 194, 261
Albornoz, cardeal, 46-47
Albrecht de Brandenburgo, 270
Alemanha
    causa justa da guerra anglo-germânica, 151-52
    censura na, 307
    e impressão, 256-58, 270
    Guerra dos Camponeses na, 164, 178-79, 280
    Igreja na, 274
    Império na, 286-87
    Lutero sobre as reformas necessárias na, 287
    patarenos na, 178
    universidades na, 257
    Voegelin sobre a Alemanha contemporânea, 84
Alembert, Jean Le-Rond d', 239, 279
Alexandre VI, Papa, 114n5
Alexandre, o Grande, 59
Alle Tugend des Worts (virtude da palavra), 298
Allen, J. W., 38n2
Alma, 108, 118, 137-38, 140, 166, 248-49, 294-95, 298-99, 307, 324
Alsácia, 164
Amaurianos, 184-86, 194, 213
Amaury de Chartres, 183, 214, 238
América
    descobrimento da, 132-35
    federalismo americano, 200-01
    política americana, 208
Amicitia, 31, 394-95, 302n14
Amor Dei, 77
Amor sui, 77, 143
Amor, 296, 303-05, 310

Anais (Lívio), 71
Anakyklosis, 76, 84
Analogia entis, 337
Analogia orgânica, 119-21
Anarquismo, 201
Anatólia, 62
Anaxios, 265
Ancara, Batalha de, 53, 62
Anglicanismo, 274
Aníbal, 61, 63
Animalidade
   da aceitação, 89
   da imperfeição (humana), 94-96
   príncipe como a raposa e o leão, 93
Anjou, 43
Annates, 282, 287
Anselmo de Cantuária, Santo, 32
Anticivilizacionismo, 160, 170-72
Anticristo, 172, 174, 225, 277
Antifilosofismo, 279-80, 291, 315-16, 327, 338
Antigo Testamento, 175, 182, 194, 296, 324, 342
Antiguidade
   e liberdade, 81-82
   fama da, 59
   importância paradigmática da, 73-75
   República romana, 71-72, 74-75. *Ver também* Paganismo
Antique e moderne cose, 74
Apelo à Nobreza Cristã da Nação Alemã, O (Lutero), 272-92, 307-08
Apokatastasis, 181, 191, 219
Apolitismo helênico, 157-58
Apolitismo, 157-59
Apóstolos, 327n30. *Ver também* apóstolos específicos
Aquiles, 111
Arábia, 63
Argumento do "colaborador", 137-38
Arianismo, 187, 230
Aristocracia, 75
"Aristocratismo", 243n
Aristóteles, 2, 110-11, 114, 225n30, 246-48, 266, 279-80, 305

Aristotelismo, 108-09, 113, 116, 161, 164, 267, 279, 294, 316, 322
Arnold de Villanova, 245
Arte della Guerra (*A Arte da Guerra*; Maquiavel), 45n, 72
Árvore da vida, 190
Ascelino, 53
Ascetismo e Cristandade, 119, 168
Ásia
   e historiografia das ideias políticas do Ocidente, 51-52
   Império chinês, 52
   Império mongol, 52-53
   Império otomano, 53-54
   importância da, para a civilização ocidental, 14-15, 51-54, 64-65
   Timur (Tamerlão) na, 15, 53-54, 55-56n12, 59-60n16
   Vita Tamerlani, 62-65, 67
Assíria, 84
"Associativismo", 158
Astuzia fortunata (uma astúcia assistida pela boa sorte), 93
Ateísmo, 197
Atenienses, 91
Átila, 52
Atitude antiestatista, 170
Ativismo, 204-09, 223
"Ativistas", 197-98
Averroísmo, 108, 111, 232

B

Bacon, Francis, 134
Bakunin, Mikhail, 197, 201
Bálcãs, 164
Balthasar, Hans Urs von, 141-42n
Barth, Karl, 32
Basileia, 114, 260
Basileia, Concílio de, 48
Basílio I, 187
Batismo, 187, 251, 324, 326
Batistas, 230
Bayezid I, 53, 55, 58, 61-62
Beatitudine imperfetta, 249
Beatitudine quasi perfetta, 249
Begardismo, 216, 217, 231

Beguinismo, 216-19
Bellum justum (guerra justa), 149-54
Bene posta (bem ordenada), 249
Bernardo de Claraval, 250n56
Bíblia Vulgata, 108
Bíblia. *Ver* Novo Testamento; Antigo Testamento
Bildung (formação cultural), 241
Bispos, confirmação de, 283
Bizâncio, 54
Boas obras, 294-95, 303-06, 303n15
Bodin, Jean, 107, 242, 256, 286
Boehme, Jacob, 239
Boêmia, 164
Bolcheviques, 203
Boni viri officium, 136-37
Bonifácio VIII, 243-46, 246n51, 248, 277
Bórgia, Cesare, 67, 67n25, 70, 92
Bosch, Hieronymus, 213, 230-39
Bossuet, Jacques Benigne, 50, 60n18, 319
Bourget, Paul Charles Joseph, 208
Brave New World (*Admirável Mundo Novo*; Huxley), 136
Bruni, Leonardo, 49, 71
Bruto, 72
Bulgária, 54
Buondelmonti (Família Guelph), 72
Burdach, Konrad, 239-42, 246n51
"Burguesa", civilização, 172, 178
Buscadores, 164
Butler, Samuel, 136
Butterbriefe, 285, 285n

C

Caetano, Cardeal, 272
Cálicles, 99
Calvino, João
  circunstâncias históricas que pressionaram, 337-43
  comentários introdutórios sobre, 23-25
  "eleitocentrismo" de, 335
  e Reforma (em geral), 13-14
  Institutes por, 23-24, 282, 317-39
  leitura voegeliniana de, 26-32, 319-20, 322, 326-27, 335-36

  na classe média, 178
  sobre apóstolos e evangelistas, 327n30
  sobre batismo, 324, 326
  sobre eleger, 330-31
  sobre Igreja Católica, 329-30, 330n34
  sobre Igreja Grega, 330n34
  sobre os sacramentos, 323-24, 327-28
  sobre paraíso terrestre, 305
  sobre predestinação, 24, 317-39
  sobre profetas armados, 339-40
  sobre transubstanciação, 267
  sobre verdadeira igreja, 328-33
  "teocentrismo" de, 335
Cambini, Andrea, 63n20
Campanella, Tommaso, 134
Can Grande della Scala, 250
Canção dos Nibelungos, 52
Cantor, Aegidius, 225
Capetos, 178
Carlos V, Imperador, 109, 116, 246
Carlos VIII, rei da França, 38
Carlos, o Calvo, 180
Carlstadt, Bodenstein von, 258, 268, 278
Carpini, João de Plano, 53
Casamentos entre primos, 284-85
Castracani, Antonio, 69
Casus reservati, 283
Catarismo, 164, 186-89
Catharos, 188
Causa justa, 151
Cavadores, 164
Ceia do Senhor, 323, 328
Celibato, 284
Celibato sacerdotal, 284
Censura, 307
Cerchio (círculo), 75-76
Certitudo salutis, 333-34
César, 48, 72
Cesarini, Giuliano, 42
Céu, 195-96
Ch'in Shi Huang Ti, 52
Chalons, Batalha de, 52
Chambers, R. W., 130n34

Chateaubriand, François-Auguste-René de, 134
Chierzey, Sínodo de, 181n
China, 52, 60n, 121, 157, 158, 264n
Chomiakow, Alexei, 330n34
Christianae Religionis Institutio (Calvino). Ver *Instituições da Religião Cristã* (Calvino)
Christianitas
    como o corpo místico de Cristo, 140
    desintegração da, 41-42, 59, 101, 105
    Salutati sobre, 48
Christus in terris (Cristo na terra), 245-47
Chronica (Mateus de Paris), 53
Chronica Parmensia (Frei Salimbene), 53
Cidade do Sol (Campanella), 134
Cidades, 178-79
Ciro, 58, 91, 97, 97-98n66
Ciropédia (Xenofonte), 97n
Città, 248
Città corrotta, 71, 103
Civilização "proletária", 172
Civilização ocidental, declínio geral da, 160-61, 160n
Civitas, 120, 126
Civitas Dei, 52, 101, 131, 143, 310-12, 322
Civitas terrena, 310-11
Clarissas, 176
Classe média, 178-79
Clemente de Alexandria, 322
Collier, Thomas, 195-97, 199
Comentário ao Evangelho de São João (Erígena), 182
Commynes, Philippe de, 41
Comte, Auguste, 26, 56n13, 150, 210, 230, 238, 251, 279, 280-81, 343
Comuneros, 246
Comunidade, 146-47
Comunismo, 19, 150, 155, 160, 185, 207, 210, 330n34
Concílio de Basileia, 48
Concílio de Constância, 261
Concílio de Florença, 259
Concílio de Langres, 181n

Concílio de Niceia, 283
Concílio de Valença, 181n
Concílio de Viena, 219
Concílios Lateranos, 108, 264-65
Concordata, 162
Conditio humana (condição humana), 94, 97
Condorcet, Marquês de, 221, 230, 316
Condottieri, 46
Confissão de Westminster, 334
Confucianismo, 121, 158
Conrad, Joseph, 134
Conspirações, 72, 77, 151
Conspiratio divitum (conspiração dos ricos), 146
Constância, Concílio de, 261
Constantinopla, 53, 264, 286
Constitucionalismo, 11, 38-39
Constitutiones Egidianae, 46
Consubstanciação, 213, 266
Contemptus vulgi, 289
Contrarreforma, 38, 105, 162
Conventuais, 178
Conversio, 264-68
Convivio (Dante), 246, 248n, 250-51
Coríntios, Epístola aos, 244, 246, 250n55, 265, 266, 266n, 277
Corpus Aristotelicum, 110
Corpus mysticum (corpo místico), 77, 140, 157, 166, 308
Corrente taborita do movimento hussita, 175
Crede et manducasti ("Crê e terás comido"; Agostinho), 267
Criminalidade, 92, 99, 185
Crisis and the Apocalypse of Man (Voegelin), 281n, 302-03n14
Cristandade
    cristandade romana, 263
    de Erasmo, 16, 108-15, 117
    de More, 58, 138-41
    decadência da, 82
    dogma mínimo da, 140
    e a historicidade dos símbolos, 261-67; 337-43
    e *amor Dei*, 77

e apolitismo, 157-58
e ascetismo, 119, 168
e filosofia, 16, 110-11, 117-18
e ideal de pobreza e de igualdade econômica, 170-71
e intelectualismo arábico-aristotélico, 161, 164
e liberdade, 82-83, 296-302, 313
e Maquiavel, 100, 103
e o crescimento da descrença, 108
e transubstanciação, 264-68, 285-86
e visão da história, 49-50, 101, 166
Erasmo sobre o príncipe ascético, 16-17, 108-09, 116-28, 138
espiritualismo da, 158
ética da, 166
Maquiavel sobre, 82-84
potencialidades para o desenrolar da, 168
primeiro dever do cristão, 136
retorno mais saudável aos começos da, 82
valores da, 82-84
Ver também Igreja Católica; Igreja; Protestantismo; Movimentos Espirituais
Cristandade irlandesa, 181
Cristo
Calvino sobre, 338
corpo místico de, 117, 157, 166
Deus atuou através de, no Novo Testamento, 194
doutrina da transubstanciação, 264-68, 285-86
e Paracletos, 225-26
em *Um Vislumbre da Glória de Sião*, 172-75
Erasmo sobre, 110, 111, 114, 114n5, 115, 117, 124-25
espírito de Cristo, 261
Lutero sobre, 298-300, 296n
profissão de Jesus, 170
Quinta Monarquia de, 198-204
redenção através de, 191, 296n
Reino de, 195-98
sacrifício de, 168

"utopianismo" de, 132
Crítias (Platão), 141n
Cromwell, Oliver, 207-08, 212
Cruzada Albigense, 161, 178
Cruzadas, 55, 161-62, 178

D

Da Autoridade Temporal, até onde o Homem Deve Obediência (Lutero), 23, 306-14
Da Liberdade de um Cristão (Lutero), 22, 296-311
Daniel, 250n56
Dante Alighieri, 20, 56n13, 86, 97-98n66, 122n22, 136, 240-41, 246-52, 248n, 289
Das Boas Obras (Lutero), 303-05
David de Dinant, 213
De Anima (Aristóteles), 279
De Divisione Naturae (Erígena), 180, 184, 185-86, 189-92, 212
De Immortalitate Animae (Pomponazzi), 108
De Orbe Novo (Peter Martyr), 132
De principatibus (Maquiavel). *Ver Príncipe (O Príncipe)* (Maquiavel)
De profundis, 91
De Regimine Principum (Santo Tomás), 132
De Tyranno (Salutati), 48-49
De Varietate Fortunae (Poggio), 60n
Declínio e Queda do Império Romano (Gibbon), 164-65
Decretos clementinos, 219
Defoe, Daniel, 134
Deisidaimonia, 80n44
Deísmo, 140, 164, 230
Demiurgo, 195, 220, 220n25
Democracia, 75
"Democracia da cupidez", 150
Dempf, Alois, 42, 243n46
Denifle, Heirinch, 315, 317
Der schalkichte Heide, 305
Descartes, René, 301
Desejos humanos, 77-78
Despotismo benevolente, 124-25

Deus
amicitia com a humanidade, 31, 294-95, 299n
amor de, 296, 305, 323
amor Dei, 77, 84
Aristóteles sobre, 247-78
Calvino sobre, 333-36, 338-39
como *prima causa*, 335
consubstancialidade dos homens e, 213
Dante sobre, 249-51
e criação, 188-92, 221
e *summum bonum*, 84
em *Um Vislumbre da Glória de Sião*, 172-74
Erígena sobre, 181, 189
filhos de Deus, 225, 226n33
homens como imagem de, 191
inescrutabilidade de, 100
Lutero sobre a relação de homem com, 299n, 296
Ordem de Deus mongol, 53
palavra de Deus, 298
principais atributos de, 124
príncipe como análogo de, 119-21, 124
reino de, 182, 195-97, 338-39
relação mediadora entre Deus e o homem, 225-26
Diderot, Denis, 239, 279
Dienstbarer Knecht (servo), 296
Dionísio Areopagita (Pseudo-Dionísio), 21, 178-84, 238-39
Discorsi sopra la prima deca di Tito Livio (Maquiavel), 15, 67, 70-85, 87, 100
Disputa de Leipzig, 27, 259-62, 264, 272
Divina Commedia (Dante), 248n
Divisões da Natureza (Erígena), 180, 184-86, 189-92, 212
Dominicanos, 216-19, 259, 270
Donner, Henry W., 130-31n34
Dorpius, Martin, 113
Dostoiévski, Fiódor, 139n48
Duns Scot, John, 111, 113, 216, 279
Durand (Durandus de Troarn), 266

E

Ecclesia spiritualis, 182
Eck, Johann, 259-61, 270, 272
Eckhart, Mestre, 161, 185, 218-19, 239, 316
Ecolampádio, João (Hüszgen, John), 267
Educação de um Príncipe Cristão, A (Erasmo). *Ver Institutio Principis Christiani* (Erasmo).
Efésios, Epístola aos, 251, 274
Egídio Romano, 184
Egito, 62-63, 91, 120
Eleito, 330-40
"Eleitocentrismo", 335
Elias, 338
Eliot, T. S., 150
Encarnação, 166
Enciclopedistas, 239
Encomium Moriae (Erasmo), 111-13
Endura, 189
Engel-Janosi, Friedrich, 97-98n66
Engels, Friedrich, 178
Epigonismo, 113
Epístolas. *Ver* Epístolas específicas, como: Hebreus, Epístola aos
Erasmo
avaliação de, por Voegelin, 128-30
cegueira histórica, 17, 111-12, 246-47
comentários introdutórios sobre, 16-17
como intelectual, 115-16, 246-47
Cristandade de, 16, 109-17
críticas à escolástica por, 16, 108, 111-14, 246
e a edição de trabalhos de São Jerônimo, 108
e Dorpius, 113
e o início da modernidade, 13-14
em comparação com Lutero, 23, 25, 278-79, 289, 316, 338
em comparação com Maquiavel, 16, 108-09, 122, 126-28
em comparação com More, 19, 136-37, 150, 153
em comparação com Voltaire, 107

habilidades de, em encobrir ataques com álibis, 114n5
opiniões sujas das pessoas comuns, 108, 118-20
sobre a guerra, 125-26, 124n31
sobre a monarquia, 126
sobre a Reforma, 116
sobre a virtude, 121-24
sobre o poder, 126-30
sobre o príncipe ascético, 16-17, 108-09, 116-21, 138
sobre os ódios nacionais, 126, 246
tradução do Novo Testamento para o grego e o latim, 108
treino teológico de, 111
– Obras:
Encomium Moriae, 111-13
Institutio Principis Christiani, 15-17, 108-09, 114n5, 116-26, 117n13, 137
Novum Instrumentum, 110, 114
Paraclesis, 110-11
Querela Pacis, 124n31
Erewhon (Butler), 136
Erígena, João Escoto, 21, 180-85, 181n, 189-95, 209, 212, 218-19, 221, 225, 232, 238-39
Eros, 236, 294-95
Esaú, 200
Escatologia, 140, 141-42n49, 142, 172-75, 204-06, 210
Escócia, 257
Escolasticismo, 16, 23, 108, 111-14, 129, 164, 197
Escritos de pseudo-Dionísio, 178-84, 209, 218. *Ver também* Dionísio Areopagita
Esdras, livro de, 198-99
Espanha, 43, 126, 153, 207, 257-58
Esparta, 78
Esperança
Maquiavel sobre a, 15, 96-97, 101
Espírito e Matéria, 195
Espírito Santo, 194, 323, 333
Espirituais Franciscanos, 178, 218, 261
Espirituais, 178, 218, 261
Esposito, 70

Estadista, como tipo clássico na história, 51
"Estado cristão", 273-74, 282-84, 287-88, 304-05, 308
Estado de bem-estar, 124-25
Estado-igreja, *Constitutiones Egidianae* do, 46
Estados
como *stati*, 68, 87-89
criação dos, 155
Erígena sobre o estado perfeito, 182
Maquiavel sobre, 68, 87-89
raison d'état, 312
visão marxista do, 170
Estados papais, 46-47, 283
Estoicismo, 75, 83, 100-03, 119, 166, 322
Estrasburgo, bispo de, 219
Estrutura social dos movimentos espirituais, 175-78
Estupor e Explosão, 219-23
Ética (Aristóteles), 279, 305
Ética
da Cristandade, 166
de Maquiavel, 77, 80, 97-100
e Kant, 306
e Lutero, 305-06
Pompanazzi sobre, 108
Ver também Moralidade
Eva, 233-99
Evangelistas, 327n30. *Ver também* os evangelistas pelos nomes
Evangelium Regni (Nicolau), 225
Exsurge Domine, 272
Ezequiel, 250n55

F

Fábula de Pandora, 132
Fairfax, Lord, *Perguntas ao*, 197-204
Fama
Comte sobre a, 56n13
da antiguidade, 59
Dante sobre a, 56n13
Maquiavel sobre a, 80-81
Poggio Bracciolini sobre a, 56-64, 56n13
salvação pela, 57-58, 56n13

Familia Caritatis (Família do Amor), 225-26
Famílias gibelinas, 70
Fascismo, 178
Fé
   e predestinação, 333
   Fides caritate formata, 23, 31, 294-96, 303-04, 315, 323
   justificação pela fé (*sola fide*), 24, 276-78, 295-97, 299n, 316, 323-24, 327, 330
   Maquiavel sobre, 95-96, 101
Federalismo, 200-01
Felicidade, 141, 144
Fernando de Aragão, 43
Fides caritate formata, 23, 31, 294-96, 303-04, 314, 323
Fides Quaerens Intellectum (Barth), 32
Filhos de Deus, 225, 226n33
Filo, o Hebreu, 322
Filosofia civil (*philosophia civilitor*), 19, 137-38
Filosofia de escola (*philosophia scholastica*), 18, 137
Filosofia
   autoridade do filósofo, 246-47
   e Cristandade, 16, 110-11, 117-18
   filosofia de escola comparada com a filosofia civil, 19, 137-38
   More sobre o dever político do filósofo, 19, 136-39
   More sobre tipos de filosofia, 136-37
   significado da, 137-38
Filosofo, 246
Fiore, Joaquim de, 182, 194, 209, 210, 225, 234-35, 238, 240
Fiore, Tommaso, 130-31n34
Física (Aristóteles), 280
Florença
   como maior unidade política da Itália, 43
   e historiografia humanística, 49-50
   e Savonarola, 82
   historiadores de, 71
   jovens amigos de Maquiavel em, 72
   Medici em, 38-39, 43, 48, 72, 86n

   Poggio Bracciolini como chanceler e historiógrafo de, 55
   republicanismo em, 38-39
   revolta dos *ciompi* em, 48-49
Florença, Concílio de, 259
Fondamenti (Fundações), 49
Forma, 294
Fortuna secunda et adversa, 58
Fortuna, 38, 57, 67, 68-69, 84, 91, 93, 95, 99, 104, 108
Fourier, Charles, 131
França
   albigenses na, 186-87
   burguesia nacional na, 243
   cátaros na, 164
   e Napoleão, 207
   e Revolução Francesa, 207
   e Robespierre, 207
   guerras religiosas na, 178
   invasão da Itália em 1494, 38, 43-45, 108
   lutas contra a Inglaterra, 126
   monarquia na, 42-43, 108
   paterenos na, 178
   universidades na, 184, 258
Francis I, rei da França, 108
Franciscanismo joaquita, 97-98n66
Franciscanos, 97, 164, 176-77, 216-17, 261
Francisco de Assis, 28
Francisco, São, 82, 103, 178, 218
Francos, 84
Fränger, Wilhelm, 213, 225, 233-34, 236
Fregoso, Battista, 64
Frei Salimbene, 53
From Enlightenment to Revolution (Voegelin), 32n, 296n
Fuggers, 270, 287-88, 306

G

Gálatas, Epístola aos, 265n, 296n, 303
Galicanismo, 274
Gauleses, 84
Gênesis, livro do, 296
Gêngis Khan, 53
Gênova, duque de. *Ver* Fregoso,

Battista "caráter alemão", 316
Gianotti, Donato, 49
Gibbon, Edward, 164-65, 179-80, 185
Giovani, 72
Giovio, Paolo, 63n
Giuliano, 86, 86n
Gnosticismo, 21, 101-04, 178, 215-16, 220, 229-30, 220n25, 225, 230-31, 236, 238, 246, 278
Goethe, Johann, 101n
Górgias (Platão), 99, 341
Gottschalk (Godescalchus de Orbais), 181, 181n
Governo mundial, 201
Governo
    aceitação do poder do, pela igreja, 166
    formas de, 75-76
    Lutero sobre a autoridade do, 306-14
    Machiavel sobre a origem do, 75
    obediência ao poder governamental, 170
    revolução cíclica de formas políticas, 75-78, 82-83, 102-03.
    Ver também Monarquia; Política; Republicanismo
Graça, 166-68, 188, 246-51, 294, 337
Granada, batalha de, 43
Grande Inquisidor, O (Dostoiévski), 139n48
Grande Monarchie de France (Seyssel), 107
Grand-Être, 56-57n13
Grandissimo esemplo, 68, 91
Gregório Nazianzeno, 260
Guerra
    Agostinho sobre, 126
    causas da, 126
    e profeta em armas, 92, 339-40
    entre monarquias poderosas, 126-27
    Erasmo sobre, 125-26, 124n31
    guerra justa, 91, 126, 150-53
    "guerra para acabar com a guerra", 204, 208
    "guerras mundiais", 203, 208
    Maquiavel sobre, 46n, 91
    More sobre, 150-55. *Ver também* Exército
Guerra dos Camponeses, 164, 178-79, 275
Guerra dos Cem Anos, 42
Guerra dos Trinta Anos, 306
Guerras das Rosas, 42
Guerras hussitas, 259
Guerras religiosas, 178, 340
Guicciardini, 38n2, 39-40, 40n3, 43, 49, 51
Guilherme de Ockham, 111, 113, 113n4, 218, 261, 266
Guilherme de Rubruck, 53
Guinigi, Francesco, 69
Gulliver (Jonathan Swift), 134
Gymnasia Graecae gloriae, 279

H

Habsburgos, 126
Haecceitas, 113
Hamilton, Alexander, 13, 107, 150
Harrington, James, 49
Hebreus, 101, 131, 166, 236
Hebreus, Epístola aos, 101, 198, 322
Hegel, G. W. F., 32, 33, 210, 302n15
Heimarmene, 220, 220n25
Hellenisme, Rome, and Early Christianity (Voegelin), 157, 157n
Hernandez, Francisca, 231
Heródoto, 60, 66, 97-98n66
Herói
    bruto como herói republicano, 72
    Castruccio Castracani como, 67-70
    no *Príncipe* de Maquiavel, 67, 91-92
    Timur como 15, 55-56
    virtù do, 71, 72, 77, 97n
Hierarquia, 121, 184, 191
História
    a "história universal" de Voltaire, 60-61n18
    a secularização da, por Voltaire, 50
    das ideias, 10-11
    importância paradigmática da, 73-75
    interpretação maniqueia da, 195

Maquiavel sobre, 72-83, 73-74n32, 91
modelo romano de, 49-50
visão cristã da, 49-50, 101, 166
Voegelin sobre a ordem na história, 11
História das Ideias Políticas (Voegelin), 09-11, 28, 28n14, 32-33
História Eclesiástica, A (Mosheim), 210, 231-32
História Florentina (Bruni), 49
Historia Mongolorum (Carpini), 53
"História universal", 164, 230
Historiae Florentinae (Bruni), 49
Histórias da criação, 187-91, 220-21
Historicidade da Cristandade, 261-66, 337-43
Historiografia
   cristã, 50, 60n18, 56
   das ideias políticas do Ocidente, 50-51
   e fama, 55-57
   humanista, 14, 49-50, 55-57
   Poggio Bracciolini sobre o valor da ação militar em comparação com o cultivo das letras, 55
Hitler, Adolf, 178, 211-12, 239, 289, 316
Hobbes, Thomas, 146, 150, 207, 243
Hohenstaufen, 122n22
Holanda, 164
Homem Divino, 220-21, 235
Homem Primitivo (*Protos Anthropos*), 220-21
Homens de letras, 55, 80, 84
Homero, 66
Homines intelligentiae, 213
Homo Novus (Homem Novo), 225
Homo spiritualis, 244-46, 248, 277, 291
Homonoia, 261
Hooker, Richard, 274
Horos, 220
Humanismo
   Burdach sobre, 241, 243n46
   da Cristandade de Erasmo, 110-25
   e fama, 46-49, 56n13
   e historiografia, 14, 49-50, 55-57

Hungria, 52
Hus, Jan, 178, 285
Huxley, Aldous, 135
Hylici, 215

I

Idade Média, final da, 310
Idealismo, 58
Ideias, 10-11
Igreja:
   abrangência da, 168
   Calvino sobre a verdadeira igreja, 328-33
   cisma entre a Igreja Grega e a Igreja Latina, 27, 259-63, 330n34
   como corpo místico, 140, 157, 166
   como organismo divino-humano, 166
   compromissos da, 166-68
   conflito entre seitas e, 166-69
   consequências do ataque à, 169
   e a Disputa de Leipzig, 27, 259-62, 264, 272
   e desintegração da *Christianitas*, 41-42
   e indulgências, 269-71, 285, 282
   e movimento conciliar, 42
   e transubstanciação, 261-66, 285-86
   Erasmo sobre, 117
   Lutero sobre as reformas necessárias na, 283-87
   Pomponazzi, 117
   reforma e efeitos anticivilizacionais, 169-71
   sacramentos da, 166, 169, 187, 323-24, 327-28
   separação da Igreja e do Estado, 140, 141n
Igreja Católica, 30, 38, 105, 162, 164, 257, 287-88, 324, 329-30, 330n34, 333. *Ver também* Igreja; Papas
Igreja Grega, 27, 259-62, 330n34
Iluminismo, 13, 20, 99, 106, 210, 238, 316
Iluminismo grego, 99
Imago Dei, 239, 248

Immortalitas, 56n13
Imperador, 246, 286-87
Imperfeição humana, 94-96
Imperialismo colonial, 19, 151-52, 155
Império Bizantino, 53
Império Hiung-nu, 52
Império Mongol, 52-45. *Ver também* Timur
Império Otomano, 53-54, 66
Império Romano, 82, 84, 132, 164-65
Império Romano Oriental, 84
Império timúrida, 53-54
Imperium, 238-52
Imperium apolíneo, 21, 238-52
Importância paradigmática da história, 73-75
Imprensa, 256-58, 270
Impressão, 256-58, 270
Indulgências, 269-71, 285, 282
Inferno, 236, 238, 260, 343
Influências orientais, 121, 178-86
Inglaterra
    burguesia nacional na, 243
    causa justa da Guerra Anglo-Germânica, 151-52
    constitucionalismo e protestantismo na, 162
    e a Guerra dos Cem Anos, 42
    e a Guerras das Rosas, 42
    Guerra Civil na, 178
    lutas contra a França, 126
    Monarquia Tudor na, 42
    More sobre condições na, 144-45
    Movimento Lollard na, 164
    Patarenos na, 178
    Revolta Camponesa na, 178
    universidades na, 257
Inocente III, Papa, 176
Inquisição, 210, 231, 259, 326
Instituições acadêmicas, 303-09, 337-38
Instituições da Religião Cristã (Calvino), 24-25, 282, 316-43
Instituições
    consequências do ataque à instituição eclesiástica, 169
    e movimentos espirituais, 131-36. *Ver também* Igreja; Governo
Institutio Principis Christiani (Erasmo), 15-17, 108-09, 114n5, 116-26, 117n13, 137
Intelectuais
    Dante sobre, 246-50
    Erasmo como, 115-16, 246-47
    More sobre os, 136-37, 144
    pleonexia dos, 17, 19, 130, 154-55
    significado do termo, 279
Intelectualismo arábico-aristotélico, 161, 164
Intelletti sani, 248
Internacionalismo, 164
Ira Dei, 63, 70
Irmãos Boêmios, 259-60, 261, 285-86
Irmãos e Irmãs do Espírito Livre. *Ver* Movimento do Espírito Livre
Irmãos Menores, 176
Isaac, 200
Isabel de Castela, 43
Isaías, livro de, 197, 249n
Islã, 84, 178, 187-88
Israel e israelitas, 91, 204
Istoria d'Italia (Guicciardini), 40n
Istorie Fiorentine (Maquiavel), 49, 104
Itália
    cardeal Albornoz e o retorno do papa a Roma, 46-47
    Castruccio Castracani como herói, 67-70
    consciência nacional na, 241-42
    e historiografia humanista, 49-50
    institucionalização e racionalização na, 46
    invasão francesa da, 38, 43-45, 85n53, 89, 126, 310
    Maquiavel e a miséria da, 43-44, 67, 82, 91, 97
    milícia nacional na, 46, 46n
    os Medici na, 38-39, 43, 48, 86n
    patarenos na, 175-76, 178
    paulicianos e bogomilos na, 164
    Piero de Medici expulso de Florença, 38

religião na, 82
republicanismo na, 38-39
retorno do papa de Avignon a Roma, 46-47
revolta dos *ciompi* em Florença, 48-49
Roma como o primeiro *corso* da história italiana, 72
trauma de 1494 na, 43-45
unidades políticas em 1494, 43
universidades na, 257
virtù na, 84
Vita di Castruccio Castracani, A, 66-70. *Ver também* as cidades específicas
Itinerarium (Guilherme de Roebruck), 53

J

Jacó, 200
Jâmblico, 225n30
Jardim das Delícias, O (Bosch), 233-38
Jardim do Éden. *Ver* Adão
Jeremias, livro de, 265
Jerônimo, São, 108, 114
Jesus. *Ver* Cristo
João de Paris, 244-45
João de Salisbúria, 48
João, São, 182
John de Gaunt, 178
Joris, David, 226-27, 239
Juliano de Palermo, 187
Julio II, Papa, 114n5, 269-70
Justificação pela fé (*sola fide*), 24, 292-306, 316, 323-24, 327, 330
Justissima causa belli, 150
Justus autem ex fide vivit, 296
Juventude Hitlerista, 200

K

Kannler, Konrad, 225
Kant, Immanuel, 301, 306
Kat' exochen, 107
Kiffin, William, 171-72n
Knollys, Harserd, 171-72n, 195, 204
Krima, 265

L

Lambert le Bègue, 216
Langres, Concilio de, 181n
Lavacrum, 251
Lechfeld, Batalha de, 52
Lenin, Vladimir Ilitch, 175, 178, 200, 203, 207, 210
Leão X, Papa, 108, 271
Leo, o Isauriano, 187
LeRoy, Louis, 63n
Leviatã, 146, 150, 207
Lex Salica, 108
Leyden, Jan van, 228-29
Liberdade
  dos cristãos, 124, 296-300, 313
  em Roma, 78-79
  Maquiavel sobre a, 77, 82-83, 94-95
Libertino, 230
Liberum arbitrium, 337
Libido dominandi (paixão do poder), 16, 119, 153
Licenciosidade sexual e sensualidade, 231-38
Licurgo, 78
Líderes carismáticos, 342-43
Liegnitz, Batalha de, 53
"Lista de nomes", 63, 97n
Literatura mandaena, 220
Literatura utópica grega, 132-33
Lívio (Tito Lívio), 13, 49-50, 71
Livre de circonstance, 25, 86, 322
Livro das Nove Rochas, 219-24
Locke, John, 115, 134, 140, 146, 150, 230, 243
Lógica (Aristóteles), 279
Logikos (dotados de razão), 225
Logique du coeur, 101
Logos, 75, 166, 190, 232
Lombardo, Pedro, 184
London, Jack, 134
Lucca, duque de. *Ver* Castracani, Castruccio
Lugares de peregrinação, 285
Luís XI, rei da França, 42-43, 46
Luís XII, rei da França, 108
Luís, o Pio, 180

Lutero, Martinho
    antifilosofismo de, 279-80, 291, 316-17, 338
    comentário introdutórios sobre, 20-22
    como católico, 287-88
    como monge, 178
    e a Disputa de Leipzig, 260-61
    e a ética, 305-06
    e a Reforma em geral, 13-14
    em comparação com Erasmo, 23, 25, 279, 289, 316, 338
    em comparação com Maquiavel, 289
    em comparação com More, 23, 289
    escritos em geral, 295-96
    leitura de Voegelin de, 26-31, 316-17, 337
    lirismo de, 294
    Noventa e Cinco Teses de, 255, 268-72
    personalidade de, 282-85, 316
    publicação dos trabalhos de, 256-57, 270
    resumo das ideias de, 316-17
    sobre a autoridade governamental, 306-14
    sobre a consubstanciação, 266-67
    sobre a justificação pela fé (*sola fide*), 24, 276-78, 295-97, 299n, 316, 330
    sobre Aristóteles, 279-80, 316
    sobre as boas obras, 299-300, 303-04, 303n15
    sobre as universidades, 279-80
    sobre o "estado cristão", 273-74, 282-84, 287-88, 303-04, 308
    – Obras:
        O Apelo à Nobreza Cristã da Nação Alemã, 22, 272-92, 307-08
        Da Autoridade Temporal, até onde o Homem deve Obediência, 22, 306-14
        Das Boas Obras, 303-05
        Da Liberdade de um Cristão, 22, 18, 296-303
    Luz e trevas, 194-95, 212-13, 225

M

Macedônia, 54
Macht (autoridade), 277
Madison, James, 150
Magiares, 52
Mal
    Erígena sobre, 181
    escatologistas sobre o desaparecimento do, 141
    Lutero sobre, 298-99, 311-12
    mito maniqueu, 188
    More sobre *superbia* (orgulho) e propriedade, 19, 143-48, 153
    poder como fonte do, 128
    Pomponazzi sobre, 108
    visão platônica de, 97
Mamelucos, 84
Manifesto Comunista, 282
Maniqueísmo, 178, 187-89, 195, 220, 339n
Mannheim, Karl, 131n35
Maomé I, 54
Maquiavel, Nicolau
    amigos de, 72
    apocalipse de, 91, 97, 97-98n66, 101, 103, 289
    circunstâncias biográficas de, 38-40
    comentários finais sobre, 97-102
    comentários introdutórios sobre, 14-15
    e a Cristandade, 82-84, 100, 103
    e a imagem do conquistador como parte da imagem do príncipe, 61-62
    e a Invasão francesa da Itália em 1494, 43-44, 85n53, 89, 126, 310
    e a miséria da Itália, 43-44, 67, 82, 91, 97
    e a organização de *O Príncipe*, 87-90
    e a tradição italiana, 46-50
    e importância paradigmática da história, 73-75
    e o começo da modernidade, 13-14, 105
    e o Mito da Natureza, 15, 75, 83, 100-01
    e o pano de fundo asiático, 15, 66

e os Medici, 86n, 88, 91
e paganismo, 15, 100-03, 101n
em comparação com Erasmo, 16, 108-09, 122, 126-28
em comparação com Guicciardini, 39-40
em comparação com Lutero, 289
em comparação com More, 19, 148, 153
em comparação com Salutati, 48-49
esperança de, 15, 96-97, 101
herói mítico no centro da obra, 67, 67n25
inseguranças e hesitações de, 83
"mente a-histórica" de, 39, 85
político sob república florentina, 38-39
propaganda antimaquiavélica, 38-39, 89, 97-100
sobre a decadência da Cristandade, 82
sobre a história, 72-83, 73-74n, 91
sobre a imperfeição humana, 94-96
sobre a liberdade, 77, 82-83, 94-95
sobre a milícia nacional, 46, 46n, 153
sobre a ordem na história, 91, 99
sobre a república, 71-86
sobre a revolução cíclica de formas políticas, 75-78, 82-83, 101-02, 141n
sobre as conspirações, 77
sobre conduta política, 72-73
sobre o exército, 87-89
sobre os senhorios, 87-92
tábua de valores em, 70, 83, 99, 100
– Obras:
Arte della Guerra (A Arte da Guerra), 46n, 72
Discorsi sopra la prima deca di Tito Livio, 15, 67, 71-83, 87, 100
Istorie Fiorentine, 49, 104
Principe (Príncipe), 15, 38-39, 67, 67n25, 71, 86-97, 101, 103-04, 107-09
Vita di Castruccio Castracani, 15, 67-70, 97-98n66, 103
"Maquiavelismo", 102

Mar Adriático, 52
Maratona, 59
Maria Tudor, 326, 327n
Martin, Alfred von, 49
Marx, Karl, 32, 150, 175, 178, 197, 200, 210, 238-39, 251, 279, 289, 301, 302n14, 316, 338
Marxismo, 141, 141n, 170, 204-05, 302n14, 316, 338
Mater, 231
Matera (substância), 249
Matéria e Espírito, 194-95
Materialistas, 239
Mateus de Paris, 53
Maugham, Somerset, 134
Máximo, o Confessor, 191n13
Mazzolini, Silvester ("Prierias"), 270
Medici, Cosimo de', 43
Medici, Piero de', 38
Medicis, 38, 40n, 48, 72, 86n, 88, 91, 97
Melanchthon, Philipp, 257, 282, 298
Mémoires (Commynes), 41
Memorabilia (Fregoso), 64
Metafísica (Aristóteles), 279
Methodus (Bodin), 286
Mexia, Pero, 63n
Meyer, Eduard, 103
Mídia, 84
Miguel II, imperador, 180
Milão, 43, 49
Milênio (Bosch), 233-38
Milícia nacional, 46, 46n, 153
Militares
  boas leis e boas armas, 87
  e Castruccio Castracani, 69
  e o príncipe vitorioso, 92. *Ver também* Guerra
  líderes como o modelo clássico na história, 50
  milícia nacional, 46, 46n, 153
  no *Príncipe* de Maquiavel, 87, 88, 89
  profetas em armas, 92, 339-40
Miltitz, Karl von, 272
Milton, John, 272
Misticismo, 140, 150, 161-62, 178, 197, 203-07, 210, 213, 239-41, 268, 323

Mito da Natureza, 15, 75, 75, 83, 100-01, 128, 264n
Modern Utopia (Wells), 136
Modernidade, 11-13, 105-06
Moisés, 69, 91, 97, 97-98n66, 339
Monarchia (Dante), 241
Monarquia Tudor, 42
Monarquia
    Coluccio Salutati sobre o estabelecimento da, 46-49
    e a revolução cíclica de formas políticas, 75
    em Roma, 78-79
    Erasmo sobre, 126
    guerra entre monarquias poderosas, 126-27
    monarquia hereditária, 75
    na Espanha, 43
    na França, 42-43, 108
    na Inglaterra, 42
    quinta monarquia de Cristo, 197-203
Monarquioptantes, 42, 48-49
Monasticismo, 119
Montesquieu, Charles-Louis de Secondat, Baron de la Brède de, 46n
Moralidade
    na conduta dos políticos, 93-97
    Pompanazzi sobre, 108
    tábua de valores de Maquiavel, 80, 83, 99, 100. *Ver também* Ética
Moralistes, 43, 65
"Moralização" da conduta política, 153-54
Morávia, 164
More, Thomas
    avaliação de Voegelin de, 153-55
    Balthasar sobre, 141-42n
    comentários introdutórios sobre, 19-20
    como místico, 140
    confusões em torno de sua *Utopia*, 130-34
    cristandade de, 58, 138-41
    e a "moralização" da conduta política, 153-54
    e começo da modernidade, 13-14
    e Dorpius, 113
    e Parábola da Caverna, 136
    em comparação com Erasmo, 19, 136-37, 150, 153
    em comparação com Lutero, 23, 289
    em comparação com Maquiavel, 19, 148, 153
    honras históricas para, 130
    interesse precoce em tornar-se monge, 138
    morte de, 142
    parte autobiográfica da *Utopia*, 136-39
    sobre a filosofia civil comparada com a filosofia de escola, 19, 137-38
    sobre a guerra, 150-55
    sobre a Inglaterra e a sociedade ocidental, 144-45
    sobre o dever político do filósofo, 19, 136-39
    sobre o mal, 144-45
    sobre o orgulho (*superbia*) e propriedade, 19, 142-48, 153
    sobre *ratio* e *religio*, 138-41, 150
    Utopia por, 15, 19-20, 108, 116, 126, 130-35, 130-31n34, 141-19n
Mosheim, Johann Lorenz von, 210, 219-20, 231-32
Movimento anabatista, 164, 212, 225, 231, 326
Movimento conciliar, 42
Movimento de tecelões, 170, 178
Movimento do Espírito Livre, 209-38, 243
Movimento hussita, 162, 164, 175, 261
Movimento iconoclasta bizantino, 187
Movimento iconoclasta, 187
Movimento Lollard, 164, 178
Movimento Pauliciano, 164, 175, 187-88
Movimento puritano, 21, 164, 178, 187-88, 197, 201, 206, 208, 227
Movimentos anarco-sindicalistas, 170
Movimentos antiespirituais, 164, 172
Movimentos espirituais
    albigenses, 160, 186, 187-89, 194

alcance dos, 164-66
ativismo e niilismo, 204-08
catarismo, 164, 186-89, 195
comentários introdutórios sobre, 19-22
conexões entre a revolução social e os, 209-10
conflito entre a igreja e as seitas, 166-69
e a Quinta Monarquia de Cristo, 197-203
e Bosch, 213, 230-38
e cidades, 178-79
e classe média, 178-79
e dois mundos, 194-95, 197-203
e Erígena, 21, 180, 184, 185-86, 189-95, 209, 212, 218-19, 221, 225, 232, 238, 239
e *imperium* apolíneo, 20, 238-52
e instituições, 155-60
e *Livro das Nove Rochas*, 219-24
e o problema da continuidade, 209-12
e o sermão de Collier, 195-97, 198
e *Perguntas ao Lord Fairfax*, 197-203, 204
e reforma, 158-60
e *Um Vislumbre da Glória de Sião*, 21, 172-75, 195
em comparação com Lutero, 289
Espírito Livre, 209-38, 243
estrutura social dos, 175-78
estupor e explosão, 222-24
fontes secundárias sobre, 212-13
influências orientais, 178-84
licenciosidade sexual e sensualidade, 231-38
ortliebianos, 213-15
Paracletos, 150, 182, 225-29, 289
periodização dos, 161-63
reforma e efeitos anticivilizacionais, 169-71
supressão dos e resistência aos, 158, 160, 164-65
violência nos, 175. *Ver também* movimentos pelos nomes

Movimentos sectários. *Ver* "Povo de Deus"; Movimentos espirituais
Mundus Novus (Vespúcio), 132
Mussolini, Benito, 178

N

Nacional-Socialismo, 19, 155, 160, 161, 178, 185, 204, 207, 210
Napoleão, 207
Nápoles, 43, 49, 283, 282
Nardi, Jacopo, 72
Naturale jattanza, 248
Natureza
  Erasmo sobre, 118
  lei da natureza, 150, 166
  Lutero sobre, 324
  Mito da Natureza, 15, 75, 75, 83, 100-01, 128, 264n
  visão adamita da, 231-33
Naylor, James, 227
Necessità (necessidade), 93
Negocii summa, 114, 114n6
Neopitagorismo, 238
Neoplatonismo, 178, 180-81, 189, 191, 225, 238
Nerli, Filippo dei, 72
New Order and Last Orientation (Voegelin), 224n28, 281n
New Science of Politics (Voegelin), 322n
Niceia, Concílio de, 283
Nicetas de Constantinopla, 187
Nicolau de Cusa, 42, 162, 239, 316
Nicolau, Henrique (Hendrik Niclaes), 226, 227, 239
Nicolò de' Conti, 60n
Nicópolis, batalha de, 54
Nietzsche, Friedrich, 20, 161, 208, 221, 251-52, 282
Niilismo, 208-09, 223-24
  e ativismo, 204-09
Nobiltà (Nobreza), 247
Nobreza, 247-49
Nomen Romanum, 246
Nomos, 75
Nous (espírito), 190
Nova Atlântida (Bacon), 134

Nova elite, teoria de uma, 341-43
Noventa e Cinco Teses de Lutero, 255-56, 268-72
Novo Testamento, 108, 110-11, 115, 126, 182, 188, 194, 251n, 265-26, 296, 307, 317, 322, 324, 330. *Ver também* os livros específicos do Novo Testamento
Novum Instrumentum (Erasmo), 110, 114
Numa, 80

O

Oceana (Harrington), 49
Ockham, Guilherme de. *Ver* Guilherme de Ockham
Ockhamistas, 113
Ódios nacionais, 126, 246
Ogodai, Khan, 53
Oligarquia, 75
Oliva, Joannes, 56n12
Omnia, 91
Oncken, Hermann, 130-31n34
Onore del mondo (honra do mundo), 82, 83, 99, 100, 103-04
Opinio publica (opinião comum), 146
Oradores Exaltados, 164
Oratio directa, 337
Ordem Jesuíta, 259
Ordem Terceira, 176, 216
Ordem
   e *virtù* do príncipe conquistador, 67
   Maquiavel sobre, 91, 99
   ratio e *religio*, 138-41
   Voegelin sobre a ordem da história, 11
Ordens mendicantes, 82, 161, 176, 216, 100
Ordinata virtù, 67, 90, 95
Orgulho (*superbia*): More sobre, 143-48, 153
Orígem, 114, 181, 191, 191n13, 219
Orósio, Paulo, 101
Orti Oricellarii, 72
Ortlieb, 213, 239
Ortliebianos, 213-15

Ostrogodos, 52
Owen, Robert, 131
Ozio (ócio), 82

P

Paganismo, 15, 100-03, 101n, 118, 124, 166, 305, 341. *Ver também* Antiguidade
Panteísmo, 213
Papas
   autoridade sobre o imperador, 286-87
   como *Christus in terris* (Cristo na terra), 246-47
   como príncipe territorial, 42
   e a venda de indulgências, 269-71, 282
   Hussitas sobre o papado, 261
   luta entre Hohenstaufen e, 122n22
   Lutero sobre, 277-78, 277n, 283-84
   Maquiavel sobre, 82
   retorno do papa de Avignon a Roma, 46-47. *Ver também* os papas específicos
Papas de Avignon, 46-47
Parábola da Caverna, 136
Paraclesis (Erasmo), 110-11
Paracletos, 150, 182, 225-29, 289
Paradigma, 320
Paradiso (Dante), 249, 251
Paraíso, 191-92, 195-97, 232, 296, 305, 316
Parlamento de Fano, 46
Patarenos, 175-76, 178
Paul, Jean, 223
Paulo, São, 166, 188, 244-45, 250n55, 250, 264-66, 276-77, 296, 305, 308, 313, 324, 327
Paz, 125-26, 124n31, 311
Pecado original, 323
Pecado, 118-19, 143, 181, 185, 298-99, 323
Pecca fortiter, 298, 324
Pedro, 265, 298, 327
Pelagianismo, 117n13, 150
Perfecti, 21, 192, 227, 230, 246, 247-51

Perfettamente naturati, 248
Perguntas a Lord Fairfax, 197-203, 206
Periodização dos movimentos espirituais, 161-63
Perondino, Pietro, 63n
Perseverantia, 324
Pérsia, 84
Peter Martyr, 132
Petrarca (Francesco Petrarca), 97, 240, 251n
Philosophia civilior (filosofia civil), 19, 137-38
Physeos oikonomia, 75
Picardos (Beghards), 231
Pincipato nuovo, 89
Pio II, papa, 62
Pitágoras, 110, 225
Platão, 10, 67, 98-99, 101, 103, 110, 131, 134, 136, 141n, 225, 266, 341
Platão e Aristóteles (Voegelin), 141n, 157n
Platonismo, 116, 119, 124, 128, 141n, 148n58, 238, 266, 267, 294-95, 335
Pleonexia, 19, 46, 128, 130, 144, 153-54, 289, 310
Plotino, 141n
Pneumatikos (homem espiritual), 215, 244-45
Pobreza, 170-71, 213
Poder
  como fonte do mal, 128
  como mal, 99
  demonismo de, na desintegração da civilização cristã, 19, 128, 153-54
  e a ordem política, 105
  e bem comum, 79-80
  e o Mito da Natureza, 15, 75, 83, 100-01, 128
  Erasmo sobre a bondade quando necessária com o, 124-25
  Erasmo sobre problema do, 126-30
  força mais potente *versus* mais fraca, 66-67
  Libido dominandi (paixão do poder), 17, 119, 153
  naturalismo pagão do, 128
  obediência ao poder governamental, 170
  "o poderoso faz a lei", 99
  Poggio Bracciolini sobre, 55-62
  separação gelasiana dos poderes, 274-75
  Timur como símbolo de, 53-55. *Ver também* Príncipe
Podestà, 46
Poética (Aristóteles), 279
Poggio Bracciolini, 49, 55-62, 56n13, 60-61n18
Políbio, 74, 75, 78, 100, 101
Polis, 136, 141n, 157-58
Politeion anakyklosis, 75
Política
  americana, 208
  e "maquiavelismo", 102
  e a imperfeição humana, 94-96
  e dois mundos, 194-95
  e Erasmo sobre o príncipe ascético, 16-17, 108-09, 118-30, 138
  e Erasmo sobre problema do poder, 126-30
  Maquiavel sobre os princípios morais de conduta na, 93-96
  moralidade na conduta da, 93-101
  "moralização" da conduta política, 153
  More sobre o dever político dos filósofos, 19, 136-39
  princípios de Maquiavel para o estudo da, 72-73
  República romana, 71-72, 75-74
  revolução cíclica de formas políticas, 75-78, 82-83, 101-02
  "tentativa e erro" na, 124
Pomponazzi, Pietro, 108, 117
Popolani, 40n
Positivismo, 20, 141, 150, 210, 238-39
"Povo de Deus", 155-252 *passim*, 268. *Ver também* Movimentos espirituais
Potestas spiritualis, 246
Praescriptum naturae (lei da natureza), 150
Predestinação, 25, 316-43

Predestinação (Erígena), 180-81
Presbiterianos, 200
Prima causa, 335
Primeira Guerra Mundial, 208
Principati (senhorios), 87-92
Príncipe
  como análogo de Deus, 119-21, 124
  como raposa e leão, 93
  conquistador como parte da imagem do príncipe, 61-62
  e moralidade na conduta dos políticos, 93-97
  Erasmo sobre o príncipe ascético, 16-17, 108-09, 118-30, 138
  Erasmo sobre o príncipe filosófico, 118-19
  luta pelo poder entre príncipes, 128
  Maquiavel sobre, 15, 87-95, 108-09, 122, 126
  pleonexia do, 19, 46, 128, 144
  virtù do, 38, 62, 67, 91-96, 108
  virtù ordinata do, 67
  Xenofonte sobre, 97n
Principe (Príncipe) (Maquiavel), 15, 38-39, 67, 67n25, 71, 86-97, 101-02, 107-09
Príncipe ascético, 17-18, 108-09, 116-30
Proclo, 180
Profetas, 131
Profetas em armas (*profeti armati*), 92, 339-40
Profeti armati (profetas em armas), 92
Progressivismo, 141, 210
Propaganda antimaquiavélica, 37-38
Prophanis legibus (lei profana), 114
Propriedade, 19, 146-48
Propriedade privada, 19, 146-48
Protestantismo, 13, 30-32, 162, 164, 282. *Ver também* Reforma
Protos Anthropos (Homem Primitivo), 220-21, 225, 236, 248
Prudenza, 68
Psychikos (homem natural), 215, 244, 246
Publicação, 256-58, 270
Punto summo, 248n

Può essere di tanta vita, 75
Purgatório, 189

Q

Quaestiones, 114, 114n5, 305
Quakers, 227, 230-31
Quantité négligeable, 136
Quasi perfetta, 249
Queda, 189-91, 232
Queda de Babilônia, 172-75
Querela Pacis (Erasmo), 124n31
Questão Utraquista, 285
Quidditas, 113
Quinta Monarquia de Cristo, 197-204
Quíron, 93

R

Rabelais, François, 319
Racionalismo, 107
Raison d'état, 312
Ratio divina, 19, 141
Ratio e *religio*, 138-41, 359
Ratio humana, 19, 141
Razão, 77, 138-41
Realismo "antirreligioso" em política, 51
Realissimum, 138, 294-95
Recentes theologi (teólogos modernos), 113
Recentius theologiae genus, 114
Redenção, 191, 296n
Reforma
  apoio dos príncipes à Reforma alemã, 178
  Calvino e predestinação, 25, 316-43
  começo da modernidade, 11, 13, 105-06
  começo da, 103
  comentários introdutórios sobre, 20-29
  como "idade da confusão", 255-56
  e *O Apelo à Nobreza Cristã da Nação Alemã* de Lutero, 22, 272-92
  e a Disputa de Leipzig, 16, 259-62, 264, 272
  e as Noventa e Cinco Teses de Lutero, 255-56, 268-70

e movimentos espirituais, 164
e o cisma entre a Igreja Grega e a
    Igreja Latina, 28, 259-63, 330n34
e publicação, 256-58, 270
Erasmo sobre, 116
leitura de Voegelin da, 26-31. *Ver
    também* Calvino, João; Lutero,
    Martinho
Reforma beneditina, 176
Reforma como termo geral, 158-60
Reforma de Cluny, 176
Regola generale (regra geral), 79
Reich der Welt, 310
Reich Gottes, 310, 312
Reino de Cristo, 195-98
Reino de Deus, 182, 195-97, 338-39
Reino de Münster, 228-29
Relectiones de Indis (Vitoria), 153
Religião. *Ver* Igreja Católica;
    Cristandade; Igreja; Protestantismo;
    Reforma
Religio e *ratio*, 138-41, 150
Renascença
    como começo da modernidade, 11-13
    concepção de Burdach, 239-41
Renascentia, 117
Renovatio, 239
Repubblica de' Viniziani (Gianotti), 49
República (Platão), 131, 134
Republicanismo
    de Guicciardini, 39-40, 40n
    e a *virtù* do herói, 77
    e *anakiklosis*, 77
    e desejos humanos, 77-78
    e religião, 80-81
    em Florença, 38-39
    Maquiavel sobre, 71-85, 87
    natureza cíclica das repúblicas,
        75-77, 82-83
    república romana, 71-72, 75-84
    repúblicas como *corpi misti*, 77
République (Bodin), 108
Res privata, 147
Res publica, 147
Retórica (Aristóteles), 279
Revelação, livro da (Apocalipse), 174, 198

Revolta dos *ciompi*, 47-48
Revolução cíclica de formas políticas,
    75-78, 82-83, 101-02, 141n
Revolução social e movimentos
    espirituais, 172-78
Ricardo de São Vítor, 250n55
Rienzo, Cola di, 46, 97-98n66, 240-41,
    251
Rinnovazione (reforma), 82
Ritornare al suo Principio, 247-48
Robespierre, 207
Robinson Crusoe (Daniel Defoe), 134
Roma
    cerco de, pelos vândalos, em 431, 52
    como primeiro *corso* da história
        italiana, 72
    conquistada pelos gauleses, 84
    e modelo de historiografia, 49-50
    história de, 71-72
    liberdade em, 78-79
    luta interna em, 78-79
    monarquia em, 78-79
    queda de, em 410, 52
    religião de, 80
    república de, 71-72, 75-76
    retorno do papa de Avignon a, 46-47
    tirania em, 78
    virtù em, 84
Roman de la Rose, 232
Romanitas, 264
Romanos, Epístola aos, 226n33
Rômulo, 79, 80, 91
Roosevelt, Franklin D., 208
Rousseau, Jean-Jacques, 134
Rucellai, Cosimo, 72
Rússia, 54n, 60n18, 330n34

S

Sacerdotes, 50, 182
    sacerdócio de todos os cristãos, 276
Sacramentos, 166, 169, 188, 323-24,
    327-28
Saeculum, 174, 182
Saint-Simon, Claude Henri de Rouvroy,
    conde de, 131
Salutati, Coluccio, 46-48, 72

Salvação, 117, 141, 166, 168, 181, 191, 328, 330-31
  pela fama, 56-57, 56n13. *Ver também* Predestinação
Samarcanda, 61, 63
Samósata, Batalha de, 188
Santo Ambrósio, 114
Santos, 172-73, 191, 197, 200-04
São Domingos, 82, 102, 218
São João, Epístola de, 320
São João, Evangelho de, 251, 322
Satã, 188, 195
Savonarola, Girolamo, 38, 82, 103
Scala, Bartolomeo della, 49
Schelling, Friedrich, 223
Scotistas, 113
Sectários adamitas, 211, 231-34, 239, 296, 323
Segunda Guerra Mundial, 208
Segundo Tratado do Governo Civil (Locke), 147
Seita bogomila, 164
Seita prisciliana, 187
Seme di felicità, 248-50
Senhor civil, 92-93
Senhorios (*principati*), Maquiavel sobre, 87-93
Sensualidade, 231-38
Sentido intramundano da vida, 57-58, 56n13
Separação da Igreja e do Estado, 140, 141n
Separação de poderes, 274-75
Sermão da Montanha, 158, 166
Servetus, Michael, 326
Servum, 337
Seyssel, Claude de, 108
Sforza, Francesco, 46
Sforza, Ludovico, 38, 43
Sicília, 283
Sigério de Brabante, 111
Silésia, 52
Silvio Piccolomini, Enea, 42, 56, 62, 63n20, 64, 231
Símbolos e simbolismo, 11, 28-29, 197-98, 261-66, 335, 337, 341

Simon de Saint-Quentin, 53
Sínodo de Albi, 187
Sínodo de Chierzey, 181n
Sínodo de Toulouse, 187
Síria, 62-63, 164
So haben wir es nicht gemeint, 116
Sobrevivência do mais apto, 58
Socialismo, 146, 148, 164
Sociedades congregacionais, 200
Soderini, Piero, 38
Sola fide (justificação pela fé), 24, 295-97, 299n, 316, 323-24, 327, 331
Sophia, 231, 244
Sophia Achamoth, 220
Soter (salvador), 215
Speculum Historiale (Vincent de Beauvais), 53
Spengler, Oswald, 103
Spirito italiano, 100, 103-04
Stálin, Joseph, 207
Stati (estados), 68, 87-89
Storch, Claus, 278
Storia delle virtù e de vizio, 65
Storia Fiorentina (Guicciardini), 40n, 43
Suíça, 164, 178
Summa contra Gentiles (Tomás), 294-95
Summa Theologiae (Tomás), 114, 265
Summa, 318
Summum bonum, 83, 136, 294, 301
Superbia (orgulho), 143-49, 153
Swift, Jonathan, 134

T

Taedium vitae, 237
Tamerlão. *Ver* Timur
Tauler, Johannes, 162, 221-22, 268, 316
"Teocentrismo", 335-36
Teologia "sistemática", 322
Terceiro império, 240-41
Terceiro Reino, 20, 182, 194, 240-42
Terror gentium, 63, 66, 97n
Teseu, 91, 97
Tetzel, 270
The Later Middle Ages (Voegelin), 261n

Theologia Germanica, 268
Thermidor, 208
Thesaurus meritorum, 270
Timaeus (Platão), 141n
Timur, 15, 53-64, 56n12, 59-60, 68, 97n
Tiraboschi, Girolamo, 65
Tirania, 48-49, 75, 78, 117, 124
Tolerância religiosa, 140
Tomás de Aquino, Santo, 28-29, 111, 113, 113n4, 132, 161, 180, 184, 260, 264-65, 268, 279, 294-96, 305, 322, 334n42, 335
Tomistas, 113
Totalitarismo, 26
Toulouse, sínodo de, 187
Toynbee, Arnold J., 102
Tradição gelasiana, 256, 274
Translatio ecclesiae, 338
Translatio imperii, 50
Translatio, 286
Transubstanciação, 261-66, 285-86
Tratado do Governo Civil (Locke), 134
Tratados de York, 261
Trevas e Luz, 230-31, 212-13, 225
Tribos germânicas da Grande Migração, 52
Tridentinos, 30
Troeltsch, Ernst, 175
Tucídides, 128
Turcos, 53-54, 66, 84
Turgueniev, Ivan Sergeievitch, 209
Tyche, 75

U

Última Ceia, 265-66
Ultor peccatorum, 62, 71, 97n
"Um descobrimento da Nova Criação" (Collier), 195-97
Um Vislumbre da Glória de Sião, 21, 171-75, 195
Unam Sanctam, 183, 243-46, 247
União Soviética, 208
Unitarismo, 164, 230
Universidades, 184, 257-58, 279-80
Uomo buono (homem virtuoso), 72
Urbano V, Papa, 46

Utopia (More), 16, 18-19, 38n, 109, 125, 130, 130-31n34, 141-19n
Utopianismo, 8, 131-34, 131n35, 141-42n

V

Valença, Concílio de, 181n
Valentinianos, 215, 220
Valerius Maximus, 64
Valores. *Ver* Ética
Vândalos, 52
Veneza e venezianos, 43, 79
Vespúcio, Américo, 132, 136
Vettori, Francesco, 86
Vida de Castruccio Castracani (Maquiavel). *Ver* Maquiavel – Obras: *Vita di Castruccio Castracani*
Vida, sentido intramundano da, 56-57, 56n13
Viena, 53
Viena, Concílio de, 219
Vincent de Beauvais, 53
Violência escatológica, 206-07
Violência
  condenação da, nos Evangelhos, 126
  cristãos e o poder da espada, 310-11
  e bem comum, 79-80
  e profetas em armas, 92, 339-40
  Erasmo sobre, 125-26
  escatológica, 206-07
  nos movimentos espirituais, 175.
  Ver também Guerra
Virtù
  apolínea, 250
  como a graça fundida com o poder, 128
  Dante sobre, 122n22, 247-50
  desaparecimento da, com a morte do príncipe, 80
  do herói, 71-72, 77
  do príncipe, 38, 62, 67, 91-96, 108
  dos fundadores e restauradores, 68, 82-83
  e ascensão e queda cíclicas dos republicanos, 82-83
  e Castruccio Castracani, 68

e crime, 92, 99
e estoicismo, 100
e o paganismo de Maquiavel, 103
e tipos de senhorio, 92-93
em comparação com a virtude de Erasmo, 122
Memorabilia de Fregoso como histórias de, 64
movimento da, entre os povos, 84
ordinata virtù, 67, 90, 95
Petrarca sobre, 97
republicana, 46n
tensão entre *fortuna* e, 58, 95-96
tipos de, no *Príncipe* de Maquiavel, 67n25, 89
Virtù apolínea, 250
Virtù dello animo, 91-92
Virtù intellettuale possibile, 249
Virtù propria, 247, 249
Virtude, Erasmo sobre, 121-25
Visão apocalíptica, 91, 97, 97-98n66, 101, 103, 168, 289
Visigodos, 52, 187
Vita contemplativa, 84, 316
Vita Tamerlani, 62-64, 67-68, 71, 97-98n66
Vítor, São, 183
Vitória, Francisco de, 153
Vivere civile (comunidade vivente), 79
Voegelin, Eric. *Ver* títulos dos livros
Voltaire, 14, 50, 60-61n18, 106, 113, 239, 251, 279, 316
Von der Freiheit eines Christenmenschen (Lutero). *Ver Da Liberdade de um Cristão.*
Von weltlicher Oberkeit (Lutero). *Ver Da Autoridade Temporal, até onde o Homem Deve Obediência* (Lutero)
Vorschule der Ästhetik (Paul), 223
Vox populi, vox Dei, 158
Vulgus, 118-21

W
Waldenses, 164, 213
Waldes, Petrus, 178
Walgreen Lectures, 11

Weber, Max, 223n27
Wells, H. G., 136
Williams, Roger, 231
Wilson, Woodrow, 208
Wycliffe, John, 178, 261

X
Xenofonte, 97n
Xerxes, 60, 66

Z
Zenão, *110*
Zeus, 68
Zinskauf, 287
Zuínglio, Ulrico, 267

Da mesma coleção, leia também:

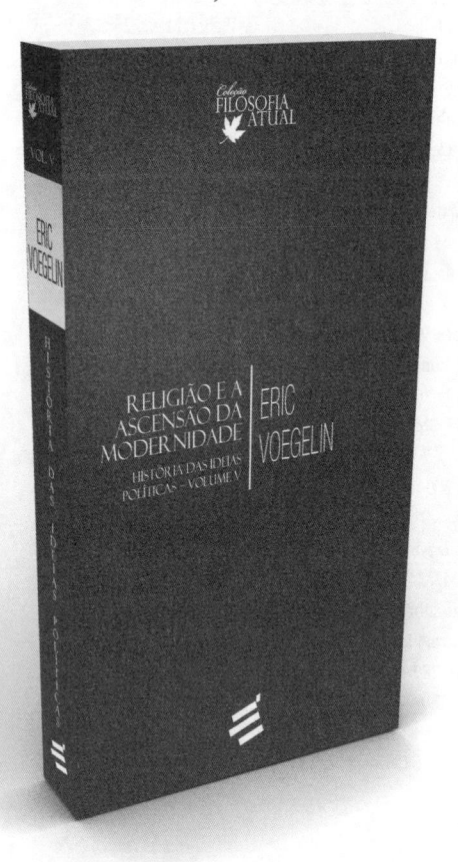

RELIGIÃO E A ASCENSÃO DA MODERNIDADE
HISTÓRIA DAS IDEIAS POLÍTICAS – VOLUME V
ERIC VOEGELIN

Ao examinar a emergência da modernidade no âmbito dos debates filosóficos e políticos do século XVI, neste livro Voegelin retoma a análise da "grande confusão" apresentada no volume IV da mesma coleção. Trata-se de um período controverso e revolucionário, que abrange uma gama de acontecimentos desencadeados pelas Noventa e Cinco Teses de Lutero. Apesar da complexidade da época, a análise luminosa de Voegelin esclarece sua importância e sugere linhas de mudanças que convergem num ponto no futuro: a compreensão cristã medieval, de um cosmos fechado, criado divinamente, estava sendo substituída por uma nova forma de consciência humana moderna, que pressupunha o homem como a origem inerente do sentido do universo.

facebook.com/erealizacoeseditora
twitter.com/erealizacoes
instagram.com/erealizacoes
youtube.com/editorae
issuu.com/editora_e
erealizacoes.com.br
atendimento@erealizacoes.com.br